HEATH

DISCOVERING
FRENCH

BLEU

Jean-Paul Valette
Rebecca M. Valett

Hôpital
·SILENCE·

AÉROPORT
ORLY

DÉPARTS

ARRIVÉ

AVENUE
FRANKLIN ROOSEVELT

AUTOBUS

NUE
'OPÉRA

usée

hédrale

HÉÂTRE

on-service

DIRECTION
RDEAUX

Restaurant

PARKING
MUNICIPAL

GARAGE

HÔTEL

HOTEL

HOTEL

HOTEL

C
téléphone

McDougal Littell

Evanston, Illinois

Teacher Consultants

Steve Covey, *Sunnyvale Junior High School, California*
Andrea Henderson, *First Colony Middle School, Texas*
Dianne Hopen, *Humboldt High School, Minnesota*
Patricia McCann, *Lincoln-Sudbury High School, Massachusetts*
T. Jeffrey Richards, *Roosevelt High School, South Dakota*
Margie Ricks, *Dulles High School, Texas*
Frank Strell, *La Salle-Peru Township High School, Illinois*
Susan Wildman, *Western Albemarle High School, Virginia*

McDougal Littell wishes to express its heartfelt appreciation to **Gail Smith,** Supervising Editor for *DISCOVERING FRENCH*. Her creativity, organizational skills, determination and sheer hard work have been invaluable in all aspects of the program, including the award winning *DISCOVERING FRENCH* CD-ROM.

Illustrations

Yves Calarnou
Jean-Pierre Foissy
Élisabeth Schlossberg

Lycée Jean-Baptiste Corot

Merci

Special thanks to the students and staff of
- **Collège Eugène Delacroix,** *Paris*
- **Lycée Jean-Baptiste Corot,** *Savigny-sur-Orge*
  for their cooperation and assistance.

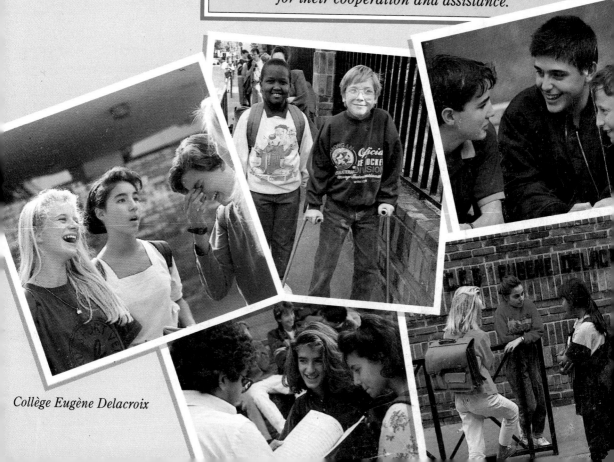

Collège Eugène Delacroix

Contents

UNITÉ 1 — Bonjour!   12

Introduction culturelle: Salutations
Thème: Getting acquainted

UNITÉ 7

Le shopping 244

Thème: Buying clothes

Parlons français!

Chers amis,

Welcome to DISCOVERING FRENCH and congratulations on your choice of French as a foreign language!

There are many reasons why people decide to learn French. Some people choose French because they plan to visit Canada or Europe or French-speaking Africa. Others want to learn to read articles or books written in French. Still others study French because in their work, they will come into contact with French speakers or because their own family is of French or French-American heritage. And there are many people who learn French for pleasure: They want to enjoy French films and French music, and they like French poetry and French art.

There is another reason for studying French that you have perhaps not thought about. As you learn another language, you develop a better understanding of your own language and how it works. You also develop a better appreciation of your own country and culture as you expand your world view and discover the various French-speaking areas of the globe. You will discover cultural similarities and differences, and you will realize how much French civilization has contributed to our life in the United States.

And, of course, everyone will agree that studying a foreign language also helps us get to know and communicate with people from other cultures. By speaking French, you will be in touch with the many millions of people who use that language in their daily lives. These French speakers **(les francophones)** represent a wide variety of ethnic and cultural backgrounds. As you will see, they live not only in France and other parts of Europe but also in Africa, in North and South America, in Asia . . . in fact, on all continents!

On the pages of this book and in the accompanying video, you will meet many young people who speak French. Listen carefully to what they say and how they express themselves. They will help you understand not only their language but also the way they live.

Bonne chance!

Jean-Paul Valette   Rebecca M. Valette

Bienvenue!

La France de l'an 2000

France is a country of Western Europe with a population of close to 60 million people. On t map of the world, France may look tiny when compared to such giant countries as the United States, Canada, China, India, Russia or Australia. Yet, in spite of its relatively small size and population, France plays a major role in world affairs. It is a founding member of the United Nations and one of the five permanent members of the Security Council, along with the United States, Great Britain, Russia and China. As such, it must approve and can veto any decision take by this world organization.

Economically, France is a highly developed nation, and its citizens enjoy one of the highes standards of living in the world. It is a pioneer and leader in many advanced technological and scientific fields, such as pharmaceutical and medical research, aeronautics and space exploratio rapid urban transportation, electronics, software engineering, and telecommunications.

The France of 2000 draws much of its prosperity and vitality from its integration into an economically unified Europe. **The European Union** (or **Union européenne**, as it is called in French), has taken nearly fifty years to build, but now has become a reality for nearly 400 millio people. The first steps occurred in the 1950s when the leaders of France and Germany, two countries which had historically been very bitter enemies, decided to form a zone of free exchar between themselves and their immediate neighbors. At first the European Union had only six members, but now it includes fifteen countries of western, northern and southern Europe.

In addition to forming a powerful economic bloc, the creation of the European Union has provided many benefits for the citizens of its member countries and especially for its young peo who can study, work and travel in any country of their choice within the Union without needing passport, visa or permit of any kind. When shopping, they use the euro, the common European currency which has replaced the local currencies since 2002 and has the same value no matter i which country it is earned or spent. The creation of the euro is useful not only for Europeans, but also for the millions of American tourists who visit Europe every year and who no longer have to convert dollars into French francs, francs into German marks, marks into Italian liras, and liras into Spanish pesetas as they travel from country to country.

°2000 = deux mille

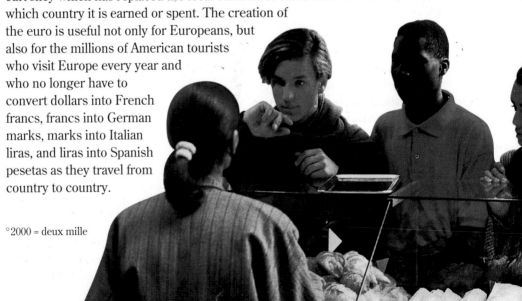

The European flag floats next to the French flag on many French public buildings. It consists of a circle of twelve yellow stars on a blue background. The number "12" does not represent the number of member countries, but is a symbol of strength and unity.

▲ The French flag consists of three vertical bands in blue, white and red. It is known to the French as **le tricolore**.

◄ In 2000 the euro replaced the French franc as the national currency of France. The verso (or back) of each euro bank note has, on the left, the picture of a bridge which symbolizes the strong links between the member countries shown on the right.

 ◄ The euro is divided into 100 **cents** or **centimes**. Its symbol is the capital letter "E" (for **Europa**) formed by a partial circle crossed with two horizontal bars.

THE COUNTRIES OF THE EUROPEAN UNION

ORIGINAL MEMBERS	NEW MEMBERS	
Belgium	Austria	Ireland
France	Denmark*	Portugal
Germany	Finland	Spain
Italy	Great Britain*	Sweden*
Luxembourg	Greece*	
Netherlands		

In 1999, all of the above countries voted to use the euro as their national currency, except for the four marked with an asterisk (*).

Mlle Élise DuROCHER
8, rue des Grandes-Écoles
B.P. 377
86000 Poitiers
France

Mlle Sophie ANTOINE
12, rue Voltaire
75008 Paris

PAR AVION

0,46 €
RF

▲ The first French stamp celebrating the euro and denominated in both the new currency (0,46 euro) and the old currency (3,00 francs).

Parlons français!

The people portrayed on these pages represent many different backgrounds. Some live in France, some in the United States. They are from Europe, Africa, Asia, and North America. They do, however, have one thing in common. They all speak French. Let's meet them.

1

Sophie Lafont, 14, is from Toulouse, a city in southern France. She is a student at the Lycée Saint-Exupéry. (A **lycée** is the equivalent of an American high school.)

2

Philippe Martin, 15, lives in Paris and goes to the Collège Eugène Delacroix.

3

Stéphanie Malle, 14, also lives in Paris and attends the Collège Eugène Delacroix. Her family is from Martinique, a French island in the Caribbean.

4

Ahmed Belkacem, 14, lives in Lyon, France, and goes to the Lycée Jean Moulin. His parents are from Algeria and speak French and Arabic. Ahmed, who was born in France, speaks only French.

5

Fredy Vansattel, 20, lives near Lausanne, a city in French-speaking Switzerland. He is a student at the well-known École Hôtelière. In addition to French, Fredy also speaks English and German.

6

Prak Maph, 15, left Cambodia with his family when he was four. He lives in Paris and goes to the Lycée Claude Monet. Maph speaks French as well as Khmer, the national language of Cambodia.

7

Amélan Konan, 13, lives in Abidjan, a large city in Ivory Coast, a country of West Africa. Amélan goes to the Collège Moderne Voltaire, where many of the teachers are from France. Amélan is fluent in both French and Baoulé, the tribal language that she speaks with her relatives.

8

Pauline Lévêque, 14, is from Quebec City in the province of Quebec, in Canada. Pauline goes to the École Louis-Jolliet. She speaks both French and English, but she prefers to speak French with her friends and family.

9

Moustapha Badid is a French athlete of North African origin who lives in Paris. At age 23, he won the wheelchair title at the Boston Marathon and established a world record in the event. In that same year, he also won an Olympic gold medal. He speaks French, Arabic, and some English.

10

Dr. Michèle Klopner, a clinical psychologist, grew up in Haiti, where her family resides. She came to the United States to study at the University of Michigan and Rutgers University. Dr. Klopner speaks French, Haitian Creole, and English. She uses all these languages in her work at the Cambridge Hospital in Cambridge, Massachusetts.

11

Marie-Christine Mouis was born in Canada of a French father and a Canadian mother. At the age of 16, Marie-Christine joined the Paris Opera Ballet, becoming the youngest dancer in the world's oldest ballet company. She was the principal ballerina of the Boston Ballet for ten years.

12

Dr. Larry Phan was born in Vietnam. At the age of ten, he went to France, where he received his high school education. In 1976, he came to the United States to pursue a medical career. He attended the University of California and Tufts School of Dental Medicine. Dr. Phan is on the staff of the Children's Hospital in Boston.

ACTIVITÉS CULTURELLES

1. On a world map or globe, locate the cities and countries of origin for each of the people pictured.
2. Do you know any people in your community who have French names or people who speak French? Where are their families originally from?

Bonjour, le monde français

*I*n today's world, French is an international language spoken daily by more than 100 million people. French is understood by another 100 million in many countries and regions of the globe.

IN NORTH AMERICA

■ In Canada, about one third of the population speaks French. These French speakers live mainly in the province of Quebec **(le Québec)**. They are descendants of French settlers who came to Canada in the 17th and 18th centuries.

■ In the United States, French is understood and spoken in many families whose French and French-Canadian ancestors came to Louisiana **(la Louisiane)** and New England **(la Nouvelle-Angleterre)** at various times in our history.

■ In the Caribbean, French and Creole are spoken in the Republic of Haiti **(Haïti)**. French is also spoken on the islands of Martinique **(la Martinique)** and Guadeloupe **(la Guadeloupe)**; the inhabitants of these two islands are French citizens.

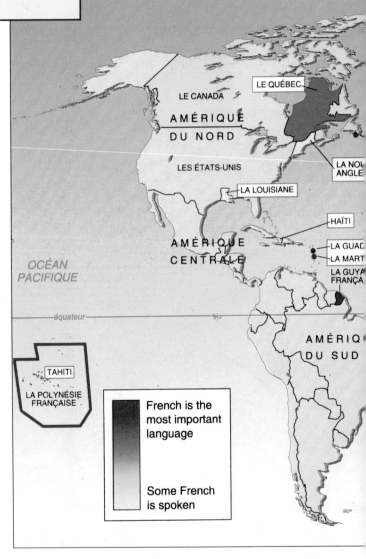

AMÉRIQUE DU NORD
LE CANADA
LE QUÉBEC
LES ÉTATS-UNIS
LA NOU ANGLE
LA LOUISIANE
HAÏTI
LA GUAD
LA MART
AMÉRIQUE CENTRALE
OCÉAN PACIFIQUE
LA GUYA FRANÇA
équateur
AMÉRIQ DU SUD
TAHITI
LA POLYNÉSIE FRANÇAISE

French is the most important language

Some French is spoken

IN OTHER PARTS OF THE WORLD

■ French is spoken as far away as Tahiti **(Tahiti)** and New Caledonia **(la Nouvelle-Calédonie)**, two French territories in the South Pacific.

■ In the Middle East, French is still taught and spoken in Lebanon **(le Liban)**.

■ French is also used and understood by many Vietnamese and Cambodian families who have left their countries **(le Viêt-nam, le Cambodge)** to settle in other parts of the world.

IN EUROPE

French is not only spoken in France **(la France)** but also in parts of Belgium **(la Belgique)**, Switzerland **(la Suisse)**, and Luxembourg **(le Luxembourg)**.

IN AFRICA

French is an important language in countries which have strong commercial and cultural ties to France.

■ In Western and Central Africa, about 20 countries have adapted French as their official language.

These countries include Senegal **(le Sénégal)**, the Ivory Coast **(la Côte d'Ivoire)**, and the Democratic Republic of Congo **(la République démocratique du Congo)**. French is also spoken on the large island of Madagascar **(Madagascar)**.

■ In North Africa, French is understood and spoken by many people of Algeria **(l'Algérie)**, Morocco **(le Maroc)**, and Tunisia **(la Tunisie)**. More than two million people from these countries have emigrated to France and have become French citizens.

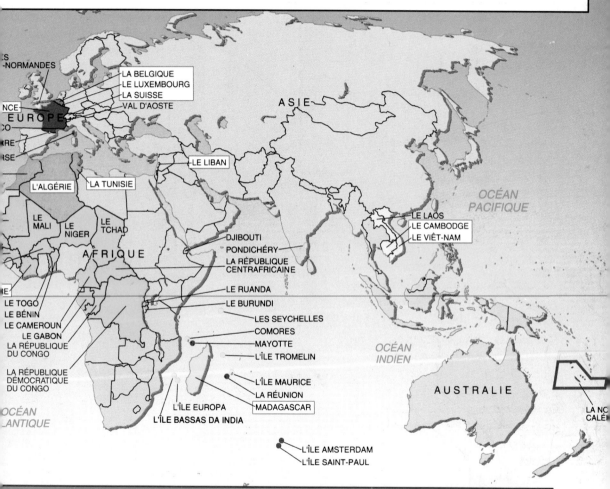

ACTIVITÉS CULTURELLES

1. Name at least six African countries where French is spoken. Find out the capital of each country. (Source: atlas, encyclopedia)
2. Collect clippings from newspapers and magazines in which a French-speaking country is mentioned. Try to find one clipping for each of the areas on the map.

NOTE: You may also wish to refer to the reference map of the French-speaking world on pages R2–R3.

Bonjour, la France!

L'ANGLETERRE

LA BELGIQUE

la Manche

Lille

LE LUXEMBOURG

L'ALLEMA

Rouen

Paris

Strasbourg

LA NORMANDIE

la Seine

L'ALSACE

LA BRETAGNE

l'océan Atlantique

Nantes

Tours

LA TOURAINE

la Loire

LA SUISSE

Château d'Azay-le-Rideau, Touraine

LA FRANCE

Lyon

Grenoble

les Alpes

Bordeaux

le Rhône

aerospatiale

la Garonne

LA PROVENCE

Nice

MONACO

Toulouse

Marseille

Toulon

les Pyrénées

la Méditerranée

L'ESPAGNE

Les Pyrénées

Eguisheim, Alsace

Les Alpes, Chamonix

Menton, Côte d'Azur

*B*efore starting your study of French, you may be interested in learning a few facts about France.

■ In area, France is the second-largest country in Western Europe.

■ Economically, France is one of the most developed countries of the world with a sophisticated high-tech industry.

■ France is the only European country with a space exploration program. French communication satellites provide 400 million Europeans with direct TV transmission.

■ France is a country with a strong cultural tradition. French philosophers, writers, and artists have influenced our ways of thinking and looking at the world.

■ France has a long history reaching back through Roman times into distant prehistory.

■ Geographically, France is a very diversified country with the highest mountains in Europe **(les Alpes et les Pyrénées)** and an extensive coastline along the Atlantic **(l'océan Atlantique)** and the Mediterranean **(la Méditerranée)**.

■ France consists of many different regions which have maintained their traditions, their culture, and—in some cases—their own language. Some of the traditional provinces are Normandy and Brittany **(la Normandie et la Bretagne)** in the west, Alsace **(l'Alsace)** in the east, Touraine **(la Touraine)** in the center, and Provence **(la Provence)** in the south.

ACTIVITÉS CULTURELLES

1. Find the countries which have a common border with France. What are their capitals? (Source: atlas, encyclopedia)
2. Imagine that you are spending a year in France. Where would you go if you wanted to ski in the winter? Which provinces would you want to visit in the summer if you wanted to swim in the Atlantic? in the Mediterranean? Are there any particular parts of France you would like to explore?

NOTE: You may also wish to refer to the reference map of France on page R4.

Bonjour! Je m'appelle ...

ere is a list of some traditional French names. As you begin your study of the French language, you may want to "adopt" a French name from the list.

Alain
Albert
André
Antoine
Bernard
Bertrand
Charles
Christophe
Daniel
David
Denis
Dominique
Édouard
Éric
Étienne
François
Frédéric

Geoffroy
Georges
Grégoire
Guillaume
Henri
Jacques
Jean
Jean-Claude
Jean-François
Jean-Louis
Jean-Paul
Jérôme
Joseph
Julien
Laurent
Marc

Mathieu
Michel
Nicolas
Olivier
Patrick
Paul
Philippe
Pierre
Raoul
Raymond
Richard
Robert
Roger
Samuel
Simon
Thomas

Sylvie

Alice

Alain

Jean-Paul

Éric

Laure

Olivier

Alice
Andrée
Anne
Anne-Marie
Barbara
Béatrice
Brigitte
Caroline
Catherine
Cécile
Charlotte
Christine
Claire
Corinne
Delphine
Denise
Diane
Dominique

Éléonore
Élisabeth
Émilie
Florence
Françoise
Hélène
Isabelle
Jeanne
Judith
Juliette
Karine
Laure
Lise
Louise
Lucie
Marguerite
Marie
Marie-Christine

Marthe
Michèle
Monique
Nathalie
Nicole
Patricia
Pauline
Rachel
Renée
Rose
Sophie
Stéphanie
Suzanne
Sylvie
Thérèse
Véronique
Virginie

Jean?　*Guillaume?*　*Georges?*
Henri?　*Philippe?*　*François?*
Jacques?　*Charles?*　*Michel?*
Sébastien?　*Gérard?*　*Paul?*
Jean-Paul?　*Pierre?*　*Marc?*
Lucien?　*Jean-Pierre?*　*Luc?*
　　　André?

Nathalie

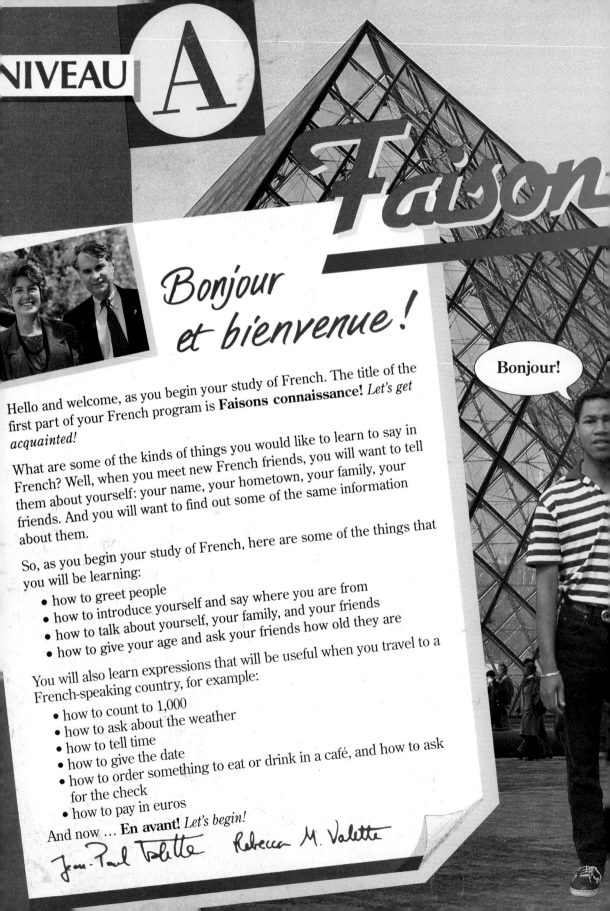

Faisons

Bonjour et bienvenue!

Bonjour!

Hello and welcome, as you begin your study of French. The title of the first part of your French program is **Faisons connaissance!** *Let's get acquainted!*

What are some of the kinds of things you would like to learn to say in French? Well, when you meet new French friends, you will want to tell them about yourself: your name, your hometown, your family, your friends. And you will want to find out some of the same information about them.

So, as you begin your study of French, here are some of the things that you will be learning:

- how to greet people
- how to introduce yourself and say where you are from
- how to talk about yourself, your family, and your friends
- how to give your age and ask your friends how old they are

You will also learn expressions that will be useful when you travel to a French-speaking country, for example:

- how to count to 1,000
- how to ask about the weather
- how to tell time
- how to give the date
- how to order something to eat or drink in a café, and how to ask for the check
- how to pay in euros

And now ... **En avant!** *Let's begin!*

Jean-Paul Valette   *Rebecca M. Valette*

1 Bonjour!

INTRODUCTION
culturelle

Salutations *(Greetings)*

How do you greet people in the United States? You may nod or smile. With adults, you may shake hands when you are introduced for the first time.

In France, people shake hands with friends and acquaintances each time they see one another, and not only to say hello but also when they say good-bye. Among teenagers, boys shake hands with boys. Girls kiss each other on the cheeks two or three times. (This is called **une bise**). Boys and girls who are close friends also greet each other with **une bise.**

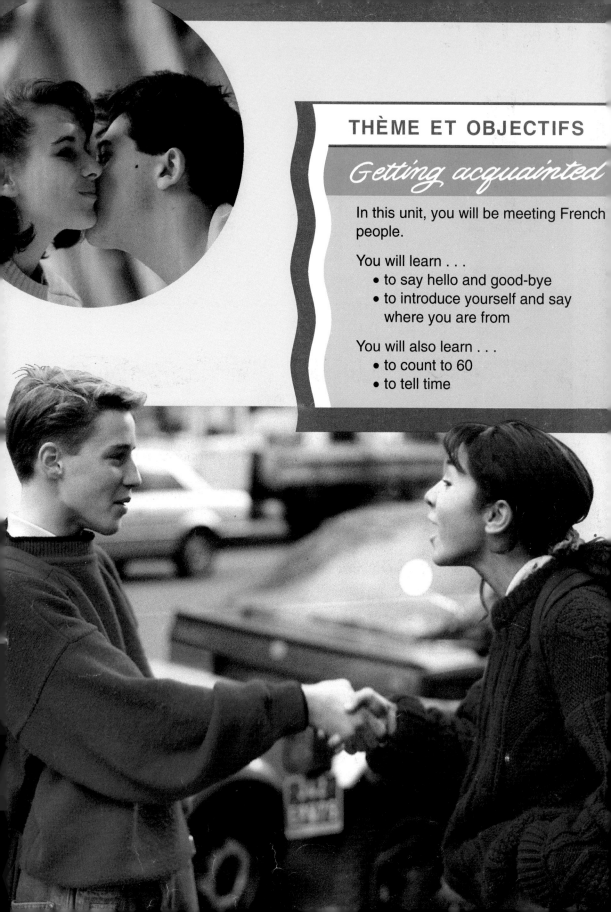

THÈME ET OBJECTIFS

Getting acquainted

In this unit, you will be meeting French people.

You will learn . . .
- to say hello and good-bye
- to introduce yourself and say where you are from

You will also learn . . .
- to count to 60
- to tell time

La rentrée

This is the first day of school. Students are greeting their friends and meeting new classmates.

> Bonjour! Je m'appelle Philippe.

> Et moi, je m'appelle Stéphanie.

—Bonjour! Je m'appelle Philippe.
—Et moi, je m'appelle Stéphanie.

> Je m'appelle Marc. Et toi?

> Moi, je m'appelle Isabelle.

> Comment t'appelles-tu?

> Je m'appelle Nathalie.

—Je m'appelle Marc. Et toi?
—Moi, je m'appelle Isabelle.

—Comment t'appelles-tu?
—Je m'appelle Nathalie.
—Bonjour.
—Bonjour.

POUR
COMMUNIQUER

Bonjour!

▶ How to say hello:

| **Bonjour!** | *Hello!* | —**Bonjour,** Nathalie!
—**Bonjour,** Jean-Paul! |

▶ How to ask a classmate's name:

| **Comment t'appelles-tu?** | *What's your name?* | — **Comment t'appelles-tu?** |
| **Je m'appelle . . .** | *My name is . . .* | — **Je m'appelle** Stéphanie. |

OTHER EXPRESSIONS		
moi	*me*	**Moi,** je m'appelle Marc.
et toi?	*and you?*	**Et toi,** comment t'appelles-tu?

■ NOTES ■
CULTURELLES

Rentrée des classes
6^{em}→ Lundi 10 Septembre à 9^H
(pas de cours l'après-midi)

5e-4e-3e→ Lundi 10 Septembre
à 14^H

1 La rentrée *(Back to school)*

French and American students have about the same number of days of summer vacation. In France, summer vacation usually begins at the end of June and classes resume in early September. The first day back to school in fall is called **la rentrée.**

2 Les prénoms français
(French first names)

Many traditional French names have corresponding equivalents in English.

For boys:	For girls:
Jean *(John)*	**Marie** *(Mary)*
Pierre *(Peter)*	**Monique** *(Monica)*
Marc *(Mark)*	**Cécile** *(Cecilia)*
Philippe *(Philip)*	**Alice**
Nicolas *(Nicholas)*	**Caroline**

Often the names **Jean** and **Marie** are combined in double names such as **Jean-Paul** and **Marie-Christine.** In recent years, names of foreign origin, like **Dimitri** and **Karine,** have become quite popular.

Bonjour! Je m'appelle Astérix.

UNE AVENTURE D'ASTÉRIX LE GAULOIS

le tour de Gaule d'Astérix

TEXTE DE GOSCINNY
DESSINS DE UDERZO

DARGAUD

Petit commentaire

Astérix le Gaulois is one of the best-loved cartoon characters in France. Small in size but extremely clever and courageous, he represents the "little man" defending his country Gaul (the ancient name of France) against the invading Roman legions led by Julius Caesar.

1 **Bonjour!**

Say hello to the student nearest to you.

▶

Bonjour!

Bonjour!

Bonjour!

2 **Je m'appelle . . .**

Introduce yourself to your classmates.

▶ Je m'appelle (Paul).
▶ Je m'appelle (Denise).

3 **Et toi?**

Ask a classmate his or her name.

▶ —Comment t'appelles-tu?
—Je m'appelle (Christine).

4 **Bonjour, les amis!** *(Hello everyone!)*

Say hello to the following students.

▶ **Bonjour, Marc!**

Marc

Juliette

François

Jean-Paul

Stéphanie

Isabelle

Nathalie

Philippe

L'alphabet

A B C D E F G H I J K L

a   bé   cé   dé   e   effe   gé   hache   i   ji   ka   e

Les signes orthographiques *(Spelling marks)*

French uses accents and spelling marks that do not exist in English. These marks are part of the spelling and cannot be left out.

In French, there are four accents that may appear on vowels.

´	**l'accent aigu** *(acute accent)*	Cécile, Stéphanie
`	**l'accent grave** *(grave accent)*	Michèle, Hélène
^	**l'accent circonflexe** *(circumflex)*	Jérôme
¨	**le tréma** *(diaeresis)*	Noël, Joëlle

There is only one spelling mark used with a consonant. It occurs under the letter "**c**."

¸	**la cédille** *(cedilla)*	François

La rentrée

It is the first day of class. The following students are introducing themselves. Act out the dialogues with your classmates.

▶ Hélène et Philippe

Moi, je m'appelle Philippe.

...appelle Hélène. Et toi?

1. Stéphanie et Marc
2. Cécile et Frédéric
3. Michèle et François
4. Béatrice et Joël
5. Céline et Jérôme

Les nombres de 0 à 10

0	**1**	**2**	**3**
zéro	un	deux	trois
4	**5**	**6**	**7**
quatre	cinq	six	sept
8	**9**	**10**	
huit	neuf	dix	

Numéros de téléphone

Imagine you are visiting a family in Quebec. Give them your American phone number in French.

▶ 617-963-4028   six, un, sept — neuf, six, trois — quatre, zéro, deux, huit

M	N	O	P	Q	R	S	T	U	V	W	X	Y	Z
...me	enne	o	pé	ku	erre	esse	té	u	vé	double vé	ixe	i grec	zède

2

Tu es français?

It is the opening day of school and several of the students meet in the cafeteria (**la cantine**) at lunchtime. Marc discovers that not everyone is French.

Tu es français?

Oui, je suis français.

MARC: Tu es français?
JEAN-PAUL: Oui, je suis français.

MARC: Et toi, Patrick, tu es français aussi?
PATRICK: Non! Je suis américain. Je suis de Boston.

Non! Je suis américain

MARC: Et toi, Stéphanie, tu es française ou américaine?
STÉPHANIE: Je suis française.
MARC: Tu es de Paris?
STÉPHANIE: Non, je suis de Fort-de-France.
MARC: Tu as de la chance!

Je suis française.

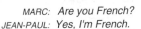

MARC: Are you French?
JEAN-PAUL: Yes, I'm French.

MARC: And you, Patrick, are you French too?
PATRICK: No! I'm American. I'm from Boston.

MARC: And you, Stéphanie, are you French or American?
STÉPHANIE: I'm French.
MARC: Are you from Paris?
STÉPHANIE: No, I'm from Fort-de-France.
MARC: You're lucky!

POUR
COMMUNIQUER

Tu es de Denver?

How to talk about where people are from:

Tu es de . . .?	*Are you from . . . ?*	—**Tu es de** Denver?
Je suis de . . .	*I'm from . . .*	—Non, **je suis de** Dallas.

How to talk about one's nationality:

Tu es . . .?	*Are you . . . ?*	—Pierre, **tu es** français?
Je suis . . .	*I am . . .*	—Oui, **je suis** français.

Les nationalités		
	français	française
	anglais	anglaise
	américain	américaine
	canadien	canadienne

OTHER EXPRESSIONS

oui	*yes*	Tu es français? **Oui,** je suis français.
non	*no*	Tu es canadien? **Non,** je suis américain.
et	*and*	Je suis de Paris. **Et** toi?
ou	*or*	Tu es français **ou** canadien?
aussi	*also, too*	Moi **aussi,** je suis française.

LA MARTINIQUE

B A L A T A
jardin botanique

■ **NOTE** ■
CULTURELLE

Fort-de-France et la Martinique

Fort-de-France is the capital of Martinique, a small French island in the Caribbean. Because Martinique is part of the French national territory, its inhabitants are French citizens. Most of them are of African origin. They speak French as well as a dialect called **créole**.

Martinique is also known as the Island of the Flowers (**l'Île aux Fleurs**) because of its warm tropical climate and magnificent vegetation. In the winter months, it attracts thousands of European and American tourists.

Petit commentaire

The Statue of Liberty (**la statue de la Liberté**) was a gift to the United States from the French people on the occasion of the 100th anniversary of American independence. The Eiffel Tower (**la tour Eiffel**) was built to celebrate the 100th anniversary of the French Revolution.

français, française

Names of nationalities may have two different forms, depending on whom they refer to:

	MASCULINE	FEMININE
Je suis ... **Tu es ...?**	 français américain	français française américaine

➡ Note that in written French the feminine forms always end in **-e.**

1 **Et toi?**

Give your name, your nationality, and your city of origin.

Bonjour!
Je m'appelle Bob Jones.
Je suis américain.
Je suis de Providence.

Bonjour!
Je m'appelle Linda Carlson.
Je suis américaine.
Je suis de Boston.

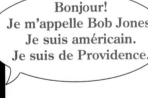

2 **Français ou française?**

You meet the following young people. Ask them if they are French. A classmate will answer you, as in the model. (Be sure to use **français** with boys and **française** with girls.)

▶ — Sophie, tu es française?
— Oui, je suis française. Je suis de Strasbourg.

Paris

Sophie

Stra

1. Jean-Pierre

3. Éric

Lyon

2. Paul

5. N

Bordeaux

4. Michèle

Mars

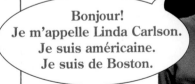

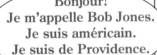

Quelle nationalité? *(Which nationality?)*

Greet the following young people and find out each one's nationality. A classmate will answer you, according to the model.

▶ —Bonjour, Marc. Tu es canadien?
—Oui, je suis canadien. Je suis de Montréal.

| Marc | 1. Claire | 2. Patrick |
| Montréal | Québec | Boston |

| Denise | 4. Donna | 5. Paul |
| Liverpool | Memphis | Cambridge |

Les nombres de 10 à 20

10 dix	11 onze	12 douze
13 treize	14 quatorze	15 quinze
16 seize	17 dix-sept	18 dix-huit
19 dix-neuf	20 vingt	

4 **La fusée Ariane** — *(The Ariane rocket)*

Give the countdown for the lift-off of the French rocket Ariane, from 20 to 0.

Prononciation

Les lettres muettes *(Silent letters)*

In French, the last letter of a word is often not pronounced.

Paris

- Final "**e**" is always silent.
  Répétez: **Sophie Philippe Stéphanie anglaise française onze douze treize quatorze quinze seize**

- Final "**s**" is almost always silent.
  Répétez: **Paris Nicolas Jacques anglais français trois**

- The letter "**h**" is always silent.
  Répétez: **Hélène Henri Thomas Nathalie Catherine**

Salut! Ça va?

On the way to school, François meets his friends.

Salut, Isabelle!

Salut! Ça va?

Ça va! Merci!

Salut, Nathalie! Ça va?

Ça va bien! Et toi?

Moi aussi!

Ça va, Philippe?

Ah no
Ça va

François also meets his teachers.

Bonjour, monsieur.

Bonjour, François.

Monsieur Masson

Bonjour, madame.

Bonjour, François.

Madame Chollet

Bonjour, mademoiselle.

Mademoiselle

After class, François says good-bye to his teacher and his friends.

Au revoir, mademoiselle.

Au revoir, François.

Au revoir, Nathalie.

Au revoir, François.

POUR
COMMUNIQUER

Salut!

How to greet a friend or classmate:

Salut!   *Hi!*

How to greet a teacher or another adult:

Bonjour!   *Hello!*

Bonjour, monsieur.
Bonjour, madame.
Bonjour, mademoiselle.

How to say good-bye:

Au revoir!   *Good-bye!*

Au revoir, Philippe.
Au revoir, monsieur.

➡ In written French, the following abbreviations are commonly used:

M. Masson	Monsieur Masson
Mme Chollet	Madame Chollet
Mlle Lacour	Mademoiselle Lacour

➡ Young people often use **Salut!** to say good-bye to each other.

■ NOTE ■
CULTURELLE

Bonjour ou Salut?

French young people may greet one another with **Bonjour,** but they often prefer the less formal **Salut.** When they meet their teachers, however, they always use **Bonjour.** French young people are generally much more formal with adults than with their friends. This is especially true in their relationships with teachers, whom they treat with great respect.

Have you noticed that in France adults are addressed as **monsieur, madame,** or **mademoiselle?** The last name is almost never used in greeting people.

1 Bonjour ou salut?

You are enrolled in a French school.
Greet your friends and teachers.

Sophie

Mademoiselle
Pinot

▶ Salut, Sophie!

▶ Bonjour, mademoiselle!

| 1. Anne | 2. Monsieur Masson | 3. Nathalie | 4. Marc | 5. Madame Albert | 6. Mademoiselle Boucher |

POUR *COMMUNIQUER*

How to ask people how they feel:

—**Ça va?** *How are you? How are things going? How's everything?*
—**Ça va!** *(I'm) fine. (I'm) okay. Everything's all right.*

Ça va . . .   très bien   bien   comme ci, comme ça   mal   très mal

How to express one's feelings of frustration and appreciation:

Zut! *Darn!*   **Zut!** Ça va mal!   **Merci!** *Thanks!*   Ça va, **merci.**

➡ **Ça va?** *(How are you?)* is an informal greeting that corresponds to the following
expressions:

Comment vas-tu? (when addressing a friend)
Bonjour, Paul. Comment vas-tu?
Comment allez-vous? (when addressing an adult)
Bonjour, madame. Comment allez-vous?

2 Dialogue

Exchange greetings with your classmates and ask how they are doing.

▶ —Salut, (Thomas)! Ça va?
—Ça va! Et toi?
—Ça va bien. Merci.

Situations

Sometimes we feel good and sometimes we don't. How would you respond in the following situations?

▶ You have the flu.
—Ça va?
—Ça va mal!

1. You just received an "A" in French.
2. You lost your wallet.
3. Your uncle gave you five dollars.
4. Your grandparents sent you a check for 100 dollars.
5. You bent the front wheel of your bicycle.
6. Your parents bought you a new bicycle.
7. Your little brother broke your walkman.
8. It's your birthday.
9. You have a headache.
10. You just had an argument with your best friend.
11. Your favorite baseball team has just lost a game.
12. Your French teacher has just canceled a quiz.

Les nombres de 20 à 60

20 vingt	30 trente	40 quara
vingt et un	trente et un	quarante et
vingt-deux	trente-deux	quarante-de
vingt-trois	trente-trois	quarante-tr
. . .	. . .	. . .
vingt-neuf	trente-neuf	quarante-ne

50 cinquante	60 soixante
cinquante et un	
cinquante-deux	
cinquante-trois	
. . .	
cinquante-neuf	

➡ Note the use of **et** in numbers with **un**: **vingt et un.**

5 Loto

Read out loud the numbers on the French Loto tickets.

Ça va?

How would the following people answer the question **Ça va?**

Prononciation

Les consonnes finales
(Final consonants)

1 2 3
un deux troi

In French, the last consonant of a word is often not pronounced.

• Remember: Final "**s**" is usually silent.
  Répétez: **trois français anglais**

• Most other final consonants are usually silent.
  Répétez: **Richard Albert Robert salut
  américain canadien bien deux**

EXCEPTION: The following final consonants are usually pronounced: "**c**," "**f**," "**l**," and sometimes "**r**."
Répétez: **Éric Daniel Lebeuf Pascal Victor**

However, the ending **-er** is usually pronounced /e/.
Répétez: **Roger Olivier**

LE FRANÇAIS PRATIQUE

L'heure

A. Un rendez-vous

Jean-Paul and Stéphanie are sitting in a café.
Stéphanie seems to be in a hurry to leave.

STÉPHANIE: Quelle heure est-il?
JEAN-PAUL: Il est trois heures.
STÉPHANIE: Trois heures?
JEAN-PAUL: Oui, trois heures.
STÉPHANIE: Oh là là. J'ai un rendez-vous
avec David dans vingt minutes.
Au revoir, Jean-Paul.
JEAN-PAUL: Au revoir, Stéphanie. À bientôt!

STÉPHANIE: *What time is it?*
JEAN-PAUL: *It's three o'clock.*
STÉPHANIE: *Three o'clock?*
JEAN-PAUL: *Yes, three o'clock.*
STÉPHANIE: *Uh, oh! I have a date with David in
twenty minutes. Good-bye, Jean-Paul.*
JEAN-PAUL: *Good-bye, Stéphanie. See you soon!*

Il est huit heures!

POUR COMMUNIQUER

How to talk about the time:

Quelle heure est-il?   *What time is it?*
Il est ...   *It's ...*

une heure	deux heures	trois heures	quatre heures	cinq heures	six heure

sept heures	huit heures	neuf heures	dix heures	onze heures	midi

Quelle heure est-il?
Ask your classmates what time it is.

Quelle heure est-il?

Il est quatre heures.

L'heure d'été *(Daylight savings time)*
Philippe forgot to set his watch ahead for daylight savings time, so he is an hour off.
Isabelle gives him the correct time.

▶ PHILIPPE: **Il est sept heures.**
ISABELLE: **Mais non, il est huit heures!**

▶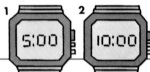

Although *o'clock* may be left out in English, the expression **heure(s)** must be used in French when giving the time.

It's ten. (It's ten o'clock.)　**Il est dix heures.**

To distinguish between A.M. and P.M., the French use the following expressions:

du matin	in the morning	Il est dix heures **du matin.**
de l'après-midi	in the afternoon	Il est deux heures **de l'après-midi.**
du soir	in the evening	Il est huit heures **du soir.**

NOTE DE PRONONCIATION: In telling time, the NUMBER and the word **heure(s)** are linked together. Remember, in French the letter "**h**" is always silent.

une heure　deux heures　trois heures　quatre heures　cinq heures　six heures

sept heures　huit heures　neuf heures　dix heures　onze heures

B. À quelle heure est le film?

Stéphanie and David have decided to go to a movie.

STÉPHANIE: Quelle heure est-il?
DAVID: Il est trois heures et demie.
STÉPHANIE: Et à quelle heure est le film?
DAVID: À quatre heures et quart.
STÉPHANIE: Ça va. Nous avons le temps.

STÉPHANIE: *What time is it?*
DAVID: *It's three-thirty (half past three).*
STÉPHANIE: *And at what time is the movie?*
DAVID: *At four-fifteen (quarter past four).*
STÉPHANIE: *That's okay. We have time.*

POUR
COMMUNIQUER

À quelle heure est le dîner?

How to ask at what time something is scheduled:

À quelle heure est ...?   *At what time is . . . ?*
 —À quelle heure est le concert?   *At what time is the concert?*
 —Le concert est à huit heures.   *The concert is at eight.*

How to say that you have an appointment or a date:

J'ai un rendez-vous à ...   *I have an appointment*   **J'ai un rendez-vous à**
                                                              (a date) at . . .   **deux heures.**

How to indicate the minutes:

Il est ...   dix heures   six heures   sept heures   deux heures
                      dix   vingt-cinq   trente-cinq   cinquante-deux

How to indicate the half hour and the quarter hours:

 et quart   **et demie**   **moins le quart**

 Il est une heure **et quart.**   Il est deux heures **et demie.**   Il est trois heures **moins le quart.**

L'heure

Give the times according to the clocks.

▶ **Il est une heure et quart.**

1 **2** **3** **4** **5**

À quelle heure?

Ask your classmates at what time certain activities are scheduled. They will answer according to the information below.

▶ 8 h 50   le film

—À quelle heure est le film?
—Le film est à huit heures cinquante.

1. 7 h 15 le concert
2. 2 h 30 le match de football *(soccer)*
3. 3 h 45 le match de tennis
4. 5 h 10 le récital
5. 7 h 45 le dîner

 Musée d'Orsay
Festival de cinéma
12h15

5 Rendez-vous

Isabelle has appointments with various classmates and teachers. Look at her notebook and act out her dialogues with Philippe.

▶ ISABELLE: **J'ai un rendez-vous avec Marc.**
PHILIPPE: **À quelle heure?**
ISABELLE: **À onze heures et demie.**

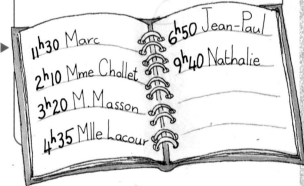

11h30 Marc
2h10 Mme Chollet
3h20 M. Masson
4h35 Mlle Lacour
6h50 Jean-Paul
9h40 Nathalie

À la gare *(At the train station)*

You are at the information desk of a French train station. Travelers ask you the departure times for the following trains. Answer them according to the posted schedule.

▶ le train de Nice

quelle heure est
train de Nice?

Le train de Nice
est à six heures dix.

DÉPARTS			
NICE	◆ 6 h 10	TOULON	◆ 9 h 35
LYON	◆ 7 h 15	COLMAR	◆ 10 h 40
CANNES	◆ 7 h 30	TOULOUSE	◆ 10 h 45
TOURS	◆ 8 h 12	MARSEILLE	◆ 10 h 50
DIJON	◆ 8 h 25	BORDEAUX	◆ 10 h 55

À votre tour!

1 Nathalie et Marc

It is the first day of school. Nathalie is talking to Marc and you hear parts of their conversation. For each of Nathalie's greetings or questions, select Marc's reply from the suggested responses on the right.

1. Salut!
2. Ça va?
3. [Co]mment t'appelles-tu?
4. Tu es français?
5. Quelle heure est-il?
6. Au revoir!

a. Bonjour!
b. Au revoir!
c. Non, je suis canadien.
d. Il est deux heures moins le quart.
e. Marc Boutin.
f. Oui, ça va bien! Merci!

2 Et toi?

You and Nathalie meet at a sidewalk café. Respond to her greetings and questions.

1. Salut! Ça va?
2. Comment t'appelles-tu?
3. Tu es canadien (canadienne)?
4. Quelle heure est-il?
5. Oh là là. J'ai un rendez-vous dans (in) dix minutes. Au revoir.

3 Conversation dirigée

Two students, Jean-Pierre and Janet, meet on the Paris-Lyon train. With a partner, compose and act out their dialogue according to the suggested script.

Jean-Pierre			Janet
says hello	→	responds and asks how things are	
says things are fine	→	asks him what his name is	
says his name is Jean-Pierre . . . asks her name	→	says her name is Janet	
asks her if she is English	→	says no and responds that she is American	
asks her if she is from New York	→	replies that she is from San Francisco	

Minidialogues

Create original dialogues on the basis of the pictures below.

1. David et Nicole

2. Monsieur Bertin et Mademoiselle Laval

3. Florence et Alain

4. Jean-Pierre et Sylvie

5. Thomas et Nicole

5 En scène

With a classmate, act out the following scene.

CHARACTERS:

You and a French exchange student

SITUATION:

You are at a party and meet a French exchange student who is happy to respond to your greetings and questions.

- Greet the student.
- Ask how things are going.
- Introduce yourself and ask his/her name.
- Ask if he/she is French.
- Ask if he/she is from Paris.
- Say good-bye.

6 Les nombres

1. Select any number between 0 and 15 and give the next five numbers in sequence.

2. Select a number between 1 and 9. Use that number as a starting point and count by tens to 60.

▶ deux

   douze, vingt-deux, trente-deux, etc.

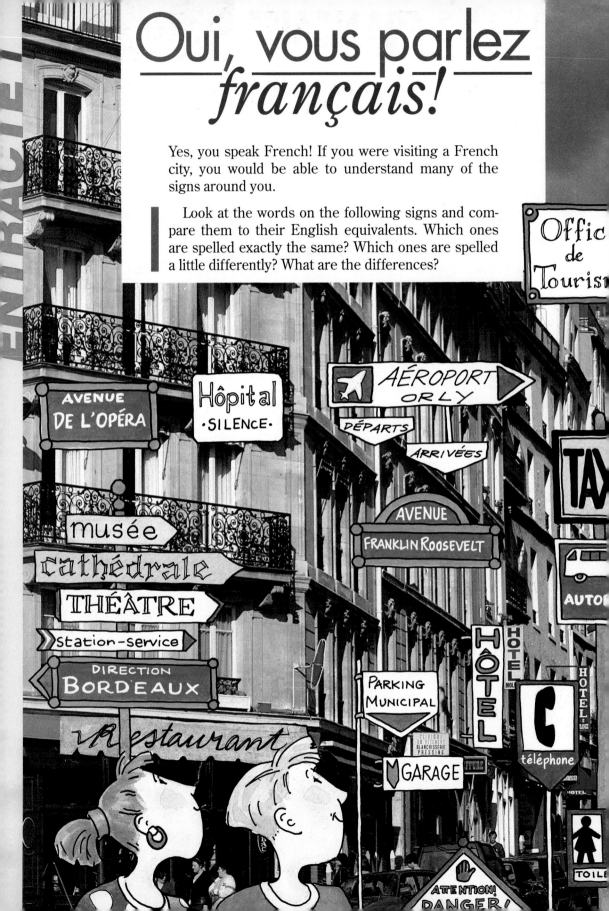

Oui, vous parlez _français!_

Yes, you speak French! If you were visiting a French city, you would be able to understand many of the signs around you.

Look at the words on the following signs and compare them to their English equivalents. Which ones are spelled exactly the same? Which ones are spelled a little differently? What are the differences?

La présence FRANÇAISE en Amérique

tween 1600 and 1750, the French explored large parts of Canada and the United States,
nich they called **La Nouvelle France** *(New France)*. Today many American towns have
ench names, as you will see on the map below.

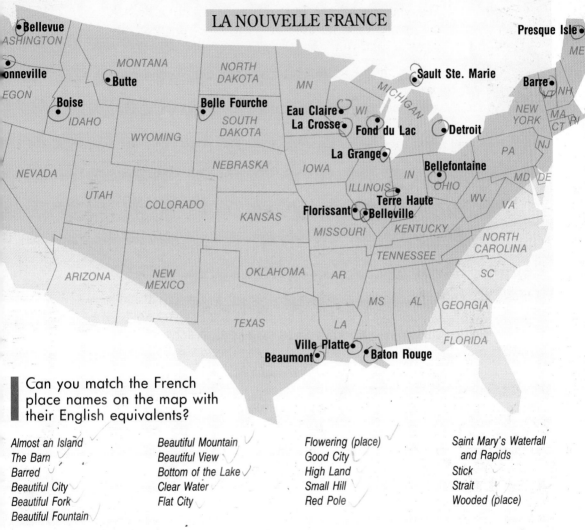

LA NOUVELLE FRANCE

Can you match the French
place names on the map with
their English equivalents?

Almost an Island	Beautiful Mountain	Flowering (place)	Saint Mary's Waterfall
The Barn	Beautiful View	Good City	and Rapids
Barred	Bottom of the Lake	High Land	Stick
Beautiful City	Clear Water	Small Hill	Strait
Beautiful Fork	Flat City	Red Pole	Wooded (place)
Beautiful Fountain			

Un jeu *(game)*

Many American cities were also named after:

- French people (such as King Louis XIV and his patron Saint Louis, General La Fayette,
  Napoleon, and of course, explorers like Champlain, Jolliet, Marquette, La Salle, Duluth,
  Dubuque)
- French cities (such as Paris, Montpellier, La Rochelle, Orléans)

In teams of three or four, see how many cities with French names you can locate on a map
of the United States.

UNITÉ

2

Les copains et la famille

INTRODUCTION
culturelle

L'amitié *(Friendship)*

Is friendship important to you? Friendship is very important to French teenagers. Of course, there are various levels of friendship and different types of friends: classmates whom we see every day in school, friends with whom we spend time outside of school, and the few special friends who are always there when we need them and who will remain our friends for the rest of our lives. As you will see, the French have different words to describe these various relationships.

THÈME ET OBJECTIFS

Talking about people

In this unit, you will be talking about people you know. You will learn . . .
- to identify friends, family, and relatives
- to say how old you are and find out someone's age
- to talk about birthdays and holidays

You will also learn . . .
- to count from 60 to 1,000
- to give the date and the day of the week

Copain ou copine

In French, there are certain girls' and boys' names that sound the same. Occasionally this can be confusing.

Dominique? Qui est-ce?
Un copain ou une copine?

Scène 1. Philippe et Jean-Paul

Philippe is at home with his friend Jean-Paul. He seems to be expecting someone. Who could it be . . . ?
The doorbell rings.

PHILIPPE: Tiens! Voilà Dominique!
JEAN-PAUL: Dominique? Qui est-ce?
Un copain ou une copine?
PHILIPPE: C'est une copine.

Scène 2. Philippe, Jean-Paul, Dominique

PHILIPPE: Salut, Dominique! Ça va?
DOMINIQUE: Oui, ça va! Et toi?
JEAN-PAUL: *(thinking)* C'est vrai! C'est une copine!

Salut, Dominique!
Ça va?

Scene 1. *Philippe and Jean-Paul*

PHILIPPE: *Hey! There's Dominique!*
JEAN-PAUL: *Dominique? Who's that?*
A boy(friend) or a girl(friend)?
PHILIPPE: *A girl(friend).*

Scene 2. *Philippe, Jean-Paul, Dominique*

PHILIPPE: *Hi, Dominique! How's everything?*
DOMINIQUE: *Fine! And you?*
JEAN-PAUL: *(thinking) It's true! She is a girlfriend!*

POUR
COMMUNIQUER

> Tiens! Voilà Caroline!
> C'est une copine!

▶ *How to introduce or point out someone:*

Voici . . .   *This is . . . , Here come(s) . . .*   **Voici** Jean-Paul.
                                                Voici Nathalie et François.

Voilà . . .   *This (That) is . . . , There's . . .*   **Voilà** Isabelle.
                                                Voilà Philippe et Dominique.

▶ *How to find out who someone is:*

Qui est-ce?   *Who's that? Who is it?*   —**Qui est-ce?**
C'est . . .   *It's . . . , That's . . . , He's . . . , She's . . .*   —**C'est** Patrick. **C'est** un copain.

▶ *How to get someone's attention or to express surprise:*

Tiens!   *Look! Hey!*   **Tiens,** voilà Dominique!

Les personnes

un garçon	*boy*	
un ami	*friend (male)*	
un copain	*friend (male)*	

un monsieur	*gentleman*
un prof	*teacher*

une fille	*girl*
une amie	*friend (female)*
une copine	*friend (female)*

une dame	*lady*
une prof	*teacher*

■ NOTE ■
CULTURELLE

Amis et copains

French young people, like their American counterparts, enjoy spending time with their friends. They refer to their friends as **un ami** (for a boy) and **une amie** (for a girl) or — more commonly — as **un copain** or **une copine.** Note that the words **copain, copine** can also have special meanings. When a boy talks about **une copine,** he is referring to a friend who is a girl. However, when he says **ma** *(my)* **copine,** he may be referring to his girlfriend. Similarly, a girl would call her boyfriend **mon copain.**

C'EST UN CHAMPION!

MAIS NON! C'EST UNE CHAMPIONNE.

Petit commentaire

Cycling is a popular competitive sport throughout France. The most popular races are the **Tour de France** and the **Tour de France féminin,** which take place every year in July. French women cyclists have won many world titles.

un garçon, une fille

In French, all NOUNS are either MASCULINE or FEMININE.
Nouns referring to boys or men are almost always MASCULINE.
They are introduced by **un** *(a, an).*
Nouns referring to girls or women are almost always FEMININE.
They are introduced by **une** *(a, an).*

	MASCULINE	
	un garçon	*a boy*
	un ami	*a friend (male)*

	FEMININE	
	une fille	*a girl*
	une amie	*a friend (female)*

1 Copain ou copine?

Say that the following people are your friends. Use **un copain** or **une copine,** as appropriate.

▶ **Christine est une copine.**

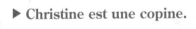

Christine

1. Alice

2. Marie-Jeanne

3. Éric

4. David

5. Sylvie

2 Les amis

The same young people are visiting your school. Point them out to your class-mates, using **un ami** or **une amie,** as appropriate.

▶ —**Tiens, voilà Christine!**
—**Qui est-ce?**
—**C'est une amie.**

3 Un ou une?

Identify the people below by completing the sentences with **un** or **une.**

1. Voici . . . fille.
2. Voilà . . . garçon.
3. Voici . . . dame.
4. C'est . . . amie.
5. Olivier est . . . ami.
6. Jean-Paul est . . . copain.
7. Cécile est . . . copine.
8. Voici Mlle Lacour. C'est . . . prof.
9. Voici M. Masson. C'est . . . prof.
10. Voici Mme Chollet. C'est . . . prof.

À la fenêtre *(At the window)*

You and a friend are walking down the street and you see the following people at their windows. Identify them in short dialogues.

▶ —Tiens, voilà un monsieur!
—Qui est-ce?
—C'est Monsieur Mercier.

Monsieur Mercier

...cole

2. **Mademoiselle Lasalle**

3. **Éric**

4. **Madame Albert**

5. **Monsieur Lavie**

6. **Alain**

Les nombres de 60 à 79

60 soixante

61 soixante et un	66 soixante-six
62 soixante-deux	67 soixante-sept
63 soixante-trois	68 soixante-huit
64 soixante-quatre	69 soixante-neuf
65 soixante-cinq	

70 soixante-dix

71 soixante et onze	76 soixante-seize
72 soixante-douze	77 soixante-dix-sept
73 soixante-treize	78 soixante-dix-huit
74 soixante-quatorze	79 soixante-dix-neuf
75 soixante-quinze	

➡ Note that in counting from 70 to 79, the French continue adding numbers to 60:

70 = 60 + 10   71 = 60 + 11   72 = 60 + 12, etc.

Numéros de téléphone

Read aloud the phone numbers of Jean-Paul's friends in Paris.

▶ Philippe   **zéro un, quarante-deux, soixante et un, dix-neuf, soixante-quinze**

Philippe   01.42.61.19.75
Martine   01.41.33.64.79
Michèle   01.42.56.76.62
Stéphanie   01.45.68.77.35
François   01.49.78.13.62

Prononciation

La liaison

un ami

Pronounce the following words:

un‿ami   un‿Américain   un‿Anglais   un‿artiste

In general, the "**n**" of **un** is silent. However, in the above words, the "**n**" of **un** is pronounced as if it were the *first* letter of the next word. The two words are *linked* together in LIAISON.

Liaison occurs between two words when the second one begins with a VOWEL SOUND, that is, with "**a**", "**e**", "**i**", "**o**", "**u**", and sometimes "**h**" and "**y**".

➡ Although liaison is not marked in written French, it will be indicated in your book by the symbol ‿ where appropriate.

Contrastez et répétez:

LIAISON: **un‿ami   un‿Américaiń   un‿Italień   un‿artis...**

NO LIAISON: **uń copaiń   uń Françaiś   uń Canadień   uń p...**

6

Une coïncidence

Isabelle is at a party with her new Canadian friend Marc.
She wants him to meet some of the other guests.

Tu connais la fille là-bas?

Non. Qui est-ce?

C'est une copine.
Elle s'appelle Juliette Savard.

Elle est française?

Non, elle est canadienne.
Elle est de Montréal.

Moi aussi!

Quelle coïncidence!

ISABELLE:	*Do you know the girl over there?*
MARC:	*No. Who is she?*
ISABELLE:	*She's a friend. Her name is Juliette Savard.*

MARC:	*Is she French?*
ISABELLE:	*No, she's Canadian. She is from Montreal.*
MARC:	*Me too!*
ISABELLE:	*What a coincidence!*

POUR
COMMUNIQUER

> Tu connais la dame?

> Oui, elle s'appelle Madame Leblanc.

How to inquire about people:

Tu connais . . . ?	*Do you know . . . ?*	**Tu connais** Jean-Paul?

How to describe people and give their nationalities:

Il est . . .	*He is . . .*	**Il est** canadien.
Elle est . . .	*She is . . .*	**Elle est** canadienne.

How to find out another person's name:

Comment s'appelle . . . ?	*What's the name of . . . ?*	**Comment s'appelle** le garçon?
		Comment s'appelle la fille?
Il s'appelle . . .	*His name is . . .*	**Il s'appelle** Marc.
Elle s'appelle . . .	*Her name is . . .*	**Elle s'appelle** Juliette.

■ NOTE ■
CULTURELLE

Montréal et la province de Québec

In population, metropolitan Montreal is the second-largest city in Canada. After Paris, it is also the second-largest French-speaking city in the world.

Montreal is located in the province of Quebec, where French is the official language. In fact, French speakers represent over 90% of the population. These people are the descendants of French settlers who came to Canada in the 17th and 18th centuries. If you visit Montreal, you will discover that the people of Quebec **(les Québécois)** are very proud of their heritage and dedicated to maintaining French as their language.

BONJOUR! | TU CONNAIS LE MONSIEUR? | OUI, IL S'APPE... ONCLE SAM. IL... AMÉRICAI...

le garçon, la fille

The French equivalent of *the* has two basic forms: **le** and **la.**

MASCULINE	
le garçon	*the boy*
le copain	*the friend*

FEMININE	
la fille	*the girl*
la copine	*the friend*

NOTE: Both **le** and **la** become **l'** before a vowel sound.

un copain	→	le copain	une copine	→	la copine
un ami	→	**l'**ami	une amie	→	**l'**amie

1 **Qui est-ce?** ─────────────

Ask who the following people are, using **le, la,** or **l'.**

▶ une prof
   Qui est la prof?

1. un monsieur
2. une dame

3. une fille
4. un garçon

5. un prof
6. un ami

7. une amie

2 **Tu connais . . . ?** ─────────────

Ask your classmates if they know the following people. They will answer that they do.

▶ une dame / Madame Vallée

Tu connais la dame?

Oui, c'est Madame Vallée.

1. un prof / Monsieur Simon
2. un garçon / Christophe
3. une fille / Sophie
4. une dame / Mademoiselle Lenoir
5. une prof / Madame Boucher
6. un monsieur / Monsieur Duval

3 **Comment s'appelle . . . ?** ─────────────

Ask the names of the following people, using the words **le garçon, la fille.** A classmate will respond.

▶ —Comment s'appelle la fille?
  —Elle s'appelle Stéphanie.

Stéphanie	1. Marc	2. Juliette	3. Fr...

4. Jean-Paul	5. Nathalie	6. Philippe	7. Is...

Français, anglais, canadien ou américain?

Give the nationalities of the following people.

▶ Jewel?
  Elle est américaine.

1. le prince Charles?
2. Céline Dion?
3. Juliette Binoche?

4. Gwyneth Paltrow?
5. Pierre Cardin?
6. Matt Damon?

7. Oprah Winfrey?
8. Tom Cruise?
9. Hugh Grant?

Les nombres de 80 à 1000

80 quatre-vingts

81 quatre-vingt-un	86 quatre-vingt-six
82 quatre-vingt-deux	87 quatre-vingt-sept
83 quatre-vingt-trois	88 quatre-vingt-huit
84 quatre-vingt-quatre	89 quatre-vingt-neuf
85 quatre-vingt-cinq	

90 quatre-vingt-dix

91 quatre-vingt-onze	96 quatre-vingt-seize
92 quatre-vingt-douze	97 quatre-vingt-dix-sept
93 quatre-vingt-treize	98 quatre-vingt-dix-huit
94 quatre-vingt-quatorze	99 quatre-vingt-dix-neuf
95 quatre-vingt-quinze	

100 cent   1000 mille

➡ Note that in counting from 80 to 99, the French add numbers to the base of **quatre-vingts** (fourscore):

$$80 = 4 \times 20 \qquad 90 = 4 \times 20 + 10$$
$$85 = 4 \times 20 + 5 \quad 99 = 4 \times 20 + 19$$

5 Au téléphone

In France, the telephone area code (**l'indicatif**) is always a four-digit number. Your teacher will name a city (**une ville**) from the chart. Give the corresponding area code.

▶ Nice? **C'est le zéro quatre quatre-vingt-treize.**

VILLE	INDICATIF
Albi	0563
Avignon	0490
Cannes	0493
Dijon	0380
Marseille	0491
Montpellier	0467
Nancy	0383
Nice	0493
Nîmes	0466
Rennes	0299
Saint-Tropez	0494
Strasbourg	0388
Vichy	0470

Prononciation   /ɛ̃/

La voyelle nasale /ɛ̃/

In French, there are three nasal vowel sounds:

/ɛ̃/ **cinq** (5)   /ɔ̃/ **onze** (11)   /ɑ̃/ **trente** (30)

Practice the sound /ɛ̃/ in the following words. Note that this vowel sound can have several different spellings.

➡ Be sure not to pronounce an "**n**" or "**m**" after the nasal vowel.

Répétez: "**in**"   ci**n**q   qui**n**ze   vi**n**gt   vi**n**gt-ci**n**q   quatre-vi**n**gt-qui**n**ze
          "**ain**"   américai**n**   Alai**n**   copai**n**
          "**(i)en**"   bie**n**   canadie**n**   tie**n**s!
          "**un**"   u**n**

          Tien**s! Voilà Alai**n**. Il est américai**n**.   Et Julie**n**? Il est canadie**n**.**

5

cinq

Les photos d'Isabell

Isabelle is showing her family photo album to her friend Jean-Paul.

ISABELLE: Voici ma mère.
JEAN-PAUL: Et le monsieur, c'est ton père?
ISABELLE: Non, c'est mon oncle Thomas.
JEAN-PAUL: Et la fille, c'est ta cousine?
ISABELLE: Oui, c'est ma cousine Béatrice. Elle a seize ans.
JEAN-PAUL: Et le garçon, c'est ton cousin?
ISABELLE: Non, c'est un copain.
JEAN-PAUL: Un copain ou ton copain?
ISABELLE: Dis donc, Jean-Paul, tu es vraiment trop curieux!

ma mère

mon oncle Thomas

ma cousine Béatrice

??

ISABELLE: *This is my mother.*
JEAN-PAUL: *And the man, is he your father?*
ISABELLE: *No, that's my uncle Thomas.*
JEAN-PAUL: *And the girl, is she your cousin?*
ISABELLE: *Yes, that's my cousin Béatrice. She's sixteen.*

JEAN-PAUL: *And the boy, is he your cousin?*
ISABELLE: *No, that's a friend.*
JEAN-PAUL: *A friend or a boyfriend?*
ISABELLE: *Hey there, Jean-Paul, you are really too curious!*

POUR
COMMUNIQUER

Voici mon chien
Malice.

How to introduce your family:

Voici mon père.   *This is my father.*
Et voici ma mère.   *And this is my mother.*

La famille (Family)			
un frère	*brother*	**une soeur**	*sister*
un cousin	*cousin*	**une cousine**	*cousin*
un père	*father*	**une mère**	*mother*
un oncle	*uncle*	**une tante**	*aunt*
un grand-père	*grandfather*	**une grand-mère**	*grandmother*

Les animaux domestiques (Pets)

un chat

un chien

■ NOTE ■
CULTURELLE

La famille française

When you and your friends talk about your families, you usually are referring to your brothers, sisters, and parents. In French, however, **la famille** refers not only to parents and children but also to grandparents, aunts, uncles, cousins, as well as a whole array of more distant relatives related by blood and marriage.

Since the various members of a family often live in the same region, French teenagers see their grandparents and cousins fairly frequently. Even when relatives do not live close by, the family finds many occasions to get together: for weekend visits, during school and summer vacations, on holidays, as well as on special occasions such as weddings and anniversaries.

mon cousin, ma cousine

The French equivalents of *my* and *your* have the following forms:

MASCULINE	
mon cousin	*my cousin (male)*
mon frère	*my brother*
ton cousin	*your cousin (male)*
ton frère	*your brother*

FEMININE	
ma cousine	*my cousin (female)*
ma soeur	*my sister*
ta cousine	*your cousin (female)*
ta soeur	*your sister*

→ Note that the feminine **ma** becomes **mon** and the feminine **ta** becomes **ton** before a vowel sound. Liaison is required.

une amie → **mon** amie **ton** amie

---

1 **L'album de photos**

You are showing a friend your photo album. Identify the following people, using **mon** and **ma,** as appropriate.

▶ cousine Jacqueline   **Voici ma cousine Jacqueline.**

1. frère	5. père	9. copine Pauline	13. chien Toto
2. soeur	6. mère	10. amie Florence	14. chat Minou
3. tante Monique	7. copain Nicolas	11. grand-mère Michèle	15. cousine Sophie
4. oncle Pierre	8. ami Jérôme	12. grand-père Robert	

---

2 **Comment s'appelle . . . ?**

Ask your classmates to name some of their friends, relatives, and pets. They can invent names if they wish.

▶ le copain

1. l'oncle	4. la cousine	7. la grand-mère
2. la tante	5. la copine	8. le chien
3. le cousin	6. le grand-père	9. le chat

POUR COMMUNIQUER

> Quel âge as-tu?

> J'ai treize ans.

How to find out how old a friend is:

Quel âge as-tu?	How old are you?	—**Quel âge as-tu?**
J'ai . . . ans.	I'm . . . (years old).	—**J'ai treize ans.**

How to ask about how old others are:

—**Quel âge a ton père?**	How old is your father?
—**Il a quarante-deux ans.**	He is 42 (years old).
—**Quel âge a ta mère?**	How old is your mother?
—**Elle a trente-neuf ans.**	She is 39 (years old).

➡ Although *years old* may be left out in English, the word **ans** must be used in French when talking about someone's age.

    Il a vingt ans.   He's twenty. (He's twenty years old.)

Quel âge as-tu?

Ask your classmates how old they are.

▶ —**Quel âge as-tu?**
   —**J'ai (treize) ans.**

Joyeux anniversaire!
(Happy birthday!)

Ask your classmates how old the following people are.

▶ —**Quel âge a Stéphanie?**
   —**Elle a quatorze ans.**

Stéphanie

1. Éric	2. Mademoiselle Doucette	3. Monsieur Boucher

Madame Dupont	5. Monsieur Camus	6. Madame Simon

---

5 ## Curiosité

Find out the ages of your classmates' friends and relatives. If they are not sure, they can guess or invent an answer.

▶ la copine —**Quel âge a ta copine?**
             —**Ma copine a (treize) ans.**

1. le père	4. la tante	7. le grand-père
2. la mère	5. le cousin	8. la grand-mère
3. l'oncle	6. la cousine	

Prononciation   /ã/   /õ/

Les voyelles nasales /ã/ et /õ/

The letters "**an**" and "**en**" usually   **tante** **onc**
represent the nasal vowel /ã/. Be sure not to pronounce an "**n**" after the nasal vowel.

Répétez: **ans** **tante** **grand-père** **français**
         anglais **quarante** **cinquante**
         trente **comment** **Henri** **Laurent**

The letters "**on**" represent the nasal vowel /õ/. Be sure not to pronounce an "**n**" after the nasal vowel.

Répétez: **non** **mon** **ton** **bonjour** **oncle**
         garçon **onze**

Contrastez: **an—on** **tante—ton** **onze—ans**
          Mon oncle François a trente ans.

▶ ▶ ▶ ▶ ▶ ▶ ▶ ▶ ▶ ▶ ▶ ▶ ▶ ▶ ▶ ▶ ▶ ▶ ▶ ▶

LEÇON 8

Le jour et la date

> Super! Demain, c'est samedi!

A. Quel jour est-ce?

For many people, the days of the week are not all alike.

Dialogue 1. Vendredi

PHILIPPE: Quel jour est-ce?
STÉPHANIE: C'est vendredi.
PHILIPPE: Super! Demain, c'est samedi!

Dialogue 2. Mercredi

NATHALIE: Ça va?
MARC: Pas très bien.
NATHALIE: Pourquoi?
MARC: Aujourd'hui, c'est mercredi.
NATHALIE: Et alors?
MARC: Demain, c'est jeudi! Le jour de l'examen.
NATHALIE: Zut! C'est vrai! Au revoir, Marc.
MARC: Au revoir, Nathalie. À demain!

> Demain, c'est jeudi!* Le jour de l'examen.

Dialogue 1. Friday
PHILIPPE: *What day is it?*
STÉPHANIE: *It's Friday.*
PHILIPPE: *Great! Tomorrow is Saturday!*

Dialogue 2. Wednesday
NATHALIE: *How are things?*
MARC: *Not very good.*
NATHALIE: *Why?*
MARC: *Today is Wednesday.*

NATHALIE: *So?*
MARC: *Tomorrow is Thursday! The day of the exam*
NATHALIE: *Darn! That's right! Good-bye, Marc.*
MARC: *Good-bye, Nathalie. See you tomorrow!*

POUR COMMUNIQUER

> À samedi!

▶ How to talk about days of the week:

Quel jour est-ce? — *What day is it?*
  Aujourd'hui, c'est mercredi. — *Today is Wednesday.*
  Demain, c'est jeudi. — *Tomorrow is Thursday.*

▶ How to tell people when you will see them again:

À samedi! — *See you Saturday!*
À demain! — *See you tomorrow!*

Les jours de la semaine *(Days of the week)*

lundi	Monday	**vendredi**	Friday	**aujourd'hui**	today
mardi	Tuesday	**samedi**	Saturday	**demain**	tomorrow
mercredi	Wednesday	**dimanche**	Sunday		
jeudi	Thursday				

Questions

1. Quel jour est-ce aujourd'hui?
2. Et demain, quel jour est-ce?

Un jour de retard *(One day behind)*

Georges has trouble keeping track of the date. He is always one day behind. Monique corrects him.

▶ samedi

> jourd'hui, c'est samedi?

> Non, aujourd'hui, c'est dimanche!

1. lundi   3. jeudi   5. dimanche
2. mardi   4. vendredi   6. mercredi

3 Au revoir!

You are on the phone with the following friends. Say good-bye and tell them when you will see them.

▶ Christine / lundi
  Au revoir, Christine. À lundi.

1. David / dimanche
2. Roger / samedi
3. Delphine / mercredi
4. Sophie / vendredi
5. Alain / mardi
6. Éric / jeudi

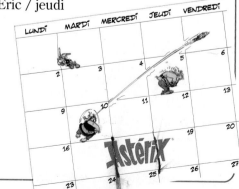

B. Anniversaire

François and Isabelle are on their way to Nathalie's birthday party. As they are talking, François wants to know when Isabelle's birthday is.

FRANÇOIS: C'est quand, ton anniversaire?
ISABELLE: C'est le 18 mars!
FRANÇOIS: Le 18 mars? Pas possible!
ISABELLE: Si! Pourquoi?
FRANÇOIS: C'est aussi mon anniversaire.
ISABELLE: Quelle coïncidence!

FRANÇOIS: *When is your birthday?*
ISABELLE: *It's March 18!*
FRANÇOIS: *March 18? That's not possible!*
ISABELLE: *Yes, it is! Why?*
FRANÇOIS: *It's my birthday too.*
ISABELLE: *What a coincidence!*

POUR COMMUNIQUER

Quelle est la date?

How to talk about the date:

Quelle est la date?   *What's the date?*
   C'est le 12 (douze) octobre.   *It's October 12.*
   C'est le premier juin.   *It's June first.*

How to talk about birthdays:

—C'est quand, ton anniversaire?   *When is your birthday?*
—Mon anniversaire est le 2 (deux) mars.   *My birthday is March 2.*

Les mois de l'année *(Months of the year)*			
janvier	avril	juillet	octobre
février	mai	août	novembre
mars	juin	septembre	décembre

La date

To express a date in French, the pattern is:

le	+	NUMBER	+	MONTH
le		11 (onze)		novembre
le		20 (vingt)		mai

Les Backstreet Boys
à Paris
Au Parc des Princes
le 23 juin

EXCEPTION: The first of the month is **le premier.**

➡ In front of numbers, the French use **le** (and never **l'**): **le onze, le huit.**
➡ Note that when dates are abbreviated in French, the day always comes first.

2/8 le deux août   **1/11 le premier** novembre

Anniversaires

Ask your classmates when their birthdays are.

▶ C'est quand, ton anniversaire?

Mon anniversaire est le 3 février.

Quelle est la date?

Ask what the date is.

12 SEPTEMBRE

▶ —Quelle est la date?
—C'est le douze septembre.

1	2	3	4	5	6
30 JUIN	**8** MAI	**4** MARS	**21** NOVEMBRE	**1** AVRIL	**25** AOÛT

Dates importantes

Give the following dates in French.

▶ Noël *(Christmas)*: 25/12   C'est le vingt-cinq décembre.

1. le jour de l'An *(New Year's Day)*: 1/1
2. la fête *(holiday)* de Martin Luther King: 15/1
3. la Saint-Valentin: 14/2
4. la Saint-Patrick: 17/3
5. la fête nationale américaine: 4/7
6. la fête nationale française: 14/7
7. la fête de Christophe Colomb: 12/10

À votre tour!

1 Nathalie et Philippe

Nathalie is talking to Philippe and you hear parts of their conversation. For each of Nathalie's questions, select Philippe's response from the suggested answers.

1 Qui est-ce?

2 C'est ta soeur?

3 Quel âge as-tu?

4 C'est quand, ton anniversaire?

5 Quel âge a ton oncle?

6 Tu connais Stéphanie?

7 Comment s'appelle ta prof de français?

8 Quel jour est-ce aujourd'hui?

a. Vendredi.
b. Oui, c'est une copine.
c. Quinze ans.
d. Non, c'est ma cousine.
e. Quarante-cinq ans.
f. Elle s'appelle Madame Doucette.
g. Le dix-huit décembre.
h. C'est mon cousin Christophe.

2 Et toi?

You have just met Nathalie at a party. Answer her questions.

1. Quel âge as-tu?
2. Quel âge a ton copain (ta copine)?
3. C'est quand, ton anniversaire?
4. C'est quand, l'anniversaire de ton copain (ta copine)?
5. Comment s'appelle le (la) prof de français?

3 Conversation dirigée

Nathalie and Christophe are in a café. Christophe sees another girl that Nathalie seems to know. He wonders who she is.

Christophe				Nath
	asks Nathalie if she knows the girl	→	says she does and that she is a friend	
	asks Nathalie the name of her friend	→	says that her name is Michèle Lafontaine	
	asks if she is Canadian	→	says yes and adds that she is from Quebec City **(de Québec)**	
	says what a coincidence **(Quelle coïncidence!)** and adds that he is also from Quebec City			

Ma famille (My family)

You are showing your friends a picture of your family. Introduce everyone, giving their ages.

▶ **Voici ma soeur. Elle a douze ans.**

5 En scène

With a classmate, act out the following scene.

CHARACTERS:
You and a French guest

SITUATION:
You are in France. Your French friends have invited you to a picnic. You meet one of the guests and have a conversation.

- Greet the guest.
- Introduce yourself and ask the guest's name.
- Tell the guest how old you are and ask his/her age.
- Tell the guest the date of your birthday and ask the date of his/her birthday.
- *(The guest waves to a friend.)* Ask the guest the name of his/her friend.
- *(It is the end of the picnic.)* Say good-bye.

Le loto

Loto is a French version of Bingo. Read out loud the numbers on your board.

	13	24		42			75	89
8		25	31		53	68		
	16		36		57		79	90

LES BRUITS FRANÇAIS (French sound

People in various countries can hear the same noises and interpret them differently. Notice how the French express certain common sounds.

TIC-TAC

TOC! TOC!

DRI DR

PLOC PLOC...

BOUM!

DING DON

What sounds do animals make in France? They make French sounds, of course!

HI-HAN

MEUH

l'âne

COT... COT... CODÈT

la poul

OUAF OUAF

MIAOU

COIN COIN

la vache

le chien

le chat

le canard

ASTÉRIX *en action*

Astérix and his friends lead an action-packed life. Can you match the sounds with the corresponding cartoon frames?

a CRAAAC!

b POM POM! POM!

c GRRRAOOR!

RRROAAOOO!

d GLOU! GLOU! GLOU! GLOU! GLOU!

e TATARARA TATA!

f PAFFF!

1 From ASTÉRIX LE GAULOIS

2 From ASTÉRIX GLADIATEUR

AU NOM DE CÉSAR, OUVREZ!

3 From ASTÉRIX CHEZ LES BRETONS

From ASTÉRIX CHEZ LES BRETONS

5 From ASTÉRIX GLADIATEUR

6 From ASTÉRIX LE GAULOIS

Bon appéti

INTRODUCTION

culturelle

Bon appétit!

Where do you go when you want something to eat or drink? Maybe to a fast-food restaurant or an ice cream place?

French teenagers also have a large choice of places to go when they are hungry or thirsty. Some go to a bakery **(une boulangerie)** or a pastry shop **(une pâtisserie)** to buy croissants, éclairs, or other small pastries. Some may buy pizzas, crepes, hot dogs, or ice-cream cones from street vendors. Still others may go to a fast-food restaurant **(un fast-food).** But the favorite place to get something to eat or drink is the café. There are cafés practically everywhere in France. As you will see, the café plays an important role in the social life of all French people.

Having a snack in France

When in France, you will often want to buy something to eat or drink. In this unit, you will learn . . .
- to order some common foods and beverages in a café
- to ask about prices and pay the check
- to ask friends to give or lend you something

You will also learn . . .
- to identify French money
- to talk about the weather
- to name the seasons

Tu as faim?

Pierre, Philippe, and Nathalie are on their way home from school. They stop by a street vendor who sells sandwiches and pizza. Today it is Pierre's turn to treat his friends.

Scène 1. Pierre et Nathalie

PIERRE: Tu as faim?
NATHALIE: Oui, j'ai faim.
PIERRE: Tu veux un sandwich ou une pizza?
NATHALIE: Donne-moi une pizza, s'il te plaît.
PIERRE: Voilà.
NATHALIE: Merci.

Scène 2. Pierre et Philippe

PIERRE: Et toi, Philippe, tu as faim?
PHILIPPE: Oh là là, oui, j'ai faim.
PIERRE: Qu'est-ce que tu veux? Un sandwi ou une pizza?
PHILIPPE: Je voudrais un sandwich . . . euh . et donne-moi aussi une pizza.
PIERRE: C'est vrai! Tu as vraiment faim!

Scene 1. *Pierre and Nathalie*

PIERRE: *Are you hungry?*
NATHALIE: *Yes, I'm hungry.*
PIERRE: *Do you want a sandwich or a pizza?*
NATHALIE: *Give me a pizza, please.*
PIERRE: *Here you are.*
NATHALIE: *Thanks.*

Scene 2. *Pierre and Philippe*

PIERRE: *And you, Philippe, are you hungry?*
PHILIPPE: *Oh yes, I'm hungry.*
PIERRE: *What do you want? A sandwich or a pizza*
PHILIPPE: *I would like a sandwich . . . er . . . and give me a pizza too.*
PIERRE: *It's true! You are really hungry!*

POUR
COMMUNIQUER

> J'ai faim!
> Tu as faim?

How to say that you are hungry:

J'ai faim.	*I'm hungry.*
Tu as faim?	*Are you hungry?*

How to offer a friend something:

Tu veux . . . ?	*Do you want . . .?*	**Tu veux** un sandwich?
Qu'est-ce que tu veux?	*What do you want?*	**Qu'est-ce que tu veux?** Un sandwich ou une pizza?

How to ask a friend for something:

Je voudrais . . .	*I would like . . .*	**Je voudrais** un sandwich.
Donne-moi . . .	*Give me . . .*	**Donne-moi** une pizza.
S'il te plaît . . .	*Please . . .*	**S'il te plaît,** François, donne-moi une pizza.

Les nourritures *(Foods)*

 roissant

 **un sandwich**

 un steak

 **un steak-frites**

 un hamburger

 **un hot dog**

 **une salade**

 **une pizza**

 une omelette

 une crêpe

 une glace

■ NOTE ■
CULTURELLE

Les jeunes et la nourriture

In general, French teenagers eat their main meals at home with their families. On weekends or after school, however, when they are with friends, they often stop at a fast-food restaurant or a café for something to eat.

At fast-food restaurants, French teenagers order pretty much the same types of foods as Americans: hamburgers, hot dogs, and pizza.

At a café, teenagers may order a croissant, a sandwich, or a dish of ice cream. Some favorite sandwiches are ham **(un sandwich au jambon),** Swiss cheese **(un sandwich au fromage),** or salami **(un sandwich au saucisson).** And, of course, they are made with French bread, which has a crunchy crust. Another traditional quick café meal is a small steak with French fries **(un steak-frites).**

J'AI FAIM!
JE VOUDRAIS
UN SANDWICH.

un sandwich, une pizza

You may have noted that the names of some foods are masculine and others are feminine. In French, ALL NOUNS, whether they designate people or things, are either MASCULINE or FEMININE.

MASCULINE NOUNS		FEMININE NOUNS	
un sandwich	**le** sandwich	**une** pizza	**la** pizza
un croissant	**le** croissant	**une** salade	**la** salade

1 Au choix *(Your choice)*

Offer your classmates a choice between the following items. They will decide which one they would like.

▶ une pizza ou un sandwich?

1. un hamburger ou un steak?
2. un hot dog ou un sandwich?
3. une salade ou une omelette?
4. un steak-frites ou une pizza?
5. une crêpe ou un croissant?
6. une glace à la vanille ou
   une glace au chocolat?

Qu'est-ce que tu veux?
Une pizza ou un sandwich?

Donne-moi un sandwich
s'il te plaît.

2 Au café

You are in a French café. Ask for the following dishes.

    **1**   **2**   **3**

▶ **Je voudrais un croissant.**

 4   **5**   **6**

Tu as faim?

You have invited French friends to your home. Ask if they are hungry and offer them the following foods.

▶ — Tu as faim?
— Oui, j'ai faim.
— Tu veux un hamburger?
— Oui, merci.

1 2
3 4
5 6

4 Qu'est-ce que tu veux?

Say which foods you would like to have in the following circumstances.

▶ You are very hungry.

Je voudrais un steak-frites.

1. You are at an Italian restaurant.
2. You are on a diet.
3. You are a vegetarian.
4. You are having breakfast.
5. You would like a dessert.
6. You want to eat something light for supper.

Prononciation

L'intonation

When you speak, your voice rises and falls. This is called INTONATION. In French, as in English, your voice goes down at the end of a statement.

Voici un steak . . . et une salade.

However, in French, your voice rises after each group of words in the middle of a sentence. (This is the opposite of English, where your voice drops a little when you pause in the middle of a sentence.)

Répétez: **Je voudrais une pizza.**

Je voudrais une pizza et un sandwich.

Je voudrais une pizza, un sandwich et un hamburger.

Voici un steak.

Voici un steak et une salade.

Voici un steak, une salade et une glace.

Au café

This afternoon Jean-Paul and Isabelle went shopping. They are now tired and thirsty. Jean-Paul invites Isabelle to a café.

Tu as soif?

Vous désirez, mademoiselle?

Scène 1. Jean-Paul, Isabelle

JEAN-PAUL: Tu as soif?
ISABELLE: Oui, j'ai soif.
JEAN-PAUL: On va dans un café? Je t'invite.
ISABELLE: D'accord!

Scène 2. Le garçon, Isabelle, Jean-Pa

LE GARÇON: Vous désirez, mademoiselle
ISABELLE: Un jus d'orange, s'il vous pla
LE GARÇON: Et pour vous, monsieur?
JEAN-PAUL: Donnez-moi une limonade,* s'il vous plaît.

C'est pour vous, mademoiselle?

Scène 3. Le garçon, Isabelle, Jean-Paul

LE GARÇON: *(à Isabelle)* La limonade, c'est pour vous, mademoiselle?
JEAN-PAUL: Non, c'est pour moi.
LE GARÇON: Ah, excusez-moi. Voici le jus d'orange, mademoiselle.
ISABELLE: Merci.

Scene 2. *The waiter, Isabelle, Jean-Paul*

WAITER: *May I help you, Miss?*
ISABELLE: *An orange juice, please.*
WAITER: *And for you, Sir?*
JEAN-PAUL: *Give me a "limonade," please.*

Scene 1. *Jean-Paul, Isabelle*

JEAN-PAUL: *Are you thirsty?*
ISABELLE: *Yes, I'm thirsty.*
JEAN-PAUL: *Shall we go to a café? I'm treating (inviting) you.*
ISABELLE: *Okay!*

Scene 3. *The waiter, Isabelle, Jean-Paul*

WAITER: *The "limonade" is for you, Miss?*
JEAN-PAUL: *No, it's for me.*
WAITER: *Oh, excuse me. Here is the orange*
ISABELLE: *Thank you.*

*Une limonade** is a popular inexpensive soft drink w a slight lemon flavor.

POUR
COMMUNIQUER

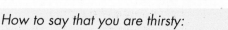

> Donnez-moi une limonade, s'il vous plaît!

How to say that you are thirsty:

J'ai soif.	*I'm thirsty.*
Tu as soif?	*Are you thirsty?*

How to order in a café:

Vous désirez?	*May I help you?*	—**Vous désirez?**
Je voudrais . . .	*I would like . . .*	—**Je voudrais** un Perrier.

How to request something . . .

from a friend:	*from an adult:*	
S'il te plaît, donne-moi . . .	**S'il vous plaît, donnez-moi . . .**	*Please, give me . . .*

➡ Note that French people have two ways of saying *please*. They use
s'il te plaît with friends, and
s'il vous plaît with adults.

As we will see later, young people address their friends as **tu** and adults that they do not know very well as **vous.**

Les boissons *(Beverages)*

| un jus d'orange | un jus de pomme | un jus de tomate | un jus de raisin* | une limonade | un café | un thé | un chocolat |

■ NOTE ■
CULTURELLE

Le café

The café is a favorite gathering place for French young people. They go there not only when they are hungry or thirsty but also to meet their friends. They can sit at a table and talk for hours over a cup of coffee or a glass of juice. French young people also enjoy mineral water and soft drinks, which they order by brand name (**un Coca, un Orangina, un Pepsi, un Schweppes, un Perrier**). In a French café, a 15% service charge is included in the check. However, most people also leave some small change as an added tip.

jus de raisin is a golden-colored juice made from grapes.

Petit commentaire

On the whole, French young people prefer natural beverages, such as flavored mineral water or juices, to carbonated soft drinks. In the larger cities, one can find inviting juice bars that offer a wide selection of freshly blended fruit drinks.

1 Tu as soif?

You have invited a French friend to your house. You offer a choice of beverages and your friend (played by a classmate) responds.

▶ un thé ou un chocolat?
—Tu veux un thé ou un chocolat?
—Donne-moi un chocolat, s'il te plaît.

1. un thé ou un café?
2. une limonade ou un soda?
3. un jus de pomme ou un jus d'orange?   4. un jus de raisin ou un jus de tomate?

2 Au café

You are in a French café. Get the attention of the waiter (**Monsieur**) or the waitress (**Mademoiselle**) and place your order. Act out the dialogue with a classmate.

Monsieur, s'il vous plaît!

Vous désirez?

Un jus d'orange, s'il vous plaît!

1
2
3
4
5
6

Que choisir? *(What to choose?)*

You are in a French café. Decide what beverage you are going to order in each of the following circumstances.

▶ You are very thirsty.
S'il vous plaît, une limonade (un jus de pomme) . . .

1. It is very cold outside.
2. You do not want to spend much money.
3. You like juice but are allergic to citrus fruits.
4. It is breakfast time.
5. You have a sore throat.

La faim et la soif *(Hungry and thirsty)*

You are having a meal in a French café. Order the food suggested in the picture. Then order something to drink with that dish. A classmate will play the part of the waiter.
Note: **Et avec ça?** means *And with that?*

1 2 3 4

Prononciation

L'accent final

In French, the rhythm is very even and the accent always falls on the *last* syllable of a word or group of words.

Répétez: **Philippe Thomas Alice Sophie Dominique**

un café   **Je voudrais un café.**
une salade   **Donnez-moi une salade.**
un chocolat   **Donne-moi un chocolat.**

ŭn chŏcŏlāt

If you want French people to understand you, the most important thing is to speak with an even rhythm and to stress the last syllable in each group of words. (Try speaking English this way: people will think you have a French accent!)

11

Ça fait combien?

At the café, Jean-Paul and Isabelle have talked about many things. It is now time to go. Jean-Paul calls the waiter so he can pay the check.

JEAN-PAUL:	S'il vous plaît?
LE GARÇON:	Oui, monsieur.
JEAN-PAUL:	Ça fait combien?
LE GARÇON:	Voyons, un jus d'orange, 4 euros, et une limonade, 3 euros. Ça fait 7 euros.
JEAN-PAUL:	7 euros . . . Très bien . . . Mais, euh . . . Zut! Où est mon porte-monnaie . . . ? Dis, Isabelle, prête-moi 10 euros, s'il te plaît.

Speech bubble: Dis, Isabelle, prête-moi 10 euros, s'il te plaît.

JEAN-PAUL:	*Excuse me? (Please?)*
WAITER:	*Yes, Sir.*
JEAN-PAUL:	*What do I owe you? (How much does that make?)*
WAITER:	*Let's see, one orange juice, 4 euros, and one "limonade" 3 euros. That comes to (makes) 7 euros.*

JEAN-PAUL:	*7 euros . . . Very well . . . But, uh . . . Darn! Where is my wallet . . . ? Hey, Isabelle, loan me 10 euros, please.*

■ NOTE ■
CULTURELLE

L'argent européen *(European money)*

France uses the euro (**l'euro**) as its monetary unit. The euro is the common currency of eleven European countries and has the same value in each country. It is divided into 100 **cents,** also called **centimes** or **eurocentimes** in France. The euro-currency consists of bills and coins. The 7 euro bills are of different colors and different sizes, the greater the value, the larger the bill: 5, 10, 20, 50, 100, 200, and 500 euros. The face of a euro bill shows an archway, door or window to symbolize opportunity and opening to new ideas. The bridge on the back of each bill emphasizes the strong links among the various European countries shown in the map underneath the bridge. The 8 euro coins are issued in the following values: 1, 2, 5, 10, 20, and 50 cents, and 1 and 2 euros.

Prior to 2002, the French used the **franc** as their national currency. Unlike the euro, the franc could be used only in France.

POUR COMMUNIQUER

C'est combien?

How to ask how much something costs:

C'est combien?	*How much is it?*	—**C'est combien?**
Ça fait combien?	*How much does that come to (make)?*	—**Ça fait combien?**
Ça fait . . .	*That's . . . , That comes to . . .*	—**Ça fait** 10 euros.
Combien coûte . . . ?	*How much does . . . cost?*	—**Combien coûte** le sandwich?
Il/Elle coûte . . .	*It costs . . .*	—**Il coûte** 5 euros.

How to ask a friend to lend you something:

Prête-moi . . .	*Lend me . . ., Loan me . . .*	**Prête-moi** 30 euros, s'il te plaît.

➡ Note that masculine nouns can be replaced by **il** and feminine nouns can be replaced by **elle.**

Voici **une glace.**	**Elle** coûte 2 euros.	*It costs 2 euros.*
Voici **un sandwich.**	**Il** coûte *5 euros.*	*It costs 5 euros.*

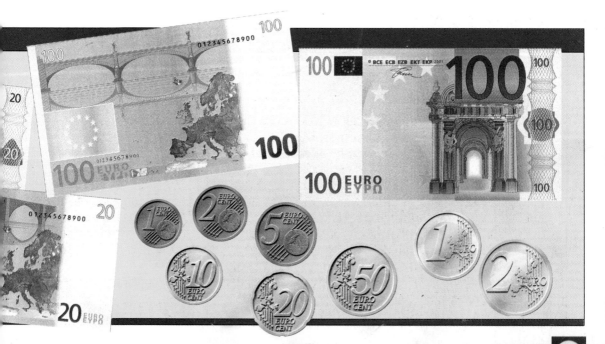

ÇA FAIT COMBIEN?

Petit commentaire

*French people of all ages love to eat out, and French restaurants have the reputation of offer the best cuisine in the world. Of course, there a all kinds of restaurants for all kinds of budgets, ranging from the simple country inn (**l'auberge campagne**) with its hearty regional food to the elegant three-star restaurant (**restaurant trois étoiles**) with its exquisite—and expensive—me*

1 S'il te plaît . . .

You have been shopping in Paris and discover that you did not exchange enough money. Ask friend to loan you the following sums.

▶ 10 euros
S'il te plaît, prête-moi dix euros.

1. 20 euros	4. 60 euros	7. 85 euros
2. 30 euros	5. 75 euros	8. 90 euros
3. 45 euros	6. 80 euros	9. 95 euros

2 Décision

Before ordering at a café, Stéphanie and Émilie are checking the prices. Act out the dialogues.

▶ le chocolat

Combien coûte le chocolat?

Il coûte deux euros cinquante.

1. le thé
2. le jus d'orange
3. la salade de tomates
4. la glace à la vanille
5. le café
6. le steak-frites
7. le hot dog
8. l'omelette
9. la salade mixte
10. le jus de raisin

LE SELECT
P. SOULIE
CAFÉ RESTAURANT*
Tél. 01.45.22.46.29
30, boulevard des Batignolles 75017 Paris

LE SELECT

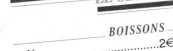

BOISSONS

café .... 2€
chocolat .... 2€50
thé .... 2€80
limonade .... 3€
jus d'orange .... 3€50
jus de raisin .... 3€

GLACES

glace au chocolat .... 2€50
glace à la vanille .... 2€50

SANDWICHS

sandwich au jambon .... 4€
sandwich au fromage .... 4€

ET AUSSI . . .

steak-frites .... 5€25
salade mixte .... 3€50
salade de tomates .... 4€
omelette .... 5€25
hot dog .... 3€50
croissant .... 3€50
pizza .... 4€50

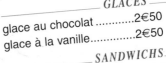

Ça fait combien?

You have gone to Le Select with your friends and have ordered the following items. Now you are ready to leave the café, and each one wants to pay. Check the prices on the menu for Le Select, and act out the dialogue.

▶ —Ça fait combien, s'il vous plaît?
▶ —Ça fait deux euros cinquante.
—Voici deux euros cinquante.
—Merci.

1

2

3

4

5

4 Au «Select»

You are at Le Select. Order something to eat and drink. Since you are in a hurry, ask for the check right away. Act out the dialogue with a classmate who will play the part of the waiter/waitress.

Monsieur, s'il vous plaît!

Vous désirez?

Je voudrais un sandwich au jambon et un café. Ça fait combien?

Ça fait 6 euros.

Prononciation

La consonne «r»   /r/

The French consonant "**r**" is not at all like the English "**r**." It is pronounced at the back of the throat. In fact, it is similar to the Spanish "jota" sound of José.

Répétez: **Marie   Paris   orange   Henri
franc   très   croissant   fromage
bonjour   pour   Pierre   quart
Robert   Richard   Renée   Raoul**

Marie, prête-moi trente euros.

Marie

Le temps

It is nine o'clock Sunday morning. Cécile and her brother Philippe have planned a picnic for the whole family. Cécile is asking about the weather.

CÉCILE:	Quel temps fait-il?
PHILIPPE:	Il fait mauvais!
CÉCILE:	Il fait mauvais?
PHILIPPE:	Oui, il fait mauvais! Regarde! Il pleut!
CÉCILE:	Zut, zut et zut!
PHILIPPE:	!!!???
CÉCILE:	Et le pique-nique?
PHILIPPE:	Le pique-nique? Ah oui, le pique-nique! . . . Écoute, ça n'a pas d'importance.
CÉCILE:	Pourquoi?
PHILIPPE:	Pourquoi? Parce que Papa va nous inviter au restaurant.
CÉCILE:	Super!

CÉCILE:	How's the weather?
PHILIPPE:	It's bad!
CÉCILE:	It's bad?
PHILIPPE:	Yes, it's bad! Look! It's rain
CÉCILE:	Darn, darn, darn!
PHILIPPE:	!!!???
CÉCILE:	And the picnic?
PHILIPPE:	The picnic? Oh yes, the pic Listen, it's not important (th no importance).
CÉCILE:	Why?
PHILIPPE:	Why? Because Dad is goir take us out (invite us) to a restaurant.
CÉCILE:	Great!

> Quel temps fait-il?

POUR
COMMUNIQUER

▶ *How to talk about the weather:*

Quel temps fait-il?   *How's the weather?*

Il fait beau.

Il fait bon.

Il fait chaud.

Il fait frais.

Il fait froid.

Il fait mauvais.

Il pleut.

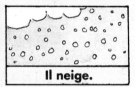
Il neige.

Les saisons *(Seasons)*

le printemps	spring	**au printemps**	in (the) spring
l'été	summer	**en été**	in (the) summer
l'automne	fall, autumn	**en automne**	in (the) fall
l'hiver	winter	**en hiver**	in (the)winter

Ta région

Tell Cécile what the weather is like in your part of the country.

▶ en juillet

> En juillet, il fait chaud.

1. en août
2. en septembre
3. en novembre
4. en janvier
5. en mars
6. en mai

2 Les quatre saisons

Describe what the weather is like in each of the four seasons in the following cities.

▶ à Miami

> En été, il fait chaud.
> En automne, il fait chaud aussi. En hiver, il fait frais.
> Au printemps, il fait bon.

1. à Chicago
2. à San Francisco
3. à Denver
4. à Boston
5. à Seattle
6. à Dallas

À votre tour!

① Isabelle et Jean-Paul

Isabelle is talking to Jean-Paul. You hear parts of their conversation. For each of Isabelle's questions, select Jean-Paul's response from the suggested answers.

1. Tu as faim?

2. Tu veux un jus de pomme?

3. Combien coûte le café au Café Français?

4. Quel temps fait-il?

5. Quelle est ta saison favorite?

a. Il fait chaud.
b. Trois euros.
c. Oui, merci, j'ai soif.
d. C'est le printemps.
e. Oui, je voudrais un sandwich.

② Et toi?

Now Isabelle is phoning you. Answer her questions.

1. Quel temps fait-il aujourd'hui?

2. Quel temps fait-il en hiver?

3. Quelle est ta saison favorite?

③ Conversation dirigée

Stéphanie is in a café called Le Petit Bistrot. The waiter is taking her order. With a partner, compose and act out a dialogue according to the script suggested below.

le garçon				Stéphar
	greets client and asks if he may help her	→ / ↙	says that she would like a croissant and asks how much an orange juice costs	
	answers 3 euros	→ / ↙	asks for an orange juice . . . calls the waiter and asks how much she owes	
	says 8 euros cinquante	→ / ↙	gives waiter 10 euros **(Voici . . .)**	
	says thank you			

u café

ou are in a French café. Call the waiter/waitress and order the following items. A
assmate will play the part of the waiter/waitress.

▶ —Monsieur (Mademoiselle), s'il vous plaît!
—Vous désirez?
—Un croissant, s'il vous plaît!
(Donnez-moi un croissant, s'il vous plaît!)
(Je voudrais un croissant, s'il vous plaît!).

1
2
3 4 5

n scène

ith two classmates, act out the following scene.

HARACTERS:

ou, a French friend, and the waiter in the café

TUATION:

French friend has been showing you around Paris.
ou invite your friend to a café and discover too late that
ou have not changed enough money. Your friend will
espond to your questions.

Ask your friend if he/she is thirsty.

Ask if he/she wants a soft drink.

Ask if he/she is hungry.

Ask if he/she wants a sandwich.

When the waiter comes, your friend orders and you ask
for a croissant and a cup of hot chocolate.

Ask the waiter how much everything is.

Ask your friend to please lend you 20 euros.

6 La date, la saison et le temps

Look at the calendar
days. For each one, give
the date, the season, and
the weather.

▶

▶ C'est le dix avril.
C'est le printemps.
Il pleut.

1

2

3

4

5

Une chanson: Alouette

Alouette *(The Lark)* is a popular folksong of French-Canadian origin. As the song leader names the various parts of the bird's anatomy, he points to his own body. The chorus repeats the refrain with enthusiasm.

Alouette

A - lou - et - te, gen - tille a - lou - et - te,
a - lou - et - te, je te plu - me - rai.
Je te plu - me - rai la tête, je te plu - me - rai la tête.
Et la tête, et la tête, a - lou - ette, a - lou - ette, oh!

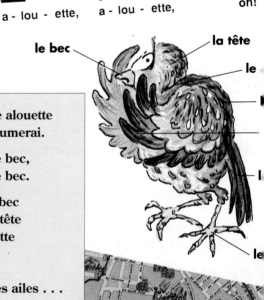

le bec
la tête
le

1. Alouette, gentille alouette,
   Alouette, je te plumerai.

   Je te plumerai la tête,
   Je te plumerai la tête.

   Et la tête—et la tête
   Alouette—Alouette
   Oh oh oh oh

2. Alouette, gentille alouette
   Alouette, je te plumerai.

   Je te plumerai le bec,
   Je te plumerai le bec.

   Et le bec—et le bec
   Et la tête—et la tête
   Alouette—Alouette
   Oh oh oh oh

3. Je te plumerai le cou . . .

4. Je te plumerai les ailes . . .

5. Je te plumerai le dos . . .

6. Je te plumerai les pattes . . .

7. Je te plumerai la queue . . .

Les parties du corps

(Parts of the body)

il (les yeux)
le nez
ouche
bras
ventre
jambe

les cheveux
la tête
l'oreille
le cou
le dos
la main
le pied

Un jeu — Jacques a dit

The French sometimes play a game called **Jacques a dit** *(Jim said)*. The rules are the same as the English game of Simon Says. Everyone stands up to play.

The game leader says: **Jacques a dit: Les mains sur la tête!** placing her hands on her head. The other players also place their hands on their head.

Then the game leader may say: **Les mains sur le dos!** placing her hands on her back. This time, however, the other players should not move, because the game leader did not first say **Jacques a dit.** Any player that did move must sit down.

The game continues until only one player is left standing.

À l'école en France

BONJOUR, Nathalie!

Bonjour!
Je m'appelle Nathalie Aubin.
J'ai 15 ans et j'habite° à Savigny-sur-Orge
    avec ma famille. (Savigny est
    une petite° ville° à 20 kilomètres
    au sud° de Paris.)
J'ai un frère, Christophe, 17 ans,
    et deux soeurs, Céline, 13 ans,
    et Florence, 7 ans.
Mon père est programmeur.
    (Il travaille° à Paris.)
Ma mère est dentiste.
    (Elle travaille à Savigny.)
Je vais au lycée Jean-Baptiste
    Corot.
Je suis élève° de seconde°.
    Et vous?

                    Nathalie

j'habite *I live* **petite** *small* **ville** *city* **sud** *south*
travaille *works* **élève** *student* **seconde** *tenth grade*

mon père

moi

**ma soeur
Florence**

*V*oici ma famille.

ma mère **ma soeur Céline**

**mon frère
Christophe**

Voici mon école.°
Le lycée Jean-Baptiste
Corot est dans°
un château!°

Voici ma maison.°
(C'est une maison confortable,
mais° ce n'est pas un château!)

Ville de
SAVIGNY-SUR-ORGE

| école *school* | dans *in* | château *castle* |
| maison *house* | mais *but* | |

Un jour de classe

Le matin

À la maison

Nathalie gets up every morning at seven. After a light breakfast (toasted bread with butter and jam, hot chocolate), she leaves for school.

Nathalie sur sa mobylette

Since she does not live too far from her lycée, she goes there on her moped **(sa mobylette).** Students who live farther away take the school bus.

La classe de scien...

Nathalie arrives at school at about 8:25, five minutes before her first class. Today, Thursday, her first class is economics **(les sciences économiques),** which is her favorite subject.

L'après-midi

À la cantine

At 12:30, Nathalie goes to the school cafeteria **(la cantine)** for lunch. As in American schools, the food is served cafeteria-style. During lunch break, Nathalie meets with her friends from other classes.

La classe d'anglais

Classes start again at two o'clock. Today they finish at four.

Après les classes

Depending on when her last class ends, Nathalie either goes home right after school or participates in one of the many school clubs.

Le soir

Dans la salle à manger

The Aubins have dinner around 7:30. Everyone helps with the kitchen chores. Today it is Christophe's turn.

Nathalie does her homework after dinner. She usually has about one or two hours of homework every night. When she is finished, she reads or listens to cassettes for a while, then goes to bed around 11 P.M.

Nathalie dans sa cham...

L'emploi du temps

LYCÉE JEAN-BAPTISTE COROT

Étudiante: AUBIN, Nathalie

	LUNDI	MARDI	MERCREDI	JEUDI	VENDREDI	SAMEDI
8h30 à 9h30	Histoire	Allemand				
9h30 à 10h30	Anglais	Français	Anglais	Sciences économiques		Franç
10h30 à 11h30	Sport	Français	Sciences économiques	Sciences physiques (13h30)	Allemand	França
11h30 à 12h30	Français	Latin	Maths	Maths (13h30)	Latin	Latin
13h00 à 14h00						
14h00 à 15h00	Sciences physiques	Maths			Sciences physiques	Histoir Civilis
15h00 à 16h00	Géographie	Maths		Allemand		
16h00 à 17h00	Civilisation	Anglais		Histoire		

■ NOTE ■
CULTURELLE

Le programme scolaire

At the lycée, all students take a certain number of required subjects. These include French, math, one foreign language, history and geography, physical sciences, natural sciences, and physical education. Depending on their career plans, French students also have to choose among certain electives: a second foreign language, economics, computer science, biology, music.

Here are some of the subjects taught in French secondary schools. How many can you identify?

le français
l'anglais
l'espagnol
l'allemand
le latin

l'histoire
la géographie
les sciences
  économiques
l'éducation civique (civics)
la musique
le dessin
l'éducation physique

les maths
la biologie
la physique
la chimie
l'informatique (computer science)
les sciences naturelles
la philosophie

ACTIVITÉS CULTURELLES

1. Look carefully at Nathalie's class schedule. You may have noted certain differences between the French and the American school systems.
   - French students have more class hours than American students. How many hours of classes does Nathalie have each week?
   - French students learn more foreign languages than American students. In France, the study of foreign languages is compulsory. What languages is Nathalie learning?
   - French students usually have Wednesday afternoon free. Does Nathalie have school on Saturday morning? on Saturday afternoon?
2. Write out your own class schedule in French.

Le lycée Jean-Baptiste Corot

un pastel de Corot

Jean-Baptiste Corot

Like many French schoo[ls]
the lycée Jean-Baptiste Corot [in]
Savigny-sur-Orge is named after [a]
famous French person. Jean-Bapti[ste]
Corot is a 19th century pain[ter]
remembered especially for [his]
landscapes.

The lycée Jean-Baptiste Corot [is]
both very old and very modern. [It]
was created in the 1950's on [the]
grounds of a historical castle dat[ing]
from the 12th century. The cas[tle]
which serves as the administrat[ion]
center, is still surrounded by a m[oat.]
The lycée itself has many mode[rn]
facilities which include:

- **les salles de classe** *(classroom[s)*
- **la cantine** *(cafeteria)*
- **le stade** *(stadium)* **et le terra[in]
  de sport** *(playing field)*

Plan du lycée Jean-Baptiste Corot

une salle de classe

la cantine

le terrain de sport

1 L'école secondaire

There are two types of secondary schools in France:

- **le collège,** which corresponds to the U.S. middle school (grades 6 to 9)
- **le lycée,** which corresponds to the U.S. high school (grades 10 to 12)

On the following chart, you will notice that each grade **(une classe)** is designated by a number (as in the United States): **sixième (6e), cinquième (5e), quatrième (4e),** etc. However, the progression from grade to grade is the opposite in France. The secondary school begins in France with **sixième** and ends with **terminale.**

École	Classe	Âge des élèves	Équivalent américain
Le collège	sixième (6e)	11–12 ans	sixth grade
	cinquième (5e)	12–13 ans	seventh grade
	quatrième (4e)	13–14 ans	eighth grade
	troisième (3e)	14–15 ans	ninth grade
Le lycée	seconde (2e)	15–16 ans	tenth grade
	première (1re)	16–17 ans	eleventh grade
	terminale	17–18 ans	twelfth grade

2 Le bulletin de notes

At the end of each term, French students receive a report card **(le bulletin de notes),** which must be signed by their parents. Most schools assign grades on a scale of 0 (low) to 20 (high). Most teachers also write a brief evaluation of the student's progress in each subject.

Here is a report card for the first semester.

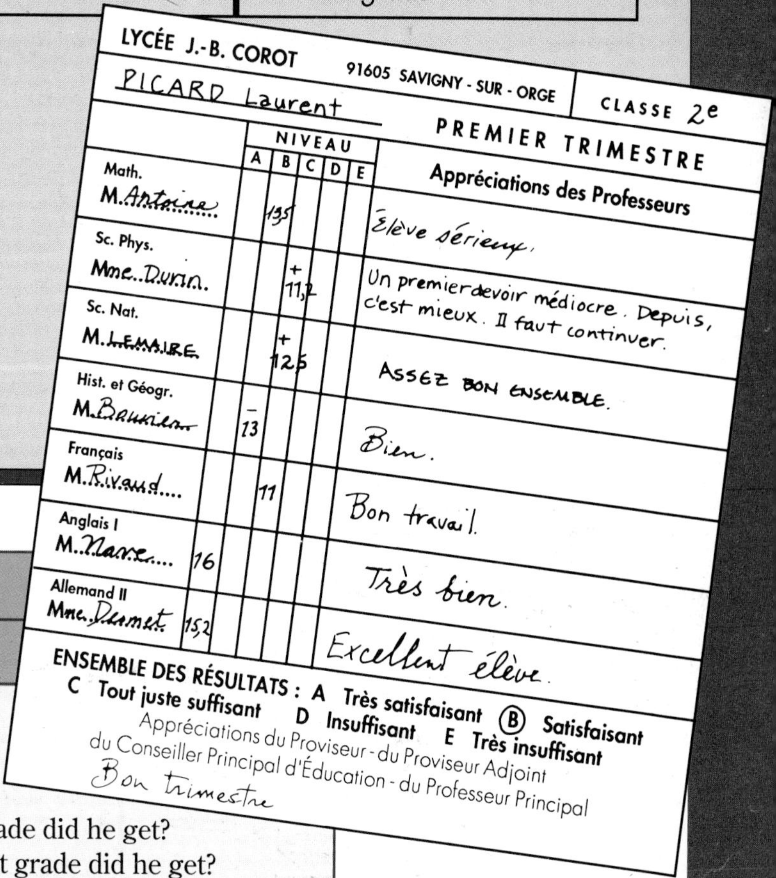

LYCÉE J.-B. COROT   91605 SAVIGNY - SUR - ORGE   CLASSE 2^e

PICARD Laurent

PREMIER TRIMESTRE

	NIVEAU A B C D E	Appréciations des Professeurs
Math. M. Antoine	13,5	Élève sérieux.
Sc. Phys. Mme Durin	+11,2	Un premier devoir médiocre. Depuis, c'est mieux. Il faut continuer.
Sc. Nat. M. Lemaire	+12,5	ASSEZ BON ENSEMBLE.
Hist. et Géogr. M. Braunier	−13	Bien.
Français M. Rivaud	11	Bon travail.
Anglais I M. Nanre	16	Très bien.
Allemand II Mme Dumet	15,2	Excellent élève.

ENSEMBLE DES RÉSULTATS : A **Très satisfaisant** Ⓑ **Satisfaisant** C **Tout juste suffisant** D **Insuffisant** E **Très insuffisant**

Appréciations du Proviseur - du Proviseur Adjoint du Conseiller Principal d'Éducation - du Professeur Principal

Bon trimestre

ACTIVITÉ CULTURELLE

1. What is the name of the student?
2. What is the name of his school?
3. What grade is he in?
4. What is his best subject? What grade did he get?
5. What is his weakest subject? What grade did he get?
6. How many foreign languages is he studying? Which ones?

Expressions pour la classe

Le professeur dit . . .

à une élève à un élève à la classe

Écoutez!

à une élève / à un élève	à la classe
Regarde! *(Look!)* Regarde la vidéo. **Écoute!** *(Listen!)* Écoute la **cassette** *(tape)*.	**Regardez!** Regardez la vidéo. **Écoutez!** Écoutez la cassette.
Parle! *(Speak!)* Parle plus **fort** *(louder)*. **Réponds!** *(Answer!)* Réponds à la question. **Répète!** *(Repeat!)* Répète la **phrase** *(sentence)*.	**Parlez!** Parlez plus fort. **Répondez!** Répondez à la question. **Répétez!** Répétez la phrase.
Lis! *(Read!)* Lis l'exercice. **Écris!** *(Write!)* Écris dans ton cahier.	**Lisez!** Lisez l'exercice. **Écrivez!** Écrivez dans vos cahiers.
Prends *(Take)* | une feuille de papier. | un crayon	**Prenez** | une feuille de papier. | un crayon
Ouvre *(Open)* | ton livre. | la porte	**Ouvrez** | vos livres. | la porte
Ferme *(Close)* | ton cahier. | la fenêtre	**Fermez** | vos cahiers. | la fenêtre
Viens! *(Come!)* Viens ici. **Va!** *(Go!)* Va au tableau. **Lève-toi!** *(Stand up!)* **Assieds-toi!** *(Sit down!)*	**Venez!** Venez ici. **Allez!** Allez au tableau. **Levez-vous!** **Asseyez-vous!**
Apporte-moi *(Bring me)* | **Donne-moi** *(Give me)* | ton devoir. **Montre-moi** *(Show me)* |	**Apportez-moi** | **Donnez-moi** | vos devoirs. **Montrez-moi** |

Quelques objetS

un crayon

un livre

un disque optique (le CD-ROM)

une feuille de papier

un vidéodisque, un CD vidéo

une cassette

un stylo

un cahier

un lecteur de CD vidéo

une vidéocassette

un devoir

un morceau de craie

un (disque) compact, un CD

un ordinateur

un lecteur optique externe/de CD-ROM

un bureau

un disque optique (le CD-ROM)

une télé

une carte

une porte

un tableau

un magnétoscope

une table

une chaise

une fenêtre

Tu dis ...

Je sais.	*I know.*
Je ne sais pas.	*I don't know.*
Je ne comprends pas.	*I don't understand.*
Que veut dire ... ?	*What does ... mean?*
Comment dit-on ... en français?	*How does one say ... in French?*

La vie de

Félicitations!

Congratulations! Now that you have learned how to meet and greet people in French, you are going to discover more about everyday life in France: **La vie de tous les jours.**

What are some of the aspects of daily life that you and your friends often talk about? You probably discuss home and family, things you own, and people you know. You talk about what you like to do, where you like to go, and what your weekend plans are. If you were going to France, you would discover that French young people are interested in the same topics.

In this second part of your book, you will learn . . .
- how to talk about your daily activities (both in school and out of school)
- how to make future plans: what you are going to do
- how to describe people you know
- how to describe objects you own
- how to talk about your home and your family
- how to express your opinions

You will also learn . . .
- how to ask your way around in a French city
- how to extend and accept invitations

In order to express yourself accurately, you will also begin to learn how the French language works: how to ask and answer questions, how to describe people, places, and things.

En avant et bon courage!

Jean-Paul Valette   *Rebecca M. Valette*

UNITE

4

Qu'est-ce qu'on fait?

THÈME ET OBJECTIFS

Daily activities

In this unit, you will be talking about the things you do every day, such as working and studying, as well as watching TV and listening to the radio.

You will learn . . .
- to describe some of your daily activities
- to say what you like and do not like to do
- to ask and answer questions about where others are and what they are doing

You will also learn . . .
- to invite friends to do things with you
- to politely accept or turn down an invitation

LE FRANÇAIS
PRATIQUE

LEÇON 13 Mes activités

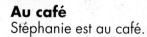

Accent sur ... Les activités de la semaine

French teenagers, as well as their parents, put a lot of emphasis on doing well in school. On the whole, French students spend a great deal of time on their studies. French schools have a longer class day than American schools, and teachers tend to assign quite a lot of homework.

However, French teenagers do not study all the time. They also watch TV and listen to music. Many participate in various sports activities, but to a lesser extent than young Americans. On weekends, French teenagers like to go out with their friends. Some go shopping. Others go to the movies. Many enjoy dancing and going to parties. Sunday is usually a family day for visiting relatives or going for a drive in the country.

■ **Au cinéma**
Des copains sont au cin

Au café
Stéphanie est au café.

Une boum
Dominique et Stéphanie
sont à une boum.

Le terrain de foot
au lycée Corot
Des jeunes jouent au foot.

En classe
Marc et Patrick sont en classe.

A. Préférences

Est-ce que tu aimes parler français?

How to talk about what you like and don't like to do:

Est-ce que tu aimes . . . ?	Do you like . . . ?	**Est-ce que tu aimes pa** (to speak) français?
J'aime . . .	I like . . .	Oui, **j'aime** parler fran
Je n'aime pas . . .	I don't like . . .	Non, **je n'aime pas pa** français.
Je préfère . . .	I prefer . . .	**Je préfère** parler angla

J'aime . . .

téléphoner
to phone

parler français
to talk, speak French

parler anglais
to speak English

parler espagno
to speak Spanish

manger
to eat

chanter
to sing

danser
to dance

nager
to swim

1 **Et toi?**

Indicate what you like to do in the following situations by completing the sentences.

1. En classe,
   j'aime . . .
   mais je préfère . . .
   - étudier
   - écouter le professeur
   - parler avec (with) un copain
   - parler avec une copine

2. En été,
   j'aime . . .
   mais je préfère . . .
   - travailler
   - nager
   - voyager
   - jouer au volley

...

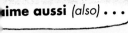 **...ime aussi** (also) . . .

jouer au tennis
to play tennis

jouer au volley
to play volleyball

jouer au basket
to play basketball

jouer au foot
to play soccer

 **...ais** (but) **je préfère** . . .

regarder la télé
to watch TV

écouter la radio
to listen to the radio

dîner au restaurant
to have dinner at the restaurant; to eat out

voyager
to travel

Je n'aime pas toujours (always) . . .

étudier
to study

travailler
to work

HAVE YOU NOTED?
1. French people like to shorten words. For example, the words **volleyball, basketball, football,** and **télévision** are often shortened to **volley, basket, foot,** and **télé.**
2. In French, **foot** (or **football**) refers to *soccer*.

Avec mes *(my)* copains,
j'aime . . .
mais je préfère . . .

- chanter
- manger

- écouter la radio
- jouer au basket

Avec ma famille,
j'aime . . .
mais je préfère . . .

- voyager
- regarder la télé

- jouer à «Nintendo»
- dîner au restaurant

À la maison *(At home)*,
j'aime . . .
mais je préfère . . .

- étudier
- téléphoner

- manger
- écouter mon walkman

2 Tu aimes ou tu n'aimes pas?

Say whether or not you like to do the following things.

▶ parler français?

J'aime parler français.

Je n'aime pas parler français.

1. parler anglais?
2. étudier?
3. danser?
4. chanter?
5. jouer au basket?
6. jouer au tennis?

7. regarder la télé?
8. dîner au restaura~~
9. manger?
10. travailler?
11. écouter la radio?
12. téléphoner?

3 Préférences

Ask your classmates if they like to do the following things.

▶ —Est-ce que tu aimes téléphoner?
—Oui, j'aime téléphoner.
(Non, je n'aime pas téléphoner.)

1 **2** **3**

4 **5** **6**

7 **8** **9**

4 Dialogue

Philippe is asking Hélène if she likes to do certain things. She replies that she prefers to do other things. Play both roles. Note: "??" means you can invent an answer.

▶ PHILIPPE: **Est-ce que tu aimes nager?**
HÉLÈNE: **Oui, mais je préfère jouer au tennis.**

1

HELLO!

¡BUENOS DÍAS!

2 **3**

4 **5**

Souhaits *(Wishes)*

How to talk about what you want, would like, and do not want to do:

Je veux ...	I want . . .	**Je veux** parler français.
Je voudrais ...	I would like . . .	**Je voudrais** voyager en France.
Je ne veux pas ...	I don't want . . .	**Je ne veux pas** étudier aujourd'hui.

Je voudrais voyager en France.

Ce soir *(Tonight)*

Say whether or not you want to do the following things tonight.

▸ étudier?
Oui, je veux étudier.
(Non, je ne veux pas étudier.)

1. parler français?
2. travailler?
3. jouer au ping-pong?
4. chanter?
5. danser?
6. regarder la télé?
7. écouter la radio?
8. dîner avec une copine?
9. parler à *(to)* mon frère?
10. téléphoner à mon cousin?

6 Weekend

Caroline and her friends are discussing their weekend plans. What do they say they would like to do?

▸ CAROLINE: **Je voudrais jouer au tennis.**

Caroline
1. Jérôme
2. Monique
3. Jean-Louis
4. Céline
5. Patrick

Trois souhaits *(Three wishes)*

Read the list of suggested activities and select the three that you would like to do most.

parler français
parler espagnol
parler avec *(with)* Oprah Winfrey
dîner avec le Président
dîner avec Tom Cruise

voyager avec ma cousine
voyager en France
chanter comme *(like)* Will Smith
jouer au tennis avec Venus Williams
jouer au basket comme Michael Jordan

▸ **Je voudrais parler espagnol.**
Je voudrais chanter comme Will Smith.
Je voudrais voyager en France.

C. Invitations

> Est-ce que tu veux jouer au tennis?

▶ **How to invite a friend:**

Est-ce que tu veux ...?	*Do you want to . . . ?*	**Est-ce que tu veux** jouer au tennis?
Est-ce que tu peux ...?	*Can you . . . ?*	**Est-ce que tu peux** parler à mon cop
avec moi/toi	*with me/you*	Est-ce que tu veux dîner **avec moi?**

▶ **How to accept an invitation:**

Oui, bien sûr ...	*Yes, of course . . .*	
Oui, merci ...	*Yes, thanks . . .*	
Oui, d'accord ...	*Yes, all right, okay . . .*	
je veux bien.	*I'd love to.*	**Oui, bien sûr, je veux bien.**
je veux bien ...	*I'd love to . . .*	**Oui, merci, je veux bien** dîner avec t

▶ **How to turn down an invitation:**

Je regrette, mais	*I'm sorry, but*	**Je regrette, mais je ne peux pas**
je ne peux pas ...	*I can't . . .*	dîner avec toi.
Je dois ...	*I have to, I must . . .*	**Je dois** étudier.

---

8 Invitations

Imagine a French exchange group is visiting your school. Invite the following French students to do things with you. They will accept. (Your classmates will play the parts of the students.)

▶ Monique / dîner

> Monique, est-ce que tu veux dîner avec moi?
>
> Oui, d'accord, je veux bien dîner avec toi.

1. Éric / parler français
2. Philippe / étudier
3. Céline / jouer au tennis
4. Anne / manger une pizza
5. Jean-Claude / chanter
6. Caroline / danser

9 Conversation

Ask your classmates if they want to do the following things. They will answer that they cannot and explain what the have to do.

▶ jouer au basket? (étudier)
> —Est-ce que tu veux jouer au basket?
> —Non, je ne peux pas. Je dois étudier.

1. jouer au volley? (travailler)
2. jouer au ping-pong? (téléphoner à n cousine)
3. étudier avec moi? (étudier avec ma copine)
4. dîner avec moi? (dîner avec ma famille)
5. nager? (jouer au foot à deux heures)

votre tour!

Créa-dialogue

Ask your classmates if they want to do the following things with you. They will answer that they cannot and will give one of the excuses in the box.

▶ jouer au tennis

1. jouer au basket
2. manger une pizza
3. regarder la télé
4. jouer au ping-pong
5. dîner au restaurant

> Est-ce que tu veux <u>jouer</u> <u>au tennis</u> avec moi?

> Non, je ne peux pas. Je dois <u>travailler</u>.

Excuses:

étudier	dîner avec ma cousine
travailler	parler avec ma mère
téléphoner à une copine	chanter avec la chorale *(choir)*

Conversation dirigée

Philippe is phoning Stéphanie. Write out their conversation according to the directions. You may want to act out the dialogue with a classmate.

Philippe

Stéphanie

Philippe		Stéphanie
asks Stéphanie how she is	⇄	answers that she is fine
asks her if she wants to eat out	⇄	asks at what time
says at 8 o'clock	→	says that she is sorry but that she has to study
says it is too bad (**Dommage!**)		

Expression personnelle

What we like to do often depends on the circumstances. Complete the sentences below saying what you like and don't like to do in the following situations.

▶ En hiver . . .
En hiver, j'aime regarder la télé.
J'aime aussi jouer au basket.
Je n'aime pas nager.

1. En été . . .
2. En automne . . .
3. Le samedi *(On Saturdays)* . . .
4. Le dimanche . . .
5. Le soir *(In the evening)* . . .
6. En classe . . .
7. Avec mes *(my)* amis . . .
8. Avec ma famille . . .

4 Composition

Write three things that you like to do and three things that you do not like to do.

▶ *J'aime jouer au volley. Je n'aime pas jouer au foot.*

5 Correspondance

This summer, you are going to spend two weeks in France. Your pen pal Philippe has written, asking what you like and don't like to do on vacation (**en vacances**). Write a postcard answering his questions.

▶

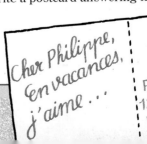

Cher Philippe,
En vacances,
j'aime . . .

PHILIPPE RAYMOND
12 AV. VICTOR HUGO
PARIS 75116
FRANCE

14 Qui est là?

It is Wednesday afternoon. Pierre is looking for his friend but cannot find anyone. Finally he sees Hélène at the Ca Bellevue and asks her where everyone is.

PIERRE:	<u>Où</u> est Jacqueline?	*Where*
HÉLÈNE:	Elle est <u>à la maison</u>.	*at home*
PIERRE:	Et Jean-Claude? Il est <u>là</u>?	*here*
HÉLÈNE:	Non, il n'est pas là.	
PIERRE:	Où est-il?	
HÉLÈNE:	Il est <u>en ville</u> avec une copine.	*in town*
PIERRE:	Et Nicole et Sandrine? Est-ce qu'elles sont <u>ici</u>?	*here*
HÉLÈNE:	Non, elles sont au restaurant.	
PIERRE:	<u>Alors</u>, qui est là?	*So*
HÉLÈNE:	Moi, je suis ici.	
PIERRE:	C'est <u>vrai</u>, tu es ici! Eh bien, <u>puisque</u> tu es là,	*true / since*
	<u>je t'invite au cinéma</u>. D'accord?	*I'll invite you to the movies*
HÉLÈNE:	Super! Pierre, tu es un <u>vrai</u> copain!	*real*

Compréhension

Indicate where the following people are by selecting the appropriate completions.

1. Jacqueline est . . .   a) au café
2. Jean-Claude est . . .   b) à la maison
3. Nicole et Sandrine sont . . .   c) en ville
4. Hélène et Pierre sont . . .   d) au restaurant

NOTE CULTURELLE

Le mercredi après-midi

French high school students do not have classes on Wednesday afternoons. They use this free time to go out with their friends or to catch up on their homework. For some students, Wednesday afternoon is also the time for music and dance lessons as well as sports club activities. However, in contrast to the United States, many French schools have classes on Saturday mornings.

A. Le verbe *être* et les pronoms sujets

Être *(to be)* is the most frequently used verb in French. Note the forms of **être** in the chart below.

	être	*to be*	
SINGULAR	je **suis** tu **es** il/elle **est**	*I am* *you are* *he/she is*	Je **suis** américain. Tu **es** canadienne. Il **est** anglais.
PLURAL	nous **sommes** vous **êtes** ils/elles **sont**	*we are* *you are* *they are*	Nous **sommes** à Paris. Vous **êtes** à San Francisco. Ils **sont** à Genève.

➡ Note the liaison in the **vous** form:

Vous êtes français?

➡ Note the expression **être d'accord** *(to agree):*

—Tu **es** d'accord   *Do you agree*
    avec moi?   *with me?*
— Oui, je **suis** d'accord!   *Yes, I agree.*

TU or *VOUS?*

When talking to ONE person, the French have two ways of saying *you:*

- **tu** ("familiar *you*") is used to talk to someone your own age (or younger) or to a member of your family
- **vous** ("formal *you*") is used when talking to anyone else

When talking to TWO or more people, the French use **vous.**

REMINDER: You should use . . .
- **vous** to address your teacher
- **tu** to address a classmate

Tu es français?

Vous êtes français?

Vous êtes français?

or *ELLES?*

French have two ways of saying *they:*

ils refers to two or more males or to a mixed group of males and females
elles refers to two or more females

Ils sont à Paris. Ils sont à Bordeaux.

Ils sont à Lyon. Elles sont à Nice.

En France

The following students are on vacation in France. Which cities are they in?

▸ Alice . . . à Nice.   **Alice est à Nice.**

1. Philippe . . . à Toulon.
2. Nous . . . à Paris.
3. Vous . . . à Marseille.
4. Je . . . à Lyon.
5. Tu . . . à Tours.
6. Michèle et Francine . . . à Lille.
7. Éric et Vincent . . . à Strasbourg.
8. Ma cousine . . . à Toulouse.
9. Mon copain . . . à Bordeaux.

Vocabulaire: *Où?*

Où est Cécile?   *Where is Cécile?*

Elle est . . .

ici *(here)*	**là** *(here, there)*	**là-bas** *(over there)*
à Paris *(in Paris)*	**à** Boston	**à** Québec
en classe *(in class)*	**en ville** *(downtown, in town, in the city)*	
en vacances *(on vacation)*	**en** France *(in France)*	
au café *(at the café)*	**au restaurant**	**au cinéma** *(at the movies)*
à la maison *(at home)*		

À Nice

Catherine is spending her summer vacation in Nice at the home of her pen pal Stéphanie Lambert. Catherine has met many different people and is asking them various questions. Complete her questions with **Tu es** or **Vous êtes,** as appropriate.

▸ *(Stéphanie's brother)* . . . en vacances?
Tu es en vacances?

▸ *(Monsieur Lambert)* . . . de *(from)* Tours?
Vous êtes de Tours?

1. *(Mélanie, a friend of Stéphanie's)* . . . canadienne?
2. *(Olivier, Stéphanie's boyfriend)* . . . souvent *(often)* avec Stéphanie?
3. *(Monsieur Tardif, the neighbor)* . . . en vacances?
4. *(the mailman)* . . . de Nice?
5. *(Frédéric, Stéphanie's young cousin)* . . . souvent à Nice?
6. *(a woman in the park)* . . . française?
7. *(a little girl at the beach)* . . . en vacances?
8. *(a man reading Time magazine)* . . . américain?

3 Où sont-ils?

Corinne is wondering if some of the people she knows are in certain places. Tell her she is right, using **il, elle, ils,** or **elles** in your answers.

▶ —Ta cousine est à Chicago?
—Oui, **elle est à Chicago.**

▶ —Pierre et Vincent sont au café?
—Oui, **ils sont au café.**

1. Stéphanie est à Lyon?
2. Monsieur Thomas est à San Francisco?
3. Suzanne et Monique sont à Genève?
4. Cécile et Charlotte sont au café?

5. Ta soeur est en ville?
6. Ton cousin est en vacances?
7. Claire, Alice et Éric sont au cinéma?
8. Monsieur et Madame Joli sont à Montréal?

4 Où?

You want to know where certain people are. A classmate will answer you on the basis of the illustrations.

▶ —Où est Céline?
—Elle est à New York.

Céline

1. Daniel

2. Caroline

3. Jean-Louis

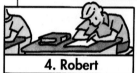

4. Robert

5. Florence

6. Hélène

7. Julien

B. Les questions à réponse affirmative ou négative

The sentences on the left are statements. The sentences on the right are questions. These questions are called YES/NO QUESTIONS because they can be answered by *yes* or *no*. Note how the French questions begin with **est-ce que.**

STATEMENTS	YES/NO QUESTIONS	
Stéphanie est ici.	**Est-ce que** Stéphanie est ici?	*Is Stéphanie here?*
Tu es français.	**Est-ce que** tu es français?	*Are you French?*
Paul et Marc sont au café.	**Est-ce que** Paul et Marc sont au café?	*Are Paul and Marc at the café?*
Tu veux dîner avec moi.	**Est-ce que** tu veux dîner avec moi?	*Do you want to have dinner with me?*

Yes/no questions can be formed according to the pattern:

est-ce que + STATEMENT?	**Est-ce que** Pierre est ici?
↓ **est-ce qu'** (+ VOWEL SOUND)	**Est-ce qu'**il est en ville?

In yes/no questions, the voice goes up at the end of the sentence.

Est-ce que Paul et Florence sont au café?

In casual conversation, yes/no questions can be formed without **est-ce que** simply by letting your voice rise at the end of the sentence.

Tu es français?   Cécile est en ville?

OBSERVATION: When you expect someone to agree with you, another way to form a yes/no question is to add the tag **n'est-ce pas** at the end of the sentence.

Tu es américain, **n'est-ce pas?**	*You are American, **aren't you?***
Tu aimes parler français, **n'est-ce pas?**	*You like to speak French, **don't you?***
Vous êtes d'accord, **n'est-ce pas?**	*You agree, **don't you?***

Nationalités

You are attending an international music camp. Ask about the nationalities of the other participants.

▶ Marc/canadien?   **Est-ce que Marc est canadien?**

1. Jim/américain?   3. Paul et Philippe/français?   5. vous/anglais?   7. Ellen et Carol/
2. Luisa/mexicaine?   4. tu/canadien?   6. Anne/française?   américaines?

Expressions pour la conversation

How to answer a yes/no question:

Oui!	*Yes!*	**Non!**	*No!*
Mais oui!	*Sure!*	**Mais non!**	*Of course not!*
Bien sûr!	*Of course!*		
Peut-être ...	*Maybe ...*		

Conversation

Ask your classmates the following questions. They will answer, using an expression from **Expressions pour la conversation.**

Mais oui!   (Mais non!)

▶ Ton cousin est français?

1. Ta mère est à la maison?
2. Ta cousine est en France?
3. Ton copain est en classe?
4. Tu veux dîner avec moi?
5. Tu veux jouer au tennis avec moi?

Alice, est-ce que ton cousin est français?

C. La négation

Compare the affirmative and negative sentences below:

AFFIRMATIVE	NEGATIVE	
Je **suis** américain.	Je **ne suis pas** français.	*I'm **not** French.*
Nous **sommes** en classe.	Nous **ne sommes pas** en vacances.	*We **are not** on vacation.*
Claire **est** là-bas.	Elle **n'est pas** ici.	*She **is not** here.*
Vous **êtes** à Paris.	Vous **n'êtes pas** à Lyon.	*You **are not** in Lyon.*
Tu **es** d'accord avec moi.	Tu **n'es pas** d'accord avec Marc.	*You **do not** agree with Mar[...]*

Negative sentences are formed as follows:

SUBJECT + **ne** + VERB + **pas** . . . ↓ **n'** (+ VOWEL SOUND)	Éric et Anne **ne** sont **pas** là. Michèle **n'**est **pas** avec moi.

> Je suis en classe.
> Je **ne** suis **pas** à la maison.

7 Non!

Answer the following questions negatively.

▶ —Est-ce que tu es français (française)?
　—**Non, je ne suis pas français (française).**

1. Est-ce que tu es canadien (canadienne)?
2. Est-ce que tu es à Québec?
3. Est-ce que tu es à la maison?
4. Est-ce que tu es au café?
5. Est-ce que tu es en vacances?
6. Est-ce que tu es au cinéma?

8 D'accord

It is raining. François suggests to his friends that they go to the movies. Say who agrees and who does not, using the expression **être d'accord.**

▶ ☹ Philippe  **Philippe n'est pas d'accord.**　▶ ☺ Hélène  **Hélène e[...] d'accord**

1. ☺ nous
2. ☺ je
3. ☹ tu
4. ☺ Patrick et Marc
5. ☹ Claire et Stéphanie
6. ☹ vous
7. ☺ ma copine
8. ☹ mon frère

à	at	Je suis **à** la maison **à** dix heures.
	in	Nous sommes **à** Paris.
de	from	Vous êtes **de** San Francisco.
	of	Voici une photo **de** Paris.
et	and	Anne **et** Sophie sont en vacances.
ou	or	Qui est-ce? Juliette **ou** Sophie?
avec	with	Philippe est **avec** Pauline.
pour	for	Je veux travailler **pour** Monsieur Martin.
mais	but	Je ne suis pas français, **mais** j'aime parler français.

➡ **De** becomes **d'** before a vowel sound:

Patrick est **de** Lyon.   François est **d'**Annecy.

> **Fête Nationale**
> mardi 14 juillet
> à 22h
> **P A R I S**

Le mot juste (The right word)

Complete the sentences below with the word in parentheses that fits logically.

1. Monsieur Moreau est en France. Aujourd'hui, il est . . . Lyon. (à/de)
2. Martine est canadienne. Elle est . . . Montréal. (de/et)
3. Florence n'est pas ici. Elle est . . . Jean-Claude. (et/avec)
4. Alice . . . Paul sont au restaurant. (avec/et)
5. Jean-Pierre n'est pas à la maison. Il est au café . . . au cinéma. (ou/et)
6. J'aime jouer au tennis . . . je ne veux pas jouer avec toi. (ou/mais)
7. Je dois travailler . . . mon père. (pour/à)

10 Être ou ne pas être (To be or not to be)

We cannot be in different places at the same time. Express this according to the model.

▶ Aline est en ville. (ici)
   Aline n'est pas ici.

1. Frédéric est là-bas. (à la maison)
2. Nous sommes en classe. (au restaurant)
3. Tu es à Nice. (à Toulon)
4. Vous êtes au café. (au cinéma)
5. Jérôme est avec Sylvie. (avec Catherine)
6. Juliette et Sophie sont avec Éric. (avec Marc)

Prononciation   /a/

La voyelle /a/

The letter "**a**" alone always represents the sound /a/ as in the English word *ah*. It never has the sound of "*a*" as in English words like *cla̲ss*, *da̲te*, or *cinema*.

chat

Répétez: **cha̲t   ça̲ va̲   à̲ la̲   là̲-ba̲s   a̲vec   a̲mi   voilà̲**
cla̲sse   ca̲fé   sa̲la̲de   da̲me   da̲te   Ma̲da̲me   Ca̲na̲da̲

A̲nne est au Ca̲na̲da̲ a̲vec Ma̲da̲me La̲va̲l.

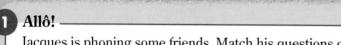

À votre tour!

1 Allô!

Jacques is phoning some friends. Match his questions on the left with his friends' answers on the right.

1. Où es-tu?

2. Où est ta soeur?

3. Est-ce que ton frère est à la maison?

4. Tes parents sont en vacances, n'est-ce pas?

5. Ta soeur est avec une copine?

a. Non, il est au cinéma.

b. Oui, elles sont au restaurant.

c. Je suis à la maison.

d. Elle est en classe.

e. Oui! Ils sont à Paris.

2 Où sont-ils?

Read what the following people are saying and decide where they are.

▶ Anne et Éric sont au café.

Une limonade, s'il vous plaît.

▶ **Anne et Éric**

Le film est excellent.

1. nous

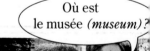
Où est le musée (museum)?

2. les touristes

Une pizza, s'il vous plaît.

3. vous

Bonjour, Maman.

4. tu

Stéphanie, est-ce que tu veux nager?

5. Paul

Créa-dialogue

You are working for a student magazine in France. Your assignment is to interview tourists who are visiting Paris. Ask them where they are from. (Make sure to address the people appropriately as **tu** or **vous**.) Remember: The symbol "??" means you may invent your own responses.

Nationalité	Villes (Cities)	
anglaise	Londres? *(London)* Liverpool	

— Bonjour. <u>Vous êtes anglaise</u>?
— Oui, je suis <u>anglaise</u>.
— Est-ce que <u>vous êtes</u> de <u>Londres</u>?
— Mais non, je ne suis pas de <u>Londres</u>. Je suis de <u>Liverpool</u>.

Nationalité	Villes	
1 américaine	New York? Washington	
2 canadien	Québec? Montréal	
3 française	Paris? Nice	
4 mexicain	Mexico? Puebla	
5 ??	?? ??	
6 ??	?? ??	

4 Composition: Et toi?

Write a short paragraph about yourself and your friends.

1. Say what city you are from. (**Je suis de . . .**)
2. Say what city your father or your mother is from. (**Mon père / ma mère est de . . .**)
3. Say where one of your friends is from. (**Mon copain / ma copine . . .**)
4. Name an activity you like to do with a friend. (**J'aime . . . avec . . .**)
5. Name an activity you want to do with two friends. (**Je veux . . .**)
6. Name an activity you would like to do with one of your relatives. (**Je voudrais . . .**)

5 Composition: Personnellement

On a separate piece of paper, or on a computer, write where you are and where you are not at each of the following times.

▸ à 9 heures du matin
  • à 4 heures
  • à 7 heures du soir
  • samedi
  • dimanche
  • en juillet

À neuf heures du matin, je suis en classe. Je ne suis pas à la maison.

Une boum

Jean-Marc has been invited to a party. He is trying t
decide whether to bring Béatrice or Valérie. First he
talks to Béatrice.

JEAN-MARC:	Dis, Béatrice, tu aimes danser?	*Hey*
BÉATRICE:	Bien sûr, j'aime danser!	
JEAN-MARC:	Est-ce que tu danses bien?	
BÉATRICE:	Oui, je danse très, très bien.	*very well*
JEAN-MARC:	Et ta cousine Valérie? Est-ce qu'elle danse bien?	
BÉATRICE:	Non, elle ne danse pas très bien.	
JEAN-MARC:	Alors, c'est Valérie que j'invite à la boum.	*So / that / party*
BÉATRICE:	Mais pourquoi elle? Pourquoi pas moi?	*why*
JEAN-MARC:	Écoute, Béatrice, je ne sais pas danser! Alors,	*don't know how / So*
	je préfère inviter une fille qui ne danse pas très bien.	
	C'est normal, non?	

● Compréhension: Vrai ou faux?

Read the following statements and say whether they are true (**C'est vrai!**) or
false (**C'est faux!**).

1. Béatrice aime danser.
2. Elle danse bien.
3. Valérie danse très bien.
4. Jean-Marc invite Béatrice.
5. Il invite Valérie.

Une boum

On weekends, French teenagers like to go to parties that are organized at a friend's home. Often the guests contribute something to the buffet: sandwiches or soft drinks. There is also a lot of music and dancing. (French teenagers love to dance!)

These informal parties have different names according to the age group of the participants. For students at a **collège** (or junior high), a party is sometimes known as **une boum** or **une fête.** For older students at a **lycée** (or high school), it is called **une soirée** or **une fête.**

A. Les verbes en -er: le singulier

Many French verbs end in **-er** in the infinitive.
Most of these verbs are conjugated like
parler *(to speak)* and **habiter** *(to live)*.
Note the forms of the present tense of these
verbs in the singular. Pay attention to their
endings.

INFINITIVE	parler	habiter	ENDING
STEM	parl-	habit-	
PRESENT TENSE (SINGULAR)	Je **parle** français. Tu **parles** anglais. Il/Elle **parle** espagnol.	J' **habite** à Paris. Tu **habites** à Boston. Il/Elle **habite** à Madrid.	-e -es -e

The present tense forms of -er verbs consist of two parts:

> STEM + ENDING

- The STEM does not change. It is the infinitive minus **-er:**
  parler   parl-   **habiter**   habit-
- The ENDINGS change with the subject:
  je → -e   **tu** → -es   **il/elle** → -e

➡ The above endings are silent.

➡ **Je** becomes **j'** before a vowel sound.
  je parle   **j'habite**

1 Curiosité

At the party, Olivier wants to learn more about Isabelle.
She answers his questions affirmatively. Play both roles.

Tu parles anglais?

Oui, je parle anglais.

▶ parler anglais?

1. parler espagnol?
2. habiter à Paris?
3. étudier ici?
4. jouer au volley?
5. jouer au basket?
6. chanter?

Vocabulaire: Les verbes en -er

Verbs you already know:

chanter	to sing	nager	to swim
danser	to dance	parler	to speak, talk
dîner	to have dinner	regarder	to watch, look at
écouter	to listen (to)	téléphoner	to phone, call
étudier	to study	travailler	to work
jouer	to play	voyager	to travel
manger	to eat		

New verbs:

aimer	to like	Tu **aimes** Paris?
habiter	to live	Philippe **habite** à Toulouse?
inviter	to invite	J'**invite** un copain.
organiser	to organize	Sophie **organise** une **boum**/une **soirée**/une **fête** (party).
visiter	to visit (places)	Hélène **visite** Québec.

➡ **Regarder** has two meanings:

   to look (at)   Paul **regarde** Cécile.
   to watch   Cécile **regarde** la télé.

➡ Note the construction **téléphoner à:**

Hélène **téléphone**	à	Marc.
Hélène calls	. . .	Marc.

➡ Note the constructions with **regarder** and **écouter:**

Philippe **regarde**	. . .	Alice.
Philippe looks	at	Alice.

Alice **écoute**	. . .	le professeur.
Alice listens	to	the teacher.

Quelle activité?

Describe what the following people are doing by completing the sentences with one of the verbs below. Be logical in your choice of activity.

chanter   écouter   parler   travailler   manger   voyager   regarder   inviter

1. Je . . . un sandwich. Tu . . . une pizza.
2. Tu . . . anglais. Je . . . français.
3. Éric . . . la radio. Claire . . . un compact (un CD).
4. Jean-Paul . . . la télé. Tu . . . un match de tennis.
5. M. Simon . . . en (by) bus. Mme Dupont . . . en train.
6. Nicolas . . . Marie à la boum. Tu . . . Alain.
7. Mlle Thomas . . . dans (in) un hôpital. Je . . . dans un supermarché (supermarket).
8. Mick Jagger . . . bien. Est-ce que tu . . . bien?

3 Le télescope

Curious Georges has set up a telescope to observe what his neighbors are doing. Describe each person's activity.

▶ **Monsieur Thomas dîne.**

4 Où sont-ils?

You want to know where the following people are. A classmate will answer, telling you where the people are and what they are doing.

▶ Jacques? (en classe / étudier)

Où est Jacques?

Il est en c
Il étud

1. Pauline? (au restaurant / dîner)
2. Véronique? (à la maison / téléphoner)
3. Mme Dupont? (en ville / travailler)
4. M. Lemaire? (en France / voyager)
5. Jean-Claude? (à Paris / visiter la tour Eiffel)
6. André? (au Tennis Club / jouer au tennis)
7. Alice? (à l'Olympic Club / nager)

B. Les verbes en -er: le pluriel

Note the plural forms of **parler** and **habiter,** paying attention to the endings.

INFINITIVE	parler	habiter	ENDING:
STEM	parl-	habit-	
PRESENT TENSE (PLURAL)	Nous **parlons** français. Vous **parlez** anglais. Ils / Elles **parlent** espagnol.	Nous **habitons** à Québec. Vous **habitez** à Chicago. Ils / Elles **habitent** à Caracas.	-ons -ez -ent

➡ In the present tense, the plural endings of -**er** verbs are:

nous → **-ons**   vous → **-ez**   ils / elles → **-ent**

➡ The -**ent** ending is silent.

➡ Note the liaison when the verb begins with a vowel sound:

Nous_étudions.   Vous_invitez Thomas.   Ils_habitent en France.   Elles_aiment Paris.

OBSERVATION: When the infinitive of the verb ends in -**ger**, the **nous**-form ends in -**geons.**

nager: nous na**geons**   manger: nous man**geons**   voyager: nous voya**geons**

...ui?

...éphanie is speaking to or about her ...ends. Complete her sentences with **, elle, vous,** or **ils.**

... étudient à Toulouse.
Ils étudient à Toulouse.

1. ... habitez à Tours.
2. ... aime Paris.
3. ... étudiez à Tours.
4. ... aiment danser.
5. ... organisent une boum.
6. ... parlez espagnol.
7. ... téléphone à Jean-Pierre.
8. ... invites un copain.
9. ... dîne avec Cécile.
10. ... invitent Monique.

6 À la boum

At a party, Olivier is talking to two Canadian students, Monique and her friend. Monique answers yes to his questions.

▶ parler français?

Vous parlez français, n'est-ce pas?

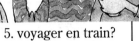
Oui, nous parlons français.

1. parler anglais?
2. habiter à Québec?
3. étudier à Montréal?
4. voyager en France?
5. voyager en train?
6. visiter Paris?
7. aimer Paris?
8. aimer la France?

...e camp français

...t summer camp, everything is organized according to a schedule. Describe the activities ...f the following campers by completing the sentences according to the illustrations.

▶ À cinq heures, Alice et Marc ...   **À cinq heures, Alice et Marc jouent au volley.**

1. À neuf heures, nous ...
2. À quatre heures, vous ...
3. À huit heures, Véronique et Pierre ...
4. À sept heures, nous ...
5. À trois heures, Thomas et François ...
6. À six heures, vous ...

Un voyage à Paris

...group of American students are visiting Paris. During their stay, they do all ...f the following things:

...r en bus

téléphoner à un copain

visiter la tour Eiffel

dîner au restaurant

inviter une copine

écouter un opéra

...escribe the trips of the following people.

▶ Jim   **Il voyage en bus, il visite la tour Eiffel ...**

1. Linda   2. Paul et Louise   3. nous   4. vous

C. Le présent des verbes en *-er:* forme affirmative et forme négative

FORMS

Compare the affirmative and negative forms of **parler.**

AFFIRMATIVE	NEGATIVE
je **parle** tu **parles** il/elle **parle**	je **ne parle pas** tu **ne parles pas** il/elle **ne parle pas**
nous **parlons** vous **parlez** ils/elles **parlent**	nous **ne parlons pas** vous **ne parlez pas** ils/elles **ne parlent pas**

REMEMBER: The negative form of the verb follows the pattern:

SUBJECT + **ne** + VERB + **pas**	Il **ne** travaille **pas** ici.
↓ **n'** (+ VOWEL SOUND)	Je **n'**invite **pas** Pierre.

Il <u>ne</u> travaille <u>pas</u>.

Ils <u>n'</u>écoutent <u>pas</u>.

Elle <u>ne</u> chante <u>pas</u> bi

USES

In the present tense, French verbs have several English equivalents:

Je **joue** au tennis.
$\begin{cases} \text{I } \textbf{\textit{play}} \text{ tennis.} \\ \text{I } \textbf{\textit{do play}} \text{ tennis.} \\ \text{I } \textbf{\textit{am playing}} \text{ tennis.} \end{cases}$

Je **ne joue pas** au tennis.
$\begin{cases} \text{I } \textbf{\textit{do not play}} \text{ tennis. (I } \textbf{\textit{don't}} \text{ play tennis.)} \\ \text{I } \textbf{\textit{am not playing}} \text{ tennis. (I'm } \textbf{\textit{m not playing}} \text{ tennis.)} \end{cases}$

> Studying French helps you better appreciate how the English language works.

...on!

ne cannot do everything. From the
ollowing list of activities, select at least
ree that you do *not* do.

Je ne joue pas au bridge.

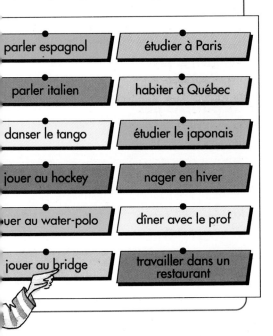

parler espagnol	étudier à Paris
parler italien	habiter à Québec
danser le tango	étudier le japonais
jouer au hockey	nager en hiver
...uer au water-polo	dîner avec le prof
jouer au bridge	travailler dans un restaurant

10 Pas aujourd'hui

Today the following people are tired and
are not doing what they usually do.
Express this according to the model.

▶ Pierre joue au tennis.
  **Aujourd'hui, il ne joue pas
  au tennis.**

1. Je joue au foot.
2. Tu étudies.
3. Madame Simonet travaille.
4. Vous dînez à la maison.
5. Marc téléphone à Martine.
6. Nous nageons.
7. Jacques et Florence étudient.

Un jeu: Weekend!

On weekends, people like to do
different things. For each person,
pick an activity and say what that
person does. Select another activity
and say what that person does not do.

▶ **Antoine et Isabelle dansent.
  Ils ne regardent pas la télé.**

je
tu
ma cousine
nous
Antoine et Isabelle
Monsieur Leblanc
Madame Jolivet
vous
le professeur

Vocabulaire: Mots utiles

bien	*well*	Je joue **bien** au tennis.
très bien	*very well*	Je ne chante pas **très bien.**
mal	*badly, poorly*	Tu joues **mal** au volley.
beaucoup	*a lot, much, very much*	Paul aime **beaucoup** voyager.
un peu	*a little, a little bit*	Nous parlons **un peu** français.
souvent	*often*	Charles invite **souvent** Nathalie.
toujours	*always*	Je travaille **toujours** en été.
aussi	*also, too*	Je téléphone à Marc. Je téléphone **aussi** à Véroniq
maintenant	*now*	J'étudie **maintenant.**
rarement	*rarely, seldom*	Vous voyagez **rarement.**

➡ In French, the above expressions *never* come *between* the subject and the verb. They usually come *after* the verb. Compare their positions in French and English.

Nous parlons **toujours** français.   *We **always** speak French.*
Tu joues **bien** au tennis.   *You play tennis **well.***

12 Expression personnelle

Complete the following sentences with an expression from the list below.

bien	mal	très bien	toujours	souvent	rarement	un peu	beaucoup

1. Je chante . . .
2. Je nage . . .
3. Je regarde . . . la télé.
4. Je mange . . .
5. Je voyage . . . en bus.
6. Le prof parle . . . français.
7. Nous parlons . . . français en classe.
8. Les Rolling Stones chantent . . .
9. Michael Jordan joue . . . au baske
10. Les Yankees jouent . . . au baseball.

Expressions pour la conversation

How to express approval or regret:

Super!	*Terrific!*	Tu parles français? **Super!**
Dommage!	*Too bad!*	Tu ne joues pas au tennis? **Dommage!**

Tu parles français?
Oui, je parle frança
Super!

13 Conversation

Ask your classmates if they do the following things. Then express approval or regret, according to their answers.

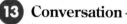 parler français?   —Est-ce que tu parles français?
—Oui, je parle français. (Non, je ne parle pas français.)
—Super! (Dommage!)

1. parler espagnol?
2. jouer au tennis?
3. danser bien?
4. voyager beaucoup?
5. dîner souvent au restaurant?
6. inviter souvent ton copain?

D. La construction: verbe + infinitif

Note the use of the infinitive in the following sentences.

J'aime **parler** français.	*I like **to speak** French. I like **speaking** French.*
Nous aimons **voyager**.	*We like **to travel**. We like **traveling**.*
Tu n'aimes pas **étudier**.	*You don't like **to study**. You don't like **studying**.*
Ils n'aiment pas **danser**.	*They don't like **to dance**. They don't like **dancing**.*

To express what they like and don't like to do, the French use these constructions:

SUBJECT + PRESENT TENSE + INFINITIVE . . . of **aimer**		SUBJECT + **n'** + PRESENT TENSE + **pas** + INFINITIVE . . . of **aimer**	
Nous	**aimons** **voyager.**	Nous	**n'aimons pas** **voyager.**

➡ Note that in this construction, the verb **aimer** may be affirmative or negative:

AFFIRMATIVE: Jacques **aime** voyager.   NEGATIVE: Philippe **n'aime pas** voyager.

➡ The above construction is used in questions: Est-ce que Paul **aime voyager?**

OBSERVATION: The infinitive is also used after the following expressions:

Je préfère . . .	*I prefer . . .*	**Je préfère travailler.**
Je voudrais . . .	*I would like . . .*	**Je voudrais voyager.**
Je (ne) veux (pas) . . .	*I (don't) want . . .*	**Je veux jouer** au foot.
Est-ce que tu veux . . .	*Do you want . . .*	**Est-ce que tu veux danser?**
Je (ne) peux (pas) . . .	*I can (I can't) . . .*	**Je ne peux pas dîner** avec toi.
Je dois . . .	*I have to . . .*	**Je dois étudier.**

Dialogue

Ask your classmates if they like to do the following things.

▶ chanter?
—**Est-ce que tu aimes chanter?**
—**Oui, j'aime chanter.**   (**Non, je n'aime pas chanter.**)

1. étudier?   4. danser?   7. nager en hiver?
2. voyager?   5. parler français en classe?   8. travailler le week-
3. téléphoner?   6. nager en été?   end *(on weekends)*?

Une excellente raison *(An excellent reason)*

The following people are doing certain things. Say that they like these activities.

▶ Thomas voyage.   **Il aime voyager.**

1. Monique chante.
2. Charles étudie la musique.
3. Henri téléphone.
4. Isabelle organise une boum.
5. Marc et Sophie nagent.
6. Annie et Vincent dansent.
7. Lise et Rose jouent au frisbee.
8. Éric et Denis écoutent la radio.
9. Nous travaillons.
10. Nous parlons espagnol.
11. Vous regardez la télé.
12. Vous mangez.

À votre tour!

1 Allô!

Sophie is phoning some friends. Match her questions on the left with her friends' answers on the right.

1. Est-ce que Marc est canadien?

2. Est-ce que tu joues au tennis?

3. Ton frère est à la maison?

4. Ta mère est en vacances?

5. Tu invites Christine et Juliette à la boum?

a. Non, elle travaille.

b. Oui, mais pas très bien.

c. Bien sûr! Elles aiment beaucoup danser.

d. Oui, il habite à Montréal.

e. Non, il dîne au restaurant avec un copain.

2 Créa-dialogue

Find out how frequently your classmates do the following activities. They will respond using one of the expressions on the scale.

NON	OUI		
	un peu →	souvent →	beaucoup

— **Robert**, est-ce que tu **joues au tennis**?

— Non, je **ne joue pas au tennis**.

— Est-ce que tu **écoutes la radio**?

— Oui, j'**écoute souvent la radio**.

u'est-ce qu'ils font?

(What do they do?)

ook at what the following students have ut in their lockers and say what they ke to do.

Éric aime jouer au tennis.
Il aime aussi . . .

ÉRIC
HÉLÈNE & ANNE
LE FRANÇAIS PRATIQUE
NOUS
VOUS
¿QUÉ TAL?

4 Message illustré

Marc wrote about certain activities, using pictures. On a separate sheet, write out his description replacing these pictures with the missing words.

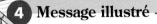

À la maison, ma soeur Catherine [téléphone] à une copine. Mon frère Éric [écoute la radio]. En général, nous [dînons] à sept heures et demie. Après° le dîner, mes° parents [regardent la télé]. Moi, j'[étudie] pour la classe de français.

En vacances, nous [ne travaillons pas]. Je [nage]. Éric et Catherine [jouent au tennis]. Parfois° mes parents [dînent] au restaurant.

Après *After* **mes** *my* **Parfois** *Sometimes*

Point de vue personnel

elect one of the following situations.)n a separate sheet of paper, or on a omputer, write two things you do nd one thing you do not do in that ituation. Use complete sentences.

En classe, je...

la ison,...

En vacances, . . .

es (my) s,...

Avec mes Parents, . . .

Une interview

Nicolas is a reporter for *La Gazette des Étudiants*, th
student newspaper. He has decided to write an artic
on the foreign students who attend his school. Toda
he is interviewing Fatou, a student from Senegal.

NICOLAS:	Bonjour, Fatou. Est-ce que je peux <u>te poser</u> <u>quelques questions</u>?	*ask you some questions*
FATOU:	Oui, bien sûr.	
NICOLAS:	Tu es <u>sénégalaise</u>, n'est-ce pas?	*Senegalese*
FATOU:	Oui, je suis sénégalaise.	
NICOLAS:	Où est-ce que tu habites?	
FATOU:	Je suis de Dakar, mais maintenant j'habite à Paris avec ma famille.	
NICOLAS:	<u>Pourquoi</u> est-ce que vous habitez à Paris?	*Why*
FATOU:	<u>Parce que</u> ma mère travaille pour l'Unesco.	*Because*
NICOLAS:	Est-ce que tu aimes Paris?	
FATOU:	J'adore Paris.	
NICOLAS:	<u>Qu'est-ce que tu fais le weekend</u>?	*What do you do on weeken*
FATOU:	<u>Ça</u> dépend! Je regarde la télé ou je joue au tennis avec <u>mes</u> copains.	*That* *my*
NICOLAS:	Merci beaucoup, Fatou.	
FATOU:	C'est <u>tout</u>?	*all*
NICOLAS:	Oui, c'est tout!	

■ NOTES ■ CULTURELLES

1 Le Sénégal

Senegal is a country in western Africa, whose capital is Dakar. Its population includes twelve different tribes, all speaking their own dialects. Because of the historical and cultural ties between Senegal and France, French has been adopted as the official language.

Most of the people of Senegal are Muslims. Some common names are **Awa** and **Fatou** (for girls), **Babacar** and **Mamadou** (for boys).

FATOU:	Bon. <u>Alors</u>, maintenant c'est mon <u>tour</u>! Est-ce que je peux te poser une question?	*So / turn*
COLAS:	Bien sûr!	
FATOU:	Qu'est-ce que tu fais samedi?	
COLAS:	Euh . . . <u>je ne sais pas</u>.	*I don't know*
FATOU:	Alors, est-ce que tu veux <u>aller</u> à un concert de musique africaine?	*to go*
COLAS:	Avec qui?	
FATOU:	Avec moi, bien sûr!	
COLAS:	D'accord! Où? <u>Quand</u>? Et à quelle heure?	*When*

L'Unesco

UNESCO (United Nations Educational Scientific and Cultural Organization) was founded in 1946 to promote international cooperation in education, science, and the arts. The organization has its headquarters in Paris and is staffed by people from all member countries.

Compréhension: Vrai ou faux?

Read the following statements and say whether they are true (**C'est vrai!**) or false (**C'est faux!**).

1. Fatou est française.
2. Elle habite à Paris.
3. Le père de Fatou travaille pour l'Unesco.
4. Le weekend, Fatou aime jouer au tennis.
5. Nicolas invite Fatou à un concert.
6. Fatou accepte l'invitation.

A. Les questions d'information

The questions below ask for specific information and are called INFORMATION QUESTIONS. The INTERROGATIVE EXPRESSIONS in heavy print indicate what kind of information is requested.

—**Où** est-ce que tu habites?   ***Where*** *do you live?*
—J'habite **à Nice.**   *I live **in Nice.***

—**À quelle heure** est-ce que vous dînez?   ***At what time*** *do you eat dinner?*
—Nous dînons **à sept heures.**   *We eat **at seven.***

In French, information questions may be formed according to the pattern:

INTERROGATIVE EXPRESSION + **est-ce que** + SUBJECT + VERB . . . ?
À quelle heure   **est-ce que**   VOUS   travaillez?

➡ **Est-ce que** becomes **est-ce qu'** before a vowel sound.
     Quand **est-ce qu'**Alice et Roger dînent?

➡ In information questions, your voice rises on the interrogative expression and then falls u͏ the last syllable.

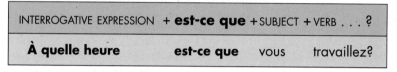

Quand est-ce que tu travailles?   **À quelle heure** est-ce que vous dînez?

OBSERVATION: In casual conversation, French speakers frequently form information questions placing the interrogative expression at the end of the sentence. The voice rises on the interrog͏ expression.

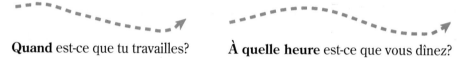

Vous habitez **où?**   Vous dînez **à quelle heure?**

Vocabulaire: Expressions interrogatives

où	*where?*	**Où** est-ce que vous travaillez?
quand?	*when?*	**Quand** est-ce que ton copain organise une boum?
à quelle heure?	*at what time?*	**À quelle heure** est-ce que tu regardes la télé?
comment?	*how?*	**Comment** est-ce que tu chantes? Bien ou mal?
pourquoi?	*why?*	—**Pourquoi** est-ce que tu étudies le français?
parce que	*because*	—**Parce que** je veux voyager en France.

➡ **Parce que** becomes **parce qu'** before a vowel sound.
     Juliette invite Olivier **parce qu'**il danse bien.

Club International

The president of the International Club wants to know where some of the members are from. The secretary tells her where each one lives.

Sylvie (à Québec)
LA PRÉSIDENTE: **Où est-ce que Sylvie habite?**
LE SECRÉTAIRE: **Elle habite à Québec.**

Jacques (à Montréal)
Awa (à Dakar)
Marc et Frédéric (à Toulouse)
Jean-Pierre (à Genève)
Sophie et Michèle (à Nice)
Isabelle (à Paris)

2 Curiosité

At a party in Paris, Nicolas meets Béatrice, a Canadian student. He wants to know more about her. Play both roles.

▶ où / habiter? (à Québec)
  NICOLAS: **Où est-ce que tu habites?**
  BÉATRICE: **J'habite à Québec.**

1. où / étudier? (à Montréal)
2. où / travailler? (dans [in] une pharmacie)
3. quand / parler français? (toujours)
4. quand / parler anglais? (souvent)
5. comment / jouer au tennis? (bien)
6. comment / danser? (très bien)
7. pourquoi / être en France? (parce que j'aime voyager)
8. pourquoi / être à Paris? (parce que j'ai [I have] un copain ici)

Expression pour la conversation

How to express surprise or mild doubt:

Ah bon?   *Oh? Really?*   —Stéphanie organise une soirée.
—**Ah bon?** Quand?

Au téléphone

When Philippe phones his cousin Michèle, he likes to tell her what his plans are. She asks him a few questions. Play both roles.

organiser une soirée (quand? samedi)

J'organise une soirée.

Ah bon? Quand est-ce que tu organises une soirée?

Samedi.

organiser un pique-nique (quand? dimanche)
dîner avec Pauline (quand? lundi)
dîner avec Caroline (où? au restaurant Belcour)
regarder «Batman» (à quelle heure? à 9 heures)
jouer au tennis (quand? demain)

6. inviter Brigitte (où? à un concert)
7. parler espagnol (comment? assez bien)
8. étudier l'italien (pourquoi? je veux voyager en Italie)

Questions personnelles

. Où est-ce que tu habites? *(name of your city)*
. Où est-ce que tu étudies? *(name of your school)*
. À quelle heure est-ce que tu dînes?
. À quelle heure est-ce que tu regardes la télé?
. Quand est-ce que tu nages?

6. Quand est-ce que tu joues au tennis? (en mai? en juillet?)
7. Comment est-ce que tu chantes? (bien? très bien? mal?)
8. Comment est-ce que tu nages?

B. Les expressions interrogatives avec *qui*

To ask about PEOPLE, French speakers use the following interrogative expressions:

qui?	who(m)?	**Qui** est-ce que tu invites au concert?
à qui?	to who(m)?	**À qui** est-ce que tu téléphones?
de qui?	about who(m)?	**De qui** est-ce que vous parlez?
avec qui?	with who(m)?	**Avec qui** est-ce que Pierre étudie?
pour qui?	for who(m)?	**Pour qui** est-ce que Laure organise la boum?

To ask *who is doing something*, French speakers use the construction:

qui + VERB . . . ?	
Qui habite ici?	***Who*** lives here?
Qui organise la boum?	***Who*** is organizing the party?

5 Précisions *(Details)*

Anne is telling Hélène what certain people are doing. She asks for more details. Play both roles.

▶ Alice dîne. (avec qui? avec une copine)

1. Jean-Pierre téléphone. (à qui? à Sylvie)
2. Frédéric étudie. (avec qui? avec un copain)
3. Madame Masson parle. (à qui? à Madame Bonnot)
4. Monsieur Lambert travaille. (avec qui? avec Monsieur Dumont)
5. Juliette danse. (avec qui? avec Georges)
6. François parle à Michèle. (de qui? de toi)

Alice dîne.

Elle dîne avec une copine.

Ah bon? Avec est-ce qu'elle

6 Un sondage *(A poll)*

Take a survey to find out how your classmates spend their free time. Ask who does the following things.

▶ écouter la radio
Qui écoute la radio?

1. voyager souvent
2. aimer chanter
3. nager
4. aimer danser
5. regarder la télé
6. jouer au tennis
7. jouer au foot
8. travailler
9. regarder les clips *(music videos)*
10. parler italien
11. étudier beaucoup
12. visiter souvent New York

Questions

Prepare short dialogues with your classmates, using the information in the illustrations.

▶ —Où est-ce que tu dînes?
—Je dîne à la maison.

où?

à la maison

1. à quelle heure?

à 8 heures

2. quand?

en septembre

3. comment?

BONJOUR!

très bien

4. avec qui?

avec Denise

5. à qui?

à mon cousin

6. de qui?

BLA BLA BLA...

de toi

7. pour qui?

pour M. Lambert

Qu'est-ce que?

Note the use of the interrogative expression **qu'est-ce que** *(what)* in the questions below.

Qu'est-ce que tu regardes? Je regarde un match de tennis.
Qu'est-ce qu'Alice mange? Elle mange une pizza.

To ask *what people are doing,* the French use the following construction:

qu'est-ce que + SUBJECT + VERB + . . . ?	**Qu'est-ce que** tu fais?
qu'est-ce qu' (+ VOWEL SOUND)	**Qu'est-ce qu'**elle fait?

La Boutique-Musique

The people in Column A are at the Boutique-Musique, a local music shop. Use a verb from Column B to ask what they are listening to or looking at. A classmate will answer you, using an item from Column C.

	B	C
Il	écouter?	une guitare
ous	regarder?	un poster
Alice		un compact (CD) de jazz
Éric		une cassette de rock
Antoine et Claire		un album de Paul Simon

Qu'est-ce qu'Éric écoute?

Il écoute un album de Paul Simon.

D. Le verbe *faire*

Faire *(to do, make)* is one of the most useful French verbs. It is an IRREGULAR verb since it does follow a predictable pattern. Note the forms of **faire** in the present tense.

faire *(to do, make)*	
je **fais**	Je **fais** un sandwich.
tu **fais**	Qu'est-ce que tu **fais** maintenant?
il/elle **fait**	Qu'est-ce que ton copain **fait** samedi?
nous **faisons**	Nous **faisons** une pizza.
vous **faites**	Qu'est-ce que vous **faites** ici?
ils/elles **font**	Qu'est-ce qu'elles **font** pour la boum?

Vocabulaire: Expressions avec *faire*

faire un match	to play a game (match)	Mes cousins **font un match** de tennis.
faire une promenade	to go for a walk	Caroline **fait une promenade** avec Oliv
faire un voyage	to take a trip	Ma copine **fait un voyage** en France.
faire attention	to pay attention	Est-ce que tu **fais attention** quand le professeur parle?

9 La boum de Juliette

Juliette's friends are helping her prepare food for a party. Use the verb **faire** to say what everyone is doing.

▶ Je . . . une crêpe.

Je fais une crêpe.

1. Nous . . . une salade.
2. Tu . . . une salade de fruits.
3. Vous . . . une tarte *(pie)*.
4. Cécile et Marina . . . un gâteau *(cake)*.
5. Christine . . . une pizza.
6. Marc . . . un sandwich.
7. Patrick et Thomas . . . une omelette.
8. Pierre et Karine . . . une quiche.

10 Qu'est-ce qu'ils font?

Read the descriptions below and say what the people are doing. Use the verb **faire** and an expression from the list below. Be logical.

un voyage une promenade une pizza un match atte

▶ Madame Dumont est en Chine.
Elle fait un voyage.

1. Nicolas travaille dans *(in)* un restaurant.
2. Nous sommes en ville.
3. Hélène et Jean-Paul jouent au tennis.
4. Je suis dans la cuisine *(kitchen)*.
5. Marc est dans le train Paris–Nice.
6. Vous jouez au volley.
7. Je suis dans le parc.
8. Monsieur Lambert visite Tokyo.
9. Nous écoutons le prof.

L'interrogation avec inversion

at the two sets of questions below. They both ask the same thing. Compare the position of the
ct pronouns in heavy print.

t-ce que **tu** parles anglais?	Parles-**tu** anglais?	*Do you speak English?*
st-ce que **vous** habitez ici?	Habitez-**vous** ici?	*Do you live here?*
ı est-ce que **nous** dînons?	Où dînons-**nous?**	*Where are we having dinner?*
ı est-ce qu'**il** est?	Où est-**il?**	*Where is he?*

verted questions are formed according to the patterns:

YES / NO	VERB / SUBJECT PRONOUN . . . ?	
QUESTION	**Voyagez-vous**	souvent?

INFORMATION	INTERROGATIVE EXPRESSION + VERB / SUBJECT PRONOUN . . . ?	
QUESTION	**Avec qui** **travaillez-vous**	demain?

In inversion, the verb and the subject pronoun are connected by a hyphen.

ERVATION: In inversion, liaison is required before **il/elle** and **ils/elles.** If a verb in the singular
s on a vowel, the letter "t" is inserted between the verb and the subject pronoun so that
on can occur:

ù travaille-**t**-il?	Où travaille-**t**-elle?
vec qui dîne-**t**-il?	Avec qui dîne-**t**-elle?

onversation

Get better acquainted with your class-
nates by asking them a few questions.
Jse inversion.

▸ où / habiter? —**Où habites-tu?**
              —**J'habite à (Boston).**

. à quelle heure / dîner?
2. à quelle heure / regarder la télé?
3. avec qui / parler français?
4. à qui / téléphoner souvent?
5. comment / nager?
6. avec qui / étudier?

▸ ▸ ▸ ▸ ▸ ▸ ▸ ▸ ▸ ▸ ▸ ▸ ▸ ▸ ▸ ▸ ▸ ▸ ▸ ▸

À votre tour!

1 Allô!

Awa is phoning some friends. Match her questions on the left with her friends' answers on the right.

1. Qu'est-ce que tu fais?
2. Qu'est-ce que vous faites samedi?
3. Où est ton père?
4. Quand est-ce que tu veux jouer au tennis avec moi?
5. Qui est-ce que tu invites au cinéma?
6. Pourquoi est-ce que tu étudies l'anglais?

a. Il fait une promenade.
b. Ma cousine Alice.
c. Dimanche. D'accord?
d. J'étudie.
e. Nous faisons un match de tennis.
f. Parce que je voudrais habiter à New York.

2 Les questions

The following people are answering questions. Read what they say and figure out what questions they were asked.

Je chante très mal.

▶ **Comment est-ce que tu chantes?**

J'habite à Québec.

1

Je dîne à sept heures.

2

Nous dînons à l'Hippopota...

3

Je mange une pizza.

4

Je regarde un film.

5

J'invi... Cather...

6

Créa-dialogue

Ask your classmates what they do on different days of the week. Carry out conversations similar to the model. Note: "??" means you can invent your own answers.

—Qu'est-ce que tu fais lundi?
—Je joue au tennis.
—Ah bon? À quelle heure est-ce que tu joues?
—À deux heures.
—Et avec qui?
—Avec Anne-Marie.

	lundi	mardi	mercredi	jeudi	vendredi	samedi	dimanche
ITÉ						??	??
ELLE HEURE?	2 heures	6 heures	??	??	??	??	??
QUI?	avec Anne-Marie	avec un copain	??	??	??	??	??

Faisons connaissance!
(Let's get acquainted!)

Get better acquainted with a classmate that you don't know very well. Ask questions in French. For instance:
- Where does he/she live?
- Does he/she study much at home?
- Does he/she speak French at home? (with whom?)
- Does he/she watch TV? (at what time?)
- Does he/she like to phone? (whom? [à qui?])

5 Interview

A famous rock star is visiting the United States. You are going to interview her for your school paper (perhaps even on the Internet!). Write out five questions you would want to ask the singer, addressing her as **vous.** For example, you may want to know . . .
- where she is singing
- why she is visiting your city
- how she is traveling
- how (well) she speaks English

Curiosité

Imagine that a French friend has just made the following statements. For each one, write down three or four related questions you could ask him or her.

Je joue au tennis.
Je dîne avec un copain.
Je fais une promenade.
J'organise une soirée.

e au foot main.

• Avec qui est-ce que tu joues?
• Où est-ce que vous jouez?
• À quelle heure est-ce que vous jouez?
• Pourquoi est-ce que vous jouez au foot?

Vive la différence!

Les activités quotidiennes

Nous sommes américains, français, anglais, canadiens . . . Nos° cultures ont° beaucoup de points communs, mais elles ne sont pas identiques.

Parlons° de la vie quotidienne.° Nous faisons les mêmes choses,° mais souvent nous faisons ces° choses un peu différemment.° Voici plusieurs° questions. Répondez° à ces questions. À votre avis,° quelles° sont les réponses des jeunes Français?°

1 **Quel jour de la semaine est-ce que vous préférez?**
- le lundi
- le vendredi
- le samedi
- le dimanche

Et les Français, quel jour est-ce qu'ils préfèrent?

2 **Pendant° la semaine, qu'est-ce que vous préférez faire quand vous n'étudiez pas?**
- Je préfère regarder la télé.
- Je préfère lire.°
- Je préfère jouer au basket.
- Je préfère téléphoner à mes° copains.

Et les jeunes Français, qu'est-ce qu'ils préfèrent faire?

3 **Voici quatre sports. Quel sport est-ce que vous pratiquez le plus?°**
- Je nage.
- Je joue au basket.
- Je fais du jogging.
- Je joue au football.

Et les jeunes Français, quel sport est-ce qu'ils pratiquent le plus?

4 **À quelle heure est-ce que vous dînez en général?**
- entre° cinq heures et demie et six heures
- entre six heures et sept heures
- entre sept heures et huit heures
- après huit heures

Et les Français, à quelle heure est-ce qu'ils dînent?

5 **En moyenne,° combien d'heures° par jour° est-ce que vous regardez la télé?**
- une heure
- deux heures
- trois heures
- quatre heures ou plus

Et les jeunes Français? Combien d'heures par jour est-ce qu'ils regardent la télé?

6 **Qu'est-ce que vous préférez regarder à la télé?**
- les sports
- les films
- la publicité°
- les feuilletons°

Et les jeunes Français, qu'est-ce qu'ils préfèrent regarder?

Et les Français?

1. Ils préfèrent le samedi. 2. Ils préfèrent regarder la télé. 3. Ils jouent au football. 4. Ils dînent entre sept heures et huit heures. 5. Ils regardent la télé deux heures par jour. 6. Ils préfèrent regarder les films.

Nos *Our* **ont** *have* **Parlons** *Let's talk* **vie quotidienne** *daily life* **mêmes choses** *same things* **ces** *these* **différemment** *differently* **plusieurs** *several* **Répondez** *Answer* **À votre avis** *In your opinion* **quelles** *what* **jeunes Français** *young French people* **Pendant** *During* **lire** *to read* **mes** *my* **le plus** *the most* **entre** *between* **En moyenne** *On the average* **combien d'heures** *how many hours* **par jour** *per day* **plus** *more* **publicité** *commercials* **feuilletons** *series*

À la télé, ce weekend

ince, TV viewers have a choice of seven
channels: **TF1**, **France 2**, **France 3**,
La Cinq, **M6**, and **Canal Plus**. (People
want to watch **Canal Plus** need to have
ecial decoding machine for which they
monthly fee.)

that in TV listings, times are ex-
sed using a 24-hour clock. In this
em, 8 P.M. is **20.00** (**vingt heures**);
M. is **22.00** (**vingt-deux heures**).

ine that you are spending a month
ris with a French family. This Friday
Saturday you have decided to stay
e and watch TV. Look at the pro-
listings at the right.

ch programs would you like to watch
riday? When do they start?

ch programs would you choose on
rday evening? When do they start?

French hosts are soccer fans. What
ram would they want to watch and
? Which teams are playing? (Lo-
these cities on the map of France.)

t program is featured on **France 2**
Saturday evening? Who are the
sts on this program? Do you know
of them?

many different movies are being
wn over the weekend? How many of
e movies are American? Which
vie would you choose to see? At what
e and on which channel?

are interested in watching a French
series. Which program would you
ct? On which channel? According to
title, what kind of a series do you
k it is?

SÉLECTION DE LA SEMAINE	VEN	SAM
 TF1	**20.30** VARIÉTÉS **SALUT L'ARTISTE** Émission présentée par Yves Noël et Ophélie Winter **22.05** DOCUMENT **HISTOIRES NATURELLES**	**20.35** SPECTACLE **HOLIDAY ON ICE** Mis en scène par Jérôme Savary **22.10** SÉRIE **DANS LA CHALEUR DE LA NUIT**
France 2	**20.35** SÉRIE **HÔTEL DE POLICE** LE GENTIL MONSIEUR de Claude Barrois avec Cécile Magnet **23.20** FILM **ALICE DANS LES VILLES** de Wim Wenders	**20.40** VARIÉTÉS **CHAMPS-ÉLYSÉES** Invités: Ricky Martin, Juliette Binoche, Ben Affleck **22.25** SÉRIE MÉDECINS DE NUIT
 France 3	**21.30** SÉRIE **LE MASQUE** MADEMOISELLE EVELYNE de Jean-Louis Fournier **23.45** CONCERT MUSIQUES, MUSIQUE	**20.35** JEUNESSE **SAMDYNAMITE** DESSINS ANIMÉS Série : BATMAN **22.25** ENTRETIEN LE DIVAN Pierre Dumayet
arte	**20.15** DOCUMENTAIRE **Cent ans de cinéma japonais** **23.20** MAGAZINE Une vidéo inédite de Lara Fabian	**20.40** SÉRIE **Comédie visuelle** **21.45** DOCUMENTAIRE **Le monde des animaux**
M6	**20.30** FILM TV **LE CINQUIÈME ÉLÉMENT** de Luc Besson avec Bruce Willis, Milla Jovovich **22.05** THÉÂTRE LE SEXE FAIBLE	**20.35** FILM TV **L'ÉCLOSION DES MONSTRES** de J. Piquer Simon avec Yan Sera **22.20** SÉRIE LE COMTE DE MONTE-CRISTO
 CANAL+	**20.30** FOOTBALL **CAEN - TOULOUSE** Championnat de France 28ᵉ journée **22.40** FILM MALCOM X de Spike Lee	**20.30** FILM **ALIENS, LE RETOUR** de James Cameron avec Sigourney Weaver **22.45** FILM UNE NUIT À L'ASSEMBLÉE NATIONALE de Jean-Pierre Mocky

Entre amis: Bonjour, Patrick!

Qu'est-ce que vous aimez faire? Dans° une lettre, Patrick
répond° à cette question. Voici la lettre de Patrick.

Bonjour!

Je m'appelle Patrick Lacaze. J'ai 14 ans. J'habite à Tours avec ma famille. Je suis élève° de troisième.° J'étudie beaucoup, mais je n'étudie pas tout le temps.° Voici ce que° j'aime faire.

J'aime les boums parce que j'adore danser.

J'aime la musique. J'aime surtout° le rock. J'aimerais° jouer de la guitare, mais je ne sais pas.°

J'aime les sports. En hiver je skie et en été je nage et je joue au tennis. (Je ne suis pas un champion, mais je joue assez° bien.) J'aime jouer au basket, mais je préfère jouer au foot. (J'aime jouer au babyfoot, mais ce n'est pas un sport.) J'aime faire des promenades à vélo° le weekend avec mes copains.

J'aime mon école.° J'aime surtout l'anglais parce que le prof est sympa.° (Il s'appelle Mr. Ross, mais il est très gentil.°) Je n'aime pas trop° les maths.

À la maison, j'aime regarder la télé. J'adore les séries américaines! J'aime aussi écouter mes cassettes.

J'aime téléphoner à ma copine, mais je ne téléphone pas souvent. (Mon père n'aime pas ça.°)

J'aime jouer aux jeux° vidéo!

Et vous, qu'est-ce que vous aimez faire? Répondez-moi° vite.°

Amicalement,°
Patrick Lacaze

Dans *In* **répond** *answers* **élève** *student* **troisième** *ninth grade* **tout le temps** *all the time* **ce que** *what* **surtout** *especially* **aimerais** *would like* **je ne sais pas** *I don't know how* **assez** *rather* **promenades à vélo** *bike rides* **école** *school* **sympa** *nice* **gentil** *nice* **trop** *too much* **ça** *that* **jeux** *games* **Répondez-moi** *Answer me* **vite** *quickly* **Amicalement** *Cordially (In friendship)*

■ NOTES ■
CULTURELLES

1 Tours

Tours is an attractive city located about 150 miles southwest of Paris. It is the capital of Touraine, an area of France known for its beautiful castles.

2 Le babyfoot

Babyfoot is a tabletop soccer game in which two teams of two people each try to score goals by manipulating rows of toy players. **Babyfoot** is very popular among French teenagers, who play it in cafés or in youth clubs.

Comment lire *(Reading hints)*
GETTING THE MEANING

When you read French, try to understand the meaning. Don't look for a word-for-word English translation for each sentence.

- Sometimes the two languages use different constructions.

  Je m'appelle . . .   *(I call myself . . .)*   *My name is . . .*

- Sometimes French uses some words that English leaves out.

  J'aime le rock.   *I love rock.*
  J'aime jouer de la guitare.   *I like to play the guitar.*

- And sometimes French leaves out words that English uses.

  Je suis élève de troisième.   *I am a student in ninth grade.*

- Word order may also be different.

  des promenades à vélo   *bike rides*

Enrichissez votre vocabulaire
COGNATES

You have already discovered that there are many words in French that look like English words and have similar meanings. These are called COGNATES. Cognates let you increase your vocabulary effortlessly. But be sure to pronounce them the French way!

- Sometimes the spelling is the same, or almost the same.

  la radio   *radio*
  un champion   *champion*

- Sometimes the spelling is a little different.

  américain   *American*

Activité
Read the letter from Patrick again and find five more French-English cognates.

Activité: Une lettre à Patrick
You are writing a letter to Patrick in which you introduce yourself and explain what you like to do. You may tell him:

- if you like music (and what kind)
- what sports you like to do in fall or winter
- what sports you like to do in spring or summer
- what you like to do at home
- whether or not you like French and math
- what you like to do on weekends
- what programs you like to watch on TV

> You may start your letter with the words:
> **Mon cher Patrick,**
> *(My dear Patrick)*
> and end it with:
> **Amicalement,**

Mon cher Patrick,

Amicalement,

■ NOTE ■
CULTURELLE

Internet / CD-ROMs

Like young Americans, French teens are also interested in CD-ROMs and the internet. More and more teens are using **le Net** for all sorts of purposes: to look up phone numbers and addresses, to make ticket reservations (for concerts, movies, travel, etc.), and to meet and chat with international friends about school, sports, music, and just about everything else!

Le Net is becoming an exciting place for **les internautes:** there are cafés in Paris and many other cities and towns where you can **naviguer** or **netsurfer** while having lunch!

Le Minitel

Many teens still use France's popular online information service, **le Minitel.** The **Minitel** is a small computer terminal connected to the telephone. The most popular service is the **annuaire électronique** (computerized phone directory).

The **Minitel** has lots to offer. You can check plane and train schedules, reserve theater tickets, and send electronic messages. You can play all sorts of games. You can even win prizes like a pair of movie tickets or a trip abroad!

But there is a catch! Although the **Minitel** terminals are distributed free of charge, users are billed each month according to the services used and time spent online. Because **Minitel** use can be expensive, French parents insist on limiting its use.

Le Louvre Fr CD *#06831*

50 euros

Découvrez avec ce CD interactif le plus grand musée du monde. Naviguez à travers le temps et les collections, attardez vous sur les détails des oeuvres grâce à la loupe, consultez les animations et commentaires.

Napoléon, l'Europe et l'Empire Fr CD

48 euros

Vous serez surpris par la qualité et historique et artistique de ce multimédia toute la vie de Napol batailles, les évenements marquants époque, ses rencontres mises en scène des récits animés, ainsi que des anecd citations. Infograme ..#07391

L'album des arts et métiers Fr CD *#06829*

44 euros

Plus de 1000 fiches décrivant les oujets et la collection du Musée, 2000 photos ou gra-vures, 150 citations sonores et 150 animatio font de ce CD un superbe album intérac

Variétés

Cinq portraits

Cinq jeunes parlent de ce qu'ils font,° mais ils ne révèlent pas leur° identité. Est-ce que vous pouvez° identifier chacun?° Lisez° les paragraphes suivants° et faites correspondre° chaque° paragraphe à une photo.

Moussa Dembila
Abidjan, Côte d'Ivoire

Catherine Miguel
Bordeaux, France

Laurent Arnold
Genève, Suisse

Isabelle Lamy
Trois Îlets, Martinique

Denis Lévêque
Montréal, Québec

1 Je ne suis pas français, mais je parle français. Je parle anglais aussi, mais je préfère parler français. J'aime les sports. Je joue au volley et au basket, mais mon sport préféré° est le hockey. Je m'appelle . . .

2 Je suis française, mais je n'habite pas à Paris. J'habite dans une île tropicale. Au lycée, j'étudie beaucoup. Mon sujet préféré est la biologie. (Je voudrais être médecin.°) J'aime la musique. J'aime beaucoup le reggae et j'adore chanter. J'aime les sports. Je nage souvent. Là où j'habite je peux nager en toute saison.° Je m'appelle . . .

3 Je n'habite pas à Paris. J'habite dans° une grande° ville° à 600 kilomètres de Paris. Je suis élève° dans un lycée. J'étudie beaucoup. Mes sujets préférés sont l'espagnol, la gymnastique, le français et la musique. J'aime beaucoup le jazz et le rock. J'adore danser. Je m'appelle . . .

4 Je n'habite pas en France, mais un jour je voudrais étudier à Paris. J'habite en Afrique. Je suis élève au Collège Moderne du Plateau. J'étudie l'anglais, les maths et la physique. Mon ambition est d'être architecte. Je m'appelle . . .

5 J'habite dans un petit° pays° européen. Dans mon pays les gens° parlent des langues différentes. Moi, je parle français. En classe j'étudie l'anglais et l'allemand.° J'aime voyager. Je voudrais visiter le Canada. Ma cousine Christine habite là-bas. Je m'appelle . . .

---

ce qu'ils font *what they do* **leur** *their* **pouvez** *can* **chacun** *each one* **Lisez** *Read*
suivants *following* **faites correspondre** *match* **chaque** *each* **préféré** *favorite*
médecin *doctor* **en toute saison** *all year round (in any season)* **dans** *in*
grande *large* **ville** *city* **élève** *student* **petit** *small* **pays** *country* **gens** *people*
allemand *German*

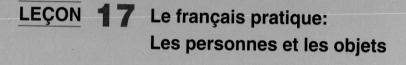

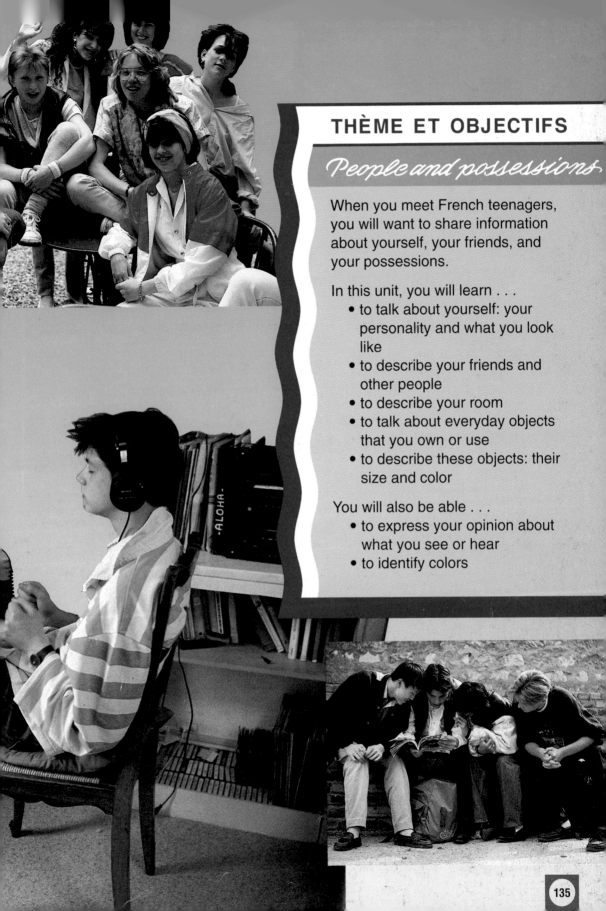

THÈME ET OBJECTIFS

People and possessions

When you meet French teenagers, you will want to share information about yourself, your friends, and your possessions.

In this unit, you will learn . . .
- to talk about yourself: your personality and what you look like
- to describe your friends and other people
- to describe your room
- to talk about everyday objects that you own or use
- to describe these objects: their size and color

You will also be able . . .
- to express your opinion about what you see or hear
- to identify colors

LEÇON 17

Les personnes et les objets

Accent sur . . . Les Français

France has a population of 60 million people. France is a European country, but its population includes people of many different ethnic backgrounds and cultural origins. There are many French citizens whose families have come from North Africa and French-speaking West Africa, as well as from Vietnam, Laos, and Cambodia.

- France is a country of Catholic tradition, but it also has:
  — the largest Jewish population of Western Europe (about 600,000 people).
  — the largest Muslim population of Western Europe (about five million people).

- France is a young country. Thirty percent of its population is under the age of 20.

- French young people tend to be idealists. They believe in freedom and democracy. They also believe in friendship and family. In fact, they rank these values far above money and material success.

- French young people in general have a positive attitude toward Americans. They like American music and would enjoy visiting the United States.

- Because language study is required in French secondary schools, many French teenagers can communicate in a second language, such as English or German.

Au Café Montparnasse
Stéphanie parle avec ses amis.

Chez le marchand de glaces
Philippe est chez le marchand
de glaces avec une copine.

À Paris
Des jeunes font une promenade
sur les Champs-Élysées.

Chez des amis
Stéphanie écoute des
disques avec un copain.

A. La description des personnes

Qui est-ce?

C'est un copain.

▶ *How to describe someone:*

Qui est-ce?
C'est un copain.

Comment s'appelle-t-il?
Il s'appelle Marc.

Quel âge a-t-il?
Il a seize ans.

Comment est-il?
Il est petit.
Il est blond.

Qui est-ce?
C'est une copine.

Comment s'appelle-t-elle?
Elle s'appelle Sophie.

Quel âge a-t-elle?
Elle a quinze ans.

Comment est-elle?
Elle est grande.
Elle est brune.

Les personnes

une **personne**

une **personne**

un **étudiant**	(student)	une **étudiante**	
un **élève**	(pupil)	une **élève**	
un **camarade**	(classmate)	une **camarade**	
un **homme**	(man)	une **femme**	(woman)
un **professeur,** un **prof**	(teacher)	un **professeur,** une **prof**	
un **voisin**	(neighbor)	une **voisine**	

➡ **Une personne** is always feminine whether it refers to a male or female person.

➡ **Un professeur** is always masculine whether it refers to a male or female teacher. However, in casual French, one distinguishes between **un prof** (male) and **une prof** (female).

---

a description physique

Il est . . .

grand   petit   brun   blond   **beau** *handsome, good-looking*   **jeune** *young*

Elle est . . .

grande   petite   brune   blonde   **jolie** *pretty*   jeune

       belle *beautiful*

Oui ou non?

Describe the people below in affirmative or negative sentences.

Michael Jordan / petit?
Michael Jordan n'est pas petit.

Cameron Diaz / jolie?
Cameron Diaz est jolie.

1. Dennis Rodman / grand?
2. Leonardo DiCaprio / blond?
3. Dracula / beau?
4. mon copain / brun?
5. mon père / petit?
6. mon voisin / jeune?
7. Drew Barrymore / belle?
8. Meryl Streep / jeune?
9. Oprah Winfrey /grande?
10. ma copine / petite?
11. ma mère / brune?
12. ma voisine / jolie?

2 Vacances à Québec

You spent last summer in Quebec and have just had your photographs developed. Describe each of the people, giving name, approximate age, and two or three characteristics.

> ▶ **Il s'appelle Alain.**
> **Il est brun.**
> **Il a seize ans.**
> **Il n'est pas grand.**
> **Il est petit.**
>
> ▶ **Alain**

blond(e)	petit(e)
brun(e)	beau (belle)
grand(e)	jeune

1. Anne-Marie

2. Jean-Pierre

3. Claire

4. Mademoiselle Lévêque

5. Madame Paquette

6. Monsieur Beliveau

B. Les objets

How to identify something:

Qu'est-ce que c'est?   *What is it? What's that?*   —**Qu'est-ce que c'est?**
C'est . . .   *It's . . . , That's . . .*   —**C'est** une radio.

How to say that you know or do not know:

Je sais.   *I know.*
Je ne sais pas.   *I don't know.*

How to point out something:

—**Regarde ça.**   *Look at that.*
—**Quoi?**   *What?*
—**Ça,** là-bas.   *That, over there.*

Quelques objets *(A few objects)*

un objet   un stylo   un crayon   un livre

un disque   un compact (un CD)   un sac

une chose *(thing)*   une raquette   une guitare

une affiche   une cassette

DO YOU REMEMBER?

In French, the names of objects are MASCULINE or FEMININE.

Masculine objects can be introduced by **un** or **le (l')**: **un disque, le disque, l'objet.**

Feminine objects can be introduced by **une** or **la (l')**: **une cassette, la cassette, l'affiche.**

Qu'est-ce que c'est?

Ask a classmate to identify the following objects.

— Qu'est-ce que c'est?
— C'est un stylo.

4 **S'il te plaît**

Ask a classmate to give you the following objects.

▶ —S'il te plaît, donne-moi
la cassette.
—Voilà la cassette.
—Merci.

Est-ce que tu as
une moto?

Oui, j'ai u[n]

C. Les possessions personnelles

How to talk about things you have:

Est-ce que tu as . . . ?   *Do you have . . . ?*   —**Est-ce que tu as** un sac?
Oui, j'ai . . .   *Yes, I have . . .*   —**Oui, j'ai** un sac.

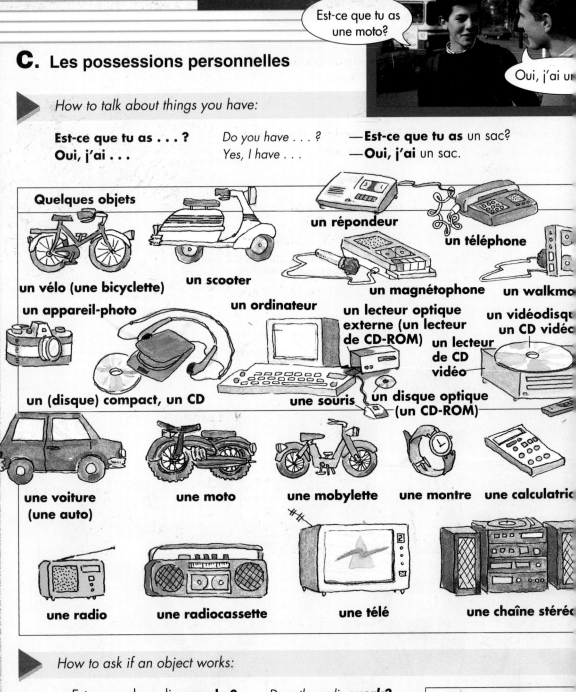

Quelques objets

un répondeur

un téléphone

un vélo (une bicyclette)   **un scooter**   **un magnétophone**   **un walkm[an]**

un appareil-photo   **un ordinateur**   **un lecteur optique externe (un lecteur de CD-ROM)**   **un vidéodisqu[e] un CD vidé[o]**   **un lecteur de CD vidéo**

un (disque) compact, un CD   **une souris**   **un disque optique (un CD-ROM)**

une voiture (une auto)   **une moto**   **une mobylette**   **une montre**   **une calculatri[ce]**

une radio   **une radiocassette**   **une télé**   **une chaîne stéré[o]**

How to ask if an object works:

—Est-ce que la radio **marche?**   *Does the radio* **work?**
—Oui, elle **marche.**   *Yes, it works.*

DO YOU REMEMBER?

Masculine nouns can b[e]
replaced by **il.**
    Le vélo marche.
    Il marche.

➡ The verb **marcher** has two meanings:

for people:
to walk   Nous **marchons.**

for things:
to work, to run   Le scooter ne **marche** pas bien.

Feminine nouns can be
replaced by **elle.**
    La voiture marche.
    Elle marche.

J'ai . . .
(Name 3 objects you own.)
Je voudrais . . .
(Name 3 things you would like to have.)
Pour Noël / Hanoukka, je voudrais . . .
(Name 2 gifts you would like to receive.)

6 Joyeux anniversaire
(Happy birthday)

For your birthday, a rich aunt is giving you the choice between different possible gifts. Indicate your preferences.

▶ vélo ou scooter?

1. mobylette ou moto?
2. montre ou radio?
3. appareil-photo ou walkman?
4. radiocassette ou chaîne stéréo?
5. télé ou ordinateur?
6. magnétophone ou calculatrice?

Je préfère le vélo.

Je préfère le scooter.

u'est-ce que tu as?

...ilippe asks Christine if she has ...e following objects. She says ...at she does. Play both roles.

▶ PHILIPPE: **Est-ce que tu as une guitare?**
CHRISTINE: **Oui, j'ai une guitare.**

1 2 3 4 5 6

st-ce qu'il marche bien?

...ell your classmates that you own the following objects. They will ask you if the objects are ...orking. Answer according to the illustrations.

▶ —J'ai un vélo.
—Est-ce qu'il marche bien?
—Non, il ne marche pas bien.

▶ —J'ai une télé.
—Est-ce qu'elle marche bien?
—Oui, elle marche très bien.

D. Ma chambre *(My room)*

Dans ma chambre il y a une télé.

How to talk about what there is in a place:

il y a	there is there are	Dans *(In)* ma chambre, **il y a** une Dans le garage, **il y a** deux voitu
est-ce qu'il y a . . . ?	is/are there . . . ?	**Est-ce qu'il y a** un ordinateur da la classe?
qu'est-ce qu'il y a . . . ?	what is there . . . ?	**Qu'est-ce qu'il y a** dans le gara

Dans ma chambre

une fenêtre

un lit

une p

un bureau

une chaise

une table

How to say where something or someone is:

Où est Félix?
Félix est . . .

dans le lit

sur le lit

sous le lit

devant le lit

derrière le lit

Qu'est-ce qu'il y a?

Describe the various objects that are in the pictures.

1. Sur la table, il y a . . .   2. Sous le lit, il y a . . .   3. Dans le garage, il y a . . .

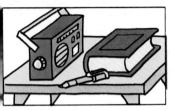  

Ma chambre

Describe the various objects (pieces of furniture and personal belongings) that are in your room.

Il y a une radio, . . .
Il y a aussi . . .

Où est le téléphone?

Michèle is looking for the telephone. Jean-Claude tells her where it is.

MICHÈLE: **Où est le téléphone?**
JEAN-CLAUDE: **Il est sur la table.**

12 **C'est étrange!** *(It's strange!)*

Funny things sometimes happen. Describe these curious happenings by selecting an item from Column A and putting it in one of the places listed in Column B.

▶ Il y a un éléphant sous le lit!

▶ Il y a . . .

A	B
un rhinocéros	dans la classe
un éléphant	sur le bureau
une girafe	sous la table
un crabe	sous le lit
une souris *(mouse)*	derrière la porte
un ami de King Kong	sur la tour Eiffel
un extra-terrestre	dans le jardin *(garden)*
	devant le restaurant

Où est la raquette?

Elle est sous le lit.

13 La chambre de Nicole

Florence wants to borrow a few things from Nicole's room. Nicole tells her where each object is.

▶ la raquette

1. la télé
2. la guitare
3. le livre
4. le vélo
5. l'ordinateur
6. le sac
7. la radio
8. le compact
9. la cassette

14 Pauvre Monsieur Vénard *(Poor Mr. Vénard)*

Today Monsieur Vénard left on vacation, but he soon ran out of luck. Describe the four cartoons by completing the sentences below.

Le voyage de Monsieur Vénard

1. M. Vénard est ____ la voiture.
2. M. Vénard est ____ la voiture.
3. M. Vénard est ____ la voiture.
4. La contractuelle° est ____ la voiture.

la contractuelle *meter*

votre tour!

Créa-dialogue

Daniel is showing Nathalie his recent photographs, and she is asking questions about the various people. Create similar dialogues and act them out in class.

un copain
Éric/14

— Qui est-ce?
— C'est un copain.
— Comment s'appelle-t-il?
— Il s'appelle Éric.
— Quel âge a-t-il?
— Il a quatorze ans.

1. une cousine	2. un camarade	3. une camarade	4. un voisin	5. une voisine	6. un professeur
Valérie/20	Philippe Boucher/13	Nathalie Masson/15	Monsieur Dumas/70	Madame Smith/51	Monsieur Laval/35

Conversation dirigée

Olivier is visiting his new friend Valérie. Act out the dialogue according to the instructions.

Olivier

Valérie

Olivier		Valérie
asks Valérie if she has a boom box	→ ←	answers affirmatively
asks her if it works well	→ ←	says that it works very well and asks why
says he would like to listen to his new (**sa nouvelle**) cassette	→	says that the boom box is on the table in the living room (**le salon**)

Mes possessions

Imagine that your family is going to move to another city. Prepare for the move by making a list of the objects you own. Use a separate sheet of paper.

4 Composition: Un objet

Write a short paragraph describing a real or an imaginary object. You may want to include a picture. (Use only vocabulary that you know.) You may begin your sentences with the following phrases:

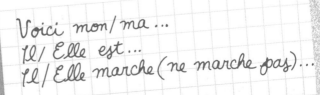

Voici mon/ma...
Il/Elle est...
Il/Elle marche (ne marche pas)...

Vive la différenc

We are not necessarily like our friends. Caroline, a Fren girl from Montpellier, describes herself. She also talks about her friend Jean-Pierre.

Caroline

Jean-Pierre

Je m'appelle Caroline.	Il s'appelle Jean-Pierre.
J'habite à Montpellier.	Il habite à Strasbourg.
J'ai des frères.	Il n'a pas de frère,
	mais il a des soeurs.
J'ai un chien.	Il n'a pas de chien,
	mais il a deux horribles chats.
J'ai un scooter.	Il a une moto.
J'aime le cinéma.	Il préfère le théâtre.
J'aime les films de science-fiction.	Il préfère les westerns.
J'aime les sports.	Il préfère la musique.
J'étudie l'anglais.	Il étudie l'espagnol.

Jean-Pierre et moi, nous sommes très différents . . . mais nous sommes copains.

C'est l'essentiel, non?

Compréhension

Answer the questions below with the appropriate names: **Caroline, Jean-Pierre,** or **Caroline et Jean-Pierre.**

1. Qui habite en France?
2. Qui a des soeurs?
3. Qui n'a pas de frère?
4. Qui a un animal domestique?
5. Qui aime jouer au volley?
6. Qui préfère écouter un concert?
7. Qui étudie une langue *(languag*

escribe yourself and your best friend by completing the sentences below with a phrase of
our choice.

J'ai . . . Mon copain (ma copine) a . . .	• un frère • une soeur	• des frères • des soeurs
J'ai . . . Mon copain (ma copine) a . . .	• un chien • un chat	• un perroquet *(parrot)* • un poisson rouge *(goldfish)*
J'ai . . . Mon copain (ma copine) a . . .	• un vélo • une moto	• un scooter • une mobylette
J'aime . . . Mon copain (ma copine) aime . . .	• le cinéma • le théâtre	• la musique • les sports
Je préfère . . . Mon copain (ma copine) préfère . . .	• les westerns • les comédies	• les films d'aventures • les films de science-fiction
J'étudie . . . Mon copain (ma copine) étudie . . .	• l'espagnol • le français	• l'italien • l'allemand *(German)*
Mon ami(e) et moi, nous sommes . . .	• assez *(rather)* différent(e)s • très différent(e)s	• assez semblables *(similar)* • très semblables

■ N O T E ■
CULTURELLE

Montpellier et Strasbourg

Montpellier and Strasbourg
are two very different cities.

- Montpellier is a city of
  more than 200,000
  inhabitants located in
  southern France near
  the Mediterranean. It is
  an important university
  center with a School of
  Medicine founded in
  1221.

- Strasbourg, a city of 255,000 inhabitants, is the capital of the French
  province of Alsace. Because of its
  location near Germany and Switzerland, it has always been an international city. Strasbourg is now the seat
  of important European institutions.

A. Le verbe *avoir*

The verb **avoir** *(to have, to own)* is irregular. Note the forms of this verb in the present tense.

avoir	to have	
j' **ai**	I have	J'ai une copine à Québec.
tu **as**	you have	Est-ce que tu **as** un frère?
il/elle **a**	he/she has	Philippe **a** une cousine à Paris.
nous **avons**	we have	Nous **avons** un ordinateur.
vous **avez**	you have	Est-ce que vous **avez** une moto?
ils/elles **ont**	they have	Ils n'**ont** pas ton appareil-photo.

➡ There is liaison in the forms: **nous avons, vous avez, ils ont, elles ont.**

Vocabulaire: Expressions avec *avoir*

avoir faim	to be hungry	J'ai **faim.** Et toi, est-ce que tu **as faim?**
avoir soif	to be thirsty	Paul **a soif.** Sylvie n'**a** pas **soif.**
avoir . . . ans	to be . . . (years old)	J'ai 14 **ans.** Le prof **a** 35 **ans.**

---

1 Les voitures

The people below own cars made in the countries where they live. Match each car with its owner.

▶ Monsieur Sato habite à Tokyo.

Il a une Toyota.

une Alfa Roméo
une Jaguar
une Renault
une Chevrolet
une Volvo
une Mercedes
une Toyota

1. Tu habites à Boston.
2. Vous habitez à Munich.
3. Madame Ericson habite à Stockholm.
4. J'habite à Paris.
5. Nous habitons à Oxford.
6. Mes cousines habitent à Rome.

2 Expression personnelle

How old are the following people? Complete the sentences below. If you don't know the exact age, make a guess.

1. J'ai . . .
2. *(The student on your right)* Tu as . . .
3. *(The teacher)* Vous . . .
4. Mon copain . . .
5. Ma copine . . .
6. La voisine . . .

3 Faim ou soif?

You are at a party with your classmates. Offer them the following foods and beverages. They will accept or refuse by saying whether they are hungry or thirsty.

1. une crêpe
2. un soda
3. un hamburger
4. un jus d'orange
5. un croissant
6. un jus de raisin
7. une pizza
8. un Perrier

▶ un sandwich
▶ une limonade

Tu veux un sandwich?

Oui, merci! J'ai faim.

Tu veux une limonade?

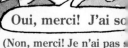

Oui, merci! J'ai so

(Non, merci! Je n'ai pas s

Les noms et les articles: masculin et féminin

NS

ns designating PEOPLE

Nouns that designate male persons
are almost always *masculine:*

un garçon   **un ami**

Nouns that designate female persons
are almost always *feminine:*

une fille   **une amie**

Learning about language
NOUNS are words that designate people,
animals, objects, and things.

In French, all nouns have GENDER: they are
either MASCULINE or FEMININE.

CEPTIONS:

une personne is always feminine (even when it refers to a male)
un professeur is always masculine (even when it refers to a woman)

uns designating ANIMALS, OBJECTS, and THINGS
There is no systematic way to determine whether these nouns are
masculine or feminine. Therefore, it is very important to learn these
nouns with their articles.

MASCULINE: **un** disque   **un** vélo   **un** ordinateur
FEMININE: **une** cassette   **une** moto   **une** affiche

CLES

the forms of the articles in the chart below.

Learning about language
Nouns are often introduced by
ARTICLES. In French, ARTICLES have
the *same* gender as the nouns
they introduce.

	MASCULINE	FEMININE		
DEFINITE RTICLE	**un** *a, an*	**une** *a, an*	**un** garçon	**une** fille
EFINITE RTICLE	**le** *the*	**la** *the*	**le** garçon	**la** fille

oth **le** and **la** become **l'** before a vowel sound:

le garçon   **l'ami**
la fille   **l'amie**

Learning about language
Nouns may be replaced by PRONOUNS.
In French, PRONOUNS have the *same*
gender as the nouns they replace.

NOUNS

the forms of the pronouns in the chart below.

MASCULINE	**il**	*he* *it*	Où est **le** garçon? Où est **le** disque?	**Il** est en classe. **Il** est sur la table.
FEMININE	**elle**	*she* *it*	Où est **la** fille? Où est **la** voiture?	**Elle** est en ville. **Elle** est là-bas.

4 Les célébrités

You and Jean-Pierre have been invited to a gala dinner attended by many American celebri-ties. Jean-Pierre asks you who each person is. Answer him using **un** or **une,** as appropriate.

▶ Katie Couric / journaliste

Tiens, voilà Katie Couric!

Qui est-ce?

Une journaliste.

1. Peter Jennings / journali~~ste~~
2. Cameron Diaz / actrice
3. Matt Damon / acteur
4. Whoopi Goldberg / comédienne
5. Lauryn Hill / chanteuse *(singer)*
6. Michael Jordan / athlète
7. Denzel Washington / acte~~ur~~
8. Will Smith / chanteur

5 Sur la table ou sous la table?

Caroline is looking for the following objects. Cécile tells her where each one is: on or under the table.

▶ walkman

CAROLINE: **Où est le walkman?**
CÉCILE: **Le walkman? Il est sur la table.**

1. ordinateur	3. affiche	5. raquette	7. radiocassette
2. sac	4. calculatrice	6. disque	8. télé

C. Les noms et les articles: le pluriel

Compare the singular and plural forms of the articles and nouns in the sentences below.

SINGULAR	PLURAL
Tu as **le disque?**	Tu as **les disques?**
Qui est **la fille** là-bas?	Qui sont **les filles** là-bas?
Voici **un livre.**	Voici **des livres.**
J'invite **une copine.**	J'invite **des copines.**

PLURAL NOUNS

In written French, the plural of most nouns is formed as follows:

> SINGULAR NOUN + **s** = PLURAL NOUN

➡ If the noun ends in **-s** in the singular, the singular and plural forms are the same.
   Voici **un Français.**   Voici **des Français.**
➡ In spoken French, the final **-s** of the plural is always silent.
➡ NOTE: **des gens** *(people)* is always plural. Compare:

| **une personne** | *person* | Qui est **la personne** là-bas? |
| **des gens** | *people* | Qui sont **les gens** là-bas? |

Les sacs

...orms of the articles are summarized in the chart below.

	SINGULAR	PLURAL			
...FINITE ARTICLE	**le (l')** *the* **la (l')**	**les** *the*	**les** garçons **les** filles	**les** ordinateurs **les** affiches	
DEFINITE ARTICLE	**un** *a, an* **une**	**des** *some*	**des** garçons **des** filles	**des** ordinateurs **des** affiches	

...here is liaison after **les** and **des** when the next word begins with a vowel sound.

...es corresponds to the English article *some*. While *some* is often omitted in English, **des** MUST ...e expressed in French. Contrast:

...l y a	**des**	**livres sur la table.**		**Je dîne avec**	**des**	**amis.**
There are	*some*	*books on the table.*		*I'm having dinner with*	*. . .*	*friends.*

...luriel, s'il vous plaît

...ive the plurals of the following nouns.

une copine   ▶ l'ami
des copines   **les amis**

...un copain   7. le voisin
...une amie   8. l'élève
...un homme   9. la cousine
...une femme   10. le livre
...un euro   11. l'ordinateur
...une affiche   12. la voiture

...Qu'est-ce qu'il y a?

...xplain what there is in the following places. ...omplete the sentences with **il y a** and a noun ...rom the box. Be sure to use the appropriate ...rticles: **un, une, des.** Be logical. Often several ...hoices are possible.

Dans le
garage, . . .

> **Dans le garage, il y a une moto (des voitures . . .).**

...Sur le bureau, . . .   4. Au café, sur la table, . . .
...À la boum, . . .   5. Dans ma chambre, . . .
...Dans la classe, . . .   6. Dans la classe
           de maths, . . .

...nonade   stylo   livres   affiches   moto
professeur   lit   croissants   voitures   filles
   ordinateur   garçons   élèves   table

7   Shopping

You are in a department store in Montpellier looking for the following items. Ask the salesperson if he or she has these items. The salesperson will answer affirmatively.

▶ —**Pardon, monsieur (madame). Est-ce que vous avez des sacs?**
—**Bien sûr, nous avons des sacs.**

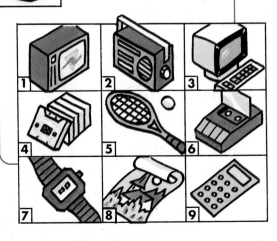

D. L'article indéfini dans les phrases négatives

Compare the forms of the indefinite article in affirmative and negative sentences.

AFFIRMATIVE	NEGATIVE	
Tu as **un** vélo?	Non, je n'ai **pas de** vélo.	*No, I don't have a bike.*
Est-ce que Paul a **une** radio?	Non, il n'a **pas de** radio.	*No, he doesn't have a radio.*
Vous invitez **des** copains demain?	Non, nous n'invitons **pas de** copains.	*No, we are not inviting any friends.*

After a NEGATIVE verb:

> **pas + un, une, des** becomes **pas de**

➡ Note that **pas de** becomes **pas d'** before a vowel sound.

Alice a un ordinateur.	Paul n'a **pas d'**ordinateur.
J'ai des amis à Québec.	Je n'ai **pas d'**amis à Montréal.

➡ The negative form of **il y a** is **il n'y a pas:**

Dans ma chambre,

il y a une radio.	**Il n'y a pas de** télé.	*There is no TV.*
il y a des affiches.	**Il n'y a pas de** photos.	*There are no photographs.*

➡ After **être,** the articles **un, une,** and **des** do NOT change.

Philippe est un voisin.	Éric n'est **pas un** voisin.
Ce sont des vélos.	Ce ne sont **pas des** mobylettes.

---

9 Possessions

Ask your classmates if they own the following.

▶ un ordinateur

Est-ce que tu as un ordinateur?

Oui, j'ai un ordinateur.

(Non, je n'ai pas d'ordinateur.)

1. un appareil-photo
2. une moto
3. une mobylette
4. une clarinette
5. des disques de jazz
6. des affiches
7. un boa
8. un alligator
9. des hamsters

10 Oui et non

One cannot have everything. Say that the following people do not have what is indicated in parentheses.

▶ Paul a un vélo. (un scooter)
   Il n'a pas de scooter.

1. Julien a un scooter. (une voiture).
2. J'ai une radio. (une télé)
3. Vous avez des cassettes. (des compacts)
4. Vous avez des frères. (une soeur)
5. Nous avons un chien. (des chats)
6. Tu as des copains à Bordeaux. (des copains à Lyon)
7. Marc a un oncle à Québec. (un oncle à Montréal)
8. Nathalie a des cousins à San Francisco. (des cousins à Los Angeles)

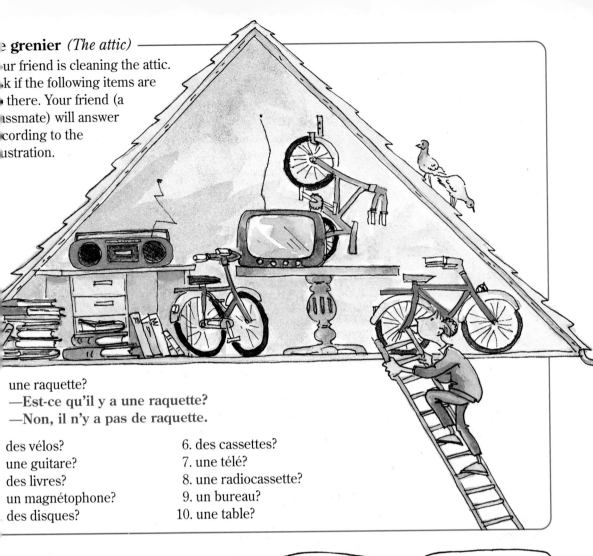

e grenier (The attic)

ur friend is cleaning the attic.
k if the following items are
there. Your friend (a
ssmate) will answer
cording to the
ustration.

une raquette?
—**Est-ce qu'il y a une raquette?**
—**Non, il n'y a pas de raquette.**

des vélos?
une guitare?
des livres?
un magnétophone?
des disques?

6. des cassettes?
7. une télé?
8. une radiocassette?
9. un bureau?
10. une table?

Expression pour la conversation

Tu n'as pas de chaîne stéréo?

Si! J'ai une chaîne stéréo.

How to contradict a negative statement or question:

Si! *Yes!* —Tu n'as pas de chaîne stéréo?
—**Si!** J'ai une chaîne stéréo.

Contradictions!

Contradict all of the following negative statements.

▸ Tu ne parles pas anglais! **Si, je parle anglais!**

. Tu ne parles pas français!
. Tu n'étudies pas!
. Tu ne joues pas au basket!

4. Tu n'aimes pas les sports!
5. Tu n'aimes pas la musique!
6. Tu n'écoutes pas le professeur!

E. L'usage de l'article défini dans le sens général

In French, the definite article (**le, la, les**) is used more often than in English. Note its use in the following sentences.

J'aime **la musique**.	*(In general) I like **music**.*
Tu préfères **le tennis** ou **le golf**?	*(Generally) do you prefer **tennis** or **golf**?*
Pauline aime **les westerns**.	*(In general) Pauline likes **westerns**.*
Nous aimons **la liberté**.	*(In general) we love **liberty**.*

The definite article (**le, la, les**) is used to introduce ABSTRACT nouns, or nouns used in a GENER or COLLECTIVE sense.

J' ♥ le français

⑬ Expression personnelle

Say how you feel about the following things, using one of the suggested expressions.

> Je n'aime pas . . .
> J'aime un peu . . .
> J'aime beaucoup . . .

▶ Je n'aime pas la violence.

la musique	le français	la violence	le théâtre
la nature	les maths	l'injustice	le cinéma
les sports	les sciences	la liberté	la danse
le camping			la photo
			(photography)

⑭ C'est évident! *(It's obvious!)*

Read about the following people and say what they like. Choose the appropriate item from the list. (Masculine nouns are in blue. Feminine nouns are in red.)

▶ Cécile écoute des cassettes.
Cécile aime la musique.

art cinéma danse français musique nature te

1. Jean-Claude a une raquette.
2. Vous faites une promenade dans la forêt.
3. Les touristes visitent un musée *(museum)*.
4. Tu regardes un film.
5. Nous étudions en classe de français.
6. Véronique et Roger sont dans une discothèque.

Elle m'aime...
Il m'aime...
passionnément
à la folie
beaucoup
pas du tout
un peu

L'usage de l'article défini avec les jours de la semaine ───────

Compare the following sentences.

REPEATED EVENTS	SINGLE EVENT
Le samedi, je dîne avec des copains.	**Samedi,** je dîne avec mon cousin.
(On) Saturdays (in general), I have dinner with friends.	**(On) Saturday** (that is, this Saturday), I am having dinner with my cousin.

To indicate a repeated or habitual event, French uses the construction:

> **le** + DAY OF THE WEEK

➡ When an event happens only once, no article is used.

Questions personnelles ───────

Est-ce que tu étudies le samedi?
Est-ce que tu dînes au restaurant le dimanche? Si (If) oui, avec qui?
Est-ce que tu as une classe de français le lundi? le mercredi?
Est-ce que tu regardes les matchs de football américain le samedi? le dimanche?
Quel programme de télé est-ce que tu regardes le vendredi? le jeudi?
Est-ce que tu travailles? Où? (Name of place or store) Quand?

L'emploi du temps ───────

	LUNDI	MARDI	MERCREDI	JEUDI	VENDREDI
9 h	français	physique	sciences	biologie	
10 h		histoire		maths	anglais
11 h	maths	sciences	anglais		français

The following students all have the same morning schedule. Complete the sentences accordingly.

➤ **Nous avons une classe de français le lundi** . . .

1. J'ai une classe de maths _____ .
2. Tu as une classe de sciences _____ .
3. Jacques a une classe de physique _____ .
4. Thérèse a une classe d'histoire _____ .
5. Vous avez une classe de biologie _____ .
6. Les élèves ont une classe d'anglais _____ .

Prononciation

le /lə/   les /le/

Les articles *le* et *les*

Be sure to distinguish between the pronunciation of **le** and **les.** In spoken French, that is often the only way to tell the difference between a singular and a plural noun.

le sac   les sacs

Répétez:

| /lə/ | **le** | **le sac** | **le vélo** | **le disque** | **le copain** | **le voisin** |
| /le/ | **les** | **les sacs** | **les vélos** | **les disques** | **les copains** | **les voisins** |

À votre tour!

1 Allô!

Jean-Marc is phoning some friends. Match his questions on the left with his friends' answers on the right.

1. Quel âge a ton copain?

2. Est-ce qu'Éric a un scooter?

3. Où est l'appareil-photo?

4. Tu as des cassettes?

5. Est-ce que tu aimes étudier l'anglais?

6. Tu as soif?

a. Oui, mais je n'ai pas de magnétophone.

b. Il est sur la table.

c. Quatorze ans.

d. Oui, je voudrais une limonade.

e. Oui, mais je préfère l'espagnol.

f. Non, mais il a une moto.

2 Un sondage

A French consumer research group wants to know what things American teenagers own. Conduct a survey in your class asking who has the objects on the list. Count the number of students who raise their hands for each object, and report your findings on a separate piece of paper.

Qui a des cassettes?...
Quinze élèves
ont des cassettes.

UN SONDAGE

15

____

____

____

____

____

____

____

réa-dialogue

sk your classmates if they like the following things. Then ask if they own the correspond-
g object.

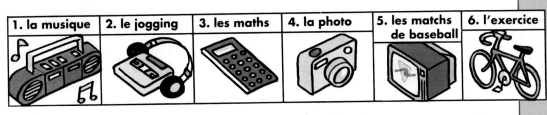

1. la musique	2. le jogging	3. les maths	4. la photo	5. les matchs de baseball	6. l'exercice

—Tu aimes le tennis?
—Oui, j'aime le tennis.
  (Non, je n'aime pas le tennis.)

—Tu as une raquette?
—Oui, j'ai une raquette.
  (Non, je n'ai pas de raquette.)

uelle est la différence?

phie went away with her family for the weekend and she took some of her belongings with
r. Describe what is in her room on Friday and what is missing on Saturday.

REDI

Il y a . . .

SAMEDI

▶ Il n'y a pas de . . .

nventaire *(Inventory)*

Vrite a short paragraph naming two things that may be found in each of the following places.
lso indicate one thing that is usually not found in that place.

▸ Dans le salon, il y a une télé et des chaises. Il n'y a pas de lit.

dans ma chambre
dans mon sac

• dans le garage
• dans la rue *(street)*

• sur la table

Composition: Ma semaine

n a short paragraph, describe what you do (or do
ot do) regularly on various days of the week.
Select three days and two different activities for
ach day. Use only vocabulary that you know.
Perhaps you might want to exchange paragraphs
vith a friend by FAX or modem.

Le lundi, j'ai une classe de français.
Je regarde «La roue de la fort...
(Wheel of Fort...

Le lundi, j'ai une classe de français.
Je regarde « La roue de la fortune »
(Wheel of Fortune) à la télé.

Le samedi, je n'étudie pas. Je dîne
... avec mon copain.

Le copain de Mireille

Nicolas and Jean-Claude are having lunch at the sch[ool] cafeteria. Nicolas is looking at the students seated at [the] other end of their table.

NICOLAS:	Regarde la fille là-bas!
JEAN-CLAUDE:	La fille blonde?
NICOLAS:	Oui! Qui est-ce?
JEAN-CLAUDE:	C'est Mireille Labé.
NICOLAS:	Elle est <u>mignonne</u>!
JEAN-CLAUDE:	Elle est aussi <u>amusante</u>, intelligente et <u>sympathique</u>.
NICOLAS:	Est-ce qu'elle a un copain?
JEAN-CLAUDE:	Oui, elle a un copain.
NICOLAS:	Il est sympathique?
JEAN-CLAUDE:	Oui . . . Très sympathique!
NICOLAS:	Et intelligent?
JEAN-CLAUDE:	Aussi!
NICOLAS:	Dommage! . . . Qui est-ce?
JEAN-CLAUDE:	C'est moi!
NICOLAS:	Euh . . . oh . . . Excuse-moi et <u>félicitations</u>!

cute

fun / nice

congratulations

● Compréhension

1. Qui est-ce que Nicolas regarde?
2. Comment s'appelle la fille?
3. Est-ce qu'elle est jolie?
4. Est-ce qu'elle a d'autres *(other)* qualités?
5. Est-ce qu'elle a un copain?
6. Qui est le copain de Mireille *(Mireille's boyfriend)*?

■ NOTE ■
CULTURELLE

L'amitié *(Friendship)*

For the French, friendship is very important. It is high on the scale of values such as family, freedom, justice, love, and money.

What qualities do French young people expect in their friends? As in the United States, friends must be fun to be with, since French teenagers like to do things as a group with their **bande de copains.** Friends should be helpful and understanding because when French teenagers have a problem, they tend to talk to their friends before talking to their parents. And, of course, friends must be loyal, because the French tend to remain close to their high school friends for the rest of their lives.

A. Les adjectifs: masculin et féminin

Compare the forms of the adjectives in heavy print as they describe masculine and feminine nouns.

MASCULINE	FEMININE
Le scooter est **petit**.	La voiture est **petite**.
Patrick est **intelligent**.	Caroline est **intelligente**.
L'ordinateur est **moderne**.	La télé est **moderne**.

In written French, feminine adjectives are usually formed as follows:

> MASCULINE ADJECTIVE + **-e** = FEMININE ADJECTIVE

➡ If the masculine adjective ends in **-e**, there is no change in the feminine form.

Jérôme est **timide**.   Juliette est **timide**.

➡ Adjectives that follow the above patterns are called REGULAR adjectives. Those that do not are called IRREGULAR adjectives. For example:

Marc est **beau**.   Sylvie est **belle**.
Paul est **canadien**.   Marie est **canadienne**.

NOTE: French dictionaries list adjectives by their masculine forms. For irregular adjectives, the feminine form is indicated in parentheses.

NOTES DE PRONONCIATION:

• If the masculine form of an adjective ends in a silent consonant, that consonant is pronounced the feminine form.

• If the masculine form of an adjective ends in a vowel or a pronounced consonant, the masculir and feminine forms sound the same.

DIFFERENT PRONUNCIATION		SAME PRONUNCIATION	
petit	petite	timide	timide
blond	blonde	joli	jolie
français	française	espagnol	espagnole

1 Vive la différence!

People can be friends and yet be quite different. Describe the girls named in parentheses, indicating that they are not like their friends.

▶ Jean-Claude est brun. (Nathalie)
   Nathalie n'est pas brune.

1. Jean-Louis est blond. (Carole)
2. Paul est petit. (Mireille)
3. Éric est beau. (Marthe)
4. Jérôme est grand. (Louise)
5. Michel est riche. (Émilie)
6. André est français. (Lisa)
7. Antonio est espagnol. (Céline)
8. Bill est américain. (Julie)

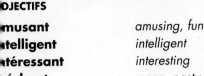

Vocabulaire: La description

Voici Jean-Claude. **Voici Mireille.**

ADJECTIFS

		Il est...	Elle est...
amusant	amusing, fun	Il est **amusant.**	Elle est **amusante.**
intelligent	intelligent	Il est **intelligent.**	Elle est **intelligente.**
intéressant	interesting	Il est **intéressant.**	Elle est **intéressante.**
méchant	mean, nasty	Il n'est pas **méchant.**	Elle n'est pas **méchante.**
bête	silly, dumb	Il n'est pas **bête.**	Elle n'est pas **bête.**
sympathique	nice, pleasant	Il est **sympathique.**	Elle est **sympathique.**
timide	timid	Il est **timide.**	Elle n'est pas **timide.**
gentil (gentille)	nice, kind	Il est **gentil.**	Elle est **gentille.**
mignon (mignonne)	cute	Il est **mignon.**	Elle est **mignonne.**
sportif (sportive)	athletic	Il est **sportif.**	Elle est **sportive.**

ADVERBES

assez	rather	Nous sommes **assez** intelligents.
très	very	Vous n'êtes pas **très** sportifs!

Oui ou non?

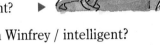

In your opinion, do the following people have the suggested traits? (Note: These traits are given in the masculine form only.)

▶ le prince Charles / intéressant? ▶

1. le Président / sympathique?
2. Martina Hingis / sportif?
3. ma copine / gentil?
4. Jennifer Aniston / mignon?
5. Oprah Winfrey / intelligent?
6. Einstein / bête?
7. Jay Leno / amusant?
8. le prof / méchant?

Descriptions

Select one of the following characters. Using words from the **Vocabulaire,** describe this character in two affirmative or negative sentences.

▶ Frankenstein
   Il est très méchant.
   Il n'est pas très mignon.

1. Tarzan
2. King Kong
3. Big Bird
4. Batman
5. Miss Piggy
6. Wonder Woman
7. Charlie Brown
8. Blanche-Neige *(Snow White)*
9. Garfield
10. Snoopy

4 L'idéal

Now you have the chance to describe your ideal people. Use two adjectives for each one.

1. Le copain idéal est . . . et . . .
2. La copine idéale est . . . et . . .
3. Le professeur idéal est . . . et . . .
4. L'étudiant idéal est . . . et . . .
5. L'étudiante idéale est . . . et . . .

B. Les adjectifs: le pluriel

Compare the forms of the adjectives in heavy print as they describe singular and plural nouns.

SINGULAR	PLURAL
Paul est **intelligent** et **timide**.	Paul et Éric sont **intelligents** et **timides**.
Alice est **intelligente** et **timide**.	Alice et Claire sont **intelligentes** et **timides**.

In written French, plural adjectives are usually formed as follows:

> SINGULAR ADJECTIVE + **-s** = PLURAL ADJECTIVE

➡ If the masculine singular adjective already ends in **-s,** there is no change in the plural form.

> Patrick est **français.**   Patrick et Daniel sont **français.**
>
> BUT: Anne est **française.**   Anne et Alice sont **françaises.**

NOTE DE PRONONCIATION: Because the final **-s** of plural adjectives is silent, singular and plural adjectives sound the same.

SUMMARY: Forms of regular adjectives

	MASCULINE	FEMININE	*also:*
SINGULAR	**—** **grand**	**-e** **grande**	timide timide
PLURAL	**-s** **grands**	**-es** **grandes**	français françaises

---

5 Une question de personnalité

Indicate whether or not the following people exhibit the personality traits in parentheses. (These traits are given in the masculine singular form only. Make the necessary agreements.)

Elles ne sont pas timides.

▶ Alice et Thérèse aiment parler en public. (timide?)

1. Claire et Valérie sont très populaires. (amusant?)
2. Robert et Jean-Luc n'aiment pas danser. (timide?)
3. Catherine et Martine aiment jouer au foot. (sportif?)
4. Laure et Gisèle ont un «A» en français. (intelligent?)
5. Thomas et Vincent n'aiment pas le jogging. (sportif?)
6. Les voisins n'aiment pas parler avec nous. (sympathique?)

méricain	American	**italien (italienne)**	Italian
exicain	Mexican	**canadien (canadienne)**	Canadian
ançais	French	**japonais**	Japanese
nglais	English	**chinois**	Chinese
spagnol	Spanish		
uisse	Swiss		

• Words that describe nationality are adjectives and take adjective endings.

Monsieur Katagiri est **japonais.**
Kumi et Michiko sont **japonaises.**

J'habite à Québec.

Alors, tu es canadien.

How to introduce a conclusion:

lors   *so, then*   —J'habite à Québec.
                          —**Alors,** tu es canadien!

Quelle nationalité?

Your classmate wants to know more about the following people: where they live and what their nationality is. Act out the dialogues.

—Où habitent Janet et Barbara?
—Elles habitent à San Francisco.
—Alors, elles sont américaines?
—Mais oui, elles sont américaines.

et Barbara	1. Jim et Bob	2. Laure et Céline
Francisco	Liverpool	Toulouse
méricain	anglais	français
sa et Teresa	4. Éric et Vincent	5. ??
Madrid	Montréal	??
spagnol	??	??

7 Les nationalités

Read the descriptions of the following people and give their nationalities.

▶ Silvia et Maria sont étudiantes à Rome.
   Elles sont italiennes.

1. Lise et Nathalie étudient à Québec.
2. Michael et Dennis sont de Liverpool.
3. Luis et Paco étudient à Madrid.
4. Isabel et Carmen travaillent à Acapulco.
5. Yoko et Liliko sont étudiantes à l'université de Tokyo.
6. Monsieur et Madame Chen habitent à Beijing.
7. Jean-Pierre et Claude sont de Genève.
8. Françoise et Sylvie travaillent à Paris.

C. La place des adjectifs

Note the position of the adjectives in the sentences on the right.

Philippe a une voiture.   Il a une voiture **anglaise**.
Denise invite des copains.   Elle invite des copains **américains**.
Voici un livre.   Voici un livre **intéressant**.
J'ai des amies.   J'ai des amies **sympathiques**.

In French, adjectives usually come AFTER the noun they modify, according to the pattern:

ARTICLE	+	NOUN	+	ADJECTIVE
une		voiture		**française**
des		copains		**intéressants**

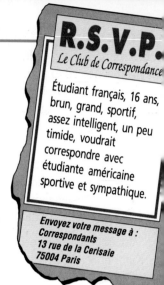

R.S.V.P.
Le Club de Correspondance

Étudiant français, 16 ans, brun, grand, sportif, assez intelligent, un peu timide, voudrait correspondre avec étudiante américaine sportive et sympathique.

Envoyez votre message à :
Correspondants
13 rue de la Cerisaie
75004 Paris

---

8 Préférences personnelles

For each person or object below, choose among the characteristics in parentheses. Indicate your preference.

▶ avoir un copain (sympathique, intelligent, sportif)
Je préfère avoir un copain intelligent.

1. avoir une copine (amusante, mignonne, intelligente)
2. avoir un professeur (gentil, intelligent, amusant)
3. avoir des voisins (sympathiques, intéressants, riches)
4. avoir une voiture (moderne, confortable, rapide)
5. avoir une calculatrice (japonaise, américaine, française)
6. avoir une montre (suisse, japonaise, française)
7. dîner dans un restaurant (italien, chinois, français)
8. regarder un film (intéressant, amusant, intelligent)
9. travailler avec des personnes (gentilles, amusantes, sérieuses)
10. faire un voyage avec des gens (amusants, riches, sympathiques)

---

9 Qui se ressemble . . .
(Birds of a feather . . .)
Say that the following people have friends, relatives, or acquaintances with the same personality or nationality.

▶ Claire est anglaise. (un copain)
Elle a un copain anglais.

1. Jean-Pierre est sympathique. (des cousines)
2. La prof est intelligente. (des étudiant)
3. Madame Simon est intéressante. (des voisines)
4. Alice est américaine. (des copines)
5. Véronique est amusante. (un frère)
6. Michel est sportif. (une soeur)
7. Pedro est espagnol. (des camarades)
8. Antonio est mexicain. (une copine)
9. Bernard est sportif. (un voisin)

Birds of a feather flock together.

Préférences internationales

Choose an item from Column A and indicate your preference as to country of origin by choosing an adjective from Column B. Be sure to make the necessary agreement.

> Je préfère les voitures italiennes.

A	B
la musique	anglais
la cuisine	américain
les voitures	français
les ordinateurs	mexicain
les appareils-photo	chinois
les compacts	japonais
les restaurants	italien

Je préfère . . .

Prononciation

Les consonnes finales

/-/   /d/

As you know, when the last letter of a word is a consonant, that consonant is often silent. But when a word ends in "**e**," the consonant before it is pronounced. As you practice the following adjectives, be sure to distinguish between the masculine and the feminine forms.

blond   **blonde**

MASCULINE ADJECTIVE (no final consonant sound)		FEMININE ADJECTIVE (final consonant sound)
Répétez:	**blond**	/d/	**blonde**
	grand		**grande**
	petit	/t/	**petite**
	amusant		**amusante**
	français	/z/	**française**
	anglais		**anglaise**
	américain	/n/	**américaine**
	canadien		**canadienne**

Joli, petit et bon!

Jolie, petite et bonne!

Bureau **45** euros

Table **60** euros

IKEA *Miracle économique!*

À votre tour!

1 Allô!

Valérie is phoning some friends. Match her questions on the left with her friends' answers on the right.

1 Ton frère aime jouer au foot?

2 Cécile et Sophie sont mignonnes, n'est-ce pas?

3 Pourquoi est-ce que tu invites Olivier?

4 Tu aimes la classe?

5 Tu as des cousins?

a Oui, et intelligentes aussi!

b Parce qu'il est amusant et sympathique.

c Oui, j'ai un professeur très intéressant.

d Oui, il est très sportif.

e Oui, mais ils ne sont pas très sympathiques.

2 Créa-dialogue

With your classmates, talk about the people of different nationalities you may know or objects you may own.

des cousins

mignon?

▶ —J'ai des <u>cousins mexicains</u>.
—<u>Ils sont mignons?</u>
—<u>Oui, ils sont très mignons.</u>

1. une voisine	2. un prof	3. des copines	4. un livre	5. une voiture
blond?	sympathique?	sportif?	intéressant?	grand?

Comment s'appelle ta cousine?
Quel âge a-t-elle?

Une invitation

A French friend has invited you to go to a party with his/her cousin. You want to know as much as you can about this cousin. You may first ask your friend the cousin's name and age.

Then ask as many questions as you can about the cousin's physical appearance and personality traits. Act out your conversation with a classmate.

Avis de recherche

(Missing person's bulletin)

The two people in the pictures below have been reported missing. Describe each one as well as you can, using your imagination. Mention:

- the (approximate) age of the person
- the way he/she looks
- personality traits
- other features or characteristics

5 Composition: Descriptions

Describe one of the following well-known French people in a short paragraph, giving the person's name, profession, and approximate age. Also briefly describe the person's physical appearance.

Isabelle Adjani (actrice)

Surya Bonaly (athlète)

Jean-Jacques Goldman (chanteur)

Jacques Chirac (président)

Composition: Rencontres

Select two people whom you would like to meet (a man and a woman). These people may be famous singers, actors or actresses, sports figures, politicians, professional people, community leaders, etc. (You might even be able to contact them directly by e-mail!) Describe each person (physical traits and personality), using either affirmative or negative sentences.

Je voudrais rencontrer X.
Il (Elle) est. . .

La voiture de Roger

Dans la <u>rue</u>, il y a une voiture <u>rouge</u>.   *street / red*
C'est une petite voiture. C'est une voiture
de sport.
Dans la rue, il y a aussi un café. Au café,
il y a un jeune homme.
Il s'appelle Roger.
C'est le <u>propriétaire</u> de la voiture rouge.   *owner*

Une jeune fille <u>entre dans</u> le café.   *enters*
Elle s'appelle Véronique.
C'est <u>l'amie de Roger</u>.   *Roger's friend*
Véronique parle à Roger.

VÉRONIQUE: Tu as une <u>nouvelle</u> voiture,   *new*
n'est-ce pas?
ROGER: Oui, j'ai une nouvelle
voiture.
VÉRONIQUE: Est-ce qu'elle est grande
ou petite?
ROGER: C'est une petite voiture.
VÉRONIQUE: De quelle couleur est-elle?
ROGER: C'est une voiture rouge.
VÉRONIQUE: Est-ce que c'est une voiture
italienne?
ROGER: Oui, c'est une voiture
italienne. Mais <u>dis donc</u>,   *hey there*
Véronique, tu es <u>vraiment</u>   *really*
très curieuse!
VÉRONIQUE: Et toi, tu n'es pas <u>assez</u>   *curious*
<u>curieux</u>!   *enough*
ROGER: Ah bon? Pourquoi?
VÉRONIQUE: Pourquoi?! . . . Regarde
la <u>contractuelle</u> là-bas!   *meter maid*
ROGER: Ah, zut alors!

ompréhension

Qu'est-ce qu'il y a dans la rue?

Est-ce que la voiture est grande?

Comment s'appelle le jeune homme?

4. Où est-il?

5. Comment s'appelle la jeune fille?

6. De quelle couleur est la voiture?

■ NOTE ■
CULTURELLE

Les Français et l'auto

France is one of the leading producers of automobiles in the world. The two automakers, **Renault** and **Peugeot-Citroën**, manufacture a variety of models ranging from sports cars to mini-vans and buses.

To obtain a driver's license in France, you must be eighteen years old and pass a very difficult driving test. French teenagers can, however, begin to drive at the age of sixteen, as long as they take lessons at an accredited driving school (**auto-école**) and are accompanied by an adult.

On the whole, because cars (even used cars) are expensive to buy and maintain, few French teenagers have cars. Instead, many get around on two-wheelers: motorcycles, scooters, and mopeds.

RÉPUBLIQUE FRANÇAISE

F

PERMIS DE CONDUIRE

Kørekort
Führerschein
Driving Licence
Ceadúnas Tiomána
Patente di guida
Rijbewijs

Modèle des
COMMUNAUTÉS EUROPÉENNES

A. Les couleurs

Note the form and position of the color words in the following sentences:

Alice a un vélo **bleu**.	*Alice has a **blue** bicycle.*
Nous avons des chemises **bleues**.	*We have **blue** shirts.*

Names of colors are ADJECTIVES and take adjective ENDINGS. Like most descriptive adjectives, they come *after* the noun.

Vocabulaire: Les couleurs

De quelle couleur . . . ?   *What color . . . ?*   —**De quelle couleur** est la moto?
—Elle est rouge.

blanc	noir	bleu	rouge	jaune	vert	gris	marron	orange
(blanche)	(noire)	(bleue)	(rouge)	(jaune)	(verte)	(grise)	(marron)	(orange)

➡ The colors **orange** and **marron** are INVARIABLE. They do not take any endings.

un sac **orange**   des sacs **orange**

un tee-shirt **marron**   une chemise **marron**

---

1 De quelle couleur?

Ask your classmates to name the colors of things they own. (They may invent answers.)

▶ ta chambre?

De quelle couleur est ta chambre?

Elle est blanche et bleue.

1. ta bicyclette?
2. ton tee-shirt?
3. ton appareil-photo?
4. ta montre?
5. ta raquette de tennis?
6. ton livre de français?
7. ton livre d'anglais?
8. ton chien (chat)?

2 Possessions

Ask what objects or pets the following people own. A classmate will answer, giving the color.

▶ —Est-ce que Monsieur Thomas a une voiture?
—Oui, il a une voiture bleue.

M. Thomas

1. Mme Mercier

3. Delphine

4. Sophie

6. Stéphanie

2.

5

pah's ark has just landed. Give the colors
the animals as they get off the ship.

le chien   **Le chien est blanc.**

le chat
l'éléphant *(m.)*
la panthère
le zèbre
le flamant
le cardinal
le lion
le perroquet

La place des adjectifs avant le nom

pare the position of the adjectives in the following sentences.

ici une voiture **française.**   Voici une **petite** voiture.
aul est un garçon **intelligent.**   Pierre est un **beau** garçon.

few adjectives like **petit** and **beau** come BEFORE the noun they modify.

The article **des** often becomes **de** before an adjective. Compare:
   des voitures → **de** petites voitures

ocabulaire: Les adjectifs qui précèdent le nom

eau (belle)	*beautiful, handsome*	Regarde la **belle** voiture!
oli	*pretty*	Qui est la **jolie** fille avec André?
grand	*big, large, tall*	Nous habitons dans un **grand** appartement.
petit	*little, small, short*	Ma soeur a un **petit** ordinateur.
bon (bonne)	*good*	Tu es un **bon** copain.
mauvais	*bad*	Patrick est un **mauvais** élève.

➡ There is a LIAISON after the above adjectives when the noun which follows begins with a
vowel sound. Note that in liaison:

   • the "**d**" of **grand** is pronounced /t/: **un grand appartement**
   • **bon** is pronounced like **bonne: un bon élève**

4 Opinions personnelles

Give your opinion about the following people and things, using the adjectives **bon** or **mauvais**.

▶ Meryl Streep est (une) actrice *(actress)*.
Meryl Streep est une bonne actrice (une mauvaise actrice).

1. *La Menace fantôme* est un film.
2. «Star Trek» est un programme de télé.
3. Whitney Houston est (une) chanteuse.
4. Will Smith est (un) acteur.
5. Cameron Diaz est (une) actrice.
6. Dracula est une personne.
7. McDonald's est un restaurant.
8. Les Yankees sont une équipe *(team)* de baseball.
9. Les Lakers sont une équipe de baske
10. Je suis [un(e)] élève.

Expressions pour la conversation

How to get someone's attention:

Dis!   *Say! Hey!*   **Dis,** Éric, est-ce que tu as une voiture?
Dis donc!   *Hey there!*   **Dis donc,** est-ce que tu veux faire une promenade avec moi?

---

5 Dialogue

Christine asks her cousin Thomas if he has certain things. He responds affirmatively, describing each one. Play both roles.

▶ un ordinateur (petit)   ▶ une voiture (anglaise)

Dis, Thomas, tu as un ordinateur?

Oui, j'ai un petit ordinateur.

Dis, Thomas, tu as une voiture?

Oui, j'ai voiture ang

1. une télé (petite)
2. une guitare (espagnole)
3. un vélo (rouge)
4. une calculatrice (petite)
5. un sac (grand)
6. des livres (intéressants)
7. une copine (amusante)
8. une mobylette (bleue)
9. une montre (belle)
10. un copain (bon)
11. une cousine (jolie)
12. une radio (japonaise

Il est ou c'est?

describing a person or thing, French speakers use two different constructions,
(elle est) and **c'est.**

		Il est + ADJECTIVE **Elle est** + ADJECTIVE	**C'est** + ARTICLE + NOUN (+ ADJECTIVE)
Roger	*He is . . .*	**Il est** amusant.	**C'est** un copain. **C'est** un copain amusant.
Véronique	*She is . . .*	**Elle est** sportive.	**C'est** une amie. **C'est** une bonne amie.
un scooter	*It is . . .*	**Il est** joli.	**C'est** un scooter français. **C'est** un bon scooter.
une voiture	*It is . . .*	**Elle est** petite.	**C'est** une voiture anglaise. **C'est** une petite voiture.

te the corresponding plural forms:

(Pierre et Marc)	*They are . . .*	**Ils sont** amusants.	**Ce sont** des copains.
(Claire et Anne)	*They are . . .*	**Elles sont** timides.	**Ce sont** des copines.

negative sentences, **c'est** becomes **ce n'est pas.**

Ce n'est pas un mauvais élève.   ***He's not** a bad student.*
Ce n'est pas une Peugeot.   ***It's not** a Peugeot.*

est is also used with names of people

C'est Véronique.   **C'est** Madame Lamblet.

SCOOTERS PEUGEOT

escriptions

omplete the following descriptions with **Il est, Elle est,** or **C'est,** as appropriate.

Roger

_____ grand.
_____ brun.
_____ un garçon sympathique.
_____ un mauvais élève.

Véronique

_____ une fille brune.
_____ une amie sympathique.
_____ très amusante.
_____ assez grande.

C. La voiture de Roger

9. _____ une voiture moderne.
10. _____ une petite voiture.
11. _____ rouge.
12. _____ très rapide.

D. Le scooter de Véronique

13. _____ bleu et blanc.
14. _____ très économique.
15. _____ un joli scooter.
16. _____ assez confortable.

D. Les expressions impersonnelles avec *c'est*

Note the use of **c'est** in the following sentences.

J'aime parler français.   **C'est** intéressant.   *It's interesting.*
Je n'aime pas travailler le weekend.   **Ce n'est pas** amusant.   *It's no(t) fun.*

To express an opinion on a general topic, the French use the construction:

C'est		
C'est **Ce n'est pas**	}	**+ MASCULINE ADJECTIVE**

Vocabulaire: Opinions

C'est . . .   *It's . . . , That's . . .*
Ce n'est pas . . .   *It's not . . . , That's not . . .*

vrai	*true*	**chouette**	*neat*
faux	*false*	**super**	*great*
		extra	*terrific*
facile	*easy*	**pénible**	*a pain, annoying*
difficile	*hard, difficult*	**drôle**	*funny*

➡ To express an opinion, the French also use adverbs like **bien** and **mal.**

C'est bien.   *That's good.*   Tu étudies? **C'est bien.**
C'est mal.   *That's bad.*   Alain n'étudie pas. **C'est mal.**

---

7 **Vrai ou faux?**

Imagine that your little sister is talking about where certain cities are located. Tell her whether her statements are right or wrong.

1. Paris est en Ita
2. Los Angeles e
   en Californie.
3. Genève est en
4. Dakar est en A
5. Fort-de-Franc
   au Canada.
6. Québec est en

k your classmates if they like to do the following things. They will answer, using an
pression from the **Vocabulaire.**

parler français

Tu aimes parler français?

Oui, c'est extra!

(Non, c'est difficile!)

1. téléphoner
2. parler en public
3. nager
4. danser
5. voyager
6. dîner en ville
7. regarder «Star Trek»
8. étudier le weekend
9. écouter la musique classique

Prononciation

ch /ʃ/

es lettres «ch»

he letters "**ch**" are usually pronounced
ke the English "*sh*:"

chien

épétez: **chien** **chat** **chose** **marche**
chouette **chocolat** **affiche**
Michèle a un chat et deux chiens.

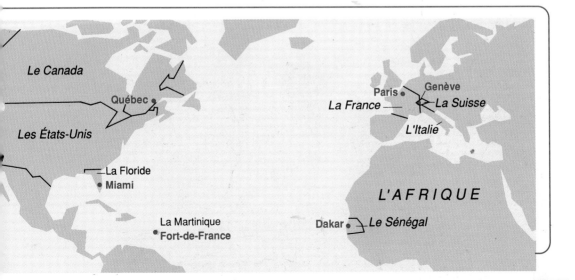

Le Canada

Québec

Les États-Unis

La Floride
• Miami

La Martinique
• Fort-de-France

Paris •   Genève
La France ——   La Suisse

L'Italie

L'AFRIQUE

Dakar • Le Sénégal

À votre tour!

1 Allô!

Christophe is phoning some friends. Match his questions on the left with his friends' answers on the right.

1. De quelle couleur est ton vélo?

2. Ta raquette est bleue?

3. Tu aimes regarder la télé?

4. C'est un magazine français?

5. Philippe n'aime pas parler en public?

a. Non, il est canadien.

b. C'est vrai! Il est très timide.

c. Non, elle est blanche.

d. Oui, c'est amusant.

e. Il est vert.

2 Créa-dialogue

There has been a burglary in the rue Saint-Pierre. By walkie-talkie, two detectives are describing what they see. Play both roles.

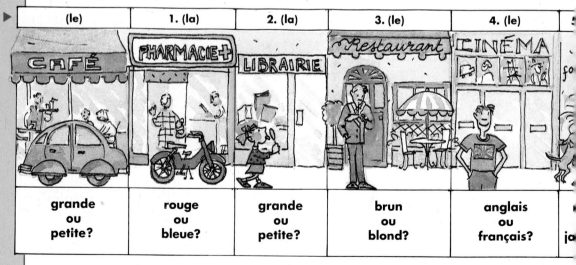

(le)	1. (la)	2. (la)	3. (le)	4. (le)	
grande ou petite?	rouge ou bleue?	grande ou petite?	brun ou blond?	anglais ou français?	ja

▶ DÉTECTIVE 1: **Qu'est-ce qu'il y a devant le café?**   DÉTECTIVE 1: **Elle est grande ou petite**
DÉTECTIVE 2: **Il y a une voiture.**   DÉTECTIVE 2: **C'est une petite voiture.**

aisons connaissance!

y to find out which students have the same
erests you do. Select two activities you enjoy
om Column A and ask a classmate if he/she
es to do them. Your classmate will answer
s or no, using an appropriate expression from
olumn B.

B

anter — chouette
nser — super
ger — extra
éphoner — amusant
yager — intéressant
uer au foot — pénible
uer au volley — drôle
ganiser des boums — difficile
rler avec les voisins — facile
rler français en classe
ner au restaurant

omposition: La chambre de Véronique

ook at the picture of Véronique's
om. Write a short paragraph in which
ou describe five of the following items.
ou may want to mention color or size
grand? petit?), and perhaps give your
pinion (joli? beau? drôle? bon?, etc.)

la chambre
la porte
le lit
la table
la chaise
la radiocassette
la guitare
l'affiche

▸ **La chambre de Véronique est
bleue et blanche. Elle a un grand
lit. . . .**

omposition: Ma chambre

Vrite a short description of your own room: real or imaginary. Use only vocabulary that you
know. You may use the suggestions about Véronique's room as a guide.

Vive la différence!

Le monde personnel

Parlons° de votre monde° personnel. Répondez aux questions suivantes.° D'après° v quelles sont les réponses des jeunes Français en général à ces° questions?

1 **Combien de télés est-ce qu'il y a chez vous?**°

- zéro
- deux
- une
- trois ou plus°

Et dans une maison française typique, combien est-ce qu'il y a de télés?

2 **Combien de livres est-ce qu'il y a chez vous?**

- dix
- plus de° cent
- cinquante   cinquante
- cent

Et dans une maison française typique, combien de livres est-ce qu'il y a?

3 **Dans la classe de français, quel est le pourcentage d'élèves qui ont un walkman?**

- moins de° 25% (vingt-cinq pour cent)
- entre° 26% et 50%
- entre 51% et 75%
- entre 76% et 100% (cent pour cent)

Selon° vous, quel est le pourcentage de jeunes Français qui ont un walkman?

4 **En général, comment sont vos relations avec vos parents?**

- très bonnes
- assez bonnes
- bonnes
- mauvaises

Et en France, comment sont les relations entre parents et enfants?°

5 **Quand vous avez u importante à discu exemple, un probl personnel), à qui e vous préférez parl**

- à votre frère ou à
- à votre père ou à
- à un copain ou à
- à un professeur

Et les jeunes Fran est-ce qu'ils préfèr de leurs° problème

6 **En général, qu'est- vous pensez° de v professeurs?**

- Ils sont «cool».
- Ils sont compréhe
- Ils sont sévères.°
- Ils sont sympathiq

Et les élèves franç qu'est-ce qu'ils pe leurs professeurs?

7 **Quelle est la chose importante dans vo**

- l'argent°
- l'ind
- l'amitié°
- les

Et pour les jeunes quelle est la chose importante?

Et les Français?

1. La majorité des familles françaises ont seulement *(only)* une télé.   2. Les Français aiment lire *(to read)*. Ils ont en moyenne *(on the average)* plus de cent livres par famille.
3. 41% (quarante et un pour cent)   4. La majorité des jeunes Français ont de très bonnes relations avec leurs parents.   5. En général, ils préfèrent parler à un copain ou à une copine.   6. En général, ils pensent que leurs professeurs sont sympathiques.
7. C'est l'amitié.

Parlons *Let's talk*   **monde** *world*   **suivantes** *following*   **D'après** *According to*
ces *these*   **chez vous** *in your home*   **plus** *more*   **plus de** *more than*
moins de *less than*   **entre** *between*   **Selon** *According to*   **enfants** *children*
discuter *to discuss*   **leurs** *their*   **pensez** *think*   **compréhensifs** *understanding*
sévères *strict*   **la plus** *the most*   **vie** *life*   **argent** *money*   **amitié** *friendship*
études *studies*

mobylette

use mopeds or cyclomoteurs are
and fun to drive, they are very
lar with French teenagers. Dur-
e week, many students go to
ol on their mopeds. On week-
, they take their mopeds to go
town or to go for a ride in the
try with their friends.

ugh the term mobylette is a trade
e, students tend to use the term
s shortened form mob) to refer to
type of moped. In France, you
drive a mobylette at age 14, and
nly restrictions are that you must
a helmet and cannot exceed 45
eters per hour.

at the ads on the right. Which
ed would you like to have? De-
e it using words that you know.
at color is it? What country is it
? Is it big or small?)

Siège social: 16 rue Lesault, 93502 Pantin

PEUGEOT
concessionnaire
Ets SOUHART

scooters • cyclos • motos
métro Bir Hakeim   5, bd. de Grenelle   75015 PARIS
01 45 79 33 01

boulmich'
MOTO
129, bd St-Michel Paris 5
01 43 29 53 10

LA MOTO VERTE
Concessionnaire Exclusif
Yamaha
85 r Chardon Lagache
75016 Paris **01 42 24 56 56**

Entre amis: Bonjour, Brigitte!

Chers° copains américains,

Je m'appelle Brigitte Lavie. J'ai quatorze ans. Voici m[a] photo. Je ne suis pas très grande, mais je ne suis pas petite. Je suis de taille° moyenne.° Je suis brune mais j'a[i] les yeux° verts. Je suis sportive. J'aime le ski, le jogging et la danse moderne.

J'habite à Toulouse avec ma famille. Mon père trava[ille] dans l'industrie aéronautique. Il est ingénieur.° Ma mèr[e] travaille dans une banque. Elle est directrice° du personnel.

J'ai une soeur et un frère. Ma petite soeur s'appell[e] Ariane. Elle a cinq ans. Elle est très mignonne. Mon f[rère] s'appelle Jérôme. Il a treize ans. Il est pénible. J'ai u[n] chien. Il s'appelle Attila mais il est très gentil. (Il est plus gentil que° mon frère!) J'ai aussi deux poissons rou[ges.] Ils n'ont pas de nom.°

J'ai une chaîne stéréo et des quantités de compacts. [J'ai] aussi une mobylette. Le weekend, j'adore faire des prom[enades] à mobylette avec mes copains. J'ai beaucoup de copains, mais je n'ai pas de «petit copain».° Ça n'a pas d'importance!° Je suis heureuse° comme ça!°

Amitiés,
Brigitte

Chers *Dear* **taille** *size* **moyenne** *average* **yeux** *eyes* **ingénieur** *engineer* **directrice** *director* **plus gentil que** *nicer than* **poissons rouges** *goldfish* **nom** *name* **faire des promenades** *go for ride[s]* **petit copain** *boyfriend* **Ça n'a pas d'importance!** *It doesn't matter!* **heureuse** *happy* **comme ça** *lik[e that]*

■ NOTE ■
CULTURELLE

Toulouse

Toulouse, with a population of over half a million people, is the center of the French aeronautic and space industry. It is in Toulouse that the Airbus planes and the Ariane rockets are being built in cooperation with other European countries.

Comment lire
GUESSING FROM CONTEXT

- As you read French, try to guess the meanings of unfamiliar words before you look at the English equivalents. Often the context provides good hints. For example, Brigitte writes:

    Je ne suis pas très grande, mais je ne suis pas petite.
    Je suis de taille moyenne.

    She is neither tall nor short. She must be about average:

    de taille moyenne = *of medium height or size*

- Sometimes you know what individual words in an expression mean, but the phrase does not seem to make sense. Then you have to guess at the real meaning. For example, Brigitte writes that she has:

    deux poissons rouges *??red fish??*

    If you guessed that these are most likely *goldfish,* you are right!

Enrichissez votre vocabulaire
MORE ON COGNATES

- Some words are PARTIAL COGNATES. The English word may help you remember the regular meaning. For example:

    | **gentil** | looks like | *gentle* | but means | *nice* |
    | **grand** | looks like | *grand* | but means | *tall, big* |
    | **j'adore** | looks like | *I adore* | but means | *I love* |

- Some cognates are spelled differently in the two languages. Knowing cognate patterns makes it easier to identify new words. For example:

FRENCH	ENGLISH	FRENCH	ENGLISH
-ique	*-ic*	**aéronautique**	*aeronautic, aeronautical*
-ique	*-ical*	**typique**	*typical*
-té	*-ty*	**quantité**	*quantity*

Activité
Can you identify the English equivalents of the following French words?
la musique classique, une personne dynamique, un film comique, une guitare électrique, une société, une activité, une possibilité, la curiosité, la beauté

...ivité: Une lettre à Brigitte
...e a letter to Brigitte in which you describe ...rself and your family. You may tell her:

...our name and how old you are
...' you are tall or short
...you like sports
...you have brothers and sisters (If so,
...ve their names and ages.)

Comment écrire *(to write)* une lettre
Begin with: *(to a boy)* **Cher**   **Cher Patrick,**
(to a girl) **Chère**   **Chère Brigitte,**
End with: **Amicalement,** *(In friendship,)*
Amitiés, *(Best regards,)*

- if you have pets (If so, say what type and give their names.)
- a few things you own
- a few things you like to do with your friends

S ANIMAUX ET LANGAGE

Selon° toi, est-ce que les animaux ont une personnalité? Pour les Français, les animaux ont des qualités et des défauts,° comme° nous. Devine° comment on° complète les phrases suivantes° en français.

ilippe n'aime pas étudier.
préfère dormir.° Il est
aresseux° comme° . . .

harlotte adore parler. Elle est
avarde° comme . . .

abelle est une excellente
ève. Elle a une mémoire
xtraordinaire. Elle a une
émoire d' . . .

petit frère de Christine
st jeune, mais il est très
telligent. Il est malin°
omme . . .

ù est Jacques? Il n'est pas
êt!° Oh là là! Il est lent°
omme . . .

icole a très, très faim. Elle a
ne faim de (d') . . .

un tigre   un chat   un lézard

une poule   une pie   un lion

un éléphant   un hippopotame   un kangourou

un cheval   un singe   une girafe

une tortue   un poisson   un rhinocéros

lion   ours   loup

ci les réponses:

1. un lézard 2. une pie 3. un éléphant 4. un singe 5. une tortue 6.

n *According to* **défauts** *shortcomings* **comme** *like* **Devine** *Guess* **on** *one* **phrases suivantes** *following*
nces **dormir** *to sleep* **paresseux** *lazy* **comme** *as* **bavarde** *talkative* **malin** *clever* **prêt** *ready* **lent** *slow*

UNITÉ

6 En ville

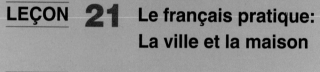

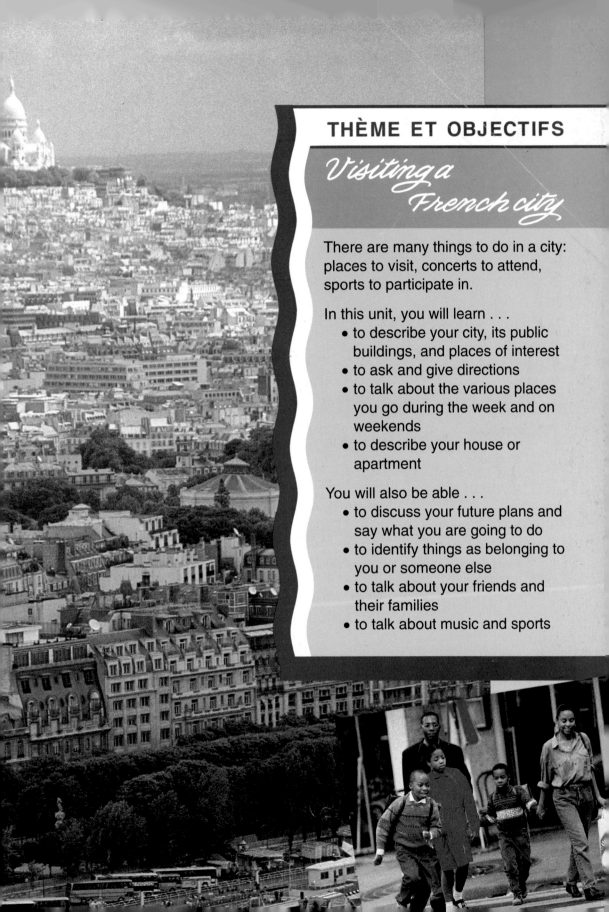

THÈME ET OBJECTIFS

Visiting a French city

There are many things to do in a city: places to visit, concerts to attend, sports to participate in.

In this unit, you will learn . . .
- to describe your city, its public buildings, and places of interest
- to ask and give directions
- to talk about the various places you go during the week and on weekends
- to describe your house or apartment

You will also be able . . .
- to discuss your future plans and say what you are going to do
- to identify things as belonging to you or someone else
- to talk about your friends and their families
- to talk about music and sports

LE FRANÇAIS
PRATIQUE

La ville et la maison

Accent sur ... Les villes françaises

Lille •

The largest French cities:

	POPULATION (URBAN AREA)
Paris	10,000,000
Lyon	1,300,000
Marseille	1,100,000
Lille	950,000
Bordeaux	700,000
Toulouse	650,000
Nantes	500,000
Nice	500,000
Toulon	430,000
Grenoble	400,000
Strasbourg	380,000

Paris ✪
Strasbourg •

• Nantes

LA FRANCE

Lyon •
Grenoble •

• Bordeaux

Nice •

Toulouse •
Marseille • Toulon

- Today 80% of the French population lives in cities and their surrounding suburbs.

- French cities have a long history. Paris, Lyon, and Marseille, the three largest French cities, were founded well over two thousand years ago! Many cities have a historical district with houses and monuments dating back several centuries. At the same time, French cities also appear very modern, with growing numbers of new houses and modern office buildings.

- French cities differ in architectural style from region to region because of their geographical location and their historical background. However, they also share many common features.

Here are some of the places you may see when you visit a French city:

● **La gare**
For the French, trains are a rapid and inexpensive way to travel. Stations are usually near the center of town. The station **(la gare)** offers useful services, such as an information desk, a car/bicycle rental agency, luggage lockers, restaurants, shops and a travel agency.

● **La poste**
There are many things you can do in a French post office **(la poste)** besides buying stamps. You can make long-distance phone calls and buy a phone card. You can deposit and withdraw money with special postal checking accounts. In many post offices you can use the **Minitel.**

● **Les magasins**
Although supermarkets and grocery chain stores now exist all over France, most French people still love to shop at the local bakery **(la boulangerie),** the pastry shop **(la pâtisserie),** the butcher shop **(la boucherie),** the grocery store **(l'épicerie),** etc.

● **Le parc**
The city park **(le parc public)** or public garden **(le jardin public)** is the place where French young people come at noon or after class to walk around or to sit on chairs and talk. The colorful flower beds and shrubbery of the public parks reflect the French love of nature and beauty. This is the Jardin du Luxembourg in Paris.

● **Le château**
Many French cities were built around a medieval castle **(un château),** which offered protection against enemy attack. This is the castle of Angers built in the XIIIth century.

A. Où habites-tu?

> How to talk about where one lives:

J'habite à Tours.

Où habites-tu?

J'habite | à Tours.
| à Villeneuve
| dans **une grande ville** (city, town)
| dans **un petit village**
| dans **un joli quartier** (neighborhood)
| dans **une rue** (street) intéressante

Quelle est **ton adresse?**

J'habite | 32, **avenue** Victor Hugo
| 14, **rue** La Fayette
| 50, **boulevard** Wilson

■ N O T E ■
CULTURELLE

Le nom des rues

In France, streets are often named after famous people, especially writers, artists, and politicians.

- Victor Hugo (1802–1885), novelist and poet, is best known for his monumental novel *Les Misérables*.
- La Fayette (1757–1834) played an important role in the American and French Revolutions.
- Woodrow Wilson (1856–1924) is remembered as the United States President who sent American troops to help French forces fight against Germany during World War I (1914–1918).

1 Expression personnelle

Describe where you live by completing the following sentences.

1. J'habite à . . .
2. Ma ville est (n'est pas) . . . (grande? petite? moderne? jolie?)
   Mon village est (n'est pas) . . . (grand? petit? joli?)
3. Mon quartier est (n'est pas) . . . (intéressant? joli? moderne?)
4. Mon adresse est . . .
5. Ma ville favorite est . . .
6. Un jour, je voudrais visiter . . . *(name of city)*

2 Interview

You are a French journalist writing an article about living conditions in the United States. Interview a classmate and find out the following information.

1. Where does he/she live?
2. Is his/her city large or small?
3. Is his/her city pretty?
4. What is his/her address?

Ma ville

How to talk about one's hometown:

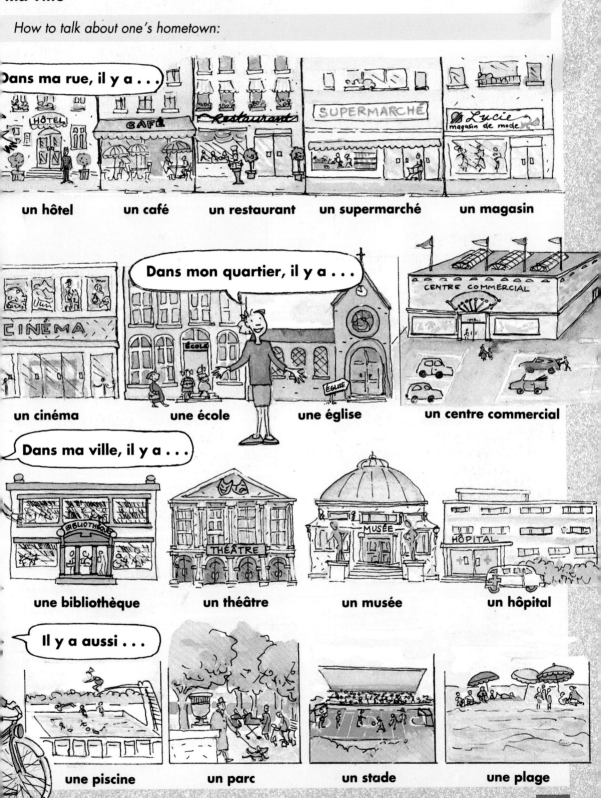

Dans ma rue, il y a . . .

un hôtel   un café   un restaurant   un supermarché   un magasin

Dans mon quartier, il y a . . .

un cinéma   une école   une église   un centre commercial

Dans ma ville, il y a . . .

une bibliothèque   un théâtre   un musée   un hôpital

Il y a aussi . . .

une piscine   un parc   un stade   une plage

3 Ton quartier

Say whether the following places are located in the area where you live. If so, you may want to give the name of the place.

▶ école **Il y a une école. Elle s'appelle «Washington School».**
  (Il n'y a pas d'école.)

1. restaurant
2. cinéma
3. église
4. centre commercial
5. bibliothèque

6. café
7. plage
8. supermarché
9. hôpital
10. parc

11. stade
12. musée
13. hôtel
14. piscine
15. théâtre

4 À Montréal

You are visiting your friend Pauline in Montreal. For each of the situations below, decide where you would like to go. Ask Pauline if there is such a place in her neighborhood.

▶ You are hungry.

> **Pauline, est-ce qu'il y a un restaurant dans ton quartier?**

1. You want to have a soft drink.
2. You want to see a movie.
3. You want to swim a few laps.
4. You want to run on a track.
5. You want to read a book about Canada.
6. You want to see a French play.

7. You want to buy some fruit and crackers.
8. You want to see an art exhibit.
9. You want to play frisbee on the grass.
10. You slipped and you're afraid you sprained your ankle.

LE GRILL 183 ST-PAUL EST 397-1044

LE BISTROT DU GRILL

LE RESTAURANT
CUISINE FRANÇAISE

• Steak frites
  Salade
  $5,95

• Poulet rôti
  frites, salade
  $5,95

aux
Anciens Canadiens
RESTAURANT

CHANSON FRANÇAISE
jeu., ven. et sam.
dès 21h.
AMBIANCE GARANTIE

Atmosphère chaleureuse
Vieille maison du 17e siècle
LA PLUS BELLE TERRASSE DU VIEUX-MONTRÉAL

■ Pour demander un renseignement *(information)*

▶ *How to ask for directions:*

Pardon, Excusez-moi,	monsieur. madame mademoiselle	Où est l'hôtel Normandie?

Il est dans la rue Jean Moulin.

Pardon, monsieur.
Où est l'hôtel Normandie?

Où est-ce qu'il y a un café?

Il y a un café	**rue** Saint Paul. **boulevard** Masséna **avenue** de Lyon	**une rue** **un boulevard** **une avenue**

Il est dans
la rue Jean Moulin.

Où est-ce? *(Where is it?)*
Est-ce que c'est **loin** *(far)*?

Non, ce n'est pas loin.
C'est **près** *(nearby)*.

Où est-ce? Est-ce
que c'est loin?

Non, ce n'est pas loin.
C'est près.

C'est	**à gauche** *(to the left).* **à droite** *(to the right)* **tout droit** *(straight ahead)*	**Tournez**	à gauche. à droite

Continuez tout droit.

Merci beaucoup!

En ville

A tourist who is visiting a French city asks a
local resident how to get to the following
places. Act out the dialogues.

▶ —**Pardon, mademoiselle (monsieur).
  Où est le Café de la Poste?**
— **Le Café de la Poste? Il est dans la
  rue Pascal.**
— **Où est-ce?**
— **Continuez tout droit!**
— **Merci, mademoiselle
  (monsieur).**

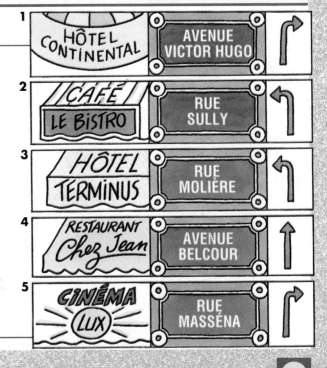

D. Ma maison

J'habite dans une maison.

How to describe one's home:

J'habite dans	**une maison** (house).
	un appartement
	un immeuble (apartment building)

| Ma maison / mon appartement est | **moderne.** |
| | **confortable** |

| Ma chambre est | **en haut** (upstairs). |
| | **en bas** (downstairs) |

La maison

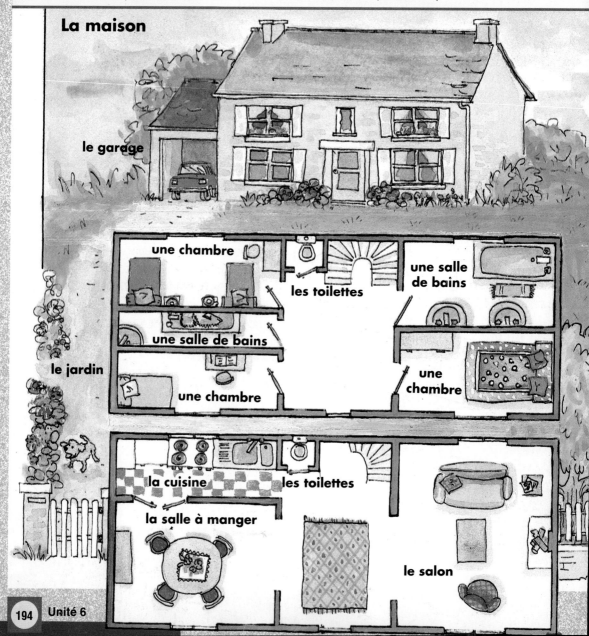

le garage

une chambre

les toilettes

une salle de bains

une salle de bains

le jardin

une chambre

une chambre

la cuisine

les toilettes

la salle à manger

le salon

a maison

scribe your home by completing the following sentences.

J'habite dans ... (une maison? un appartement?)
Mon appartement est ... (grand? petit? confortable? joli?)
Ma maison est ... (grande? petite? confortable? jolie?)
La cuisine est ... (grande? petite? moderne?)
La cuisine est peinte *(painted)* en ... (jaune? vert? gris? blanc?   ??)
Ma chambre est peinte en ... (bleu? rose?   ??)
Dans le salon, il y a ... (une télé? un sofa? des plantes vertes?   ??)
En général, nous dînons dans ... (la cuisine? la salle à manger?)
Ma maison / mon appartement a ... (un jardin? un garage?   ??)

n haut ou en bas?

agine you live in a two-story house.
dicate where the following rooms are
cated.

ma chambre

chambre
en haut.

Ma chambre
est en bas.

. la cuisine
. la salle à manger
. les toilettes
. la salle de bains
. la chambre de mes *(my)* parents
. le salon

8 Où sont-ils?

From what the following people are
doing, guess where they are — in or
around the house.

▶ Madame Martin répare *(is repairing)*
la voiture.
Elle est dans le garage.

1. Nous dînons.
2. Tu regardes la télé.
3. Antoine et Juliette jouent au frisbee.
4. J'étudie le français.
5. Monsieur Martin prépare le dîner.
6. Henri se lave *(is washing up)*.
7. Ma soeur téléphone à son copain.

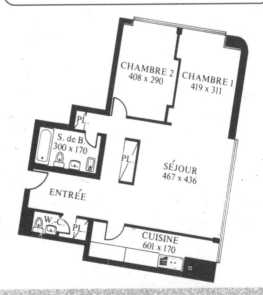

CHAMBRE 2
408 x 290

CHAMBRE 1
419 x 311

PL.

S. de B.
300 x 170

PL.

SÉJOUR
467 x 436

ENTRÉE

W.-C.   PL.

CUISINE
601 x 170

À votre tour!

1 La bonne réponse

Match the questions on the left with the appropriate answers on the right.

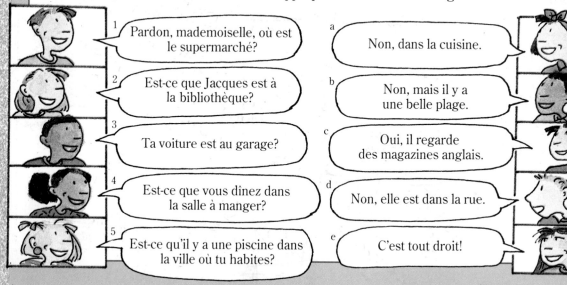

1. Pardon, mademoiselle, où est le supermarché?

2. Est-ce que Jacques est à la bibliothèque?

3. Ta voiture est au garage?

4. Est-ce que vous dînez dans la salle à manger?

5. Est-ce qu'il y a une piscine dans la ville où tu habites?

a. Non, dans la cuisine.

b. Non, mais il y a une belle plage.

c. Oui, il regarde des magazines anglais.

d. Non, elle est dans la rue.

e. C'est tout droit!

2 Créa-dialogue

You have just arrived in Villeneuve, where you will spend the summer. Ask a pedestrian where you can find the places represented by the symbols. He (She) will give you the location of each place, according to the map on page 197.

▶ —Pardon, monsieur (madame). Où est-ce qu'il y a <u>un hôtel</u>?
—Il y a <u>un hôtel</u> avenue de Bordeaux.
—Est-ce que c'est loin?
—<u>Non, c'est près</u>.
—Merci beaucoup!

3 Où est-ce?

Now you have been in Villeneuve for several weeks and are familiar with the city. You meet a tourist on the avenue de Bordeaux at the place indicated on the map. The tourist asks you where certain places are and you indicate how to get there.

▶ l'hôpital Sainte Anne

Pardon, monsieur. Où est l'hôpital Sainte Anne?

C'est tou[t] mademo[iselle]

Merci bien, monsieur.

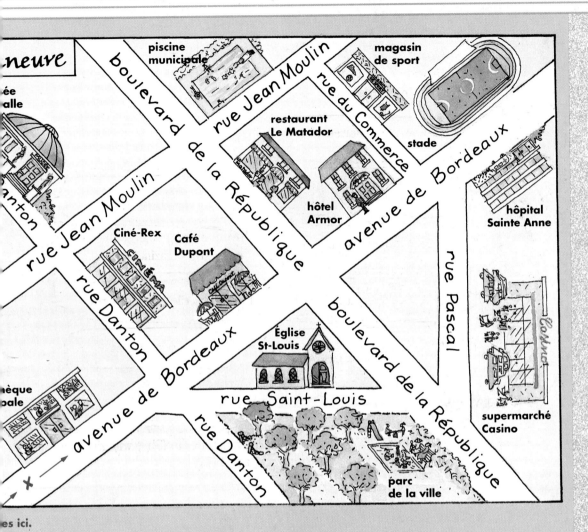

...neuve

piscine municipale

magasin de sport

boulevard de la République

rue Jean Moulin

rue du Commerce

...ée ...alle

restaurant Le Matador

stade

avenue de Bordeaux

rue Jean Moulin

hôtel Armor

hôpital Sainte Anne

Ciné-Rex

Café Dupont

rue Danton

...nton

Église St-Louis

rue Pascal

boulevard de la République

...èque ...ale

avenue de Bordeaux

rue Saint-Louis

supermarché Casino

rue Danton

parc de la ville

...es ici.

Mon quartier

Describe your neighborhood, listing five places and giving their names.

▸ **Dans mon quartier, il y a un supermarché. C'est le supermarché Casino.**

...e musée La Salle
...e supermarché Casino
...hôtel Armor
...e restaurant Le Matador
...'église Saint Louis

5 ## Composition: La maison idéale

Briefly describe your dream house. You may use the following adjectives to describe the various rooms: **grand, petit, moderne, confortable, joli,** as well as colors. If you wish, sketch and label a floor plan.

Weekend à Paris

Aujourd'hui c'est samedi.
Les élèves <u>ne vont pas</u> en classe.   *are not go*
Où est-ce qu'ils vont alors?
Ça dépend!

Thomas <u>va</u> au café.   *is going*
Il a un <u>rendez-vous</u> avec une copine.   *date*

Florence et Karine vont aux
Champs-Élysées.
Elles vont regarder les magasins
de <u>mode</u>.   *fashion*
<u>Après</u>, elles vont <u>aller</u> au cinéma.   *Afterward*

Daniel va <u>chez</u> <u>son</u> copain Laurent.   *to the hou*
Les garçons vont jouer au ping-pong.
Après, ils vont aller au musée des
sciences de la Villette.
Ils vont jouer avec les machines
électroniques.

Béatrice a un grand sac et des
<u>lunettes de soleil</u>.   *sunglasse*
Est-ce qu'elle va à un rendez-vous
secret?
Non! Elle va au Centre Pompidou.
Elle va regarder les acrobates.
Et après, elle va écouter un concert.

Et Jean-François? Qu'est-ce qu'il va
faire aujourd'hui?
Est-ce qu'il va visiter le Centre Pompidou?
Est-ce qu'il va regarder les acrobates?
Est-ce qu'il va écouter un concert?
<u>Hélas</u>, non!   *Alas (Unfo*
Il va <u>rester</u> à la maison.   *to stay*
Pourquoi? Parce qu'il est <u>malade</u>.   *sick*
<u>Pauvre</u> Jean-François!   *Poor*
Il fait <u>si</u> beau <u>dehors</u>!   *so / outsid*

mpréhension

Quel jour est-ce aujourd'hui?

Pourquoi est-ce que Thomas va au café?

Avec qui est-ce que Florence va au cinéma?

Où va Daniel?

Qu'est-ce que Daniel et Laurent font d'abord *(first)*?

6. Où va Béatrice?

7. Pourquoi est-ce que Jean-François ne va pas en ville?

8. Quel temps fait-il aujourd'hui?

■ NOTE ■
CULTURELLE

Paris

Paris offers many attractions for people of all ages. Here are some places particularly popular with young people.

Le parc de la Villette

This spacious park on the outskirts of Paris is home to a new modern science museum with its hundreds of hands-on exhibits. Also located on the grounds is the Zénith, a large music hall that frequently features rock concerts.

Le Centre Pompidou

This immense cultural center, also known as Beaubourg, is dedicated to modern art. It has a large media library where young people have access to all types of audio-visual equipment. On the large plaza in front of the building, one can listen to reggae and jazz bands or watch mimes, jugglers, and acrobats.

Les Champs-Élysées

The Champs-Élysées is a wide avenue with elegant shops, movie theaters, and popular cafés.

A. Le verbe *aller*

Aller *(to go)* is the only IRREGULAR verb that ends in **-er**. Note the forms of **aller** in the present t[...]

aller	*to go*	J'aime **aller** au cinéma.
je **vais**	*I go, I am going*	Je **vais** à un concert.
tu **vas**	*you go, you are going*	**Vas**-tu à la boum?
il/elle **va**	*he/she goes, he/she is going*	Paul **va** à l'école.
nous **allons**	*we go, we are going*	Nous **allons** au café.
vous **allez**	*you go, you are going*	Est-ce que vous **allez** là-bas?
ils/elles **vont**	*they go, they are going*	Ils ne **vont** pas en classe.

➡ Remember that **aller** is used in asking people how they feel.

Ça **va?**	Oui, ça **va.**
Comment **vas**-tu?	Je **vais** bien, merci.
Comment **allez**-vous?	Très bien.

➡ **Aller** is used in many common expressions.

To encourage someone to do something:

Vas-y! *Come on! Go ahead! Do it!*

To tell someone to go away:

Va-t'en! *Go away!*

To tell friends to start doing something:

Allons-y! *Let's go!*

he following students at a boarding
hool in Nice are going home for
cation. Indicate to which of the cities
ey are going, according to the luggage
gs shown below.

Jean-Michel est canadien.

hel va à Québec.

. Je suis suisse.
. Charlotte est américaine.
. Nous sommes italiens.
. Tu es français.
. Vous êtes espagnols.
. Michiko est japonaise.
. Mike et Shelley sont anglais.
. Ana et Carlos sont mexicains.

2 Jamais le dimanche!
(Never on Sunday!)

On Sundays, French students do not go
to class. They all go somewhere else.
Express this according to the model.

▶ Philippe/au cinéma
**Le dimanche, Philippe ne va pas
en classe.
Il va au cinéma.**

1. nous / au café
2. vous / en ville
3. Céline et Michèle / à un concert
4. Jérôme / au restaurant
5. je / à un match de foot
6. tu / à la piscine

B. La préposition à; à + l'article défini

The preposition **à** has several meanings:

in	Patrick habite **à** Paris.	*Patrick lives **in** Paris.*
at	Nous sommes **à** la piscine.	*We are **at** the pool.*
to	Est-ce que tu vas **à** Toulouse?	*Are you going **to** Toulouse?*

CONTRACTIONS

Note the forms of **à** + DEFINITE ARTICLE in the sentences below.

Voici **le** café.	Marc est **au** café.	Corinne va **au** café.
Voici **les** Champs-Élysées.	Tu es **aux** Champs-Élysées.	Je vais **aux** Champs-Élysées.
Voici **la** piscine.	Anne est **à la** piscine.	Éric va **à la** piscine.
Voici **l'**hôtel.	Je suis **à l'**hôtel.	Vous allez **à l'**hôtel.

The preposition **à** contracts with **le** and **les,** but not with **la** and **l'.**

CONTRACTION	NO CONTRACTION	
à + le → **au**	à + la = **à la**	**au** cinéma **à la** piscine
à + les → **aux**	à + l' = **à l'**	**aux** Champs-Élysées **à l'**école

⇒ There is liaison after **aux** when the next word begins with a vowel sound.

    Le professeur parle **aux élèves.**   Je téléphone **aux amis** de Claire.

3 Dans la rue

Two friends meet in the street and talk about where they are going.

▸ Tu vas au café?

Non, je vais à la plage.

références

k your classmates about their preferences. Be sure to use contractions when needed.

aller à (le concert ou le théâtre?)

dîner à (la maison ou
le restaurant)?
étudier à (la bibliothèque ou
la maison)?
nager à (la piscine ou la plage)?
regarder un match de foot à
(la télé ou le stade)?
aller à (le cinéma ou le musée)?

**Tu préfères
aller au concert
ou au théâtre?**

**Je préfère
aller au concert.**

(Je préfère aller au théâtre.)

Paris

ou are living in Paris. A friend asks you where you are going and why. Act out the
alogues with a classmate.

—Où vas-tu?
—Je vais à l'Opéra.
—Pourquoi?
—Parce que j'aime
le ballet classique.

OÙ?	POURQUOI?
▶ l'Opéra	J'aime le ballet classique.
1. l'Alliance Française	J'ai une classe de français.
2. le Centre Pompidou	J'aime l'art moderne.
3. le musée d'Orsay	C'est un musée intéressant.
4. les Champs-Élysées	J'ai un rendez-vous là-bas.
5. la tour Eiffel	Il y a une belle vue (view) sur Paris.
6. le Zénith	Il y a un concert de rock.
7. la Villette	Il y a une exposition (exhibit) intéressante.
8. le stade de Bercy	Il y a un match de foot.

Où vont-ils?

ead what the following people like to do. Then say where each one is going by choosing
he appropriate place from the list.

Daniel aime danser.
Il va à la discothèque.

Corinne aime l'art moderne.
Jean-François aime manger.
Delphine aime les westerns.
Marina aime nager.
Éric aime regarder les magazines.
Denise aime faire des promenades.
Philippe aime la musique.
Alice aime le football.
Cécile aime le shopping.

le stade
la bibliothèque
le cinéma
le centre commercial
la discothèque
le musée
le parc
le restaurant
la plage
le concert

Vocabulaire: En ville

Quelques endroits où aller

un endroit	place	**une boum,**	
un concert	concert	**une fête,**	
un film	movie	**une soirée**	party
un pique-nique	picnic		
un rendez-vous	date, appointment		

OPERA DE PARIS   BAS
MONTSERRAT CABALLE   (CONCER
19/05   Porte 08 P
SAMEDI   20H00   RAN
PA   1
30 €   PARTE
0215 8121 0028

VERBES

arriver	to arrive, come	**J'arrive** à l'école à 9 heures.
rentrer	to go back, come back	À quelle heure **rentres**-tu à la maison?
rester	to stay	Les touristes **restent** à l'hôtel.

EXPRESSIONS

à pied	on foot	**en voiture**	by car	**en métro**	by subway
à vélo	by bicycle	**en bus**	by bus	**en taxi**	by taxi
		en train	by train		

faire une promenade à pied   to go for a walk
faire une promenade à vélo   to go for a ride (by bike)
faire une promenade en voiture   to go for a drive

---

7 Questions personnelles ────────

1. En général, à quelle heure est-ce que tu arrives à l'école?

2. À quelle heure est-ce que tu rentres à la maison? Qu'est-ce que tu fais quand tu rentres à la maison?

3. Comment vas-tu à l'école? à pied, à vélo, en voiture ou en bus?

4. Le weekend, est-ce que tu restes à la maison? Où vas-tu?

5. Comment vas-tu à la piscine? à la plage? au cinéma?

6. Est-ce que tu aimes faire des promenades à pied? Où vas-tu? avec qui?

7. Est-ce que tu aimes faire des promenades à vélo? Où vas-tu?

8. En général, est-ce que tu aimes regarder les films à la télé? Quels films est-ce que tu préfères? (films d'action? films de science-fiction? comédies?)

9. Quand tu as un rendez-vous avec un copain ou une copine, où allez-vous?

10. Est-ce que tu fais (*go on*) des pique-niques? o

La préposition *chez*

the use of **chez** in the following sentences.

...l est **chez Céline.**	*Paul is **at Céline's (house).***
dîne **chez un copain.**	*I am having dinner **at a friend's (home).***
...thalie va **chez Juliette.**	*Nathalie is going **to Juliette's (apartment).***
...vas **chez ta cousine.**	*You are going **to your cousin's (place).***

...e French equivalent of *to* or *at someone's (house, home)* is the construction:

chez + PERSON	**chez** Béatrice	**chez** ma cousine

Note the interrogative expression: **chez qui?**

Chez qui vas-tu?   ***To whose house** are you going?*

...n vacances

...hen we are on vacation, we
...en like to visit friends and
...latives. Say where the
...llowing people are going.

Claire / Marc
Claire va chez Marc.

Hélène / Jérôme
Jean-Paul / Lucie
tu / un copain
Corinne / une cousine
vous / des copines à Québec
nous / un cousin à Paris

*Chez nous...
l'argent va
plus loin
avec le train!*

SNCF

---

9 Weekend

On weekends, we often like to visit friends and do
things together. Say how the following people are
spending Sunday afternoon.

▶ Cécile / jouer au ping-pong / Robert

Cécile joue au
ping-pong
chez Robert.

1. Nathalie / aller / Béatrice
2. Claire / dîner / des cousins
3. Éric / jouer au croquet / Sylvie
4. Marc / écouter des disques / un copain
5. Jean-Pierre / regarder la télé / une copine
6. Catherine / jouer au Monopoly / François

D. La construction *aller* + l'infinitif

The following sentences describe what people are *going to do*. Note how the verb **aller** is used
describe these FUTURE events.

Nathalie **va nager.**	*Nathalie **is going to swim.***
Paul et Marc **vont jouer** au tennis.	*Paul and Marc **are going to play** tennis.*
Nous **allons rester** à la maison.	*We **are going to stay** home.*
Je **vais aller** en ville.	*I **am going to go** downtown.*

To express the NEAR FUTURE, the French use the construction:

> PRESENT of **aller** + INFINITIVE

➡ In negative sentences, the construction is:

SUBJECT	+	**ne**	+	PRESENT of **aller**	+	**pas**	+	INFINITIVE . . .
Sylvie		**ne**		va		**pas**		écouter le concert avec nous.

➡ Note the interrogative forms:

Qu'est-ce que tu vas faire?	***What are you going** to do?*
Quand est-ce que vous allez rentrer?	***When are you going** to come back?*

Learning about language

To talk about FUTURE plans and intentions,
French and English frequently use similar
verbs: **aller** *(to be going to)*.

---

10 **Tourisme**

Say where the following people are going this
summer and what they are going to visit.

▶ Monique (à Paris / le Louvre)
Monique va à Paris. Elle va visiter le Louvre.

1. Alice (à New York / la statue de la Liberté)
2. nous (en Égypte / les pyramides)
3. vous (à Rome / le Colisée)
4. tu (à La Nouvelle Orléans / le Vieux Carré)
5. je (à San Francisco / Chinatown)
6. les élèves (à San Antonio / l'Alamo)
7. Madame Lambert (à Beijing /
   la Cité interdite *[Forbidden City]*)
8. les touristes (à Kyoto / les temples)

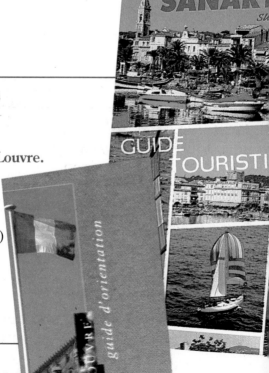

Qu'est-ce que tu vas faire?

Ask your classmates if they are going to do the following things this weekend.

▶ étudier

1. travailler
2. écouter la radio
3. regarder la télé
4. nager
5. inviter des amis

6. aller à une boum
7. jouer au tennis
8. rester à la maison
9. faire une promenade à vélo

Est-ce que tu vas étudier?

Oui, je vais étudier.

(Non, je ne vais pas étudier.)

Un jeu: Descriptions

Choose a person from Column A and say where the person is, what he or she has, and what he or she is going to do. Use the verbs **être, avoir,** and **aller** with the phrases in columns B, C, and D. How many logical descriptions can you make?

A	B (être)	C (avoir)	D (aller)
	sur le court	des livres	chanter
Monique	à la bibliothèque	un vélo	manger un sandwich
	au salon	20 euros	étudier
des amis	en vacances	une télé	faire une promenade
nous	à la boum	une chaîne stéréo	regarder un film
vous	à la maison	une guitare	faire un match
	au café	une raquette	écouter des cassettes

Monique est en vacances. Elle a un vélo. Elle va faire une promenade.

Prononciation

Les semi-voyelles /w/ et /j/

In French, the semi-vowels /w/ and /j/ are pronounced very quickly, almost like consonants.

/w/   /j/

Répétez:

/w/   **oui**   **chouette**   **Louise**

oui   très bien

/wa/, /wɛ̃/ **moi**   **toi**   **pourquoi**   **voiture**   **loin**
          Chouette! La voiture de Louise n'est pas loin.

/j/   **bien**   **chien**   **radio**   **piano**   **Pierre**   **Daniel**   **violon**   **pied**   **étudiant**
          Pierre écoute la radio avec Daniel.

À votre tour!

1 Allô!

Anne is calling Jérôme. Match Jérôme's answers with Anne's questions. Then act out the dialogue with a friend.

1 Tu restes chez toi samedi?

2 Qu'est-ce que vous allez faire?

3 Est-ce que vous allez aller au cinéma?

4 À quelle heure est-ce que tu vas rentrer?

a À dix heures.

b Peut-être! Il y a un très bon film au Rex.

c Nous allons faire une promenade en ville.

d Non, j'ai un rendez-vous avec Christine.

2 Créa-dialogue

As you are going for a walk in town, you meet several friends. Ask them where they are going and what they are going to do there.

OÙ?	ACTIVITÉ
MENU	dîner avec un copain

—Salut, <u>Alison</u>. Ça va?
—Oui, ça va!
—Où vas-tu?
—Je vais au <u>restaurant</u>.
—Ah bon? Qu'est-ce que tu vas faire là-bas?
—Je vais <u>dîner avec un copain</u>.
—Avec qui?
—Avec <u>Chris</u>.

	OÙ?	ACTIVITÉ
1	CAFÉ	manger une pizza
2		faire une promenade
3		jouer au foot
4		nager
5		jouer au volley
6		travailler
7		??

nversation libre

ve a conversation with a classmate.
k your classmate questions about
at he / she plans to do on the
ekend. Try to find out as much as
ssible, using yes / no questions.

Est-ce que tu vas rester à la maison?

Non, je ne vais pas rester à la maison.

-ce que tu vas aller en ville?

Oui, je vais aller en ville.

t-ce que tu vas au cinéma?

Oui, je vais au cinéma.

(Non, je ne vais pas au cinéma.)

4 ## Qu'est-ce que vous allez faire?

Leave a note for your friend Jean-Marc,
telling him three things that you and
your friends are going to do tonight and
three things that you are going to do
this weekend.

Jean-Marc

Ce soir (Tonight)
1. Nous allons...
2.
3.
Ce weekend
1.
2.
3.

5 ## Bonnes résolutions

Imagine that it is January 1 and you are
making up New Year's resolutions. On a
separate sheet of paper, describe six of
your resolutions by saying what you are
going to do and what you are not going
to do in the coming year.

▶

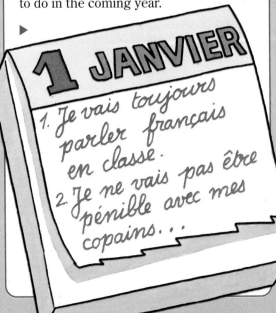

1 JANVIER

1. Je vais toujours parler français en classe.
2. Je ne vais pas être pénible avec mes copains...

23

LEÇON

Au Café de l'Univers

Où vas-tu <u>après</u> les classes?	*after*
Est-ce que tu vas <u>directement</u> <u>chez toi</u>?	*straight / hom*
Monique, elle, ne va pas directement <u>chez elle</u>.	*to her house*
Elle va au Café de l'Univers avec ses copines Anne-Marie et Estelle.	
Elle <u>vient</u> souvent ici avec elles.	*comes*
À la table de Monique, la conversation est toujours très <u>animée</u>.	*lively*
<u>De quoi</u> parlent les filles aujourd'hui?	*About what*

Est-ce qu'elles parlent	de l'<u>examen d'histoire</u>?	*history test*
	du problème de maths?	
	de la classe de sciences?	

Non!

Est-ce qu'elles parlent	du weekend <u>prochain</u>?	*next*
	des vacances?	

<u>Non plus</u>!   *Not that eithe*

Est-ce qu'elles parlent	du <u>nouveau</u> copain de Marie-Claire?	*new*
	de la cousine de Pauline?	
	des amis de Véronique?	

<u>Pas du tout</u>!   *Not at all!*

Aujourd'hui, les filles parlent d'un <u>sujet</u> beaucoup <u>plus</u> important!	*subject / more*
Elles parlent du nouveau prof d'anglais! (C'est un jeune professeur	
américain. Il est très intéressant, très amusant, très sympathique …	
et <u>surtout</u> il est très mignon!)	*above all*

ompréhension

Où va Monique après les classes?
Avec qui est-ce qu'elle va au café?
Qu'est-ce que les filles font au café?
Est-ce qu'elles parlent de l'école?
Est-ce qu'elles parlent des activités du
weekend?

6. De quelle *(which)* personne parlent-elles
   aujourd'hui?
7. De quelle nationalité est le professeur
   d'anglais?
8. Comment est-il?

toi?

scribe what you do by completing the following sentences.

En général, après les classes,
je vais . . .
je ne vais pas . . .

- à la bibliothèque
- chez mes *(my)* copains
- au café
- directement chez moi

Avec mes copains,
je parle . . .
je ne parle pas . . .

- de la classe de français
- du prof de français
- des examens
- du weekend

Avec mes parents,
je parle . . .
je ne parle pas . . .

- de l'école
- de la classe de français
- de mes notes *(grades)*
- de mes copains

Avec mon frère ou ma soeur,
je parle . . .
je ne parle pas . . .

- de mes copains
- du weekend
- de mes problèmes
- des vacances

■ NOTE ■
CULTURELLE

u café

or French teenagers, the café is much more
han just a place to have a soft drink or a sand-
vich. Some go there to study, others go to listen
o music, to play electronic games **(le flipper),**
r to make a phone call. Most students, however,
jo to their favorite café after class or on weekends to meet their friends and simply talk.

A French café usually consists of two
parts: **l'intérieur** (the indoor section) and
la terrasse (the outdoor section which
often occupies part of the sidewalk). In
spring and summer, **la terrasse** is the
ideal spot to enjoy the sun and to watch
the people passing by.

A. Le verbe *venir*

The verb **venir** *(to come)* is irregular. Note the forms of **venir** in the present tense.

venir	Nous allons **venir** avec des amis.
je **viens** tu **viens** il / elle **vient**	Je **viens** avec toi. Est-ce que tu **viens** au cinéma? Monique ne **vient** pas avec nous.
nous **venons** vous **venez** ils / elles **viennent**	Nous **venons** à cinq heures. À quelle heure **venez**-vous à la boum? Ils **viennent** de Paris, n'est-ce pas?

➡ **Revenir** *(to come back)* is conjugated like **venir**.
   —À quelle heure **revenez**-vous?
   —Nous **revenons** à dix heures.

➡ Note the interrogative expression: **d'où?** *(from where?)*
   D'où viens-tu?   ***Where do you come from?***

1 Tu viens?

Tell a friend where you are going and ask him or
her to come along.

▶ au restaurant

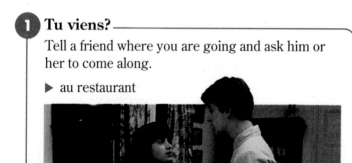

Je vais au restaurant.
Tu viens avec moi?

D'accord, je viens.

(Non, je ne viens pas.)

1. au café
2. à la bibliothèque
3. à la piscine
4. au supermarché
5. au centre commercial
6. au magasin de disques
7. au stade
8. en classe

2 Le pique-nique de Monique

Monique has invited friends
to a picnic. Say who is comin
and who is not.

▶ Philippe (non)
   Philippe ne vient pas.

1. Alice (oui)
2. Jean-Pierre (non)
3. Paul et Caroline (oui)
4. vous (non)
5. je (oui)
6. nous (non)
7. tu (non)
8. les copines d'Alice (oui)
9. le prof d'anglais (oui)

You may think French verbs are hard to learn because they have several forms.
French students, on the other hand, have a hard time with English verbs becaus
so many are made up of two words. For example, they may know the words g
and *keep*, but then they have to learn the meanings of *get up, get out, get on,*
and these meanings are different from *keep up, keep out, keep on,* etc.

La préposition *de; de* + l'article défini

preposition **de** has several meanings:

m	Nous venons **de** la bibliothèque.	*We are coming **from** the library.*
	Quelle est l'adresse **de** l'école?	*What is the address **of** the school?*
ut	Je parle **de** mon copain.	*I am talking **about** my friend.*

TRACTIONS

the forms of **de** + DEFINITE ARTICLE in the sentences below.

ci **le** café.	Marc vient **du** café.
ci **les** Champs-Élysées.	Nous venons **des** Champs-Élysées.
ci **la** piscine.	Tu reviens **de la** piscine.
ci **l'**hôtel.	Les touristes arrivent **de l'**hôtel.

e preposition **de** contracts with **le** and **les,** but not with **la** and **l'**.

CONTRACTION	NO CONTRACTION		
de + le → **du**	de + la = **de la**	**du** café	**de la** plage
de + les → **des**	de + l' = **de l'**	**des** magasins	**de l'**école

There is liaison after **des** when the next word begins with a vowel sound.

Où sont les livres **des étudiants?**
z

Jacques vient
du musée d'Orsay.

endez-vous

he following students live in Paris.
n a Saturday afternoon they are
eeting in a café. Say where each
ne is coming from.

Jacques: le musée d'Orsay

1. Sylvie: le Louvre
2. Isabelle: le parc de la Villette
3. Jean-Paul: le Centre Pompidou
4. François: le Quartier latin
5. Cécile: l'avenue de l'Opéra
6. Nicole: la tour Eiffel
7. Marc: le jardin du Luxembourg
8. André: les Champs-Élysées
9. Pierre: les Galeries Lafayette
0. Corinne: la rue Bonaparte

4 D'où viens-tu?

During vacation, Philippe goes out every day. When he gets home, his sister Cécile asks him where he is coming from.

▶ mardi

D'où viens-tu?

Je viens du théâtre.

1. lundi
2. mercredi
3. vendredi
4. dimanche
5. samedi
6. jeudi

▶

LUNDI	le restaurant
MARDI	le théâtre
MERCREDI	la bibliothèque
JEUDI	l'opéra
VENDREDI	le concert
SAMEDI	le pique-nique de
DIMANCHE	la boum de Christ

Vocabulaire: Les sports, les jeux et la musique

Les sports

le foot(ball)	le volley(ball)
le basket(ball)	le tennis
le ping-pong	le baseball

Les instruments de musique

le piano	la flûte
le violon	la guitare
le saxo(phone)	la clarinette
le clavier (keyboard)	la batterie (drums)

Les jeux (games)

les échecs (chess) **les dames** (checkers)
le Monopoly **les cartes** (cards)

VERBES

jouer à + **le, la, les** + SPORT or GAME	to play	Nous **jouons au** tennis.
jouer de + **le, la, les** + INSTRUMENT	to play	Alice **joue du** piano.

---

5 Activités

Ask your classmates if they play the following instruments and games.

▶ —Est-ce que tu joues au ping-pong
—Oui, je joue au ping-pong.
(Non, je ne joue pas au ping-pon

▶ —Est-ce que tu joues du piano?
—Oui, je joue du piano.
(Non, je ne joue pas de piano.)

Les pronoms accentués

answers to the questions below, the nouns in heavy print are replaced by pronouns. These
uns are called STRESS PRONOUNS. Note their forms.

François dîne avec **Florence?**   *Is François having dinner with **Florence?***
Oui, il dîne avec **elle.**   *Yes, he is having dinner with **her.***

Tu parles de **Jean-Paul?**   *Are you talking about **Jean-Paul?***
Non, je ne parle pas de **lui.**   *No, I'm not talking about **him.***

IS

(SUBJECT PRONOUNS)	STRESS PRONOUNS	(SUBJECT PRONOUNS)	STRESS PRONOUNS
(je)	**moi**	(nous)	**nous**
(tu)	**toi**	(vous)	**vous**
(il)	**lui**	(ils)	**eux**
(elle)	**elle**	(elles)	**elles**

s pronouns are used:

reinforce a subject pronoun

Moi, je parle français.   *I speak French.*
Vous, vous parlez anglais.   *You speak English.*

er **c'est** and **ce n'est pas**

—C'est Paul là-bas?
—Non ce n'est pas **lui.**   *No, it's not **him.***

short sentences where there is no verb

—Qui parle français ici?
—**Moi!**   *I do!*

C'EST MOI
QUI POSE
LES QUESTIONS!

TF1
VENDREDI 29 MARS
20.50

fore and after **et** and **ou**

Lui et moi, nous sommes copains.   *He and I, (we) are friends.*

ter prepositions such as **de, avec, pour, chez**

Voici Marc et Paul. Je parle souvent **d'eux.**   *I often talk **about them.***
Voici Isabelle. Je vais au cinéma **avec elle.**   *I go to the movies **with her.***
Voici M. Mercier. Nous travaillons **pour lui.**   *We work **for him.***

Note the meaning of **chez** + STRESS PRONOUN:

Je vais **chez moi.**   *I am going **home.***
Paul étudie **chez lui.**   *Paul is studying **at home.***

Tu viens **chez nous?**   *Are you coming **to our house?***
Je suis chez Alice. Je dîne **chez elle.**   *I am having dinner **at her place.***

6 **Mais pas du tout!** ————

You are not good at guessing the identities of the following people. A classmate will indicate that you are wrong.

Tarzan?

▶ —C'est Tarzan?
—Mais pas du tout!
Ce n'est pas lui!

1. Batman?	**2. Superman?**	**3. Wonder Woman?**
4. Big Bird?	**5. Denzel Washington**	**6. Cameron Diaz**

7 **Samedi soir** *(Saturday night)* ————

On Saturday night, some people stay home and others do not. Read what the following people are doing and say whether or not they are at home.

▶ Alice étudie.
Elle est chez elle.

▶ Paul va au cinéma.
Il n'est pas chez lui.

1. François regarde la télé.
2. Jacqueline va au café.
3. Marc et Pierre dînent au restaurant.
4. Hélène et Pauline écoutent des disques.
5. Les voisins font une promenade.
6. Je travaille avec mon père.
7. Tu vas au théâtre.
8. Nous allons à la bibliothèque.
9. Tu prépares le dîner.

C'EST BATMAN!   VRA

8 **Commérage** *(Gossip)* ————

Thomas likes to gossip. Act out the dialogues between him and his friend Sandrine.

▶ Marina dîne avec Jean-Pierre.

1. Éric dîne avec Alice.
2. Thérèse va chez Paul.
3. Jérôme est au cinéma avec Delphine.
4. Monsieur Mercier travaille pour Mademoiselle Duv.
5. Philippe travaille pour le voisin.
6. Marc et Vincent dansent avec Mélanie et Juliette.

Marina dîne avec Jean-Pierre.

Vraiment?

Mais oui! Elle dîne avec lui!

e stress pronouns in your answers.

Est-ce que tu étudies souvent avec
tes *(your)* copains?

Est-ce que tu vas souvent chez ta cousine?

Est-ce que tu travailles pour les voisins?

Est-ce que tu parles français avec ton père?

5. Est-ce que tu vas souvent au cinéma avec
   tes copines?

6. Est-ce que tu restes chez toi le weekend?

7. Est-ce que tu restes chez toi
   pendant *(during)* les vacances?

La construction: nom + *de* + nom

)are the word order in French and English.

i une raquette. C'est une **raquette de tennis.**   *It's a **tennis racket.***

ul a une voiture. C'est une **voiture de sport.**   *It's a **sports car.***

hen one noun is used to modify another noun, the French construction is:

MAIN NOUN + **de** + MODIFYING NOUN	**une classe de français**
↓	
d' (+ VOWEL SOUND)	**une classe d'espagnol**

In French, the main noun comes *first.* In English, the main noun comes second.

There is no article after **de.**

récisions

)mplete the following sentences with an expression
)nsisting of **de** + underlined noun.

J'aime le <u>sport</u>. J'ai une voiture . . .

J'ai une voiture
de sport!

. Claire aime le <u>ping-pong</u>. Elle a une raquette . . .
. Nous adorons le <u>jazz</u>. Nous écoutons un concert . . .
. Jacques aime la <u>musique classique</u>. Il écoute un
  programme . . .
. Vous étudiez l'<u>anglais</u>. Vous avez un livre . . .
. Tu étudies le <u>piano</u>. Aujourd'hui, tu as une leçon . . .
. Thomas et Paul aiment l'<u>espagnol</u>. Ils ont une
  bonne prof . . .
. Je regarde mes <u>photos</u>. J'ai un album . . .

Prononciation

Les voyelles /ø/ et /œ/

/ø /

deux

/œ/

neuf

The letters "**eu**" and "**oeu**" represent
vowel sounds that do not exist in English
but that are not very hard to pronounce.

Répétez:

/ø/ **d<u>eu</u>x   <u>eu</u>x   je v<u>eu</u>x**
 je p<u>eu</u>x   un p<u>eu</u>   j<u>eu</u>x
 il pl<u>eu</u>t   un <u>eu</u>ro
 Tu p<u>eu</u>x aller chez <u>eu</u>x.

/œ/ **n<u>eu</u>f   s<u>œu</u>r   h<u>eu</u>re**
 profess<u>eu</u>r   j<u>eu</u>ne
 **Ma s<u>œu</u>r arrive à n<u>eu</u>f
 h<u>eu</u>res.**

À votre tour!

1 Conversation

Saturday afternoon, Henri meets Stéphanie downtown. Match Henri's questions with Stéphanie's answers. Then act out the conversation with a classmate.

1. Salut, Stéphanie! D'où viens-tu?

2. Et où vas-tu maintenant?

3. Tu ne veux pas venir au cinéma avec moi?

4. Ah bon? Pourquoi?

J'ai un examen d'anglais lundi.

Du supermarché.

Je rentre chez moi.

d. Je ne peux pas. Je dois étudier.

2 Créa-dialogue

Ask your classmates whom they are going to visit and what they are going to do. Then decide if you are going to come along.

| CHEZ QUI? | Jean–Claude |
| ACTIVITÉ | |

— Où vas-tu?
— Je vais chez Jean-Claude. Tu viens?
— Ça dépend! Qu'est-ce que tu vas faire chez lui?
— Nous allons jouer au ping-pong.
— D'accord, je viens!
(Non, je ne viens pas.)

CHEZ QUI?	1. Françoise	2. Corinne et Claire	3. Nicolas et Patrick	4. mon cousin	5. ma cousine	6. des copains
ACTIVITÉ						

3 Retour à la maison

This afternoon, the following people went downtown. Say which places they are coming from.

▶ **Nous venons de l'école.**

1	2	3
tu	vous	Mada...
4	5	6
nous	Monsieur Dupont	Claire et Diane	Daniel

essage illustré

édéric likes to use illustrations in his diary. Transcribe what he has written about himself d others, replacing the pictures with the corresponding missing words.

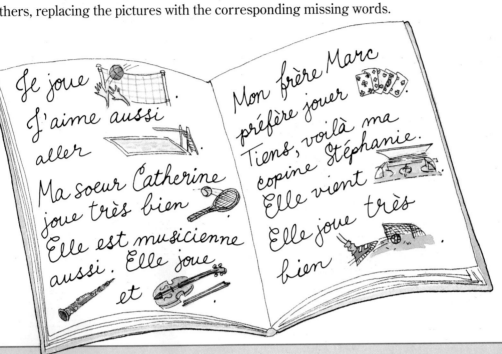

ne lettre à Sandrine

a recent letter, Sandrine, your French n pal, mentioned various hobbies she joys. In a short letter, tell her …

• which sports you play
• which musical instruments you play
• which games you play

| parc | supermarché | stade |
| école | bibliothèque | piscine |

Mes voisins

Bonjour!
Je m'appelle Frédéric Mallet.
J'habite à Versailles avec ma famille.
Nous habitons dans un <u>immeuble</u> de *building*
six <u>étages</u>. *floors*
Voici mon immeuble et voici <u>mes</u> *my*
voisins.

Monsieur Lacroche habite au <u>sixième</u> *sixth*
étage avec sa femme. Ils sont
musiciens. Lui, il joue du piano et elle,
elle chante. Oh là là, <u>quelle</u> musique! *what*

Mademoiselle Jolivet habite au
<u>cinquième</u> étage avec <u>son</u> oncle et *fifth / her*
<u>sa</u> tante. *her*

Paul, mon <u>meilleur</u> ami, habite au *best*
<u>quatrième</u> étage avec <u>sa</u> soeur et *fourth / his*
<u>ses</u> parents. *his*

Mademoiselle Ménard habite au
<u>troisième</u> étage avec son chien *third*
Pomme, ses deux chats Fritz et Arthur,
son <u>perroquet</u> Coco et son canari *parrot*
Froufrou. (Je <u>pense</u> <u>que</u> c'est une *think / that*
personne très intéressante, mais mon
père pense qu'elle est un peu bizarre.)

Monsieur et Madame Boutin habitent
au <u>deuxième</u> étage avec <u>leur</u> <u>fils</u> et *second / their*
leurs deux <u>filles</u>. *son*
daughters

Et qui habite au premier étage?
C'est un garçon super-intelligent,
super-cool et très sympathique! Et ce
garçon ... c'est moi!

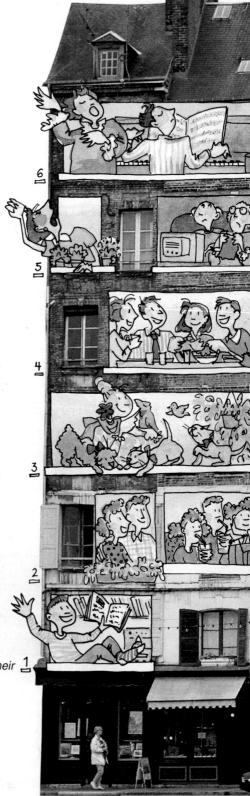

Où habite Frédéric?

Combien *(How many)* d'étages est-ce
qu'il y a dans l'immeuble où il habite?

Quelle est la profession des Lacroche?

Comment s'appelle le meilleur ami
de Frédéric?

Combien d'animaux a Mademoiselle
Ménard?

Qui est Pomme?

7. Qui sont Fritz et Arthur?
8. Selon toi *(In your opinion)*, est-ce
   que Mademoiselle Ménard est une
   personne bizarre ou intéressante?
9. Quel est le numéro *(number)* de
   l'étage où habite Frédéric?
10. Est-ce que Frédéric habite en haut
    ou en bas de l'immeuble?

NOTES ■
CULTURELLES

Versailles

ersailles is a city of about 100,000
nhabitants, located about 8 miles (14 km)
outhwest of Paris. Its famous **château,**
uilt for King Louis XIV (1638–1715),
elcomes four million visitors every year.
is the third most visited monument in
rance (after the Pompidou Center and
e Eiffel Tower).

2 La vie en appartement

Aost French people in urban areas live in apart-
nents. Newer high-rise apartment buildings have
een built in the suburbs. In the cities, however,
apartment houses are traditionally no more than six
r seven stories high. (This is because, historically,
here were no elevators.) The ground floor, which
ften houses stores and shops, is known as
e **rez-de-chaussée** (literally, "level with the street").
he next floor, **le premier étage** (or "first" floor
above the street), corresponds to the American
econd floor. Similarly, **le deuxième étage**
corresponds to our third floor, etc. The top floor of
lder buildings used to consist of individual rooms,
ne per apartment. These original maid's rooms
ften became student rooms. In recent years, as
elevators were installed in these buildings, the top-
loor rooms frequently have been combined to form
ew apartments.

A. La possession avec *de*

Note the words in heavy print:

Voici une moto.	C'est la moto **de Frédéric.**	*It's **Frédéric's** motorcycle.*
Voici un vélo.	C'est le vélo **de Sophie.**	*It's **Sophie's** bike.*

To express POSSESSION, French speakers use the construction:

le/la/les + NOUN + **de** + OWNER	la radio **de** Thomas
↓	les disques **de** Claire
d' (+ VOWEL SOUND)	la maison **d'**Émilie

➡ The same construction is used to express RELATIONSHIP:

C'est **le copain de Daniel.**   *That's **Daniel's friend.***
C'est **la mère de Paul.**   *That's **Paul's mother.***

➡ Remember that **de** contracts with **le** and **les:**

Pomme est le chien **du voisin.**   *Pomme is **the neighbor's** dog.*
Voici la chambre **des enfants.**   *Here is **the children's** room.*

➡ While English often indicates possession with *s*, French always uses **de.**

la copine **de Monique**   ***Monique's** friend (the friend **of Monique**)*

1 Présentations *(Introductions)*

Imagine that you are hosting a party in France. Introduce the following people.

▶ Marc (cousin / Sylvie)

Marc est le cousin de Sylvie.

1. Carole (cousine / Jacques)
2. Michel (copain / Caroline)
3. Philippe (camarade / Charles)
4. Robert (frère / Guillaume)
5. Marina (copine / Paul)
6. Pauline (amie / Éric)
7. Thomas (frère / Christine)
8. Alice (soeur / Karine)

2 Échanges

The following friends have decided to trade a few of their possessions. On a separate sheet of paper, write out what each person has, once the exchange has been completed.

Marc   Alice   Éric   Laure

Vocabulaire: La famille

la famille (family)

les grands-parents
  le grand-père   **la grand-mère**

les parents (parents)
  le père   **la mère**
  le mari (husband) **la femme** (wife)

les parents (relatives)
  l'oncle   **la tante** (aunt)

les enfants (children)
  un enfant   **une enfant**
  le frère   **la soeur**
  le fils (son)   **la fille** (daughter)

            le cousin   **la cousine**

La famille de Frédéric

Frédéric has drawn his family tree. Study it and explain the relationships between the people below.

Éric / Isabelle Vidal
Éric est le fils d'Isabelle Vidal.

1. Véronique / Frédéric
2. Martine Mallet / Véronique
3. Albert et Suzanne Mallet / Frédéric
4. Isabelle Vidal / Frédéric Mallet
5. François Mallet / Martine Mallet
6. Isabelle Vidal / Maurice Vidal
7. François Mallet / Suzanne Mallet
8. Catherine / Maurice Vidal
9. Véronique / Éric
10. Frédéric / Catherine

Albert Mallet **+** Suzanne Mallet

Maurice Vidal **+** Isabelle Vidal

François Mallet **+** Martine Mallet

Catherine Vidal   Éric Vidal

Véronique Mallet   Frédéric Mallet

▶ Marc a la guitare d'Alice et . . .

Marc   Alice   Éric   Laure

B. Les adjectifs possessifs: mon, ton, son

Note the forms of the possessive adjectives in the chart below:

(POSSESSOR)		SINGULAR		PLURAL			
		MASCULINE	FEMININE				
(je)	my	**mon**	**ma**	**mes**	**mon** frère	**ma** soeur	**mes** cop
(tu)	your	**ton**	**ta**	**tes**	**ton** oncle	**ta** tante	**tes** cous
(il)	his	**son**	**sa**	**ses**	**son** père	**sa** mère	**ses** pare
(elle)	her	**son**	**sa**	**ses**	**son** père	**sa** mère	**ses** pare

⟹ The feminine singular forms **ma, ta, sa** become **mon, ton, son** before a vowel sound.

　une amie　**mon** amie　**ton** amie　**son** amie
　une auto　**mon** auto　**ton** auto　**son** auto

⟹ There is liaison after **mon, ton, son, mes, tes, ses** when the next word begins with a vowel sound.

　mon oncle　**mes** amis

⟹ The choice between **son, sa,** and **ses** depends on the gender (masculine or feminine) and th number (singular or plural) of the noun that *follows*. It does NOT depend on the gender of the possessor (that is, whether the owner is male or female). Compare:

	un vélo	une radio	des casset
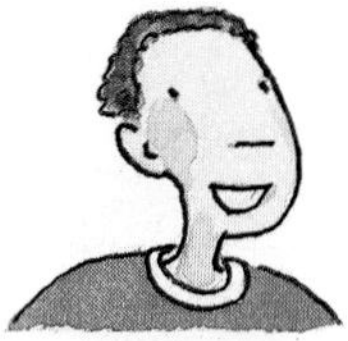 Voici Frédéric.	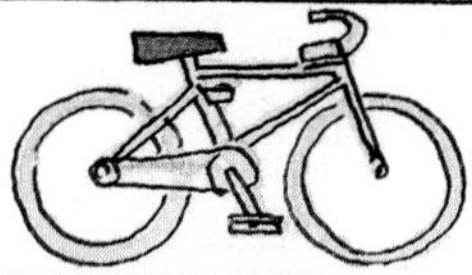 Voici son vélo. (his bike)	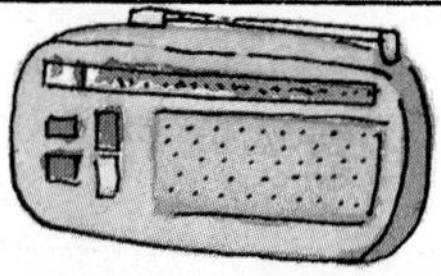 Voici sa radio. (his radio)	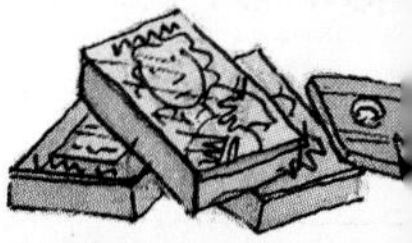 Voici ses cass (his cassett
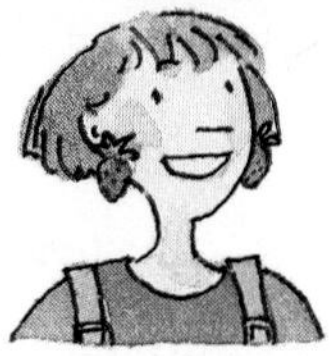 Voici Sophie.	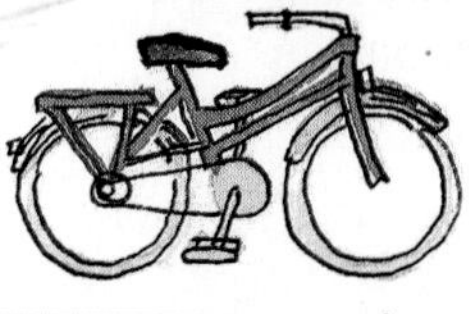 Voici son vélo. (her bike)	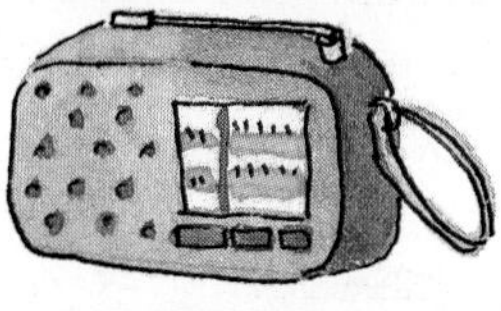 Voici sa radio. (her radio)	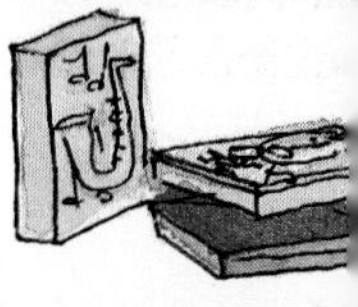 Voici ses cass (her cassett

Marc et Hélène

Marc Pertout never knows where his things are. Fortunately, his friend Hélène Sétout knows. Play both roles.

le vélo / dans le garage

Où est mon vélo?

Ton vélo? Il est dans le garage.

les cassettes / ici
la raquette / là-bas
la montre / sur toi
les livres / dans le sac
la radio / sur le bureau
les tee-shirts / sous le lit
le chien / derrière la porte
l'appareil-photo / dans la chambre

5 Invitations

Each of the following people is bringing a friend or relative to the school party. Say whom each person is inviting, using the appropriate possessive adjectives.

▶ Michel / la copine
Michel invite sa copine.

1. André / la cousine
2. Jean-Claude / la soeur
3. Marie-Noëlle / les frères
4. Pascal / l'amie Sophie
5. Monique / les cousins
6. Nathalie / l'ami Marc
7. Georges / l'amie Cécile
8. Paul / l'amie Thérèse
9. Isabelle / les copains

Chez Marie et Christophe Boutin

Items 1 to 8 belong to Marie. Items 9 to 16 belong to Christophe. Point these things out.

Marie		Christophe	
le vélo **C'est son vélo.**		▶ les disques **Ce sont ses disques.**	
le walkman	5. la radiocassette	9. la guitare	13. les livres
le sac	6. la guitare	10. la chaîne stéréo	14. la montre
le chien	7. les disques	11. le chat	15. les photos
l'album	8. les cassettes	12. la mobylette	16. les skis

Expression pour la conversation

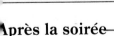

C'EST MON PANTALON !

TU ES SÛR?

How to question a statement or express a doubt:

Tu es sûr(e)? *Are you sure?* —C'est mon pantalon *(pants)*!
—**Tu es sûr?**

Après la soirée

Last night Frédéric and Paul gave a party. They realize that their friends left certain things behind. Frédéric thinks he knows what belongs to whom.

▶ le sac / Claire   FRÉDÉRIC: **Voici le sac de Claire.**
                          PAUL: **Tu es sûr?**
                 FRÉDÉRIC: **Mais oui, c'est son sac!**

1. le sac / Jean-Pierre
2. la guitare / Antoine
3. l'appareil-photo / Cécile

4. le walkman / Stéphanie
5. les livres / Philippe
6. le chapeau *(hat)* / Thomas

7. la cassette / Roger
8. les compacts / Corinne

C. Les adjectifs possessifs: *notre, votre, leur*

Note the forms of the possessive adjectives in the chart below:

(POSSESSOR)		SINGULAR	PLURAL		
(nous)	*our*	**notre**	**nos**	**notre** prof	**nos** livres
(vous)	*your*	**votre**	**vos**	**votre** ami	**vos** copains
(ils / elles)	*their*	**leur**	**leurs**	**leur** radio	**leurs** disques

➡ There is liaison after **nos, vos, leurs** when the next word begins with a vowel sound.

nos amis   **vos** amies   **leurs** ordinateurs

8 Aux Galeries Lafayette

At the Galeries Lafayette department store, a customer is looking for various things. The person at the information desk indicates where they can be found. Play both roles.

▶ les disques / là-bas

S'il vous plaît, où sont vos disques?

Nos disques sont là-bas.

1. les livres / à gauche
2. les affiches / à droite
3. le restaurant / en haut
4. le garage / en bas
5. les ordinateurs / ici
6. la cafétéria / tout droit

9 Les millionnaires

Imagine you are showing a millionaire's estate to French visitors.

▶ la maison
   Voici leur maison.

1. la piscine
2. la Cadillac
3. les chiens
4. le parc
5. l'hélicoptère
6. les courts de tennis

10 En famille

We often do things with our family. Complete each sentence with a possessive adjective: **son, sa, ses, leur,** or **leurs.**

▶ Pascal joue au tennis avec <u>sa</u> cousine.
▶ Éric et Paul jouent au Monopoly avec <u>leurs</u> cousins.

1. Frédéric dîne chez … oncle.
2. André dîne chez … grands-parents.
3. Caroline et Paul vont chez … grand-mère.
4. Mlle Vénard fait une promenade avec … chien.
5. Antoine va à la piscine avec … soeur.
6. Stéphanie et Céline vont au cinéma avec … parents.
7. M. et Mme Boutin voyagent avec … fille.
8. Mme Denis visite Paris avec … fils, Marc et Frédéric.
9. M. Mallet est à Québec avec … femme.

Les nombres ordinaux

…pare the following regular
…ers and the ordinal
…ers in French:

)	deux	**deuxième**	Février est le **deuxième** mois de l'année.
)	trois	**troisième**	Mercredi est le **troisième** jour de la semaine.
)	quatre	**quatrième**	J'habite au **quatrième** étage *(floor)*.
)	douze	**douzième**	Qui habite au **douzième** étage?

…form ordinal numbers, the French use the following pattern:

NUMBER (minus final **-e**, if any) + **-ième**
(6) six : **six** + **-ième** → **sixième**
(11) onze : **onz-** + **-ième** → **onzième**

EXCEPTIONS: **un (une)** → **premier (première)**
  cinq → **cinquième**
  neuf → **neuvième**

Ordinal numbers are adjectives and come BEFORE the noun.

Quatrième . . .

et pourtant premier.

…a course *(The race)*

…rédéric and his friends are participat-
…g in a five-kilometer race. Announce
…e order of arrival of the following
…inners.

Paul (6) **Paul est sixième.**

. Frédéric (4)	5. Christine (1)
. Jérôme (7)	6. Claire (10)
. Christophe (8)	7. Karine (11)
. Sophie (2)	8. Olivier (12)

▶ ▶ ▶ ▶ ▶ ▶ ▶ ▶ ▶ ▶ ▶ ▶ ▶ ▶ ▶ ▶

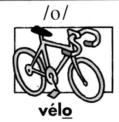

À votre tour!

1 Allô!

Émilie is on the phone with Bernard. Match Émilie's questions with Bernard's answers. Th
act out the dialogue with a classmate.

1 Avec qui est-ce que tu vas au cinéma?

2 C'est le cousin de Monique?

3 Tu connais leurs parents?

4 Ils sont canadiens, n'est-ce pas?

a Non, c'est son frère.

b Bien sûr, ils sont très sympathiques.

c Avec mon copain Marc.

d Non, mais leurs voisins sont de Québec.

2 Créa-dialogue

We often identify objects by their color. Create conversations with your classmates accordin
to the model.

le vélo / Paul?

1. la guitare / Alice?

4. la mobylet Isabelle?

2. le scooter / Paul et Anne?

5. la maison / M. et Mme L

3. le chien / tes cousins?

6. la voiture / ton

▶ —C'est <u>le vélo de Paul</u>?
—Non, ce n'est pas <u>son vélo</u>.
—Tu es sûr?
—Mais oui. <u>Son vélo</u> est <u>bleu</u>.

...isons connaissance

...u want to know more about certain
...latives and acquaintances (friends,
...ighbors, teachers, etc.) of your class-
...ates. Ask a classmate three questions:
...ch question will be about a different
...rson. You may want to use some of
...e following suggestions:

...UI/NON	INFORMATION
...r français?	où/habiter?
... une voiture?	quel âge/avoir?
...r les sports?	où/travailler?
...iller beaucoup?	à quelle école/étudier?
...ger souvent?	quand/venir chez toi?

Où est-ce que
tes grands-parents
habitent?

4 Composition: Ma famille

Select five people in your family and
write one to three sentences about each
person.

Ma cousine s'appelle
Barbara. Elle habite
à San Francisco. Elle
a treize ans.

...rbre généalogique *(Family tree)*

...n a separate sheet of
...per, draw your own
...eal or imaginary)
...mily tree. Label the
...eople and indicate their
...lationships to you.

Vive la différence!

Les loisirs

Parlons° de vos loisirs.° Répondez aux questions suivantes.° Selon° vous, quelles sont réponses des jeunes Français en général à ces questions?

1 Qu'est-ce que vous préférez faire quand vous n'étudiez pas?
- aller au cinéma
- aller dans les magasins
- pratiquer un sport
- jouer avec les jeux vidéo

Selon vous, qu'est-ce que les jeunes Français préfèrent faire?

2 Quand vous allez au cinéma, quels films est-ce que vous préférez voir?°
- les films de science-fiction
- les films d'aventures
- les comédies
- les films d'horreur

Selon vous, quels sont les films préférés des jeunes Français?

3 Combien de fois° par an° est-ce que vous allez au concert?
- jamais°
- une fois ou deux
- de trois à six fois
- sept fois ou plus°

Et les jeunes Français, combien de fois vont-ils au concert en moyenne° par an?

4 Voici quatre acteurs américains très célèbres° en France. Quel est votre acteur préféré?
- Tom Cruise
- Jack Nicholson
- Robert Redford
- Dustin Hoffman

Selon vous, qui est l'acteur américain préféré des Français?

5 Quelle musique est-ce que vous préférez écouter?
- les chansons folkloriques°
- le rock
- le jazz
- la musique classique

Selon vous, quelle est la musique préférée des jeunes Français?

6 Quels livres est-ce que vous préférez lire?°
- les biographies
- les livres de science-
- les livres d'aventures
- les albums de bande dessinées°

Selon vous, quels sont livres préférés des jeu Français?

7 Quelle est votre dépen principale?
- Je vais au concert.
- Je vais au cinéma ou restaurant.
- J'achète° des cassett des compacts.
- J'achète des vêtemen

Et pour les jeunes Français, quelle est leu dépense principale?

Et les jeunes Français?

1. Ils préfèrent aller au cinéma. 2. Ils préfèrent les comédies. 3. Ils vont au concert en moyenne six fois par an.
4. Leur acteur américain préféré est Dustin Hoffman. 5. Ils préfèrent le rock. 6. Ils préfèrent les albums de bandes dessinées. 7. Ça dépend. Les garçons vont au cinéma ou au restaurant. Les filles achètent des vêtements.

Parlons *Let's talk* **loisirs** *leisure activities* **suivantes** *following* **Selon** *According to* **voir** *to see* **fois** *times* **par an** *per year* **jamais** *never* **plus** *more* **en moyenne** *on the average* **célèbres** *famous* **chansons folkloriques** *folksongs* **lire** *to read* **bandes dessinées** *comics, cartoons* **dépense** *expense* **achète** *buy* **vêtements** *clothes*

e la musique!

Est-ce que vous préférez écouter votre groupe favori à la radio ou dans une salle de concert? Regardez bien ces documents.

Rolling Stones Story à partir du 25 décembre

ᵉ diffusion le mardi à 21 h 30 - 2ᵉ diffusion le vendredi à 23 h sur

EUROPE 1 RADIO 2

♪ Quel groupe est-ce qu'on peut écouter à la radio? Quels jours et à quelle heure?

♪ Est-ce que vous connaissez° ce groupe? Est-ce que vous avez leurs disques? Aimez-vous leur musique?

LE PLUS GRAND DES GRANDS CONCERTS

Ricky MARTIN

Will SMITH

ve MATTHEWS Band

Mariah CAREY

Lauryn HILL

AVEC **RTL**

FRÉDÉRICK PARTOUCHE PRÉSENTE:

Liberty Show

SAMEDI 24 JUIN DE 12 À 24 HEURES

HIPPODROME DE VINCENNES
PARIS

RÉSERVATIONS: 01 48 05 10 10

Pour la première fois dans tous les CARREFOUR de France **Carrefour**

Jewel

Goo Goo Dolls

Backstreet Boys

TLC

Chris ISAAK

Alanis MORRISSETTE

nd a lieu° le concert? Où?

elle heure est-ce que le cert commence?°
elle heure est-ce qu'il finit?°

♪ Quel est le numéro de téléphone pour réserver les billets?°

♪ Qui sont les «stars» de ce concert? Quelles stars est-ce que vous connaissez? Qui est votre star préférée?

♪ Est-ce que vous aimeriez° aller à ce concert? Pourquoi ou pourquoi pas?

naissez *know*   a lieu *does ... take place*   commence *does ... begin*   finit *does ... end*   billets *tickets*
eriez *would like*

Entre amis: Interview avec Karine Leg[...]

Karine Legoff est élève dans un lycée° français. En mars, elle
a passé° deux semaines aux États-Unis avec un programme
d'échange.° Nous avons interviewé° Karine pendant° son séjour.°
Voici les réponses de Karine à nos questions.

École
En France, comment vas-tu à l'école?
À quelle heure arrives-tu le matin?
À quelle heure rentres-tu chez toi
le soir?

Où déjeunes-tu?°

À pied, généralement.°
À huit heures.
Ça dépend des° jours.
    En général, à 5 heures 30
    ou à 6 heures.
Je déjeune à la cantine°
    du lycée.

Sports
Quels sports pratiques-tu à l'école?
Et en dehors de° l'école?
Où?

Je joue au volley.
Je joue au tennis.
Au club de la ville.

Loisirs
Est-ce que tu vas au cinéma?
Combien de fois par mois?°
Qui sont tes acteurs préférés?

Et tes actrices préférées?
Est-ce que tu vas au concert?
Où vas-tu?

Qui sont tes groupes ou tes chanteurs°
    préférés?
Est-ce que tu joues d'un instrument?
Est-ce que tu vas à des boums?
Où et quand?

Oui, de temps en temps.°
Une ou deux fois.
Christophe Lambert, Gérard Depardieu.
    Aussi Ben Affleck.
Isabelle Adjani, Emmanuelle Béart.
Oui, mais pas très souvent.
Ça dépend! Au Zénith, au parc des
    Princes.
Dave Matthews Band, U2, Lauryn Hill.

Non.
Oui, de temps en temps.
Chez des amis. Généralement le samed[i]
    soir.

Les États-Unis
Quelles sont tes impressions des
    États-Unis?
Pourquoi?

J'aime le pays° et les gens.

C'est un pays très dynamique et trè[s]
    ouvert.° Les gens sont francs,
    communicatifs et honnêtes avec eu[x-]
    mêmes.° Les Américains sont très

Qu'est-ce que tu n'aimes pas?

La nourriture.°

---

lycée *high school*   **a passé** *spent*   **échange** *exchange*   **avons interviewé** *interviewed*   **pendant** *during*
séjour *stay*   **généralement** *generally*   **Ça dépend des** *It depends on the*   **déjeunes-tu** *do you have lunch*
cantine *cafeteria*   **en dehors de** *outside of*   **de temps en temps** *from time to time*   **fois par mois** *times a m[onth]*
chanteurs *singers*   **pays** *country*   **ouvert** *open*   **eux-mêmes** *themselves*   **nourriture** *food*

Comment lire
SOUNDING FRENCH

As you read the interview over, try to think how the new words sound in French.

Remember to put the accent on the LAST syllable of a word or phrase.

programme   **acteur préféré**   **communicatif**

Remember that many final consonants are silent.

sport   **Zénith**   **maths**   **instrument**

If you think of the right French pronunciation as you read, you will be prepared to recognize these words when you hear them spoken.

Enrichissez votre vocabulaire
SUFFIXES

You can expand your reading vocabulary easily by learning to recognize common suffixes (or endings).

	FRENCH	ENGLISH		
(ADJECTIVE +)	**-ment**	*-ly*	**généralement**	*generally*
(VERB STEM +)	**-ant**	*-ing*	**amusant**	*amusing*
(VERB STEM +)	**-é**	*-ed*	**préféré**	*preferred*

Activité
Can you identify the English equivalents of the following French words?

- **normalement**   **finalement**   **rarement**   **rapidement**   **sûrement**
- **intéressant**   **alarmant**   **terrifiant**   **charmant**
- **importé**   **occupé**   **limité**   **marié**

...vité: Une interview
...view a classmate about his / her
...ol life and leisure activities. Use
...ne's interview as a point of
...rture.

Activité: Une lettre à Karine
Write Karine a letter about yourself. Using her responses to the interview as a model, tell her about your school, the sports you play, your leisure-time activities, as well as your impressions of France and the French people.

Quelques stars du cinéma français

Depardieu   Christophe Lambert   Julie Delpy   Juliette Binoche

Variétés

Les jeunes Français et le cinéma américain

En général, les jeunes Français aiment beaucoup les films américains. (Quand ils parlent anglais, ils peuvent° voir° ces films en «version originale».) Voici une liste de films qui ont eu° beaucoup de succès en France. Est-ce que vous pouvez° identifier ces films? Lisez° le titre° français de chaque° film. Faites correspondre° le titre de ce film avec le titre américain.

TITRES FRANÇAIS

1. *Blanche-Neige*
2. *Hommes en noir*
3. *Le Cochon dans la ville*
4. *Vous avez un mess@ge*
5. *E.T. l'extra-terrestre*
6. *Le mariage de mon meilleur ami*
7. *Le Prince d'Égypte*
8. *Il faut sauver le soldat Ryan*
9. *Les dents de la mer*
10. *Danse avec les loups*
11. *La Menace fantôme*
12. *Indiana Jones et la dernière croisade*
13. *1001 Pattes*
14. *Menteur Menteur*

TITRES AMÉRICAINS

A. *Jaws*
B. *The Phantom Menace*
C. *E.T. The Extra Terrestrial*
D. *Saving Private Ryan*
E. *Indiana Jones and the Last Crusade*
F. *Dances with Wolves*
G. *Babe II, Pig in the City*
H. *Men in Black*
I. *The Prince of Egypt*
J. *My Best Friend's Wedding*
K. *You've Got Mail*
L. *Liar Liar*
M. *A Bug's Life*
N. *Snow White and the Seven Dwarfs*

peuvent *can* **voir** *see* **ont eu** *had* **pouvez** *can* **Lisez** *Read* **titre** *title* **chaque** *each*
Faites correspondre *Match*

UN FILM D'AVENTURES
américain

20.30

DURÉE: 2h12

...CAIN DE GEORGE LUCAS

...ARS: ÉPISODE 1 LA MENACE FANTÔME

MUSIQUE DE JOHN WILLIAMS

...............Liam Neeson	Anakin Skywalker ....Jake Lloyd
...obi...........Ewan McGregor	Palpatine.......................Ian McDiarmid
...en................Natalie Portman	Mace Windu.................Samuel L. Jackson

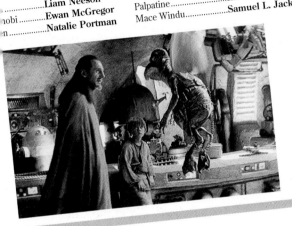

Ce film américain a eu° beaucoup de succès en France.

- Est-ce que vous avez vu° ce film? Où? à la télévision? au cinéma? sur vidéocassette?

- Quel est le titre anglais du film?

- Qui est le réalisateur° du film?

- Qui sont les **acteurs?**

- Qui est le compositeur de la musique?

- Combien de temps dure° le film?

■ NOTE ■
CULTURELLE

...u cinéma

...e samedi, les jeunes Français adorent aller
...u cinéma. C'est pour eux l'occasion de
...ir° un bon film et aussi d'être avec leurs
...opains. En général, ils vont au cinéma pour
...ir des films récents. Leurs films préférés
...ont les films comiques. Ils aiment aussi les
...lms d'aventures, les films de science-fiction
...t les films policiers.°

Beaucoup de jeunes vont aussi au ciné-club
...e leur école ou de la ville où ils habitent.
...à ils peuvent° voir les «grands classiques»
...u cinéma. Ces grands classiques sont des
...lms anciens° réalisés° par des cinéastes°
...ançais ou étrangers.°

...ad   **Est-ce que vous avez vu** *Did you see*   **réalisateur** *director*   **dure** *does...last*   **de voir** *to see*   **films**
...rs *detective movies*   **peuvent** *can*   **anciens** *old*   **réalisés** *made, directed*   **cinéastes** *filmmakers*   **étrangers** *foreign*

À PARIS

Bonjour, Paris!

QUELQUES FAITS

- Paris est la capitale de la France.
- Paris est une très grande ville. La ville de Paris a deux millions d'habitants. La région parisienne a dix millions d'habitants. Quinze pour cent (15%) des Français habitent dans la région parisienne.
- Paris est situé° sur la Seine. Ce fleuve° divise° la ville en deux parties: la rive° droite (au nord) et la rive gauche (au sud).
- Administrativement, Paris est divisé en vingt arrondissements.°
- Paris est une ville très ancienne.° Elle a plus de° deux mille° ans.
- Paris est aussi une ville moderne et dynamique. C'est le centre économique, industriel et commercial de la France.
- Avec ses musées, ses théâtres, ses bibliothèques, ses écoles d'art, Paris est un centre culturel et artistique très important.
- Avec ses nombreux° monuments et ses larges avenues, Paris est une très belle ville. Pour beaucoup de gens, c'est la plus° belle ville du monde.° Chaque année,° des millions de touristes visitent Paris.

CONCORDE INVALIDES

OPÉRA ➡

es Tuileries ➡

Assemblée Nationale

situé *located* **fleuve** *river* **divise** *divides*
rive *(river)bank* **arrondissements** *districts* **ancienne** *old*
plus de *more than* **mille** *thousand* **nombreux** *many*
la plus *the most* **monde** *world* **Chaque année** *Each year*

Bateaux Parisiens

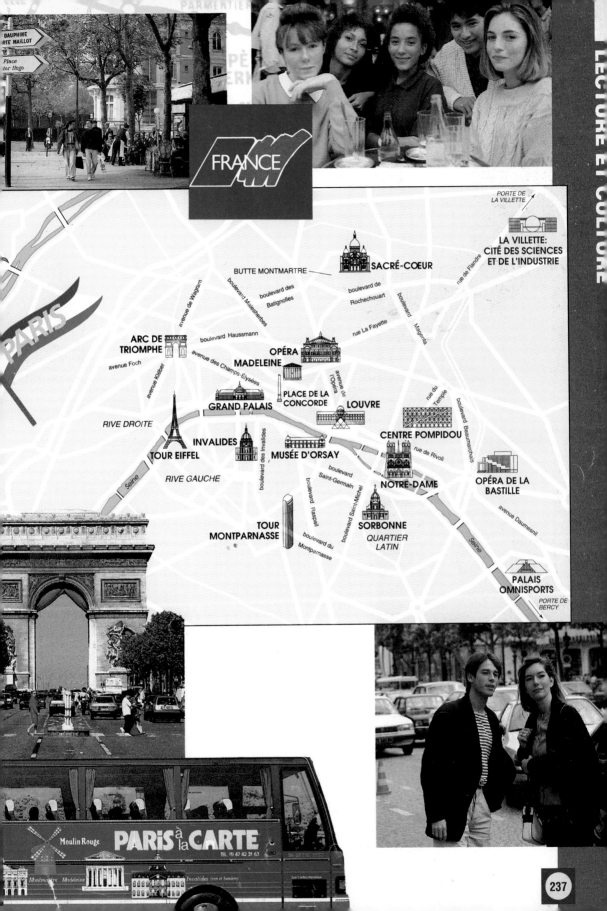

FRANCE

PORTE DE
LA VILLETTE

LA VILLETTE:
CITÉ DES SCIENCES
ET DE L'INDUSTRIE

PARIS

BUTTE MONTMARTRE · SACRÉ-COEUR

boulevard des
Batignolles

boulevard de
Rochechouart

rue La Fayette

boulevard Malesherbes

avenue de Wagram

ARC DE
TRIOMPHE
boulevard Haussmann

OPÉRA

avenue Foch

avenue Kléber
avenue des Champs-Elysées

MADELEINE

PLACE DE LA
CONCORDE

avenue de
l'Opéra

LOUVRE

rue du
Temple

CENTRE POMPIDOU

boulevard Beaumarchais

RIVE DROITE

GRAND PALAIS

INVALIDES

MUSÉE D'ORSAY

rue de Rivoli

TOUR EIFFEL

boulevard des Invalides

Seine

RIVE GAUCHE

boulevard
Saint-Germain

NOTRE-DAME

OPÉRA DE LA
BASTILLE

avenue Daumesnil

boulevard Raspail

boulevard Saint-Michel

TOUR
MONTPARNASSE

SORBONNE

boulevard du
Montparnasse

QUARTIER
LATIN

Seine

PALAIS
OMNISPORTS

PORTE DE
BERCY

rue de Flandre

boulevard Magenta

DAUPHINE
PTE MAILLOT

Place
tor Hugo

Moulin Rouge

PARIS à la CARTE
TEL. (1) 47 42 31 63

Le PARIS traditionnel

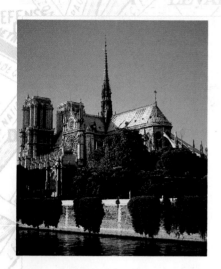

1 Notre-Dame

Notre-Dame est la cathédrale de Paris. Elle est située au centre de Paris sur une île,° l'île de la Cité. Notre-Dame a été construite° aux douzième et treizième siècles.°

2 La tour Eiffel

Pour beaucoup de gens, la tour Eiffel est le symbole de Paris. Cette° immense tour de fer° a trois cent mètres de haut.° Elle a été inaugurée en 1889 (dix-huit cent quatre-vingt-neuf) par l'ingénieur Gustave Eiffel. Du sommet de la tour Eiffel, on° a une très belle vue sur Paris.

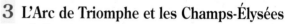

3 L'Arc de Triomphe et les Champs-Élysées

L'Arc de Triomphe est un monument qui° commémore les victoir de Napoléon (1769–1821). Ce monument est situé en haut° d Champs-Élysées. Les Champs-Élysées sont une très grande et tr belle avenue avec beaucoup de cinémas, de cafés, de magasi et de boutiques élégantes.

4 Le Sacré-Coeur

Le Sacré-Coeur est une église de pierre° blanche qui domine Paris. Cette église est située sur la butte° Montmartre. Montmartre est un quartier pittoresque. Les artistes viennent ici pour peindre° et les touristes viennent pour regarder les artistes. Si vous voulez° avoir un souvenir personnel de Paris, allez à Montmartre et demandez à° un artiste de faire votre portrait.

île *island*　**a été construite** *was built*　**siècles** *centuries*　**Cette** *This*　**fer** *iron*
a trois cent mètres de haut *is 300 meters high*　**on** *one*　**qui** *which*　**en haut** *at the top*
pierre *stone*　**butte** *hill*　**peindre** *to paint*　**voulez** *want*　**demandez à** *ask*

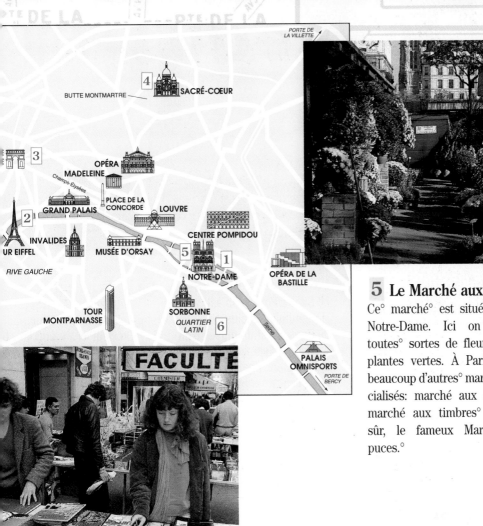

5 Le Marché aux fleurs

Ce° marché° est situé près de Notre-Dame. Ici on trouve° toutes° sortes de fleurs° et de plantes vertes. À Paris il y a beaucoup d'autres° marchés spécialisés: marché aux oiseaux,° marché aux timbres° et, bien sûr, le fameux Marché aux puces.°

Le Quartier latin

Quartier latin est le quartier des étudiants. C'est un quartier très animé avec des ... fés, des cinémas, des librairies et des restaurants exotiques et bon marché.° ...urquoi est-ce que ce quartier s'appelle «Quartier latin»? Parce qu'autrefois° les ...udiants parlaient° latin ici.

ACTIVITÉ CULTURELLE

Imaginez que vous passez une journée° à Paris. Où allez-vous aller le matin? Où allez-vous aller l'après-midi? Choisissez deux endroits à visiter et expliquez° votre choix.°

...e *This*   **marché** *market*   **trouve** *finds*   **toutes** *all*   **fleurs** *flowers*   **d'autres** *other*   **oiseaux** *birds*
...mbres *stamps*   **Marché aux puces** *flea market*   **bon marché** *inexpensive*   **autrefois** *in the past*
...rlaient *used to speak*   **passez une journée** *are spending the day*   **expliquez** *explain*   **choix** *choice*

Le nouveau PARIS

❶ Le Louvre et la pyramide du Louvre

Le Louvre est une ancienne° résidence royale transformée en musée. C'est dans ce° musée que se trouve° la fameuse «Mona Lisa». On entre dans le Louvre par° une pyramide de verre.° Cette pyramide moderne a été construite° par l'architecte américain I.M. Pei. Avec sa pyramide, le Louvre est le symbole du nouveau° Paris, à la fois° moderne et traditionnel.

❷ Le Centre Pompidou

Le Centre Pompidou est le monument le plus° visité de Paris. C'est un musée d'art moderne. C'est aussi une bibliothèque, une cinémathèque et un centre audio-visuel. À l'extérieur,° sur l'esplanade, il y a des musiciens, des mimes, des acrobates, des jongleurs° . . . Un peu plus loin,° il y a une place° avec des fontaines, un bassin° et des sculptures mobiles.

❸ Le musée d'Orsay

Autrefois,° c'était° une gar[e] Aujourd'hui, c'est un musé[e] On vient ici admirer les ch[efs] d'oeuvre° des grands pein[tres] et sculpteurs français du d[ix] neuvième siècle.° On peut, [par] exemple, admirer les oeuv[res] de Monet, de Renoir et de Toulouse-Lautrec. À l'exté[rieur] il y a des sculptures qui représentent les cinq continents.

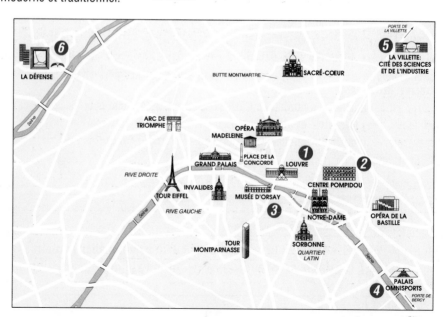

ancienne *former*   ce *this*   se trouve *is located*   par *by*   verre *glass*   a été construite *was built*   nouveau [*new*]
à la fois *at the same time*   le plus *the most*   À l'extérieur *Outside*   jongleurs *jugglers*   plus loin *farther awa[y]*
place *square*   bassin *ornamental pool*   Autrefois *Formerly*   c'était *it used to be*   gare *train station*
chefs-d'oeuvre *masterpieces*   peintres *painters*   siècle *century*   peut *can*   oeuvres *works*

❺ Le parc de la Villette

Le parc de la Villette est un lieu° de récréation pour les jeunes de tout âge.° On trouve ici des parcs pour enfants,° des terrains de jeu° et différentes° constructions ultra-modernes.

- Le Zénith est une salle de concert où viennent les vedettes du monde° entier.
- La Géode est un cinéma omnimax avec un écran° circulaire géant.
- La Cité des sciences et de l'industrie est un grand musée scientifique où les jeunes peuvent° faire leurs propres° expériences° et jouer avec toutes sortes de gadgets électroniques.

❻ La Défense et son arche

La Défense est le nouveau centre d'affaires° situé à l'ouest de Paris. Chaque° jour, des milliers° de Parisiens viennent travailler dans ses gratte-ciel° de verre. Il y a aussi des magasins, des cinémas, des restaurants et une patinoire.° Récemment,° une immense arche a été construite pour commémorer le deux centième anniversaire de la Révolution française.

e Palais Omnisports e Bercy

ort ou musique? Bercy est nouveau stade de Paris. C'est ssi une immense salle° de ncert. On vient ici écouter et plaudir les vedettes° de la anson° française . . . et de la anson américaine.

ACTIVITÉ CULTURELLE

ous êtes à Paris pour une semaine. Pendant votre séjour, vous voulez faire les choses uivantes. Dites où vous allez pour cela.

Quand?	Pourquoi?	Où?
lundi	voir (to see) une exposition d'art moderne	??
mardi	voir une exposition sur les lasers	??
mercredi	voir la «Mona Lisa»	??
jeudi	voir un match de basket	??
vendredi	voir une exposition sur Toulouse-Lautrec	??
samedi	aller dans les magasins et faire du shopping	??

▸ **Lundi, je veux voir une exposition d'art moderne. Je vais au Centre Pompidou.**

lle *hall*   vedettes *stars*   chanson *song*   lieu *place*   de tout âge *of all ages*   parcs pour enfants *playgrounds*
rrains de jeu *playing fields*   différentes *several*   monde *world*   écran *screen*   peuvent *can*   propres *own*
xpériences *experiments*   affaires *business*   Chaque *Each*   des milliers *thousands*   gratte-ciel *skyscrapers*
tinoire *skating rink*   Récemment *Recently*

Salut, les amis!

Je m'appelle Jean-Marc Lacoste. Je suis parisien. J'habite rue Racine. C'est une petite rue du Quartier latin. Notre appartement est situé au quatrième étage° d'un vi immeuble. L'immeuble est très ancien (il n'y a pas d'ascenseur mais notre appartement est moderne et confortable.

Je vais à l'École Alsacienne où je suis élève de seconde. En général, je vais là-bas en bus. Quand il fait beau, je prends° mob,° ou bien° je vais à pied. C'est assez loin, mais j'adore marc

En semaine, j'ai beaucoup de travail et je n'ai pas le tem de sortir.° Le weekend, c'est différent. Qu'est-ce que je fais? Ça dépend! Quand j'ai de l'argent,° je vais au concert. Le weekend prochain,° j'espère aller au Zénith écouter le groupe Indochine. Qu je n'ai pas d'argent, je vais au Centre Pompidou. Là, au moins,° le spectacle° est gratuit.°

J'aime aussi me promener° dans mon quartier avec mes copai Il y a toujours quelque chose° à faire au Quartier latin. On° va au cinéma. On va dans les magasins de disques pour écouter le nouveaux albums. On va dans les librairies° pour regard les vieux livres et les bandes dessinées.° On va au café. Là, regarde les gens qui passent dans la rue. Parfois,° on rencont des filles...

Et vous, quand est-ce que vous allez venir à Paris? Bientôt,° j'espère. Je vous attends!°

Amitiés,°

Jean-Marc

étage *floor*   **vieil** *old*   **ascenseur** *elevator*   **prends** *take*   **mob** *moped*   **ou bien** *or else*   **temps** *time*
sortir *go out*   **argent** *money*   **prochain** *next*   **au moins** *at least*   **spectacle** *show*   **gratuit** *free*
me promener *to go for walks*   **quelque chose** *something*   **On** *We*   **librairies** *bookstores*
bandes dessinées *comics*   **Parfois** *Sometimes*   **rencontre** *meet*   **Bientôt** *Soon*
Je vous attends! *I'm expecting you!*   **Amitiés** *In friendship*

PARIS en BATEAU-MOUCHE

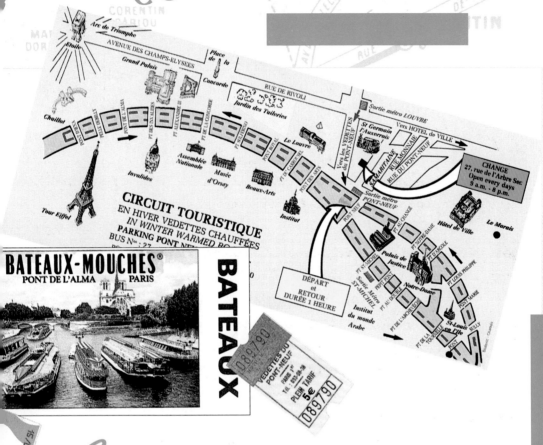

_Comment visiter Paris? On peut° visiter Paris en taxi, mais c'est cher.° On peut prendre° le bus. C'est amusant, mais la circulation° à Paris est souvent difficile. On peut prendre le métro. C'est pratique, rapide et bon marché,° mais on ne voit rien.°

Pourquoi ne pas faire une promenade° en bateau-mouche?° Les bateaux-mouches sont des bateaux modernes et confortables qui circulent sur la Seine. Pendant° la promenade, on peut prendre des photos et admirer les monuments le long de° la Seine. Le soir, on peut voir les monuments illuminés!

ACTIVITÉ CULTURELLE

Vous faites une promenade en bateau-mouche.
- Combien coûte le billet?
- Quels° monuments est-ce que vous pouvez° voir?

---

peut *One can*   **cher** *expensive*   **prendre** *take*   **circulation** *traffic*   **bon marché** *inexpensive*
voit rien *sees nothing*   **Pourquoi ne pas faire une promenade** *Why not take a ride*
bateau-mouche *sight-seeing boat*   **Pendant** *During*   **le long de** *along*   **Quels** *Which*   **pouvez** *can*

UNITÉ 7

Le shopping

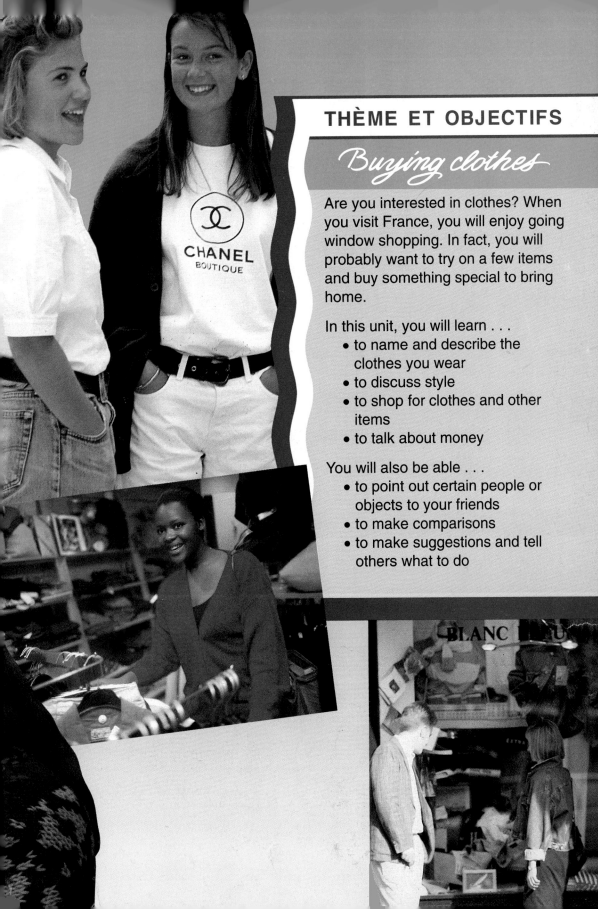

THÈME ET OBJECTIFS

Buying clothes

Are you interested in clothes? When you visit France, you will enjoy going window shopping. In fact, you will probably want to try on a few items and buy something special to bring home.

In this unit, you will learn . . .
- to name and describe the clothes you wear
- to discuss style
- to shop for clothes and other items
- to talk about money

You will also be able . . .
- to point out certain people or objects to your friends
- to make comparisons
- to make suggestions and tell others what to do

25

L'achat des vêtements

LE FRANÇAIS PRATIQUE

French people like to look good. Youn people are generally well-informe about fashions and trends. They like be in style, even if their clothes a casual and not too expensive. Mar well-known fashion design houses started Paris: Christian Dior, Chanel, Yves Saint Laure Pierre Cardin, Sonia Rykiel, Lacroix, Gaultier.

Depending on their budgets, French youn people may buy their clothes at:

- **une boutique de soldes** (discount shop)
- **un grand magasin** (department store)
- **une boutique de vêtements** (clothing store)
- **le Marché aux puces** (flea market)

- **Un grand magasin**
  A large Parisian department store, the **Galeries Lafayette** has branches in other French cities. It offers a wide variety of clothing, from modestly priced items to more expensive designer labels.

Une boutique de vêtements

There are several **Céline** shops in Paris. They sell relatively expensive designer clothes.

• Une boutique de soldes

At a discount store called the **Mouton à cinq pattes,** you can find jeans and casual clothes at good prices.

Une maison de couture

One of the most famous French fashion design houses is that of **Christian Dior.** Every season it presents a new collection which influences fashion trends all over the world. Christian Dior sells original designer dresses at very high prices, but also markets a more affordable line of clothes under its ready-to-wear label.

Le Marché aux puces

At the **Marché aux puces,** you can find all types of used clothes, from hats of the 1930's to old military uniforms.

A. Les vêtements

Je vais dans un magasin.

How to talk about shopping for clothes:

Où vas-tu?
Je vais | dans **une boutique** (shop).
        | dans **un magasin** (store)
        | dans **un grand magasin** (department store)
Qu'est-ce que tu vas **acheter** (to buy)?
Je vais acheter **des vêtements** (clothes).

Les vêtements

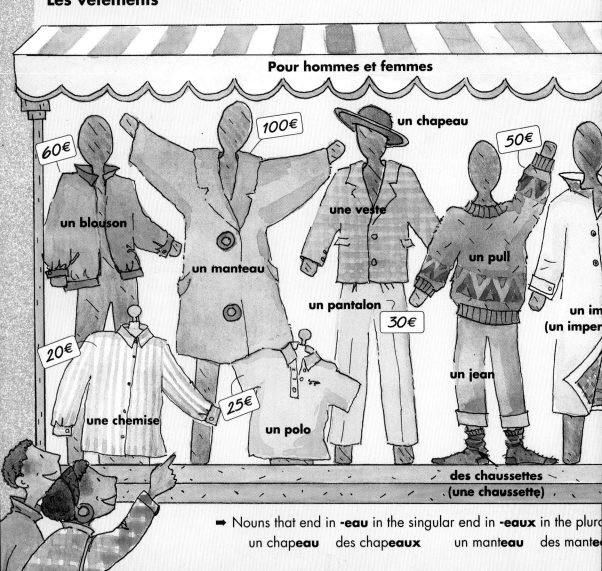

Pour hommes et femmes

un chapeau

60€ un blouson

100€ un manteau

une veste

un pull

50€

un pantalon 30€

un im
(un imper

un jean

20€ une chemise

25€ un polo

des chaussettes
(une chaussette)

➡ Nouns that end in **-eau** in the singular end in **-eaux** in the plur
un chap**eau**   des chap**eaux**   un mant**eau**   des mant**e

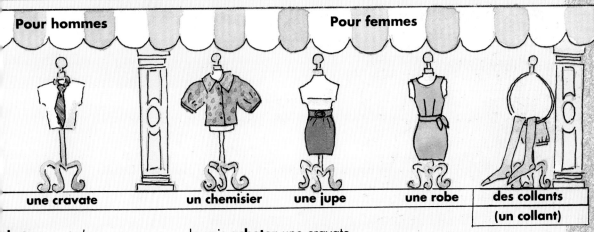

Pour hommes		Pour femmes		
une cravate	un chemisier	une jupe	une robe	des collants (un collant)

cheter	*to buy*	Je vais **acheter** une cravate.
orter	*to wear*	Qu'est-ce que tu vas **porter** demain?
mettre	*to put on, wear*	Oh là là, il fait froid. Je vais **mettre** un pull.

Mettre is irregular. (Its forms are presented in Leçon 26.)

hopping

elow are the names of several Paris stores.
Using the illustrations as a guide, talk to a
classmate about where you are going shopping
and what you plan to buy.

—Où vas-tu?
—Je vais au Monoprix.
—Qu'est-ce que tu vas acheter?
—Je vais acheter une chemise.

MONOPRIX

1. (au) PRINTEMPS

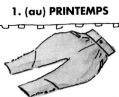

2. (au) BON MARCHÉ

(au) PRISUNIC

4. (chez) CÉLINE

5. (aux) GALERIES LAFAYETTE

ez) BURBERRY

7. (chez) DIOR

8. (à) LA SAMARITAINE

2 Quels vêtements?

What we wear often depends on
the circumstances: where we
are, what we will be doing, what
the weather is like. Complete the
following sentences with the
appropriate items of clothing.

1. Aujourd'hui, je porte…
2. Le professeur porte…
3. L'élève à ma gauche porte…
4. L'élève à ma droite porte…
5. Quand je vais à une boum, je porte…
6. Quand je vais dans un restaurant élégant, je porte…
7. S'il pleut *(If it rains)* demain, je vais mettre…
8. S'il fait chaud demain, je vais mettre…
9. Si *(If)* je vais en ville samedi, je vais mettre…
10. Si je vais à un concert dimanche, je vais mettre…

Je vais mettr
des lunettes de s

B. D'autres vêtements et accessoires

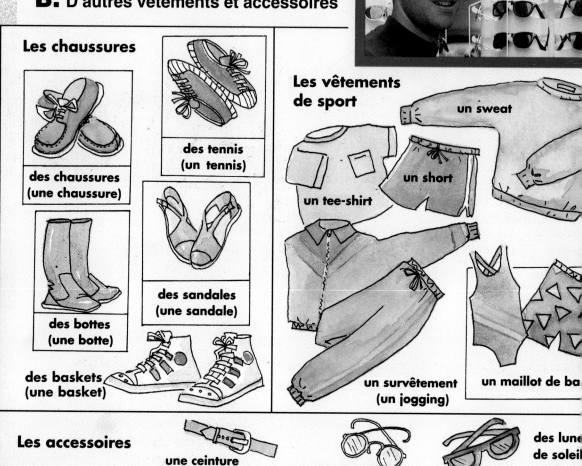

Les chaussures

des chaussures
(une chaussure)

des tennis
(un tennis)

des bottes
(une botte)

des sandales
(une sandale)

des baskets
(une basket)

Les vêtements de sport

un sweat

un short

un tee-shirt

un survêtement
(un jogging)

un maillot de ba

Les accessoires

une ceinture

des lunettes (f.)

des lune
de soleil

3 À la plage de Deauville

You are spending the summer vacation in Deauville, a popular ocean resort in Normandy.
Describe what you and your friends are wearing.

▶ **Paul**   1. **Anne**   2. **Sophie**   3. **Michel**   4. **Catherine**   5. **moi**

▶ **Paul porte un maillot de bain ...**

k your classmates what they wear in the following circumstances. Let them use their
agination.

jouer au tennis

aller à la piscine
aller à la plage
jouer au basket
travailler dans le jardin
aller au gymnase *(gym)*
faire une promenade
dans la forêt *(forest)*
faire une promenade
dans la neige *(snow)*

**Qu'est-ce que tu portes
quand tu joues au tennis?**

**Je porte un tee-shirt,
un short et des tennis.**

Jn jeu

Vhen you see what people are wearing, you can often tell what they are going to do. How
any different logical sentences can you make in five minutes? Follow the model below.

A	**B**	**C**
André	un maillot de bain	nager
Sylvie	des lunettes de soleil	aller à la plage
Paul et Éric	un short	aller à un concert
Michèle et Anne	des chaussettes blanches	jouer au tennis
	un sweat	jouer au volley
	un pantalon très chic	jouer au football
	des chaussures noires	aller à la campagne *(country)*
	des bottes	faire du jogging *(to jog)*
	un costume *(suit)*	dîner en ville
	une robe	

**Sylvie porte
un short.
Elle va
jouer au football.**

oyeux anniversaire!

he following people are celebrating their birthdays. Find a present for each person by
hoosing an item of clothing from pages 248, 249, or 250.

. Pour mon père (ma mère), je vais acheter, …
. Pour ma grand-mère (mon grand-père), …
. Pour ma petite cousine Chantal (10 ans), …
. Pour mon grand frère Guillaume (18 ans), …

5. Pour le professeur, …
6. Pour mon meilleur *(best)* ami, …
7. Pour ma meilleure amie, …

C. Dans un magasin

How to get help from a salesperson:

Pardon, monsieur (madame).

Vous désirez *(May I help you)*, | **monsieur?**
 | **madame**
 | **mademoiselle**

Je cherche *(I'm looking for)* . . .
 un pantalon.

Je cherche . . .
 une veste.

Quel est le prix *(What is the price)* du pantalon?
Combien *(How much)* **coûte** le pantalon?
Combien est-ce qu'il coûte?
 Il coûte 40 euros.

Quel est le prix de la veste?
Combien coûte la veste?
Combien est-ce qu'elle coûte?
 Elle coûte 65 euros.

How to discuss clothes with a friend:

Qu'est-ce que tu penses du pantalon vert?
 (What do you think of . . . ?)
Comment trouves-tu le pantalon vert?
 (What do you think of . . . ?)

Qu'est-ce que tu penses de
 la veste verte?
Comment trouves-tu
 la veste verte?

Il est	**joli.**		Elle est	**jolie.**
	élégant			**élégante**
	super			**super**
	chouette *(terrific)*			**chouette**
	à la mode *(in style)*			**à la mode**
Il est	**moche** *(plain, ugly).*		Elle est	**moche.**
	démodé *(out of style)*			**démodée**
Il est **trop** *(too)*	**petit.**		Elle est **trop**	**petite.**
	grand *(big)*			**grande**
	court *(short)*			**courte**
	long *(long)*			**longue**
Il est	**cher** *(expensive).*		Elle est	**chère.**
	bon marché *(cheap)*			**bon marché**

➡ **Super** and **bon marché** are INVARIABLE. They do not take adjective endings.

 La robe rouge est **super**.   Les chaussures blanches sont **bon marché**.

VERBES

chercher	*to look for*	Je **cherche** un jean.
coûter	*to cost*	Les chaussures **coûtent** 300 francs.
penser	*to think*	Qu'est-ce que tu **penses** de cette *(this)* robe?
penser que	*to think (that)*	Je **pense qu'**elle est super!
trouver	*to find*	Je ne **trouve** pas ma veste.
	to think of	Comment **trouves**-tu mes lunettes de soleil?

➡ The verb **penser** is often used alone.

 Tu **penses?**   *Do you think so?*   Je **ne pense pas.**   *I don't think so.*

Les nombres de 100 à 1000

100	cent	200	deux cents	500	cinq cents	800	huit cents
101	cent un	300	trois cents	600	six cents	900	neuf cents
102	cent deux	400	quatre cents	700	sept cents	1000	mille

1 Marché aux puces

You are at the Paris flea market looking for clothes with a French friend. Explain why you are not buying the following items. Use your imagination ... and expressions from the **Vocabulaire.**

— Tu vas acheter le blouson?
— Non, je ne pense pas.
— Pourquoi pas?
— Il est trop grand.

C'est combien?

You are at the Printemps, a department store in Paris. Ask a salesperson how much the various items cost.

Pardon, mademoiselle, combien coûte le polo?

Il coûte 35 euros.

Merci.

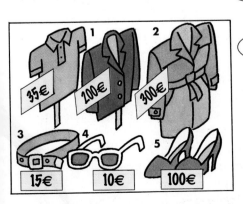

35€   100€   300€

15€   10€   100€

À votre tour!

1 La bonne réponse

You are in a French department store. Match the questions on the left with the appropriate answers on the right.

1. Vous désirez, monsieur?	a. Mon pantalon gris et ma veste bleue.
2. Est-ce que tu vas acheter le survêtement bleu?	b. 200 euros.
3. Comment trouves-tu les lunettes de soleil?	c. Je cherche une cravate.
4. Combien coûte l'imper?	d. Non, il est trop cher.
5. Qu'est-ce que tu vas mettre pour aller au restaurant?	e. Elles sont chouettes.

2 Créa-dialogue

You are at Place Bonaventure in Montreal looking at clothes in various shops. You like what the salesperson shows you and ask how much each item costs. React to the price.

joli/$60

▶ —Vous désirez, monsieur (mademoiselle)?
—Je cherche <u>un pantalon</u>.
—Comment trouvez-vous <u>le pantalon gris</u>?
—Il est <u>joli</u>. Combien est-ce qu'<u>il</u> coûte?
—<u>Soixante</u> dollars.
—Oh là là, <u>il</u> est cher!
   (Il est bon marché.)

1. élégant/$30

2. joli/$

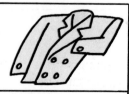

3. à la mode/$50

4. super/

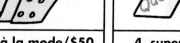

5. chouette/$10

6. ??/

Conversation dirigée

Sophie and Christophe are shopping in a department store. Act out their conversation in French.

Sophie				Christophe
	asks Christophe what he is looking for	→ ←	answers that he is looking for a tie	
	asks him what he thinks of the yellow tie	→ ←	says that it is pretty but adds that he is going to buy the blue tie	
	asks how much it costs	→ ←	answers 5 euros	
	says that it is inexpensive but adds that the tie is out of style			

Qu'est-ce qui ne va pas? (What's wrong?)

The people in the pictures below are not very good shoppers. Describe what is wrong with each of the items they bought.

Monsieur Dupont

Édouard

Le chapeau de Monsieur Dupont est trop grand.

5 Les valises

Imagine that you are spending a year in Paris. On two different weekends, you have been invited by families of your classmates to visit their homes. On the first weekend, you will visit Nice and go sailing in the Mediterranean. For the second weekend, you have been invited to go skiing at Chamonix in the French Alps. Prepare your suitcases for the two trips, listing the items you will take with you.

À l'aéroport

Next week you are going to Paris for the first time on an exchange program. At the airport, you will be met by your host family. They do not have a picture of you. Describe yourself in a short note, telling what you look like and what you are going to wear.

Je vais arriver à Paris par le vol (Flight) Air France 070. Je suis...

26 Rien n'est parfait!

Cet après-midi, Frédéric et Jean-Claude vont acheter des vêtements. Ils vont acheter ces vêtements dans un grand magasin. Ce magasin s'appelle Le Bon Marché.

This

these

Scène 1.
Frédéric et Jean-Claude regardent les pulls.

FRÉDÉRIC:	Regarde! Comment trouves-tu ce pull?
JEAN-CLAUDE:	Quel pull?
FRÉDÉRIC:	Ce pull bleu.
JEAN-CLAUDE:	Il est chouette.
FRÉDÉRIC:	C'est vrai, il est très chouette.
JEAN-CLAUDE:	*(qui regarde le prix)* Il est aussi très cher.
FRÉDÉRIC:	Combien est-ce qu'il coûte?
JEAN-CLAUDE:	Deux cents euros.
FRÉDÉRIC:	Deux cents euros! Quelle horreur!

Which

What

■ NOTE ■
CULTURELLE

Le grand magasin

Many people consider the department store **(le grand magasin)** to be a typically American institution. However, it is a Frenchman, Aristide Boucicaut (1810–1877), who is generally credited with its creation. Monsieur Boucicaut's idea was to satisfy his Paris customers by offering them a large selection of good quality items at inexpensive prices. When he opened his new store in 1852, he appropriately named it Au Bon Marché. His success was soon imitated, leading to the creation in Paris of more department stores: Printemps, Galeries Lafayette, Samaritaine. These well-known stores still exist today and have branches in cities across France.

...ne 2.

...ntenant Frédéric et Jean-Claude regardent ...vestes.

...RÉDÉRIC: Quelle veste est-ce que tu préfères?

...N-CLAUDE: Je préfère cette veste jaune. Elle est très élégante et elle n'est pas très chère.

...RÉDÉRIC: Oui, mais elle est trop grande pour toi!

...N-CLAUDE: Dommage!

Scène 3.

Frédéric est au <u>rayon</u> des chaussures. Quelles chaussures est-ce qu'il va acheter?   *department*

JEAN-CLAUDE: Alors, quelles chaussures est-ce que tu achètes?

FRÉDÉRIC: J'achète ces chaussures noires. Elles sont très confortables ... et elles ne sont pas chères. Regarde, elles sont <u>en solde</u>.   *on sale*

JEAN-CLAUDE: C'est vrai, elles sont en solde ... mais elles <u>ne sont plus</u> à la mode.   *are no longer*

FRÉDÉRIC: <u>Hélas</u>, <u>rien n'est parfait</u>!   *too bad/nothing is perfect*

Compréhension

1. Où vont Frédéric et Jean-Claude cet après-midi?
2. Qu'est-ce qu'ils vont faire?
3. Qu'est-ce qu'ils regardent d'abord *(first)?*
4. Combien coûte le pull bleu?
5. Quelle *(What)* est la réaction de Frédéric?
6. Qu'est-ce que Jean-Claude pense de la veste jaune?
7. Pourquoi est-ce qu'il n'achète pas la veste?
8. Qu'est-ce que Frédéric pense des chaussures noires?
9. Pourquoi est-ce qu'il n'achète pas les chaussures?

A. Les verbes *acheter* et *préférer*

Verbs like **acheter** *(to buy)* end in: **e** + CONSONANT + **-er.**
Verbs like **préférer** *(to prefer)* end in: **é** + CONSONANT + **-er.**

Note the forms of these two verbs in the chart, paying attention to:
- the **e** of the stem of **acheter**
- the **é** of the stem of **préférer**

INFINITIVE	acheter	préférer
PRESENT	J' ach**è**te une veste. Tu ach**è**tes une cravate. Il/Elle ach**è**te un imper.	Je préf**è**re la veste bleue. Tu préf**è**res la cravate jaune. Il/Elle préf**è**re l'imper gris.
	Nous achetons un jean. Vous achetez un short. Ils/Elles ach**è**tent un pull.	Nous préférons le jean noir. Vous préférez le short blanc. Ils/Elles préf**è**rent le pull rouge.

➡ Verbs like **acheter** and **préférer** take regular endings and have the following changes in the s...

> **acheter** e → è ⎫ in the **je, tu, il,** and **ils**
> **préférer** é → è ⎭ forms of the present

1 Achats *(Purchases)*

What we buy depends on how much money we have. Complete the sentences below with **acheter** and one or more of the items from the list.

1. Avec dix dollars, tu ...
2. Avec quinze dollars, j' ...
3. Avec trente dollars, nous ...
4. Avec cinquante dollars, Jean-Claude ...
5. Avec cent dollars, vous ...
6. Avec quinze mille dollars, mes parents ...
7. Avec ?? dollars, mon cousin ...
8. Avec ?? dollars, j' ...

une voiture

des chau...

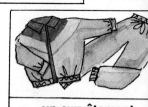

un survêtement

une cravate

des lunettes de soleil

un polo

une veste

un compact

un jean

??

cheter	to buy	Qu'est-ce que tu **achètes?**
mener	to bring (a person)	François **amène** sa copine à la boum.
réferer	to prefer	**Préfères-**tu le manteau ou l'imper?
spérer	to hope	J'**espère** visiter Paris en été.

In French, there are two verbs that correspond to the English *to bring:*
  amener + PEOPLE   J'**amène** une copine au pique-nique.
  apporter + THINGS   J'**apporte** des sandwichs au pique-nique.

ique-nique

veryone is bringing someone or something to the picnic. Complete the sentences below
ith the appropriate forms of **amener** or **apporter.**

Nous amenons un copain. | **Marc apporte des sandwichs.**

Tu . . . ta guitare.
Philippe . . . sa soeur.
Nous . . . nos voisins.
Vous . . . un dessert.
Michèle . . . des sodas.

6. Antoine et Vincent . . . leur cousine.
7. Raphaël . . . ses cassettes.
8. Mon cousin . . . sa copine.
9. J' . . . ma radiocassette.

xpression personnelle

omplete the sentences below with one of
ie suggested options or an expression of
our choice. Note: You may wish to make
ome of the sentences negative.

Quand je vais à un pique-nique, j'amène . . .
  (ma petite soeur, mes voisins, mon chien, ??)
J'apporte . . . (mon walkman, mon livre de
français, des sandwichs, ??)
Quand je vais à une fête, j'amène . . .
  (des copains, une copine, ma grand-mère, ??)
J'apporte . . . (des sandwichs, ma guitare,
mes cassettes, ??)
3. Le weekend, je préfère . . . (étudier, aller
au cinéma, rester à la maison, ??)
Ce *(This)* weekend, j'espère . . . (travailler,
avoir un rendez-vous avec un copain ou
une copine, jouer au volley, ??)

Quand je vais à un pique-nique,
j'amène mon chat.

Et moi, j'amène
mon chien.

4. Pendant *(During)* les vacances, j'espère . . .
  (rester à la maison, trouver un job,
voyager, ??)
Un jour, j'espère . . . (visiter la France,
parler français, aller à l'université, être
millionnaire, ??)

B. L'adjectif démonstratif ce

Note the forms of the demonstrative adjective **ce** in the chart below.

	SINGULAR *(this, that)*	PLURAL *(these, those)*		
MASCULINE	ce ↓ cet (+ VOWEL SOUND)	ces	ce blouson cet homme	ces blouso ces homme
FEMININE	cette	ces	cette veste cette amie	ces vestes ces amies

➡ There is liaison after **cet** and **ces** when the next word begins with a vowel sound.

➡ To distinguish between a person or an object that is close by and one that is further away, t French sometimes use **-ci** or **-là** after the noun.

Philippe achète **cette chemise-ci.**   *Philippe is buying **this shirt** (over here).*
François achète **cette chemise-là.**   *François is buying **that shirt** (over there).*

4 À la Samaritaine

Marc and Nathalie are at the Samaritaine department store. Marc likes everything that Nathalie shows him. Play both roles.

▶ une robe (jolie)   NATHALIE: **Regarde cette robe!**
                   MARC: **Elle est jolie!**

1. un imper (élégant)
2. des bottes (à la mode)
3. une cravate (chouette)
4. un survêtement (super)
5. des livres (amusants)
6. un ordinateur (super)
7. une télé (moderne)
8. une ceinture (jolie)
9. des sandales (jolies)

Expression pour la conversation

How to emphasize a question or remark:

Eh bien!   *Well!*   —**Eh bien,** est-ce que tu viens en ville avec nous?
                      —**Eh bien,** non!

---

5 Différences d'opinion

Whenever they go shopping together, Éric and Brigitte cannot agree on what they like. Play both roles.

▶ un short

J'aime ce short-ci.

1. une chemise
2. un blouson
3. des chaussures
4. des lunettes
5. des disques
6. une affiche
7. un stylo
8. un ordinateu

Eh bien, moi, je préfère ce short-là.

L'adjectif interrogatif *quel?*

The interrogative adjective **quel** *(what? which?)* is used in questions. It agrees with the [noun] it introduces and has the following forms:

	SINGULAR	PLURAL		
MASCULINE	**quel**	**quels**	**Quel** garçon?	**Quels** cousins?
FEMININE	**quelle**	**quelles**	**Quelle** fille?	**Quelles** copines?

Note the liaison after **quels** and **quelles** when the next word begins with a vowel sound.

Quelles affiches est-ce que tu préfères?

Vêtements d'été

You are shopping for the following items before going on a summer trip to France. A friend is asking you which ones you are buying. Identify each item by color.

> J'achète une jupe.

> Cette jupe jaune.

> Quelle jupe est-ce que tu achètes?

une jupe/ jaune

1. un maillot de bain/ bleu	2. des chaussettes/ vertes	3. un pantalon/ noir	4. une veste/ bleue
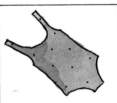	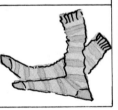		

des chaussures/ blanches

6. des sandales/ brunes	7. un sweat/ gris	8. une chemise/ orange	9. un pull/ rouge

Questions personnelles

1. À quelle école vas-tu?
2. Dans quel magasin achètes-tu tes vêtements?
3. Dans quel magasin achètes-tu tes chaussures?
4. Quels disques aimes-tu écouter?

5. Quels programmes aimes-tu regarder à la télé?
6. Quel est ton restaurant préféré?

D. Le verbe *mettre*

The verb **mettre** *(to put, place)* is irregular. Note its forms in the chart below.

INFINITIVE	**mettre**	
PRESENT	je **mets** tu **mets** il / elle **met**	nous **mettons** vous **mettez** ils / elles **mettent**

➡ In the singular forms, the "**t**" of the stem is silent. The "**t**" is pronounced in the plural forms.

➡ The verb **mettre** has several English equivalents:

to put, place	Je **mets** mes livres sur la table.
to put on, wear	Caroline **met** une robe rouge.
to turn on	Nous **mettons** la télé.

8 **Où?** ────────────────────────

Say where the people of Column A put the ▶
objects of Column B, by choosing a place from
Column C. Be logical!

> Madame Arnaud met la voiture
> dans le garage.

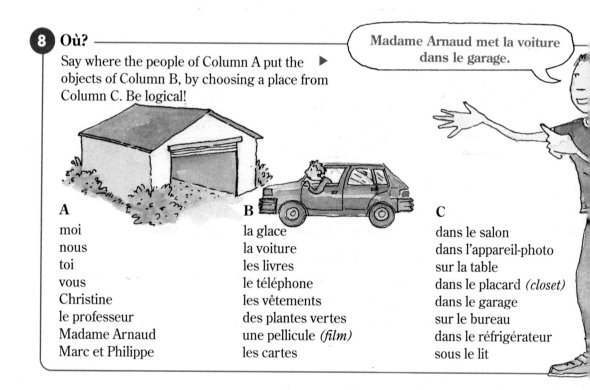

A	B	C
moi	la glace	dans le salon
nous	la voiture	dans l'appareil-photo
toi	les livres	sur la table
vous	le téléphone	dans le placard *(closet)*
Christine	les vêtements	dans le garage
le professeur	des plantes vertes	sur le bureau
Madame Arnaud	une pellicule *(film)*	dans le réfrigérateur
Marc et Philippe	les cartes	sous le lit

Où mettre...
vos vêtements?
vos livres?
les cartes?

Nouveau!

GALERIES
Lafayette

Meubles et lampes: 4ème étage

Est-ce que tu mets la radio quand tu étudies?
Chez vous, est-ce que vous mettez la télé quand vous dînez?
Est-ce que tu mets des lunettes de soleil quand tu vas à la plage?
Où est-ce que tes parents mettent leur voiture? (dans le garage? dans la rue?)
Quels programmes de télé est-ce que tu mets le dimanche? le samedi?
Quels disques (ou quelles cassettes) est-ce que tu mets quand tu vas à une boum?
Quels vêtements est-ce que tu mets quand il fait froid?
Quels vêtements est-ce que tu mets quand tu joues au basket?

ononciation

lettres «e» et «è»

e = /ə/

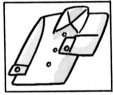

chemise

e = /ɛ/

chaussette

è = /ɛ/

chère

actice pronouncing **"e"** within a word:

/ə/ (as in **je**)   [. . . **"e"** + _one_ CONSONANT + VOWEL]

Répétez: **chemise   regarder   Denise   Renée   petit   venir**

Note that in the middle of a word the /ə/ is sometimes silent.

acheter   achetons   amener   samedi   rarement   avenue

/ɛ/ (as in **elle**)   [. . . **"e"** + _two_ CONSONANTS + VOWEL]

Répétez: **chaussette   veste   quelle   cette   rester   professeur   raquette**

ow practice pronouncing **"è"** within a word:

/ɛ/ (as in **elle**)   [. . . **"è"** + _one_ CONSONANT + VOWEL]

Répétez: **chère   père   mère   achète   amènent   espère   deuxième**

À votre tour!

1 La bonne réponse

Alice is talking to her cousin Jérôme. Match Alice's questions with Jérôme's answers. Act o
the dialogue with a classmate.

Alice

Jérôme

1 Je vais à la soirée de Delphine. Et toi?

2 Tu amènes une copine?

3 Qu'est-ce que vous allez apporter?

4 Qu'est-ce que tu vas mettre?

a Oui, Christine.

b Mon pull jaune et mon blouson marron.

c Nous allons acheter des pizzas.

d Moi aussi.

2 Créa-dialogue

Ask your classmates what they think about the following. They will answer affirmatively or
negatively.

▶ — Comment trouves-tu <u>cette fille?</u>
— <u>Quelle fille?</u>
— <u>Cette fille-là!</u>
— Eh bien, je pense qu'<u>elle</u> est <u>jolie</u>.
  (<u>Elle</u> n'est pas <u>jolie</u>.)

▶ jolie?

1. intéressants?

2. sympathique?

3. courte

4. moche?

5. bon marché?

6. ??

7. ??

1 and a friend are shopping by catalog. Choose an object and tell your friend what you are
/ing. Identify it by color and explain why you like it.

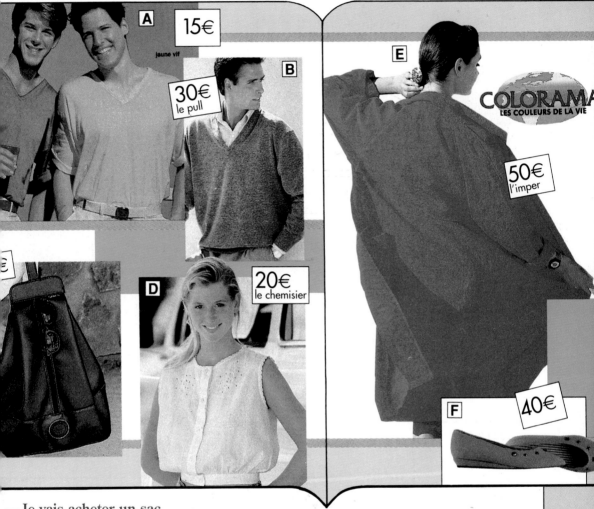

A 15€

jaune vif

B 30€
le pull

E COLORAMA
LES COULEURS DE LA VIE

50€
l'imper

D 20€
le chemisier

F 40€

—Je vais acheter un sac.
— Quel sac?
— Ce sac noir.
— Pourquoi?
— Parce qu'il est joli.

omposition: La soirée

ou have been invited to a party by a French friend. In a short paragraph, describe ...

what clothes you are going to wear
whom you are going to bring along
what things (food? records? cassettes?) you are going to bring

Un choix difficile

Dans un mois, Delphine va aller au mariage de sa cousine.
Elle va acheter une <u>nouvelle</u> robe pour cette occasion. Pour
cela, elle va dans une boutique de mode avec sa copine
Véronique. Il y a beaucoup de jolies robes dans cette boutique.

new

   Delphine <u>hésite</u> <u>entre</u> une robe jaune et une robe rouge.
Quelle robe est-ce que Delphine va <u>choisir</u>? Ah là là, le <u>choix</u>
n'est pas facile.

is hesitating / be
to choose / choi

Scène 1.

VÉRONIQUE: Alors, quelle robe est-ce que tu choisis?

DELPHINE: Eh bien, <u>finalement</u> je choisis la robe rouge. Elle
est <u>plus jolie que</u> la robe jaune.

finally
prettier than

VÉRONIQUE: C'est vrai, elle est plus jolie ... mais la robe
jaune est <u>moins</u> chère et elle est <u>plus grande</u>.
Regarde. La robe rouge est trop petite pour toi.

less / larger

DELPHINE: Mais non, elle n'est pas trop petite.

VÉRONIQUE: Bon, écoute, <u>essaie-la</u>!

try it!

■ NOTE ■
CULTURELLE

Le choix de vêtements

Since clothes are more expensive in
France than in the United States and
because budgets are limited, French
teenagers are very careful when buying
clothes. They spend a lot of time window
shopping, comparing (brands, labels,
and prices), and discussing with their
friends what is in or out of fashion, before finally deciding what to buy. In general, French teenagers would rather buy
one item of good quality than several of
lesser quality. Of course, this item has to
be the right one!

ène 2.

phine <u>sort</u> de la <u>cabine d'essayage</u>.   *comes out / fitting room*

ELPHINE: C'est vrai, la robe rouge est <u>plus petite</u> mais ce   *smaller*
n'est pas un problème.

ONIQUE: Pourquoi?

ELPHINE: Parce que j'ai un mois pour <u>maigrir</u>.   *to lose weight*

ONIQUE: Et <u>si</u> tu <u>grossis</u>?   *if / gain weight*

ELPHINE: Toi, <u>tais-toi</u>!   *be quiet*

Compréhension

1. Où vont Delphine et Véronique?
2. Qu'est-ce que Delphine va acheter?
3. Pourquoi?
4. Delphine hésite entre deux robes. De quelle couleur sont-elles?
5. Quelle robe est-ce qu'elle choisit?
6. Pourquoi est-ce qu'elle préfère la robe rouge?
7. Selon (*According to*) Véronique, quel est le problème avec la robe rouge?
8. Qu'est-ce que Delphine doit (*must*) faire pour porter la robe?

A. Les verbes réguliers en -*ir*

Many French verbs end in -*ir*. Most of these verbs are conjugated like **finir** (*to finish*). Note th
forms of this verb in the present tense, paying special attention to the endings.

INFINITIVE	finir	STEM (infinitive minus -**ir**)	ENDINGS
PRESENT	Je **finis** à deux heures. Tu **finis** à une heure. Il/Elle **finit** à cinq heures. Nous **finissons** à midi. Vous **finissez** à une heure. Ils/Elles **finissent** à minuit.	fin-	-is -is -it -issons -issez -issent

⇒ Note that all final consonants are silent.

1 Le marathon de Paris

Not everyone who enters the Paris marathon finishes. Say which of the following runners finish the marathon and which do not.

▶ Philippe (non)　　　**Philippe ne finit pas.**

1. moi (oui)
2. toi (non)
3. nous (oui)
4. vous (non)
5. Éric (oui)
6. Stéphanie (non)
7. Frédéric et Marc (no
8. Anne et Cécile (oui)

Vocabulaire: Verbes réguliers en -*ir*

choisir	to choose	Quelle veste **choisis**-tu?
finir	to finish	Les classes **finissent** à midi.
grossir	to gain weight, get fat	Marc **grossit** parce qu'il mange beaucoup
maigrir	to lose weight, get thin	Je **maigris** parce que je ne mange pas beaucoup.
réussir	to succeed	Tu vas **réussir** parce que tu travailles!
réussir 　à un examen	to pass an exam	Nous **réussissons à nos examens.**

---

2 Le régime (*Diet*)

Read about the following people. Then say whether they are gaining weight or losing weight. Use the verbs **grossir** and **maigrir.**

▶ Philippe mange beaucoup de pizzas.
　Il grossit.

1. Vous faites des exercices.
2. Nous allons souvent au gymnase.
3. Vous êtes inactifs.
4. Je mange des carottes.
5. Monsieur Moreau adore la bonne cuisine.
6. Vous n'êtes pas très sportifs.
7. Ces personnes mangent trop (*too much*).
8. Je nage, je joue au volley et je fais des promenades.

uestions personnelles

À quelle heure finissent les classes aujourd'hui?

À quelle heure finit la classe de français?

Quand finit l'école cette année *(year)*?

Tu es invité(e) au restaurant ou au cinéma. Où choisis-tu d'aller?

5. Quand tu vas au cinéma avec ta famille, qui choisit le film?

6. En général, est-ce que tu réussis à tes examens? Est-ce que tu vas réussir à l'examen de français?

7. Est-ce que tes copains réussissent aussi?

Les adjectifs *beau*, *nouveau* et *vieux*

djectives **beau** *(beautiful, good-looking)*, **nouveau** *(new)*, and **vieux** *(old)* are irregular. Note forms and their position.

		beau	nouveau	vieux
GULAR	MASC.	le **beau** manteau (le **bel** imper)	le **nouveau** manteau (le **nouvel** imper)	le **vieux** manteau (le **vieil** imper)
	FEM.	la **belle** veste	la **nouvelle** veste	la **vieille** veste
RAL	MASC.	les **beaux** manteaux	les **nouveaux** manteaux	les **vieux** manteaux
	FEM.	les **belles** vestes	les **nouvelles** vestes	les **vieilles** vestes

e adjectives **beau, nouveau,** and **vieux** usually come BEFORE the noun. If the noun begins with owel sound, there is liaison between the adjective and the noun.

les **nouveaux** ordinateurs   les **belles** affiches   les **vieux** impers

the masculine singular, the liaison forms **bel, nouvel,** and **vieil** are used before a vowel und. Note that **vieil** is pronounced like **vieille:**

un **vieil** imper   une **vieille** robe

collection de printemps

d Boutique is presenting its ing collection. You are im-essed by the new clothes and cessories. Point them out to a ench friend, using the appro-ate forms of **beau.**

une chemise
Regarde la belle chemise!

une robe
un pantalon
des jeans
des blousons

5. un imper
6. des sandales
7. un manteau
8. un chapeau

5 Différences d'opinion

François is showing the new things he bought to his sister Valérie. She prefers his old things. Play both roles.

▶ des chaussures

1. un polo
2. des lunettes de soleil
3. un imper
4. des affiches
5. une veste
6. une montre
7. un ordinateur
8. des baskets
9. un survêtement

Tu aimes mes nouvelles chaussures?

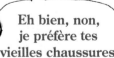

Eh bien, non, je préfère tes vieilles chaussures.

C. La comparaison avec les adjectifs

Note how COMPARISONS are expressed in French.

Cet imper est **plus cher que** ce manteau.	*... more expensive than ...*
Cette jupe est **plus jolie que** cette robe.	*... prettier than ...*
Paul est **moins sportif que** Patrick.	*... less athletic than ...*
Il est **moins amusant que** lui.	*... less amusing than ...*
Je suis **aussi grand que** toi.	*... as tall as ...*
Tu n'es **pas aussi timide que** moi.	*... not as timid as ...*

To make comparisons with adjectives, the French use the following constructions:

+	**plus**		**plus cher (que)**	*more expensive (than)*
–	**moins**	+ ADJECTIVE (+ **que** ...)	**moins cher (que)**	*less expensive (than)*
=	**aussi**		**aussi cher (que)**	*as expensive (as)*

➡ Note the irregular **plus**-form of **bon** *(good)*:

plus + bon(ne) → **meilleur(e)** *(better)*

> Ta cassette est **bonne,** mais ma cassette est **meilleure.**
>
> But: Cette cassette est **moins bonne que** ce disque.
> Est-ce que les Red Sox sont **aussi bons que** les Yankees?

➡ There is liaison after **plus** and **moins** when the next word begins with a vowel sound.

> Cette robe-ci est **plus_élégante.**   Ce livre-là est **moins_intéressant.**

➡ In comparisons, the adjective always agrees with the noun (or pronoun) it describes.

> La jupe est plus chère que le chemisier.

> Les vestes sont moins chères que les manteaux.

➡ In comparisons with people, STRESS PRONOUNS are used after **que.**

> Paul est plus petit **que moi.**   Je suis plus grand **que lui.**

---

6 **Comparaisons**

How much do you think the following pairs of items cost? Give your opinion, saying whether the first one is more expensive, less expensive, or as expensive as the second one.

▶ une guitare/une raquette

Une guitare est plus (moins, aussi) chère qu'une raquette.

1. un vélo/un scooter
2. une mobylette/une moto
3. une pizza/un sandwich
4. une télé/un ordinateur
5. des chaussures/des sandales
6. un pantalon/une robe
7. des bottes/des tennis
8. un sweat/un maillot de bain
9. des chaussettes/des collants
10. des lunettes de soleil/une montre

ow to introduce a personal opinion:

mon avis …   in my opinion …   **À mon avis,** le français est facile.

---

pression personnelle

mpare the following by using the
ectives suggested. Give your personal
nion.

le tennis/intéressant/le ping-pong

À mon avis,
le tennis est
plus intéressant que
le ping-pong.

(moins, aussi)

. le basket/intéressant/le foot
. l'anglais/facile/le français
. la classe de français/amusant/
   la classe d'anglais
. la ville de New York/beau/
   la ville de Chicago
. la Floride/beau/la Californie
. les Yankees/bon/les Red Sox
. les Celtics/bon/les Lakers
. les Cowboys/bon/les Saints
. la cuisine américaine/bon/
   la cuisine française
. les voitures japonaises/bon/
   les voitures américaines
. les filles/intelligent/les garçons
. les Américains/intelligent/
   les Français

▶ ▶ ▶ ▶ ▶ ▶ ▶ ▶ ▶ ▶ ▶ ▶ ▶ ▶ ▶ ▶ ▶

---

8 Et toi?

Use the appropriate stress pronouns in
answering the questions below.

▶ —Es-tu plus grand(e) que ton copain?
   —Oui, je suis plus grand(e) que lui.
   (Non, je suis moins grand(e) que
   lui.)
   (Je suis aussi grand(e) que lui.)

1. Es-tu plus grand(e) que ta mère?
2. Es-tu aussi riche que Donald Trump?
3. Es-tu plus sportif (sportive) que tes
   cousins?
4. Es-tu plus intelligent(e) qu'Einstein?

Prononciation

Les lettres «ill»   ill /j/

In the middle of
a word, the
letters "**ill**" almost
always represent
the semi-vowel
/j/ which is like
the "**y**" of <u>yes</u>.

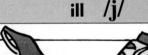

maillot

Répétez: **maillot travaillez oreille vieille
fille famille juillet
En juillet, Mireille va travailler pour
sa vieille tante.**

At the end of a word, the sound /j/ is sometimes
spelled **il.**

Répétez: **appareil-photo vieil travail** (job)
Mon oncle a un vieil appareil-photo.

EXCEPTION: The letters **ill** are pronounced /il/ in
the following words:

Répétez: **ville village mille Lille**

À votre tour!

1 La bonne réponse

François and Stéphanie are shopping. Match François's questions with Stéphanie's answers. You may act out the dialogue with a friend.

François

1 Tu aimes cette veste verte?

2 Combien est-ce qu'elle coûte?

3 Alors, qu'est-ce que tu vas choisir?

4 Et qu'est-ce que tu penses de cette veste rouge?

a 300 euros.

b À mon avis, elle est moins jolie.

c Oui, mais elle est très chère.

d La veste bleue. Elle est meilleur marché et elle est aussi élégante.

Stéphanie

2 Créa-dialogue

With a classmate, prepare a dialogue comparing the items in one of the following pictures. Use the suggested verb and some of the suggested adjectives.

▶ —Tu <u>choisis</u> <u>la voiture rouge</u> ou <u>la voiture noire</u>?
—Je <u>choisis</u> <u>la voiture rouge</u>.
—Pourquoi?
—Parce qu'<u>elle</u> est <u>plus petite</u> et <u>moins chère</u>.

▶ **choisir**

petit/grand/confortable/
rapide/cher

1. acheter

petit/grand/cher/bon

2. préférer

joli/confortable/cher/

3. choisir

petit/grand/mignon/joli

4. amener

ALICE ANNE

mignon/amusant/intelligent
intéressant/sympathique

5. inviter

PAUL PHILIP

??

...oix personnels

...ect two people or two items in each of the ...owing categories and ask a classmate to ...icate which one he / she prefers. You may ask ...ur classmate to explain why.

2 actors

Je préfère Brad Pitt.

Parce que Brad Pitt est plus mignon que Tom Hanks.

(plus beau, plus jeune . . .)

...ATEGORIES:

- *2 actors*
- *2 actresses*
- *2 singers (male)*
- *2 singers (female)*
- *2 baseball teams*
- *2 cities*
- *2 restaurants in your town*
- *2 stores in your town*

4 Composition: Portrait comparatif

Write a description of yourself, comparing yourself to six other people (your friends, your family, well-known personalities, etc.) You may use some of the following adjectives:

> grand petit jeune vieux amusant
> intelligent bête sportif sympathique
> timide élégant beau joli mignon

Je suis moins sportif (sportive) que Sammy Sosa (Martina Hingis).

5 Composition: Comparaisons personnelles

Choose a friend or relative about your age. Give this person's name and age. Then, in a short paragraph, compare yourself to that person in terms of physical appearance and personality traits.

Mon cousin s'appelle Patrick. Il a quinze ans. Je suis plus jeune que lui, mais il est moins grand que moi...

28 Alice a un job

Alice a un nouveau job. Elle travaille dans un magasin hifi. Dans ce magasin, <u>on vend toutes</u> sortes de choses: des chaînes stéréo, des mini-chaînes, des radiocassettes . . . On vend aussi des cassettes et des compacts.

one, they / sell(s) / compact stereos

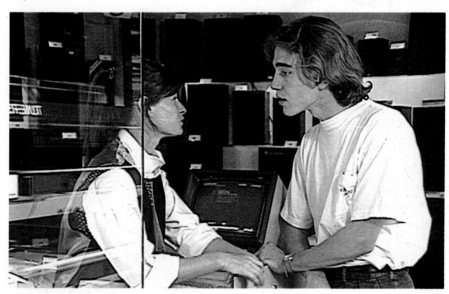

Un jour, son cousin Jérôme <u>lui rend visite</u>.

comes to visit her

JÉRÔME: Salut, ça va?

ALICE: Oui, ça va.

JÉRÔME: Et ce nouveau job?

ALICE: C'est super.

JÉRÔME: Qu'est-ce qu'on vend dans ton magasin?

ALICE: Eh bien, tu <u>vois</u>, on vend toutes sortes de matériel hifi. . . Moi, je vends des mini-chaînes.

see

JÉRÔME: Tu es bien <u>payée</u>?

paid

ALICE: Non, on n'est pas très bien payé, mais on a des réductions sur l'équipement stéréo et sur les compacts.

JÉRÔME: Qu'est-ce que tu vas faire avec ton <u>argent</u>?

money

ALICE: Je ne sais pas . . . <u>J'ai envie de</u> voyager cet été.

feel like

JÉRÔME: Tu <u>as de la chance</u>. Moi aussi, j'ai envie de voyager, mais je n'ai pas d'argent.

are lucky

ALICE: Écoute, Jérôme, si tu as <u>besoin</u> d'argent, <u>fais comme moi</u>.

need / do as I do

JÉRÔME: <u>Comment</u>?

What?

ALICE: <u>Cherche</u> un job!

Find

Où travaille Alice?

Qu'est-ce qu'elle vend?

Qu'est-ce qu'elle espère faire cet été?

4. Pourquoi est-ce que Jérôme ne va pas voyager?

5. Qu'est-ce que Jérôme doit *(must)* faire pour avoir de l'argent?

NOTE
CULTURELLE

'argent des jeunes

o you have a job? Do you have an lder brother or sister who works in a upermarket or a restaurant? In the United tates, many teenagers work to earn oney. Because French labor laws re- rict the type of work that young people an do, few French teenagers have regu- r jobs. (In addition, during the school ear most families expect their children to oncentrate on their studies.)

It is, however, more and more com- on for young people in France to earn oney by babysitting or doing odd jobs the neighborhood, such as washing ars or walking dogs. Some (lucky ones) vork a few hours a week in stores owned y a relative or a friend of the family.

On the whole, most French teenagers must rely on the generosity of their par- ents for their spending money. How much they receive depends on particular circum- stances, such as how well they do in school, how much they help at home, and obviously, how much their parents can afford. On the average, the allow- ance of a fifteen-year-old is about 40 euros per month.

Vocabulaire: L'argent

NOMS

l'argent (m.)	*money*	**une pièce**	*coin*
un billet	*bill, paper money*		

ADJECTIFS

riche ≠ **pauvre**   *rich ≠ poor*

VERBES

dépenser	*to spend*	Je n'aime pas **dépenser** mon argent.
gagner	*to earn,*	Je **gagne** 10 dollars par *(per)* jour.
	to win	Tu joues bien. Tu vas **gagner** le match.
payer	*to pay, pay for*	Qui va **payer** aujourd'hui?

EXPRESSIONS

combien + VERB	*how much*	**Combien** coûte cè disque?	
combien de + NOUN	*how much*	**Combien d'**argent as-tu?	
	how many	**Combien de** disques as-tu?	
avoir besoin de + NOUN	*to need*	**J'ai besoin de** 5 dollars.	
+ INFINITIVE	*to need to, have to*	**J'ai besoin d'**étudier.	
avoir envie de + NOUN	*to want*	**J'ai envie d'**une pizza.	
+ INFINITIVE	*to feel like, want to*	**J'ai envie de** manger.	

➡ Verbs like **payer** that end in **-yer,** have the following stem change:

y → i in the **je, tu, il, ils** forms of the verb

je **paie**   tu **paies**   il / elle **paie**   ils / elles **paient**

But: nous payons   vous payez

L'ARGENT NE FAIT PAS LE BONHEUR

Money does not buy happiness.

1 Combien?

Ask your classmates how many of the following they have.

▶ des disques   —Combien de disques as-tu?
　　　　　　　　　　—J'ai vingt disques.
　　　　　　　　　　　(Je n'ai pas de disques.)

1. des frères	3. des compacts	5. des tee-shirts	7. des billets de un dollar
2. des soeurs	4. des affiches	6. des jeans	8. des pièces de dix cent:

Ask your classmates if they feel like doing the following things.

aller au cinéma

aller au restaurant
manger une pizza
aller à la piscine
parler français
étudier
visiter Paris
jouer au Frisbee
acheter une moto
faire une promenade
aller à la bibliothèque

> Est-ce que tu as envie d'aller au cinéma?

Oui, j'ai envie d'aller au cinéma.

Et toi?

Non, je n'ai pas envie d'aller au cinéma.

Au restaurant

The following students are in a restaurant in Quebec. Say what they feel like buying and estimate how much money they need.

Hélène / une pizza
Hélène a envie d'une pizza. Elle a besoin de cinq dollars.

Marc / un sandwich
nous / une glace
moi / un soda
toi / un jus d'orange
vous / une salade
mes copains / un steak

---

4 ## Questions personnelles

1. Est-ce que tu as un job? Où est-ce que tu travailles? Combien est-ce que tu gagnes par *(per)* heure? par semaine?
2. Quand tu vas au cinéma, qui paie? toi ou ton copain (ta copine)?
3. Combien est-ce que tu paies quand tu achètes un hamburger? une pizza? une glace?
4. Est-ce que tu as des pièces dans ta poche *(pocket)?* quelles pièces?
5. Qui est représenté sur le billet d'un dollar? sur le billet de cinq dollars? sur le billet de dix dollars?
6. Est-ce que tu préfères dépenser ou économiser *(to save)* ton argent? Pourquoi?
7. Est-ce que tu espères être riche un jour? Pourquoi?

Le Vendôme
Côte de la Montagne
Québec
tél 692.0557

LE VENDOME

CANADA   QUÉBEC

ÉTATS-UNIS

MEXIQUE

A. Le pronom *on*

Note the use of the subject pronoun **on** in the sentences below.

Qu'est-ce qu'**on** vend ici?	*What do **they** (do **you**) sell here?*
Où est-ce qu'**on** achète ce magazine?	*Where does **one** (do **people**) buy that magazine?*
En France, **on** parle français.	*In France, **people (you, they)** speak French.*

The pronoun **on** is used in GENERAL statements, according to the construction:

on + il/elle- form of verb	**On** travaille beaucoup.	**One** works a lot. **They** work a lot. **You** work a lot. **People** work a lot.

➡ There is liaison after **on** when the next word begins with a vowel sound.

  Est-ce qu'**on** invite Stéphanie à la boum?

➡ In conversation, **on** is often used instead of **nous:**

  —Est-ce qu'**on** dîne à la maison?   *Are **we** having dinner at home?*
  Non, **on** va au restaurant.   *No, **we** are going to the restaurant.*

---

5 **Ici on parle . . .** ———————————————————

Imagine you have won a grand prize of a world tour. Say which of the following languages is spoken in each of the cities that you will be visiting.

▶ Acapulco

À Acapulco, on parle espagnol.

1. Québec	6. Tokyo
2. Boston	7. Buenos Aires
3. Madrid	8. Londres *(London)*
4. Bruxelles	9. Rome
5. Genève	10. Beijing

anglais   français   espagnol   italien   japonais   chinois

Did you know that more and more Frenc companies are investing in the United States? There may be places where you can use French right in your home state!

ojets de weekend

ggest possible weekend activities to your
ssmates. They will let you know whether
ey think each idea is a good one or not.

jouer au baseball?

étudier?
aller à la bibliothèque?
aller à la plage?
téléphoner au professeur?
faire une promenade à vélo?
aller dans les magasins?
acheter des vêtements?
écouter des disques?

On joue
au baseball?

Oui, c'est
une bonne idée!

Non, ce n'est pas
une bonne idée.

n Amérique et en France

French student and an American student are
mparing certain aspects of life in their own
untries. Play both roles.

jouer au baseball (au foot)

rique,
ue
ball.

En France,
on joue au foot.

parler anglais (français)
étudier le français (l'anglais)
dîner à six heures (à huit heures)
manger des hamburgers (des omelettes)
voyager souvent en avion *(by plane)* (en train)
skier dans le Colorado (dans les Alpes)
aller à l'école le mercredi après-midi
(le samedi matin)
chanter «la Bannière étoilée» *("The Star-
Spangled Banner")* («la Marseillaise»)

8 Expression personnelle

Describe what you, your friends,
and your relatives generally do.
Complete the following sentences
according to your personal
routine.

1. À la maison, on dîne . . .
   (à quelle heure?)
2. À la télé, on regarde . . .
   (quel programme?)
3. À la cafétéria de l'école, on
   mange . . . (quoi?)
4. En été, on va . . . (où?)
5. Le weekend, avec mes
   copains, on va . . . (où?)
6. Avec mes copains, on joue . . .
   (à quel sport?)
7. On a une classe de français . . .
   (quels jours?)
8. On a un examen de français . . .
   (quel jour?)

B. Les verbes réguliers en -re

Many French verbs end in **-re**. Most of these are conjugated like **vendre** *(to sell)*. Note the for[m] of this verb in the present tense, paying special attention to the endings.

INFINITIVE	vendre	STEM (infinitive minus **-re**)	ENDING[S]
PRESENT	Je **vends** ma raquette. Tu **vends** ton scooter. Il/Elle/On **vend** son ordinateur. Nous **vendons** nos disques. Vous **vendez** vos cassettes. Ils/Elles **vendent** leur voiture.	vend-	-s -s — -ons -ez -ent

➡ The "**d**" of the stem is silent in the singular forms, but it is pronounced in the plural forms.

Vocabulaire: Verbes réguliers en -re

attendre	*to wait, wait for*	Pierre **attend** Michèle au café.
entendre	*to hear*	Est-ce que tu **entends** la radio?
perdre	*to lose, waste*	Jean-Claude **perd** le match.
rendre visite à	*to visit (a person)*	Je **rends visite à** mon oncle.
répondre à	*to answer*	Nous **répondons à** la question du prof.
vendre	*to sell*	À qui **vends**-tu ton vélo?

➡ There are two French verbs that correspond to the English verb *to visit.*

    visiter (+ PLACES)   Nous **visitons** Québec.

    rendre visite à (+ PEOPLE)   Nous **rendons visite à** nos cousins canadiens.

Visitez Québec ...
et la route des baleines.

Société écologique
des baleines
du Saint-Laurent

9 Rendez-vous

The following people have been shopping and are now waiting for their friends at a café. Express this, using the appropriate forms of the verb **attendre**.

▶ Jérôme (Michèle)   **Jérôme attend Michèle.**

1. nous (nos copains)
2. vous (vos cousines)
3. moi (Christophe)
4. toi (Anne)
5. Olivier et Éric (Claire et Sophie)
6. les étudiants (les étudiantes)
7. Jacques et moi, nous (Pauline et Hélène)
8. Annette et toi, vous (Jean-Marc)
9. on (notre copine)

…o is doing what? Answer the
…owing questions, using the
…gested subjects.

…Qui perd le match? (toi, vous,
Alice)
…Qui rend visite à Pierre?
…Patrick, Corinne et Hélène,
…oi)
…Qui entend l'avion *(plane)*?
…moi, vous, les voisins)
…Qui vend des disques? (on,
…e magasin, ces boutiques,
…noi)
…Qui attend le bus? (les élèves,
…e professeur, on, vous)
…Qui répond au professeur?
…toi, nous, les élèves)

11 Qu'est-ce qu'ils font?

Read about the following people. Then complete each
sentence with the appropriate form of one of the
verbs from the list. Be logical!

1. Guillaume est patient. Il … ses amis.
2. Vous êtes à Paris. Vous … à vos cousins français.
3. Tu joues mal. Tu … le match.
4. Je suis dans ma chambre. J' … un bruit *(noise)*
   curieux.
5. Les élèves sont en classe. Ils … aux questions du
   professeur.
6. Jacqueline travaille dans une boutique. Elle … des
   robes.
7. On est au café. On … nos copains.

attendre **entendre** *perdre* *rendre visite* **répondre** *vendre*

L'impératif

…are the French and English forms of the imperative in
…ntences below.

…oute ce disque!   ***Listen** to this record!*
… **vendez pas** votre voiture!   ***Don't sell** your car!*
…ons au cinéma!   ***Let's go** to the movies!*

Learning about language

The IMPERATIVE is used to make
suggestions and to give orders
and advice. The commands or
suggestions may be affirmative
or negative.

…te the forms of the imperative in the chart below.

INFINITIVE	parler	finir	vendre	aller
IMPERATIVE (tu)	parle	finis	vends	va
(vous)	parlez	finissez	vendez	allez
(nous)	parlons	finissons	vendons	allons

… regular verbs and most irregular verbs, the forms of the imperative are the same as the
…responding forms of the present tense.

EXCEPTION: For all **-er** verbs, including **aller,** the **-s** of the **tu-** form is dropped in the
imperative. Compare.

   Tu **parles** anglais.   **Parle** français, s'il te plaît!
   Tu **vas** au café.   **Va** à la bibliothèque!

The negative imperative is formed as follows:

ne + VERB + **pas** …	**Ne choisis pas** ce blouson.

12 Mais oui!

You have organized a party at your home. Juliette offers to do the following. You accept.

▶ apporter une pizza?

J'apporte une pizza?

Mais oui, apporte une pizza!

1. faire une salade?
2. inviter nos copains?
3. acheter des croissants?
4. apporter des cassettes?
5. choisir des disques de danse?
6. venir à huit heures?

13 L'ange et le démon

(The angel and the devil)

Véronique is wondering whether she should do certain things. The angel gives her good advice. The devil gives her bad advice. Play both roles.

▶ étudier les verbes
 Étudie les verbes.
 N'étudie pas les verbes.

1. téléphoner à ta tante
2. attendre tes copains
3. faire attention en classe
4. aller à l'école
5. finir la leçon
6. écouter tes professeurs
7. mettre *(set)* la table
8. inviter tes amis
9. rendre visite à ta grand-mère
10. choisir des copains sympathiques
11. acheter un cadeau *(gift)* pour ton frère
12. réussir à l'examen

ÉTUDIANTS
ET
PARENTS D'ÉTUDIANTS

Réussissez au bac!

14 Oui ou non?

For each of the following situations, give your classmates advice as to what to do and what not to do. Be logical.

▶ Nous sommes en vacances. (étudier? voyager?)
 N'étudiez pas! Voyagez!

1. Nous sommes à Paris. (parler anglais? parler français?)
2. C'est dimanche. (aller à la bibliothèque? aller au cinéma?)
3. Il fait beau. (rester à la maison? faire une promenade?)
4. Il fait froid. (mettre un pull? mettre un tee-shirt?)
5. Il est onze heures du soir. (rester au café? rentrer à la maison?)
6. Il fait très chaud. (aller à la piscine? regarder la télé?)

'sprit de contradiction *(Disagreement)*

ke suggestions to your friends about things to do. Your
nds will not agree and will suggest something else.

aller au cinéma (à la plage)

Allons au cinéma!

Non, n'allons pas au cinéma!
Allons à la plage!

ouer au tennis (au volley)
écouter la radio (des disques)
regarder la télé (un film vidéo)
dîner au restaurant (à la maison)
inviter Michèle (Sophie)

6. organiser un pique-nique (une boum)
7. faire des sandwichs (une pizza)
8. aller au musée (à la bibliothèque)
9. faire une promenade à pied (en voiture)
10. rendre visite à nos voisins (à nos copains)

rononciation

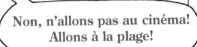

an, en /ã/

es lettres «an» et «en»

he letters "**an**" and "**en**"
epresent the nasal vowel /ã/.
e sure not to pronounce the
und "**n**" after the vowel.

enf<u>an</u>t

épétez:

/ã/ **enf<u>an</u>t** **<u>an</u>** **m<u>an</u>teau** **coll<u>an</u>ts** **gr<u>an</u>d** **élég<u>an</u>t**
   André m<u>an</u>ge un gr<u>an</u>d s<u>an</u>dwich.

/ã/ **<u>en</u>f<u>an</u>t** **<u>en</u>** **<u>ar</u>g<u>en</u>t** **dép<u>en</u>ser** **att<u>en</u>ds** **<u>en</u>t<u>en</u>d**
   v<u>en</u>d **<u>en</u>vie**
   Vinc<u>en</u>t dép<u>en</u>se rarem<u>en</u>t son <u>ar</u>g<u>en</u>t.

**André mange
un grand sandwich.**

À votre tour!

1 La bonne réponse

Anne is talking to Jean-François. Match Anne's questions with Jean-François's answers. Yo[u] may act out the conversation with a classmate.

Anne

1. Est-ce que tu rends visite à tes cousins ce weekend?

2. Tu veux aller dans les boutiques avec moi?

3. Est-ce que tu as envie d'aller au cinéma?

4. Et après *(afterwards)* qu'est-ce qu'on fait?

a. Eh bien, allons au restaurant!

b. Bonne idée! Il y a un nouveau film au «Majestic».

c. Écoute! Je n'ai pas besoin de vêtements.

d. Non, je reste ici.

Jean-Fr[ançois]

2 Créa-dialogue

When we are with our friends, it is not always easy to agree on what to do. With your classmates, discuss the following possibilities.

Qu'est-ce qu'on fait samedi?

Allons au cinéma.

Je n'ai pas envie d'aller au cinéma.

Eh bien, rendons visite à nos a[mis]. D'accord?

Oui, bo[n]

Quand?	Première suggestion	Deuxième suggestion
▶ samedi	aller au cinéma	rendre visite à nos amis
1. ce soir *(tonight)*	étudier	regarder la télé
2. dimanche	aller au café	dîner au restaurant
3. après *(after)* les classes	jouer au basket	faire une promenade
4. cet été	trouver un job	voyager
5. ce weekend	faire un pique-nique	??
6. demain	aller à la bibliothèque	??

ur friends tell you what they would like to do. Give them appropriate advice, either positive
negative. Use your imagination.

Je voudrais maigrir.　　**Alors, mange moins.**
　　　　　　　　　　　　(Alors, ne mange pas de pizza.)

e voudrais avoir un «A» en français.　　　　3. Je voudrais organiser une boum.
e voudrais gagner beaucoup d'argent.　　　　4. Je voudrais préparer un pique-nique.

ue faire?

ve a classmate advice about what to do or not to do in the following circumstances.

Pendant *(During)* la classe	Après *(After)* la classe	Ce weekend	Pendant les vacances
écouter le prof parler à tes copains regarder les bandes 　　dessinées *(comics)* manger un sandwich répondre en français ??	étudier aller au cinéma préparer tes leçons rentrer chez toi regarder la télé ??	rester à la maison aller en ville dépenser ton argent organiser une boum faire une promenade 　　à pied ??	voyager travailler grossir oublier *(forget)* 　　ton français ??

**Pendant la classe, écoute le prof.
Ne parle pas à tes copains.**

on voyage!

ur French friend Ariane is going to visit the United States next summer with her cousin.
hey are traveling on a low budget and are asking you for advice as to how to save money.
ake a list of suggestions, including five things they could do and five things they should not
o. You may want to use some of the following ideas:

voyager (comment?)　　　　　　• aller (où?)
rester (dans quels hôtels?)　　• acheter (quelles choses?)
dîner (dans quels restaurants?)　• apporter (quelles choses?)
visiter (quelles villes?)

▶ *Voyagez en bus.*
Ne voyagez pas
en train.

Petit test culturel
La mode et les vêtements

Aujourd'hui la mode° est internationale. Les jeunes Français adoptent le «look» américa[...] anglais. Les Américains achètent des vêtements de style français ou italien.

Imaginez que vous habitez en France. Est-ce que vous pouvez° répondre aux ques[...] suivantes?° Vérifiez° vos réponses au bas° de la page.

1 Vincent va en ville pour acheter des «tennis». Qu'est-ce qu'il va acheter?
a. une raquette
b. un short
c. des chaussures
d. des chemises

2 Monique habite à Paris. Elle a envie d'acheter un blouson. Où va-t-elle?
a. à la Villette
b. aux Galeries Lafayette
c. au Zénith
d. au Centre Pompidou

3 Dans ce magasin on vend des vêtements de marques° différentes. Voici quatre marques. Quelle est la marque qui n'est *pas* française?
a. Benetton
b. Christian Dior
c. Pierre Cardin
d. Yves Saint-Laurent

4 René Lacoste est un champion français de tennis. Aujourd'hui son nom° est associé° avec une marque de ...
a. vêtements de sport
b. chaussures de ski
c. chocolats
d. vitamines

5 Jean Vuarnet est un champion olympique de ski. À quels produits° est-ce que son nom est associé?
a. des skis
b. des chaussures
c. des vêtements de sport
d. des lunettes de soleil

6 Coco Chanel est le n[...] d'une couturière° française très célèbre[...] Son nom est aussi associé avec ...
a. un parfum
b. un festival de cinéma[...]
c. une compétition spor[...]
d. une eau minérale°

7 Les jeans sont faits° avec un coton spécia[...] appelé° «denim». Ce mot vient du français «de Nîmes». Nîmes es[...] le nom ...
a. d'un textile
b. d'un vêtement
c. d'un couturier° franç[...]
d. d'une ville française

mode *fashion* **pouvez** *can* **suivantes** *following* **Vérifiez** *Check*
au bas *at the bottom* **marques** *designer labels* **nom** *name* **associé** *assoc[...]*
produits *products* **couturière** *fashion designer* **célèbre** *famous*
eau minérale *mineral water* **faits** *made* **appelé** *called* **couturier** *fashion [...]*

EN FRANCE

Trois Suisses

...mpagnie Les Trois Suisses vend des ...ments par correspondance. Voici une ... de son catalogue.

CARACO
PAGE 15
PANTALON
PAGE 6
ACCESSOIRES
PAGES 14 ET 20

catalogue printemps-été

3 SUISSES

Prix garantis jusqu'au 15 août

le Chouchou

Promo!

20 € le sweat

noir
jaune vif
blanc
gris chiné
pêche
rouge vif
vert vif
bleu vif

Promo!

15 € ...s tennis

DU 34 AU 52

vert menthe

Promo!

25 € le pantalon jogging

3 SUISSES 113

Sur cette page, trois articles sont en «promo».° Quels sont ces trois articles?

Combien coûte le pantalon jogging?

Combien coûtent les tennis en euros? et en dollars? Est-ce que c'est cher? Quelles couleurs est-ce qu'on peut choisir? Quelle couleur préférez-vous?

Combien coûte le sweat? Quelles couleurs est-ce qu'on peut° choisir? Quelle couleur préférez-vous?

promo = **promotion** *special sale*
peut *can*

Entre amis: Les jeunes Français et la m...

Est-ce que vous aimez être à la mode?° Où est-ce que vous achetez vos vêtements? Et qu'est-ce qui compte° le plus° pour vous? le style? la qualité? le prix? Nous avons posé° ces questions à cinq jeunes Français. Voilà leurs réponses.

Florence (16 ans)
J'aime être à la mode. Malheureusement,° mon budget est limité. La solution? Le samedi après-midi je travaille dans une boutique de mode. Là, je peux acheter mes jupes et mes pulls à des prix très avantageux.° Pour le reste, je compte sur la générosité de mes parents.

Jean-Marc (15 ans)
Aujourd'hui la présentati... extérieure° est très impo... Mais il n'est pas nécess... d'être à la mode pour êt... habillé.° Pour moi, la qu... vêtements est aussi imp... que leur style. En génér... j'attends les soldes.° J'a... peu de° vêtements mais... attention à la qualité.

Chloé (15 ans)
Pour moi, le style, c'est tout.° Hélas, la mode n'est pas bon marché. Heureusement° j'ai une cousine qui a une machine à coudre° et qui est très très adroite.° Alors, nous faisons nos propres° robes! Nous choisissons le tissu,° la couleur, le style ... Ainsi, nous sommes toujours à la mode. C'est chouette, non?

Antoine (12 ans)
Moi, je n'ai pas le choix!° ... ma mère qui choisit mes... vêtements. En ce qui co... la mode, elle n'est pas d... le coup.° Elle achète tou... les grandes surfaces. C'... pas° drôle!

Julien (14 ans)
Vous connaissez° le proverbe: «L'habit ne fait pas le moine».° Eh bien, pour r... les vêtements n'ont aucune° importance. Avec mon argent je préfère acheter... des compacts. Quand j'ai besoin de jeans ou de tee-shirts, je vais aux Puces... C'est pas cher et c'est marrant!°

Marché aux puces flea market

à la mode in style   **compte** counts   **le plus** the most
avons posé asked   **Malheureusement** Unfortunately
avantageux reasonable
présentation extérieure outward appearance   **habillé** dressed
soldes sales   **peu de** few   **tout** everything
Heureusement Fortunately   **machine à coudre** sewing machine
adroite skillful   **propres** own   **tissu** fabric   **choix** choice
En ce qui concerne As for   **dans le coup** "with it"
C'est pas = Ce n'est pas   **connaissez** know   **moine** monk
aucune no   **marrant** fun

■ NOTES ■
CULTURELLES

1 Les grandes surfaces

Les grandes surfaces sont des maga... libre-service° où on peut acheter tout... les marchandises nécessaires à la vi... quotidienne.° En général les prix ne... très élevés,° mais la qualité est moye...

Comment lire

DIFFERENCES IN SPOKEN AND WRITTEN LANGUAGE

The interviews you read were conducted orally. Notice how casual speech is different from standard written language.

Spoken language often contains slang expressions.

Elle n'est pas dans le coup!   **C'est marrant!**   **C'est chouette!**

• Spoken French sometimes drops the **ne** in **ne . . . pas.**

C'est pas cher. = Ce n'est pas cher.

Enrichissez votre vocabulaire

MORE COGNATE PATTERNS

Here are a few common cognate patterns to help you recognize new words more easily.

FRENCH	ENGLISH	FRENCH	ENGLISH
-x	*-ce*	**le prix**	*price*
-eux	*-ous*	**avantageux**	*advantageous, reasonable*
-eur	*-or*	**la couleur**	*color*
-aire	*-ary*	**nécessaire**	*necessary*

Activité

Can you identify the English equivalents of the following French words?

- **le choix**   **la voix**   • **courageux**   **sérieux**   **dangereux**   **curieux**
- **un acteur**   **une odeur**   **un docteur**   **supérieur**   **une erreur**
- **un salaire**   **le vocabulaire**   **un commentaire**   **un anniversaire**

...ivité: Et toi?

...i ce que disent les jeunes Français. Est-ce que c'est vrai pour vous aussi?

Oui, c'est vrai pour moi.

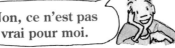

Non, ce n'est pas vrai pour moi.

...OU NON?

?1. J'aime être à la mode.
?2. Mon budget est limité.
?3. J'attends les soldes.
?4. Je fais attention à la qualité.

OUI OU NON?

?5. J'achète le tissu et je fais mes vêtements.
?6. Ma mère choisit mes vêtements.
?7. Je préfère acheter des compacts.
?8. J'achète mes vêtements aux Puces.

Les soldes

...général, les boutiques de vêtements ont des soldes° deux ou trois
...° par an. On peut alors acheter des vêtements de bonne qualité à
... prix avantageux. Certaines boutiques ont des soldes toute l'année.°

...e-service *self-service*   **toutes** *all*   **quotidienne** *daily*   **élevés** *high*
...enne *average*   **soldes** *sales*   **fois** *times*   **toute l'année** *all year long*

Variétés

STE

L'argent et vous

Nous avons tous° besoin d'argent. L'argent est nécessaire, mais l'argent crée° aussi des problèmes. Quelle est votre attitude envers° l'argent? Répondez aux questions suivantes.°

1 Que représente l'argent pour vous?
a. l'indépendance
b. la possibilité d'acheter beaucoup de choses
c. la possibilité d'aider vos amis

2 Selon vous, quel est le rapport° entre l'argent et le bonheur?°
a. L'argent est nécessaire.
b. L'argent est utile.°
c. Il n'y a pas de rapport.

3 Vous avez trois possibilités de job ce weekend. Qu'est-ce que vous choisissez?
a. faire du baby-sitting (3 dollars par heure pour 4 heures)
b. laver° la voiture des voisins (5 dollars au total)
c. vendre des hot dogs à un match de football (un pourcentage de 10% sur les ventes°)

4 C'est votre anniversaire. Vos grands-parents vous donnent° cinquante dollars. Qu'est-ce que vous faites?
a. J'invite mes copains à un concert.
b. J'achète des vêtements.
c. Je mets mon argent à la banque.°

5 Pendant les vacances vous avez le choix entre les trois possibilités suivantes. Qu'est-ce que vous choisissez?
a. faire un grand voyage avec la famille
b. travailler comme volontaire° dans un hôpital
c. travailler dans un supermarché

6 Selon vous, quel est l'aspect le plus° important quand on cherche un travail?°
a. avoir un bon salaire
b. avoir un travail intéressant
c. avoir la possibilité de travailler avec des gens sympathiques

tous *all* **crée** *creates* **envers** *toward* **suivantes** *following*
rapport *relationship* **bonheur** *happiness* **utile** *useful*
laver *wash* **ventes** *sales* **vous donnent** *give you* **banque** *bank*
comme volontaire *as a volunteer* **le plus** *the most* **travail** *job*

INTERPRÉTATION

Comptez° vos points en utilisant° la grille° suivante.

Questions		1	2	3	4	5	6
Options	a	3	3	2	1	1	3
	b	2	2	1	2	2	1
	c	1	1	3	3	3	2

Combien de points avez-vous?

15 points ou plus:

Vous avez beaucoup d'énergie. Pour vous, l'argent est important et vous êtes prêt(e)° à travailler dur° pour gagner votre argent.

entre 9 et 14 points:

Vous êtes réaliste. Pour vous l'argent est un moyen° et pas un but.°

8 points ou moins:

Vous êtes idéaliste et généreux (généreuse). Entre l'amitié° et l'argent, vous préférez l'amitié.

Comptez *Count* **en utilisant** *by using*
grille *grid* **prêt(e)** *ready* **dur** *hard* **moyen** *means*
but *end* **amitié** *friendship*

Le monc

Salut et félicitations!

Greetings again and congratulations! Now you are able to carry on a real conversation in French: greeting people, talking about yourself and your family, and discussing things you plan to do. You can go shopping for clothes and discuss fashion. Now in this last part of your program, you will learn more about getting around in **Le monde des jeunes** — the world of French young people.

In this part of your French program, you will learn . . .
- how to talk about weekend and holiday plans
- how to discuss summer and winter sports
- how to order in a restaurant
- how and where to buy food in France
- how to plan leisure activities such as picnics and parties

You will also be able . . .
- to talk about things you did yesterday, last week, or last month
- to make suggestions
- to ask people to do things for you

Along the way, you will learn a little more about how the French language works.

Et maintenant, continuons!

Jean-Paul Valette   *Rebecca M. Valette*

les jeunes

...g with the next lesson, the direction lines to most of the activities ...ench. Here are a few of the verbs you will be encountering:

...to describe
...vez votre ville.

Describe your town.

...der to ask
...andez ce que vos camarades ...t faire.

Ask what your classmates are going to do.

...say
...si vous êtes d'accord.

Say if you agree.

...er to explain
...quez ce que vous allez faire.

Explain what you are going to do.

...er to indicate
...quez la bonne réponse.

Indicate the correct answer.

...ead
...le paragraphe suivant.

Read the following paragraph.

...une question to ask a question
...z les questions suivantes.

Ask the following **questions**.

...to use
...sez les verbes suivants.

Use the following verbs.

UNITE 8

Le temps libre

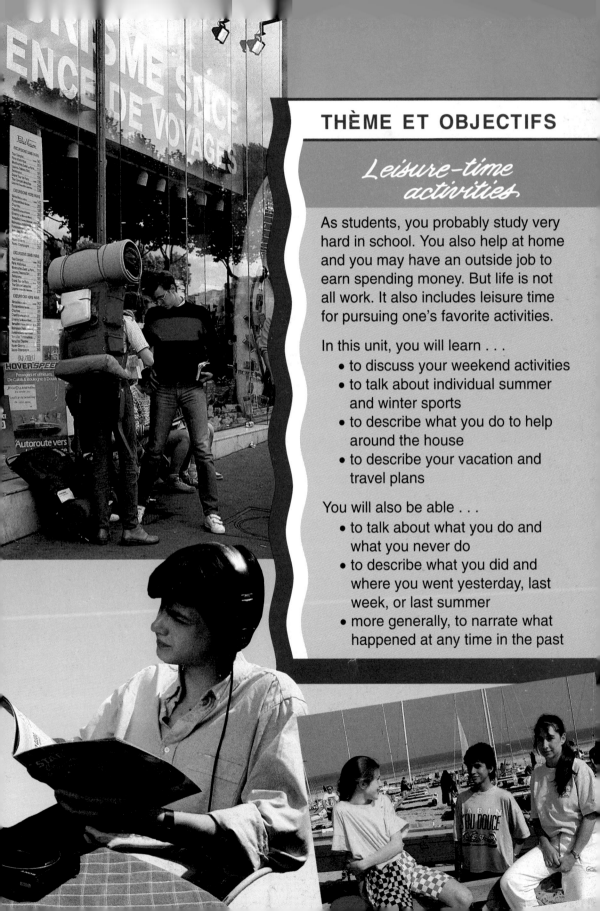

THÈME ET OBJECTIFS

Leisure-time activities

As students, you probably study very hard in school. You also help at home and you may have an outside job to earn spending money. But life is not all work. It also includes leisure time for pursuing one's favorite activities.

In this unit, you will learn . . .
- to discuss your weekend activities
- to talk about individual summer and winter sports
- to describe what you do to help around the house
- to describe your vacation and travel plans

You will also be able . . .
- to talk about what you do and what you never do
- to describe what you did and where you went yesterday, last week, or last summer
- more generally, to narrate what happened at any time in the past

Le weekend et les vacances

Accent sur . . . Les loisirs

If you had to decide between earning more money or having more free time, what would you choose? When asked this question on a survey, French people indicated their overwhelming preference for more leisure time.

For the French, leisure plays an important role in what they call **la qualité de la vie** (quality of life). In fact, they consider leisure time to be not only a necessity but a right. By law, French workers are entitled to five weeks of paid vacation, as compared to two weeks for the average American.

French teenagers also place great value on their leisure time. Because they have so much homework and need to study so hard for their exams, they have no real time — and also little opportunity — to take an outside job. Instead, they try to make the most of their leisure hours. What are their favorite activities? Here is how French young people answered the question "What do you do when you have a free evening?"

Qu'est-ce que tu aimes faire le soir?	GARÇONS	FILLES
Je regarde la télé.	24%	18%
Je sors° avec mes copains.	20%	18%
Je vais au cinéma.	16%	14%
Je lis.°	14%	20%
Je vais au concert ou au théâtre.	10%	12%
Je vais danser.	8%	12%
Je fais du sport.	6%	4%
Je bricole.°	2%	2%

sors go out   **lis** read
bricole do things around the house

Je regarde la télé.

Je sors avec mes copains.

...is au cinéma.

Je lis.

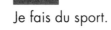

Je fais du sport.

A. Le weekend

How to plan your weekend activities:

> Qu'est-ce que tu vas faire samedi?

> Je vais rester chez
> pour réparer mon

Qu'est-ce que tu vas faire | samedi?
                     | samedi **matin**
  | dimanche **après-midi**
  | demain **soir**
  | ce **weekend**
  | le weekend **prochain** (next)

le matin morning
l'après-midi afternoon
le soir evening

Je vais rester chez moi **pour** (in order to) | faire mes **devoirs** (homework).
  | **réparer** (to fix) mon vélo
  | **préparer** le dîner
  | **aider** (to help) mes parents
  | **laver** (to wash) ma mobylette
  | **nettoyer** (to clean) ma chambre

Je vais aller ... | pour ...
  en ville | **faire des achats**
  dans les magasins | (go shopping).
  au **centre commercial** (mall) |

> Moi, je vais aller en ville
> pour faire des achats.

  au cinéma | **voir** (to see) **un film**
  au café | **rencontrer** (to meet) mes copains
  au stade | **assister à** (to go to, attend)
  | un match de foot
à la campagne (countryside) | **faire un pique-nique** (to have a picnic)

Je vais aller à une boum.
  Avant (Before) la boum, je vais faire des achats.
  Pendant (During) la boum, je vais écouter des cassettes.
  Après (After) la boum, je vais faire mes devoirs.

➡ The verb **nettoyer** is conjugated like **payer**:
    je **nettoie**   tu **nettoies**   il / elle / on **nettoie**   ils / elles **nettoient**
    but: nous nettoyons   vous nettoyez

toi?

cris tes activités. Pour cela, complète les phrases suivantes.

En général, je vais
au cinéma . . .
- le vendredi soir
- le samedi soir
- le dimanche après-midi
- . . . ?

En général, je rencontre
mes copains . . .
- chez moi
- chez eux
- dans un café
- . . . ?

En général, je fais
mes devoirs . . .
- avant le dîner
- après le dîner
- pendant la classe
- . . . ?

Je préfère assister à . . .
- un match de foot
- un match de baseball
- un concert de rock
- . . . ?

En général, je préfère faire
mes achats . . .
- seul(e) *(by myself)*
- avec mes copains
- avec mes frères et mes soeurs
- . . . ?

En général, quand je rentre
chez moi après les classes, . . .
- je fais mes devoirs
- je regarde la télé
- j'aide ma mère ou mon père
- . . . ?

En été, je préfère faire
un pique-nique . . .
- dans mon jardin
- à la campagne
- à la plage
- . . . ?

Si *(If)* je dois aider mes
parents à la maison et si j'ai
le choix *(choice)*, je préfère . . .
- nettoyer le salon
- laver la voiture
- faire la vaisselle *(dishes)*
- . . . ?

u'est-ce qu'ils font?

formez-vous sur les personnes suivantes. Décrivez
qu'elles font ou ce qu'elles vont faire. Pour cela,
mplétez les phrases avec une expression du
cabulaire à la page 298.

Sandrine est au garage.
Elle __répare son vélo__ (__sa mobylette__).

Mme Jolivet est dans la cuisine. Elle . . .
Vincent Jolivet est aussi dans la cuisine. Il . . .
Anne et Sylvie sont au Bon Marché. Elles . . .
Je suis dans ma chambre et je regarde mon livre
de français. Je . . .
Olivier et ses copains achètent des billets *(tickets)*
de cinéma. Ils vont . . .
Mes amis vont à Yankee Stadium. Ils vont . . .
Tu vas au café. Tu vas . . .
Vous faites des sandwichs. Vous allez . . . à la campagne.

3 ## Mon calendrier personnel

Décrivez ce que vous allez
faire.

MERCREDI

1. Après la classe, je vais...
2. Avant le dîner,...
3. Après le dîner,...
4. Demain soir,...
5. Vendredi soir,...
6. Samedi après-midi,...
7. Samedi soir,...
8. Dimanche après-midi,...
9. Pendant les vacances,...

B. Les vacances

How to plan your vacation activities:

> Qu'est-ce que tu vas faire cet été?

> Je vais aller à l...

Qu'est-ce que tu vas faire	à **Noël?**	**Noël** Christmas
	à **Pâques**	**Pâques** Easter
	pendant les vacances de printemps	**les vacances** v...
	pendant **les grandes vacances**	**les grandes va...**
	cet été	summer vacati...

Je vais aller	à **la mer** (ocean, shore).
	à **la montagne** (mountains)

> Je vais voyager en avion.

Je vais voyager	en avion.	**un avion** plane
	en train	**un train** train
	en autocar	**un autocar, un car** touring bus
	en bateau	**un bateau** boat, ship
	en voiture	

Je vais voyager	**seul(e)** (alone).
	avec ma famille

Je vais **passer**	dix jours	là-bas.	**un jour** day
(to spend)	six semaines		**une semaine** week
	deux mois		**un mois** month

J'aime	**le ski** (skiing).	En hiver, je vais à la montagne pour **faire du ski** (to ski).
	le ski nautique (waterskiing)	En été, je vais à la mer pour **faire du ski nautique** (to waterski).

> J'aime le ski!

ctivités sportives

sport	sport(s)	Je **fais du sport.**	I practice sports.
jogging	jogging	Nous **faisons du jogging.**	We jog.
ski	skiing	Tu **fais du ski?**	Do you ski?
ski nautique	waterskiing	Anne **fait du ski nautique.**	Anne waterskis.
voile	sailing	Paul **fait de la voile.**	Paul sails.
planche à voile	windsurfing	Vous **faites de la planche à voile?**	Do you windsurf?
natation	swimming	Tu **fais de la natation** en été?	Do you go swimming in (the) summer?
alpinisme (m.)	mountain climbing	J'aime **faire de l'alpinisme.**	I like to go mountain climbing.

To describe participation in individual sports or other activities, the French use the construction:

$$\text{faire} \begin{Bmatrix} \textbf{du} \\ \textbf{de la} \\ \textbf{de l'} \end{Bmatrix} + \begin{matrix} \text{SPORT} \\ \text{or} \\ \text{ACTIVITY} \end{matrix}$$

le camping	→	**faire du camping**
la voile	→	**faire de la voile**
l'alpinisme	→	**faire de l'alpinisme**

■ NOTE ■
CULTURELLE

e calendrier des fêtes françaises

'oici les principales fêtes *(holidays)* en rance:

e jour de l'an	*New Year's Day*
Mardi Gras	*Shrove Tuesday*
âques	*Easter*
e premier mai	*Labor Day*
a Pentecôte	*Pentecost*
e 14 juillet	*Bastille Day (French National Holiday)*
a Toussaint	*All Saints' Day (November 1)*
e 11 novembre	*Armistice Day*
Noël	*Christmas (December 25)*

Mardi Gras

Le 14 juillet

liberté   égalité
fraternité
14 juillet

4 Et toi?

Indique tes préférences personnelles en complétant les phrases suivantes.

1. Mes vacances préférées sont . . .
   - les vacances de Noël
   - les vacances de printemps
   - les grandes vac
   - . . . ?

2. Pendant les vacances de Noël, je préfère . . .
   - rester avec ma famille
   - rendre visite à mes grands-parents
   - faire du ski
   - . . . ?

3. Pendant les grandes vacances, je préfère . . .
   - aller à la mer
   - aller à la montagne
   - aller à la campa
   - . . . ?

4. Quand je voyage pendant les vacances, je préfère voyager . . .
   - seul(e)
   - avec mes copains
   - avec ma famille
   - . . . ?

5. Quand je vais loin, je préfère voyager . . .
   - en train
   - en avion
   - en car
   - . . . ?

5 Leurs activités favorites

Les personnes suivantes ont certaines activités favorites. Lisez où elles sont et dites ce qu'elles font. Pour cela choisissez une activité appropriée de la liste à droite.

▶ Je suis à la plage.

1. Jean-Pierre est au stade.
2. Anne et Marie sont dans un studio de danse.
3. En juillet, nous allons dans le Colorado.
4. Tu passes les vacances de Noël en Suisse.
5. Mes copains passent les vacances à la campagne.
6. Pauline est à la salle *(room)* de gymnastique.
7. Vous êtes à la mer.
8. Nous sommes à Tahiti.
9. Avant le dîner, nous allons au parc municipal.
10. Je suis à la Martinique.

Je fais de la planche

té, je vais à la plage
cialement *(especially)*
r . . .

- nager
- faire du ski nautique

- bronzer *(to get a tan)*
- . . . ?

udrais être un
npion (une cham-
ne) de . . .

- ski
- ski nautique

- planche à voile
- . . . ?

udrais aller à la
deloupe principale-
t *(mainly)* pour . . .

- nager
- parler français

- faire de la planche à voile
- . . . ?

udrais aller dans
olorado pour . . .

- faire du ski
- faire des promenades à pied

- faire de l'alpinisme
- . . . ?

udrais aller à Paris
ester là-bas pendant . . .

- dix jours
- trois semaines

- six mois
- . . . ?

la gymnastique

la danse moderne

le sport

le jogging

le camping

la voile

la planche à voile

le ski

le ski nautique

l'alpinisme

6 **Questions personnelles**

1. En général, qu'est-ce que tu fais pendant les vacances de Noël?
2. Est-ce que tu vas voyager pendant les grandes vacances? Où vas-tu aller? Combien de temps *(How long)* est-ce que tu vas rester là-bas?
3. Qu'est-ce que tu aimes faire quand tu es à la plage?
4. Est-ce que tu voyages souvent? Comment voyages-tu?

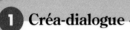

À votre tour!

1 Créa-dialogue

Des amis parlent de leurs projets. Avec un(e) camarade de classe,
choisissez une scène et composez le dialogue correspondant.

	vendredi	en ville

▶ —Où vas-tu **vendredi**?
—Je vais **en ville**.
—Qu'est-ce que tu vas faire là-bas?
—Je vais **faire des achats**.

1. samedi matin			**2.** samedi après-midi			**3.** à Noël	à Aspen	
4. pendant les vacances de printemps	en Floride		**5.** en juillet			**6.** en août		
7. demain matin			**8.** dimanche après-midi			**9.** cet été		

2 Conversation dirigée

Avec un(e) camarade, composez un dialogue basé sur les instructions suivantes. Jean-Pierre
demande à Hélène si elle a des projets de vacances.

Jean-Pierre				**H**
	asks Hélène where she is going this summer	→	says that she is going to the ocean with friends	
	asks her if they are going to travel by car	→	answers that they are going to travel by train because they do not have a car	
	asks her if she is going to go sailing	→	answers yes and says that she is also going to windsurf	
	says good-bye to Hélène and wishes her a good vacation **(Bonnes vacances!)**	→	answers good-bye	

ke plans for next weekend. Prepare a list of activities describing ...

our things that you are going to do at home
our things that you are going to do outside

club de vacances

c qui passez-vous vos vacances? On peut passer ses vacances avec sa famille ou avec
 copains. On peut aussi aller dans un club de vacances. Là on peut faire du sport et
contrer d'autres jeunes.

ez le document suivant.

 club de vacances offre la possibilité d'aller dans différents «villages de mer». Choisissez
des villages de mer proposés par le club.

Dans quel pays est situé ce village?
Quels sports est-ce qu'on peut pratiquer *(participate in)* dans ce village?
Pourquoi est-ce que vous choisissez ce village?
En général, quels sports pratiquez-vous?

VILLAGES DE MER	AGADIR MAROC	LES ALMADIES SÉNÉGAL	ASSINIE CÔTE-D'IVOIRE	BORA BORA TAHITI-POLYNÉSIE FR.se	LES BOUCANIERS MARTINIQUE	CANCÚN MEXIQUE	CAP SKIRRING SÉNÉGAL	LA CARAVELLE GUADELOUPE	LES CORAUX EILAT-ISRAËL	DJERBA TUNISIE
Village-hôtel, bungalow	●	●	●	●	●	●	●	●	●	●
Ski nautique, planche à voile		●	●	●	●	●	●	●	●	●
Voile			●		●	●	●	●	●	●
Plongée libre					●	●	●	●	●	●
Plongée scaphandre					●	●				
Piscine	●	●	●				●	●	●	●
Équitation	●									
Tennis	●	●	●			●	●	●	●	●
Tir à l'arc	●	●	●					●	●	●
Promenades en mer				PIROGUE ●	●	●			●	●
Pêche en haute mer							● (PÊCHE À LA TRAÎNE)			
Arts appliqués	●	●					●	●	●	●

30

Vive
le weekend!

Le weekend, nous avons nos occupations préférées. Certaines personnes aiment aller en ville et rencontrer leurs amis.
D'autres préfèrent rester à la maison et bricoler. Qu'est-ce que les personnes suivantes ont fait le weekend dernier?

*Others / do things
around the house
did . . . do / last*

Le weekend

J'aime acheter des vêtements.

Tu aimes réparer ton vélo.

M. Lambert aime travailler dans le jardin.

Nous aimons organiser des boums.

Le weekend dernier

J'ai acheté des vêtements.

Tu as réparé ton vélo.

Il a travaillé dans le jardin.

Nous avons organisé une boum.

Le weekend	Le weekend dernier

Vous aimez jouer au foot.

Vous <u>avez joué</u> au foot.   *played*

Pluton et Philibert aiment rencontrer leurs amis.

Ils <u>ont rencontré</u> leurs amis.   *met*

toi? ─────

...lique si oui ou non tu as fait les choses suivantes le weekend dernier. Pour cela complète ...phrases suivantes.

1. (J'ai / Je n'ai pas) ... acheté des vêtements.
2. (J'ai / Je n'ai pas) ... réparé mon vélo.
3. (J'ai / Je n'ai pas) ... travaillé dans le jardin.
4. (J'ai / Je n'ai pas) ... organisé une fête.
5. (J'ai / Je n'ai pas) ... joué au foot.
6. (J'ai / Je n'ai pas) ... rencontré mes amis.

NOTE CULTURELLE

e weekend

...e weekend ne commence pas° le vendredi ...oir pour tout le monde.° Dans beaucoup ...'écoles françaises, les élèves ont classe ...e samedi matin. Pour eux, le weekend ...ommence seulement° le samedi à midi.

Que font les jeunes Français le samedi? ...a dépend. Beaucoup° vont en ville. ...s vont dans des magasins pour écouter ...s nouveaux disques ou pour regarder, ...ssayer° et parfois° acheter des vêtements. ...s vont au café ou au cinéma avec ...urs copains. Certains° préfèrent rester

chez eux ou aller chez des copains. Parfois ils vont à une soirée. Là on écoute de la musique, on mange des sandwichs et on danse . . .

En général, le dimanche est réservé aux activités familiales.° Un weekend, on invite des cousins. Un autre° weekend, on rend visite aux grands-parents . . . Le dimanche, on déjeune° et on dîne en famille.° Le soir, on regarde la télé et souvent on fait ses devoirs pour les classes du lundi matin.

...e **commence pas** *does not begin* **tout le monde** *everyone* **seulement** *only* **Beaucoup** *Many* **essayer** *try on*
...arfois *sometimes* **Certains** *Some of them* **activités familiales** *family activities* **Un autre** *Another*
...éjeune *has lunch* **en famille** *at home (with the family)*

A. Les expressions avec *avoir*

Note the use of **avoir** in the following sentences:

J'ai faim.   *I am hungry.*
Brigitte **a soif.**   *Brigitte **is thirsty**.*

French speakers use **avoir** in many expressions where English speakers use the verb *to be*.

Vocabulaire: Expressions avec *avoir*

avoir chaud	to be (feel) warm	Quand j'**ai chaud** en été, je vais à la plage
avoir froid	to be (feel) cold	Est-ce que tu **as froid?** Voici ton pull.
avoir faim	to be hungry	Tu **as faim?** Est-ce que tu veux une pizza?
avoir soif	to be thirsty	J'**ai soif.** Je voudrais une limonade.
avoir raison	to be right	Est-ce que les profs **ont** toujours **raison?**
avoir tort	to be wrong	Marc n'étudie pas. Il **a tort!**
avoir de la chance	to be lucky	J'**ai de la chance.** J'ai des amis sympathiq

---

1 Tort ou raison?

Informez-vous sur les personnes suivantes et dites si, à votre avis, elles ont tort ou raison.

▶ Les élèves n'étudient pas.
Ils ont tort!

▶ Tu écoutes le prof.
Tu as raison!

1. Catherine est généreuse avec ses copines.
2. Nous aidons nos parents.
3. Tu fais tes devoirs.
4. Vous êtes très impatients avec vos amis.
5. Mes copains étudient le français.
6. Jean-François dépense son argent inutilement *(uselessly)*.
7. M. Legros mange trop *(too much)*.
8. Alain et Nicolas sont impolis *(impolite)*.
9. Vous nettoyez votre chambre.

2 De bonnes questions

Étudiez ce que font les personnes suivantes. Ensuite, posez une questio logique sur chaque personne. Pour cela, utilisez l'une des expressions suivantes:

avoir faim	avoir soif	avoir ch
avoir froid	avoir de la chance	

▶ Philippe va au restaurant.
Est-ce que Philippe a faim?

1. Tu veux un soda.
2. Jean-Pierre mange une pizza.
3. Cécile porte un manteau. *– cold*
4. Vous gagnez à la loterie.
5. Vous faites des sandwichs.
6. Tu mets ton blouson.
7. Mes copains vont aller à la piscine.
8. Ces élèves n'étudient pas beaucou mais ils réussissent toujours à leur examens.
9. Tu as des grands-parents très généreux.

Le passé composé des verbes en -er

entences below describe past events. In the French sentences, the verbs are in the
COMPOSÉ. Note the forms of the passé composé and its English equivalents.

r **j'ai réparé** mon vélo.   *Yesterday I **fixed** my bicycle.*
weekend dernier, Marc **a organisé** une boum.   *Last weekend, Marc **organized** a party.*
dant les vacances, nous **avons visité** Paris.   *During vacation, we **visited** Paris.*

S

PASSÉ COMPOSÉ is composed of two words. For most verbs, it is formed as follows:

> PRESENT of **avoir** + PAST PARTICIPLE

he forms of the passé composé for **visiter.**

PASSÉ COMPOSÉ	PRESENT of **avoir** + PAST PARTICIPLE	
J'**ai visité** Québec.	j' **ai**	
Tu **as visité** Paris.	tu **as**	
/Elle/On **a visité** Montréal.	il/elle/on **a**	**visité**
us **avons visité** Genève.	nous **avons**	
Vous **avez visité** Strasbourg.	vous **avez**	
/Elles **ont visité** Fort-de-France.	ils/elles **ont**	

r all **-er** verbs, the past participle is formed by replacing the -er of the infinitive by -é.

jou er	→	jou é	Nous **avons joué** au tennis.
parl er	→	parl é	Éric **a parlé** à Nathalie.
téléphon er	→	téléphon é	Vous **avez téléphoné** à Cécile.

passé composé is used to describe past actions and
s. It has several English equivalents.

i **visité** Montréal.
{
   I **visited** Montreal.
   I **have visited** Montreal.
   I **did visit** Montreal.

3 Achats

Samedi dernier *(Last Saturday)*, les personnes suivantes ont fait des achats. Dites ce que chaque personne a acheté.

▶ Philippe (des compacts)
  Philippe a acheté des compacts.

Philippe

1. Pauline   **2. mo**

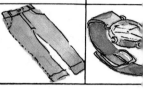

4 Vive la différence!

Caroline et Jean-Pierre sont des copains, mais ils aiment faire des choses différentes. Ils parlent de ce qu'ils ont fait ce weekend.

▶ jouer au volley (au tennis)

J'ai joué au volley.

Eh bien, moi, j'ai joué au tennis.

1. acheter des cassettes (des magazines)
2. dîner au restaurant (chez moi)
3. inviter mon cousin (un ami)
4. téléphoner à ma tante (à mon grand-père)
5. aider ma mère (mon père)
6. nettoyer ma chambre (le garage)
7. réparer ma mobylette (mon vélo)
8. assister à un match de foot (à un concert de rock)
9. laver mes tee-shirts (mes jeans)

5 La boum

Anne et Éric organisent une l ce weekend. Florence deman à Philippe s'il a fait les chose suivantes. Il répond oui.

▶ acheter des sodas?

Tu as acheté des sodas?

Mais oui, j des s

1. acheter des jus de fruit
2. préparer les sandwichs
3. nettoyer le salon
4. réparer la chaîne stéréo
5. apporter des CD
6. inviter nos copains

6 Un jeu

Décrivez ce que certaines personnes ont fait samedi dernier. Pour cela, faites des phrases logiques en utilisant les éléments des Colonnes A, B et C. Combien de phrases est-ce que vous pouvez *(can)* faire en cinq minutes?

▶ **Vous avez assisté à un concert de jazz.**

A	B	C
nous	acheter	une boum
vous	assister	un musée
Marc	dîner	des vêtements
Hélène et Juliette	jouer	un film à la télé
Éric et Stéphanie	organiser	au Monopoly
mes copains	regarder	dans le jardin
les voisins	travailler	dans un restaurant vietnamien
	visiter	à un concert de jazz

NICE, L'ARÈNE DU

3. toi	4. vous	5. nous	6. Stéphanie et Isabelle	7. Patrick et Jean-Paul	8. M. et Mme Dupont

Expressions pour la conversation

How to indicate the order in which actions take place:

d'abord	first	**D'abord,** nous avons invité nos copains à la boum.
après	after, afterwards	**Après,** tu as préparé des sandwichs.
ensuite	then, after that	**Ensuite,** Jacques a acheté des jus de fruit.
enfin	at last	**Enfin,** vous avez décoré le salon.
finalement	finally	**Finalement,** j'ai apporté mes cassettes.

Dans quel ordre?

Décrivez ce que les personnes suivantes ont fait dans l'ordre logique.

▶ nous (manger / préparer la salade / acheter des pizzas)
D'abord, nous avons acheté des pizzas.
Après, nous avons préparé la salade.
Ensuite, nous avons mangé.

1. Alice (travailler / trouver un job / acheter une moto)
2. les touristes canadiens (voyager en avion / visiter Paris / réserver les billets [*tickets*])
3. tu (assister au concert / acheter un billet / acheter le programme)
4. vous (danser / apporter des disques / inviter des copains)
5. nous (payer l'addition [*check*] / dîner / trouver un restaurant)

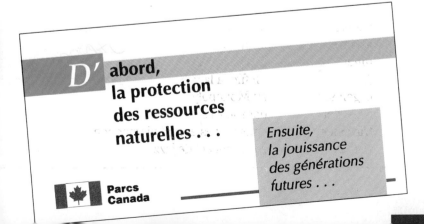

D' **abord, la protection des ressources naturelles . . .**

Ensuite, la jouissance des générations futures . . .

Parcs Canada

C. Le passé composé: forme négative

Compare the affirmative and negative forms of the passé composé in the sentences below.

AFFIRMATIVE	NEGATIVE	
Alice **a travaillé**.	Éric **n'a pas travaillé**.	*Éric **has not worked**.* *Éric **did not work**.*
Nous **avons visité** Paris.	Nous **n'avons pas visité** Lyon.	*We **have not visited** Lyo* *We **did not visit** Lyon.*

In the negative, the passé composé follows the pattern:

> negative form of **avoir** + PAST PARTICIPLE

Note the negative forms of the passé composé of **travailler.**

PASSÉ COMPOSÉ (NEGATIVE)	PRESENT of **avoir** (NEGATIVE) + PAST PARTICIPL	
Je **n'ai pas travaillé.** Tu **n'as pas travaillé.** Il/Elle/On **n'a pas travaillé.**	je **n'ai pas** tu **n'as pas** il/elle/on **n'a pas**	
		travaillé
Nous **n'avons pas travaillé.** Vous **n'avez pas travaillé.** Ils/Elles **n'ont pas travaillé.**	nous **n'avons pas** vous **n'avez pas** ils/elles **n'ont pas**	

8 Oublis *(Things forgotten)*

Éric a décidé de faire certaines choses, mais il a oublié *(forgot)*. Sabine demande s'il a fait les choses suivantes.

▶ nettoyer ta chambre?

1. réparer ta chaîne stéréo?
2. apporter tes livres?
3. étudier?
4. téléphoner à ta tante?
5. inviter tes copains?
6. acheter *Paris-Match*?
7. laver tes chemises?

> **Tu as nettoyé ta chambre?**

> Euh, non . . . Je n'ai pas nettoy~~é~~ ma chambre.

uel mauvais temps!

weekend, il a fait mauvais et les
rsonnes suivantes sont restées *(stayed)*
ez elles. Dites qu'elles n'ont pas fait
 choses suivantes.

nous / nager
Nous n'avons pas nagé.

vous / jouer au tennis
Philippe / rencontrer ses copains à
la plage
Nathalie / dîner en ville
les voisins / travailler dans le jardin
Mlle Lacaze / laver sa voiture
mes copains / organiser un pique-nique
nous / assister au match de foot
toi / visiter le musée

LA MÉTÉO au Québec — dimanche — PLUIE

10 Une question d'argent

Les personnes suivantes n'ont pas
beaucoup d'argent. Décrivez leur choix.
Pour cela, dites ce qu'elles ont fait
et ce qu'elles n'ont pas fait.

▶ nous / dîner au restaurant ou
chez nous?
**Nous avons dîné chez nous. Nous
n'avons pas dîné au restaurant.**

1. Philippe / acheter un tee-shirt ou une
chemise?
2. vous / manger un steak ou un
sandwich?
3. nous / assister au concert ou au match
de foot?
4. les touristes / voyager en car ou en
avion?
5. mes voisins / acheter une Mercedes
ou une Ford?
6. Marc / passer dix jours ou trois
semaines à Paris?

npossibilités

ans *(Without)* certaines choses il n'est pas possible de faire certaines activités. Expliquez
la logiquement en choisissant une personne de la Colonne A, un objet de la Colonne B et
ne activité de la Colonne C.

Je n'ai pas d'aspirateur. Je n'ai pas nettoyé le salon.

	B	C
	une raquette	écouter les disques
ous	un billet *(ticket)*	voyager en Europe
ous	un passeport	nettoyer le salon
rédéric	une chaîne stéréo	regarder la comédie
ric et Olivier	une télé	assister au concert
laire et Caroline	un aspirateur *(vacuum cleaner)*	jouer au tennis

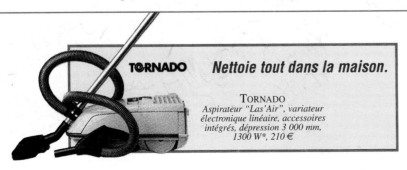

D. Les questions au passé composé

Compare the statements and questions in the passé composé.

STATEMENT	QUESTION	
Tu as travaillé.	Tu as travaillé? **Est-ce que** tu as travaillé?	*Did you work?*
Philippe a voyagé cet été.	**Quand est-ce que** Philippe a voyagé? **Où est-ce qu'**il a voyagé?	*When did Philippe* *Where did he trave*

For most verbs, questions in the passé composé are formed as follows:

> PRESENT of **avoir** (interrogative form) + PAST PARTICIPLE

	YES/NO QUESTIONS	INFORMATION QUESTIONS
WITH INTONATION	Tu as voyagé? Paul a téléphoné?	— —
WITH est-ce que	**Est-ce que** tu as voyagé? **Est-ce qu'**Alice a téléphoné?	**Avec qui est-ce que** tu as voyaç **À qui est-ce qu'**Alice a téléphon

➡ When the subject is a pronoun, questions in the passé composé can also be formed by inver

As-tu assisté au match de foot? *Did you go to the soccer game?*
Avec qui **avez-vous joué** au foot? *With whom did you play soccer?*
Who(m) did you play soccer with?

---

12 Expériences personnelles

Demandez à vos camarades s'ils ont déjà *(already)* fait les choses suivantes.

▶ visiter Paris?

Oui, j'ai visité Paris.

Est-ce que tu as visité Paris?

(Non, je n'ai pas visité Paris.)

1. visiter le Tibet?
2. voyager en Alaska?
3. piloter un avion?
4. dîner dans un restaurant vietnamien?
5. manger des escargots *(snails)*?
6. gagner à la loterie?
7. assister à un match de catch *(wrestling)*?
8. rencontrer un fantôme *(ghost)*?

13 Curiosité

Lisez ce que les personnes suivantes ont fait et posez des questions sur leur activités.

▶ Paul a joué au tennis. (avec qui?)
Avec qui est-ce qu'il a joué au tennis?

1. Thomas a visité Québec. (quand?)
2. Corinne a téléphoné. (à quelle heure
3. Nathalie a voyagé en Italie. (comment?)
4. Marthe a acheté une robe. (où?)
5. Michèle a visité Genève. (avec qui?
6. Philippe a trouvé un job. (où?)
7. Éric et Véronique ont dîné en ville. (dans quel restaurant?)
8. Les voisins ont téléphoné. (quand?)

rôme et Valérie

rôme est très curieux. Il veut toujours
voir ce que Valérie a fait. Valérie répond
es questions.

où/ dîner? (dans un restaurant italien)
JÉRÔME: **Où est-ce que tu as dîné?**
VALÉRIE: **J'ai dîné dans un
restaurant italien.**

avec qui / jouer au tennis? (avec Marc)
quand / assister au concert? (samedi
après-midi)
qui / inviter au café? (ma copine
Nathalie)
où / rencontrer Pierre? (dans la rue)
où / acheter ta veste? (au Bon Marché)
combien / payer ce disque? (10 euros)
à qui / téléphoner? (à ma grand-mère)
chez qui / passer le weekend?
(chez une amie)

15 Conversation

Demandez à vos camarades ce qu'ils
ont fait hier.

▶ à quelle heure/ dîner?

> **J'ai dîné à six heures.**

> **Dis, Hélène, à quelle heure
> est-ce que tu as dîné?**

1. avec qui / dîner?
2. à qui / téléphoner?
3. quel programme / regarder à la télé?
4. quel programme / écouter à la radio?
5. qui / rencontrer après les classes?
6. quand / étudier?

Prononciation

es lettres «ain» et «in»

ain /ɛ̃/	aine /ɛn/	in /ɛ̃/	ine /in/
sa m**ain**	sem**aine**	magas**in**	maga**zine**

When the letters "**ain**," "**aim**," "**in**," "**im**" are at the end of a word or are followed by a
consonant, they represent the nasal vowel / ɛ̃ /.

REMEMBER: Do not pronounce an /n/ after the nasal vowel /ɛ̃/.

Répétez: /ɛ̃/ dem**ain** f**aim** tr**ain** m**ain** vois**in** cous**in** jard**in** magas**in**
m**ain**tenant **in**telligent **in**téressant **im**portant

When the letters "**ain**," "**aim**," "**in(n)**," "**im**" are followed by a *vowel*, they do NOT
represent a nasal sound.

Répétez: /ɛn/ sem**aine** améric**aine**
/ɛm/ j'**aime**

/in/ vois**ine** cous**ine** cu**isine** maga**zine** c**inéma** Cor**inne** f**inir**
/im/ t**imide** d**imanche** M**imi** cent**ime**

Al**ain** M**inime** a un rendez-vous **im**portant dem**ain** mat**in**, avenue du M**aine**.

À votre tour!

1 Allô!

Reconstituez la conversation entre Alain et Christine. Pour cela, faites correspondre les réponses de Christine avec les questions d'Alain.

1. À quelle heure est-ce que tu as dîné hier soir?

2. Et après, tu as regardé la télé?

3. Qu'est-ce que tu as regardé après?

4. Qui a gagné?

5. Dis, tu as préparé la leçon pour demain?

a. Le match Marseille–Nice.

b. Nice. Par un score de trois à un.

c. Mais oui! J'ai étudié avant le dîner.

d. Oui, mais d'abord j'ai aidé ma mère.

e. À sept heures et demie.

2 Dis-moi . . .

I will tell you a few things that I did yesterday after school and a few things that I did not do, then you will tell me what you did and did not do.

- J'ai étudié.
- J'ai dîné avec mes parents.
- J'ai téléphoné à une copine.

- Je n'ai pas nettoyé ma chambre.
- Je n'ai pas rencontré mes copains.
- Je n'ai pas regardé la télé.

Et maintenant, dis-moi . . .

3 Créa-dialogue

Demandez à vos camarades s'ils ont fait les choses suivantes le weekend dernier. En cas de réponse affirmative, continuez la conversation.

▶ — Est-ce que tu as <u>dîné au restaurant</u>?
— Oui, j'ai <u>dîné au restaurant</u>.
— <u>Avec qui?</u>
— <u>Avec mes cousins.</u>
— <u>Où</u> est-ce que <u>vous avez dîné</u>?
— <u>Nous avons dîné Chez Tante Lucie</u>
   (<u>à McDonald's</u>, etc.).

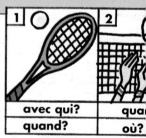

	avec qui?	où?
1	avec qui?	qua
2	quand?	où?

	3	**4**	**5**
	quand?	quand?	quand
	pourquoi?	où?	avec q

ec un(e) camarade, composez un
dlogue correspondant à la situation
ivante. Jouez ce dialogue en classe.

u are spending a week in Paris with your
st friend. Up to now you have been touring
city together, but today you both decided
go out on your own. At the end of the day,
u both meet back at your hotel room.
cuss . . .

hat monuments you visited
hat things you bought
hom you met
hat you ate at noon
here you had dinner

5 Conversation libre *(free)*

Avec un(e) camarade analysez la situation
suivante. Composez un dialogue original
basé sur cette situation. Jouez le dialogue
en classe.

Last weekend, you stayed home and your
friend went into town. Now you are both trying
to find out what the other one did. Ask each
other questions, using the passé composé of
-er verbs that you know. (Do not use **aller** or
rester, since they have special passé composé
forms that you have not learned yet.)

▶ — Moi, j'ai nettoyé ma chambre.
   Et toi?
 — J'ai assisté à un concert, mais
   d'abord j'ai dîné avec des copains.

omposition: Vive les vacances!

cations are for fun, not for work. Write a brief composition in the passé composé about what
u did on a recent vacation, describing . . .

• four things that you did   • four things that you did not do

u may want to use some of the verbs in the box. (Do not use **aller** or **rester.**)

uer	inviter	nager	parler	travailler	voyager	visiter
éphoner	rencontrer	acheter	trouver	dépenser	gagner

omment dit-on . . . ?

low to wish somebody a nice time:

Bon weekend! *(Have a nice weekend!)*

Bonnes vacances! *(Have a good vacation!)*

Bonne journée! *(Have a nice day!)*

Bon voyage! *(Have a good trip!)*

LEÇON 31

L'alibi

l'inspecte

Êtes-vous bon (bonne) détective? <u>Pouvez</u>-vous trouver la solution du mystère <u>suivant</u>?

Can
follow

Samedi dernier à deux heures de l'après-midi, <u>il y a eu</u> une <u>panne</u> d'électricité dans la petite ville de Marcillac-le-Château. La panne <u>a duré</u> une heure. <u>Pendant</u> la panne, un <u>cambrioleur</u> <u>a pénétré</u> dans la Banque Populaire de Marcillac-le-Château. Bien sûr, l'alarme n'a pas fonctionné et c'est <u>seulement</u> lundi matin que le directeur de la banque <u>a remarqué</u> le <u>cambriolage</u>: un million d'euros.

there
failur
lasted
burg.
only
notice.

Lundi après-midi, l'<u>inspecteur</u> Leflic a interrogé quatre suspects, mais <u>chacun</u> a un alibi.

police
each c

Sophie Filou

Euh, … excusez-moi, Monsieur l'Inspecteur.
Ma mémoire n'est pas très bonne.
<u>Voyons</u>, qu'est-ce que <u>j'ai fait</u> samedi après-midi?
Ah oui, <u>j'ai fini</u> un livre.
Le <u>titre</u> du livre? *Le crime ne paie pas!*

Let's s
I finish
title

Marc Laroulette

Qu'est-ce que j'ai fait samedi?
J'<u>ai rendu visite</u> à mes copains.
Nous avons joué aux cartes.
C'est moi qui ai gagné!

visited

Patrick Lescrot

Voyons, samedi dernier …
Ah oui … J'ai invité des amis chez moi.
Nous avons regardé la télé.
Nous <u>avons vu</u> le match de foot France-<u>Allemagne</u>.
Quel match! <u>Malheureusement</u>, c'est la France qui <u>a perdu</u>!
Dommage!

saw / C
Unfortu

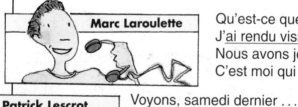

Pauline Malin

Ce n'est pas moi, Monsieur l'Inspecteur!
Samedi j'ai fait un pique-nique à la campagne avec une copine.
Nous <u>avons choisi</u> un <u>coin</u> près d'une rivière.
Ensuite, nous avons fait une promenade à vélo.
Nous <u>avons eu de la chance</u>!
<u>Il a fait un temps extraordinaire</u>!

chose /
were lu
The we
grea

Lisez <u>attentivement</u> les quatre déclarations. À votre avis, qui est le cambrioleur ou la cambrioleuse? Pourquoi? (Vous pouvez comparer votre réponse avec la réponse de l'inspecteur à la page 325.)

careful

ompréhension

rtains événements ont eu lieu *(took place)* samedi dernier. Indiquez si oui ou non les
énements suivants ont eu lieu.

Le directeur de la banque a vu *(saw)*
le cambrioleur.

Un cambriolage a eu lieu *(took place)*
à Marcillac-le-Château.

L'inspecteur Leflic a arrêté *(arrested)*
quatre personnes.

Sophie Filou a vu le film *Le crime
ne paie pas* à la télé.

5. Marc Laroulette a perdu un million
d'euros.

6. L'Allemagne a gagné un match
de foot.

7. Pauline Malin a fait une promenade
à vélo à la campagne.

8. Il a fait beau.

t toi?

s si oui ou non tu as fait les choses suivantes le weekend dernier.

(J'ai / Je n'ai pas) … rendu visite à mes copains.
(J'ai / Je n'ai pas) … vu un match de foot à la télé.
(J'ai / Je n'ai pas) … fini un livre.
(J'ai / Je n'ai pas) … fait une promenade à vélo.
(J'ai / Je n'ai pas) … fait un pique-nique.

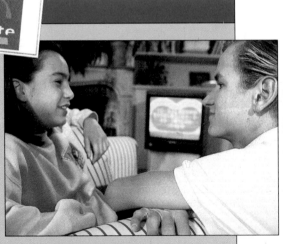

TF1   MARDI   20.35
FOOTBALL - COUPE DE FRANCE:
SEIZIÈME DE FINALE

■ NOTE ■
CULTURELLE

es jeunes Français et la télé

Combien d'heures par° jour est-ce que tu regardes
a télé? Une heure? deux heures? trois heures? plus?
moins? En général, les jeunes Français regardent
a télé moins souvent et moins longtemps° que les
eunes Américains: en moyenne° 1 heure 15 les jours
d'école et 2 heures 15 les autres° jours (mercredi,
samedi et dimanche). Dans beaucoup de familles,
es parents contrôlent l'usage° de la télé. Souvent ils
exigent° que leurs enfants finissent leurs devoirs
avant de regarder la télé. Ainsi,° beaucoup de
eunes regardent la télé seulement° après le dîner.

Quels sont leurs programmes favoris? Les jeunes Français aiment surtout° les films,
es programmes de sport, les variétés et les jeux télévisés,° comme «La roue° de la
fortune» et «Le prix est juste».° Les séries américaines (comme «Les Simpson» et
«Chicago Hope») sont aussi très populaires.

par *per* **moins longtemps** *for a shorter time* **en moyenne** *on an average of* **autres** *other* **usage** *use*
exigent *insist* **Ainsi** *Thus* **seulement** *only* **surtout** *especially* **jeux télévisés** *TV games* **roue** *wheel*
uste *right*

A. Le verbe *voir*

The verb **voir** *(to see)* is irregular. Note the forms of **voir** in the present tense.

INFINITIVE	**voir**	
PRESENT	Je **vois** Marc. Tu **vois** ton copain. Il/Elle/On **voit** un accident.	Nous **voyons** un film. Vous **voyez** un match de baseball. Ils/Elles **voient** le professeur.

1 Weekend à Paris

Les personnes suivantes passent le weekend à Paris. Décrivez ce que chacun voit.

▶ Olivier   **Olivier voit Notre-Dame.**

▶

Notre-Dame

1. le musée d'Orsay

2. l'Arc de Triomphe

3. le Centre Pompidou

4. le Quartier latin

5. la pyramide du Louvre

6. le musée Picasso

1. nous	3. moi	5. vous
2. toi	4. Sophie	6. les touristes japonais

2 Questions personnelles

1. Est-ce que tu vois bien? Est-ce que tu portes des lunettes?
2. Est-ce que tu vois tes amis pendant les vacances? Est-ce que tu vois tes professeurs?
3. Est-ce que tu vois souvent tes cousins? Est-ce que tu vois tes cousins pendant les vacances? à Noël?
4. Qu'est-ce que tu préfères voir à la télé? un match de football ou un match de baseball?
5. Quand tu vas au cinéma, quels films aimes-tu voir? les comédies? les films d'aventures? les films policiers *(detective movies)*?

Le passé composé des verbes réguliers en *-ir* et *-re*

the passé composé of the verbs below, paying special attention to the ending of the
participle.

·isir J'**ai choisi** ce disque.   Je **n'ai pas choisi** cette cassette.
·r Nous **avons fini** le magazine.   Nous **n'avons pas fini** le livre.
·dre Tu **as vendu** ton vélo.   Tu **n'as pas vendu** ta moto.
·ndre Jacques **a attendu** Paul.   Il **n'a pas attendu** François.
·ondre J'**ai répondu** au professeur.   Tu **n'as pas répondu** à la question.

e past participle of regular **-ir** and **-re** verbs is formed as follows:

-ir → -i	-re → -u
chois**ir** → chois**i**	vend**re** → vend**u**
fin**ir** → fin**i**	attend**re** → attend**u**

·esoins d'argent *(Money needs)*

rce qu'elles ont besoin d'argent, les
·rsonnes suivantes ont vendu certains
jets. Dites ce que chaque personne a
·ndu.

▸ Philippe / sa guitare
Philippe a vendu sa guitare.

M. Roche / sa voiture
mes copains / leur chaîne stéréo
moi / mon appareil-photo
toi / ton vélo
les voisins / leur piano
nous / nos livres
vous / votre ordinateur
François et Victor / leurs disques

4 Bravo!

Les personnes suivantes méritent *(deserve)*
des félicitations *(congratulations)*.
Expliquez pourquoi.

▸ les élèves / réussir à l'examen
Les élèves ont réussi à l'examen.

1. M. Bedon / maigrir
2. Mlle Legros / perdre dix kilos
3. Florence / gagner le match de tennis
4. ces enfants / finir leur soupe
5. nous / choisir une classe difficile
6. toi / finir les exercices
7. Marc / rendre visite à un copain à
   l'hôpital
8. vous / attendre vos copains
9. les élèves / répondre en français

—— À vendre ——
INSTRUMENTS
DE MUSIQUE

5 Non!

Jean-Louis répond négativement aux
questions de Béatrice. Jouez les deux
rôles.

▶ gagner le match / perdre

Tu as gagné le match?

Non!
J'ai perdu.

1. étudier ce weekend / rendre visite à
   un copain
2. acheter une cassette / choisir un
   compact
3. finir ce livre / regarder la télé
4. vendre ta guitare / vendre mon
   appareil-photo
5. téléphoner à Marc / rendre visite à
   son cousin
6. maigrir / grossir
7. répondre à la lettre / téléphoner

6 Aujourd'hui et hier

Dites ce que les personnes suivantes ₁
aujourd'hui et ce qu'elles ont fait hier.

▶ Paul / acheter un blouson / un pant
   **Aujourd'hui, Paul achète un
   blouson.
   Hier, il a acheté un pantalon.**

1. moi / téléphoner à mon cousin / à m
   copains
2. toi / finir ce livre / ce magazine
3. nous / manger des sandwichs /
   une pizza
4. Mélanie / choisir une jupe /
   un chemisier
5. les élèves / réussir à l'examen de
   français / à l'examen d'anglais
6. Philippe / vendre sa chaîne stéréo /
   ses disques
7. Philippe et Jean-Pierre / rendre visi
   leurs cousins / à leur grand-mère
8. les touristes / attendre le train / le c

7 Excuses

Quand Olivier ne fait pas une chose, il a toujours une excuse. Jouez le dialogue entre
Olivier et sa soeur Caroline.

▶ étudier / perdre mon livre

Tu as étudié?

Pourquoi est-ce que
tu n'as pas étudié?

Non, je n'ai pas
étudié.

Parce que
j'ai perdu mon livre

1. jouer au tennis / perdre ma raquette
2. acheter une veste / choisir un blouson
3. finir le livre / regarder la télé

4. rendre visite à Marc / étudier
5. réussir à l'examen / perdre mes notes
6. écouter tes disques / vendre ma chaîne stér

Le passé composé des verbes *être*, *avoir*, *faire*, *mettre* et *voir*

erbs **être**, **avoir**, **faire**, **mettre**, and **voir** have irregular past participles.

être	→ **été**	Nous **avons été** à Paris.
avoir	→ **eu**	M. Lambert **a eu** un accident.
faire	→ **fait**	Qu'est-ce que tu **as fait** hier?
mettre	→ **mis**	Nous **avons mis** des jeans.
voir	→ **vu**	J'**ai vu** un bon film.

"On n'a jamais fait quelque chose d'aussi appétissant avec des petits pois."

MONOPRIX
—UNIPRIX—

the passé composé, the verb **être** has two different meanings:

Mme Lebrun **a été** malade.   *Mme Lebrun **has been** sick.*

Elle **a été** à l'hôpital.   *She **was** in the hospital.*

alogue

mandez à vos camarades s'ils ont fait les choses suivantes récemment *(recently)*.

faire une promenade?
—**Est-ce que tu as fait une promenade récemment?**
—**Oui, j'ai fait une promenade. (Non, je n'ai pas fait de promenade.)**

faire un pique-nique?
faire une promenade en voiture?
être malade *(sick)*?
avoir la grippe *(flu)*?
avoir une dispute *(fight)* avec ton copain?

6. avoir une bonne surprise?
7. avoir un «A» en français?
8. voir un film?
9. voir tes cousins?
10. mettre des affiches dans ta chambre?

ourquoi?

vec vos camarades de classe,
rlez des personnes suivantes.

Éric est content.
(avoir un «A» à l'examen)

Mes copains sont furieux.
(avoir un «F» à l'examen)
Pauline est très contente. (voir son copain)
Mon père n'est pas content. (avoir une dispute
avec son chef [*boss*])
Philippe est pâle. (voir un accident)
Juliette est fatiguée *(tired)*. (faire du jogging)
Alice et Laure sont bronzées *(tanned)*. (être à la mer)
Mon frère est fatigué. (faire des exercices
de gymnastique)
Patrick et Marc sont contents. (voir un bon film)
Isabelle est très élégante. (mettre une jolie robe)

Éric est content.

Ah, bon? Pourquoi?

Il a eu un «A» à l'examen.

10 Vive les vacances! ─────────────────────────

Dites où les personnes suivantes ont été pendant les vacances. Dites aussi si oui ou non elle
ont fait les choses entre parenthèses. Soyez logique *(Be logical)*.

▶ Christophe: à la piscine (étudier / nager)
   Christophe a été à la piscine. Il n'a pas étudié. Il a nagé.

1. Sylvie: à la montagne (nager / faire de l'alpinisme)
2. nous: à la campagne (visiter des monuments / faire du camping)
3. vous: à Paris (parler italien / voir la tour Eiffel)
4. moi: à la mer (faire de la planche à voile / travailler)
5. mes parents: en Égypte (voir les pyramides / visiter Paris)
6. vous: dans un club de sport (faire de la gymnastique / grossir)
7. Christine: à la plage (mettre des lunettes de soleil / jouer au tennis)

Vocabulaire: *Quand?*

	maintenant	avant	après
le jour	aujourd'hui	hier	demain
le matin	ce matin	hier matin	demain matin
l'après-midi	cet après-midi	hier après-midi	demain après-midi
le soir	ce soir	hier soir	demain soir
le jour	samedi	samedi dernier *(last)*	samedi prochain *(nex*
le weekend	ce weekend	le weekend dernier	le weekend prochain
la semaine	cette semaine	la semaine dernière	la semaine prochaine
le mois	ce mois-ci	le mois dernier	le mois prochain

---

11 Quand? ─────────

Demandez à vos camarades
quand ils ont fait les choses
suivantes. Ils vont répondre en
utilisant une expression du
Vocabulaire.

▶ faire tes devoirs?

1. faire des achats?
2. nettoyer ta chambre?
3. rencontrer tes voisins?
4. voir ton copain?
5. voir un film?
6. avoir un examen?
7. faire une promenade à pied?
8. être en ville?
9. mettre *(set)* la table?

Quand est-ce que tu as fait
tes devoirs?

J'ai fait mes devoirs
hier après-midi.

(vendredi soir, le weekend dernier, . . .

e passé et le futur

écrivez ce que vous avez fait (phrases
à 5) et ce que vous allez faire (phrases
à 10). Dites la vérité … ou utilisez
tre imagination!

e matin, j'ai …	✓
ier matin, j'ai …	✓
medi après-midi, j'ai …	✓
a semaine dernière, j'ai …	✓
e mois dernier, j'ai …	✓

6. Ce soir, je vais … _____
7. Demain soir, je vais … _____
8. Vendredi soir, je vais … _____
9. Le weekend prochain, je vais … _____
10. La semaine prochaine, je vais … _____

13 Questions personnelles

1. En général, est-ce que tu étudies
   avant ou après le dîner?
2. En général, est-ce que tu regardes
   la télé avant ou après le dîner?
3. À quelle heure est-ce que tu as dîné
   hier soir?
4. Quel programme de télé est-ce que tu
   as regardé hier après-midi?
5. Qu'est-ce que tu vas faire le weekend
   prochain?
6. Où vas-tu aller le weekend prochain?

rononciation

s lettres «gn»

gn /ɲ/

e letters "**gn**" represent a sound similar to the "**ny**"
canyon. First, practice with words you know.

pétez: **espagnol   gagner   mignon**
la montagne   la campagne
un magnétophone

¡HOLA!
¿QUÉ TAL?

espagnol

ow try saying some new words. Make them
und French!

pétez: **Champagne   Espagne** (Spain)   **un signe**
la vigne (vineyard)   **la ligne** (line)   **un signal**
la dignité   ignorer   magnétique   magnifique   Agnès

Agnès Mignard a gagné son match. C'est magnifique!

(L'alibi, p. 318)

La réponse de l'inspecteur:

C'est Patrick Lescrot le cambrioleur. Samedi après-midi, il y a eu une panne d'électricité. Patrick
Lescrot n'a pas pu (was not able to) regarder la télé. Son alibi n'est pas valable (valid).

À votre tour!

1 Allô!

Reconstituez la conversation entre Robert et Julien. Pour cela, faites correspondre les réponses de Julien avec les questions de Robert.

1. Tu as fini tes devoirs de français?
2. Qu'est-ce que tu as fait alors?
3. Tu as gagné?
4. Mais d'habitude *(usually)* tu joues bien?
5. Peut-être que Caroline a joué mieux *(better)* que toi?

a. Non, j'ai perdu!
b. Non, je n'ai pas étudié cet après-midi.
c. C'est vrai, mais aujourd'hui, je n'ai pas eu de chance . . .
d. J'ai joué au tennis avec Caroline.
e. Tu as raison. Elle a joué comme une championne.

2 Dis-moi . . .

I will tell you about some nice things that happened to me recently; then you will tell me about three nice things that happened to you.

- J'ai réussi à mon examen d'anglais. (J'ai eu un «A».)
- J'ai eu un rendez-vous avec une personne très intéressante.
- J'ai vu un très bon film.

Et maintenant, dis-moi . . .

3 Créa-dialogue

Avec vos camarades, discutez de ce que vous avez fait récemment *(recently)*. Vous pouvez utiliser les expressions et les activités suggérées. Continuez la conversation avec des questions supplémentaires.

Quand?		Quoi?	
dimanche après-midi	lundi dernier	jouer au tennis	dîner au restauran
hier soir	la semaine dernière	faire des achats	voir un film
samedi soir	le mois dernier	faire une promenade	avoir un rendez-vo
le weekend dernier		à la campagne	rendre visite à un
		voir mes cousins	copain

▶ —Qu'est-ce que tu as fait <u>dimanche après-midi</u>?
—J'ai <u>joué au tennis avec ma soeur</u>.
—Est-ce que tu as <u>gagné</u>?
—<u>Non, j'ai perdu</u>.
—<u>Dommage!</u>

ec un(e) camarade, composez un
alogue original correspondant à la
uation suivante. Jouez ce dialogue en
asse.

ur friend Michèle (played by a classmate)
nt to Canada for spring vacation.

k Michèle ...

how she traveled (by plane? by car?)

if she visited Montreal

whom she visited **(rendre visite à)**

if she saw Quebec City **(Québec)**

if she went skiing and with whom

if she went shopping and what she
bought

5 Conversation libre

Avec un(e) camarade, composez un
dialogue basé sur la situation suivante.
Jouez ce dialogue en classe.

Philippe spent spring vacation in
Nice, on the French Riviera
(la Côte d'Azur). Juliette spent her
vacation in a small village high in
the Alps **(les Alpes).** They meet
and compare what they did.
(In your dialogue, try to use several
expressions with **faire.**)

▶ PHILIPPE: **J'ai été à Nice. J'ai fait de
la voile.**
JULIETTE: **Moi, j'ai été dans les
Alpes. J'ai fait du ski.**

omposition: Quand?

escribe two things that you or people you know have done at each of the times indicated
elow:

semaine dernière, ...   *Le mois dernier, ...*   *L'an dernier* (Last year), ...

La semaine dernière, mon père a vendu sa voiture.
La semaine dernière, mes cousins ont acheté une moto.

omment dit-on . . . ?

ow to wish someone good luck or give encouragement:

onne chance!

Bon courage!

Qui a de la chance?

Vendredi après-midi

Anne et Valérie parlent de leurs projets pour le weekend.

ANNE: Qu'est-ce que tu vas faire samedi soir?

VALÉRIE: Je vais aller au cinéma avec Jean-Pierre.

ANNE: Tu as de la chance! Moi, je dois rester à la maison.

VALÉRIE: Mais pourquoi?

ANNE: Les amis de mes parents viennent chez nous ce weekend.
Mon père insiste <u>pour que</u> je reste pour le dîner. <u>Quelle barbe</u>!   *that / What a*

VALÉRIE: C'est vrai! Tu n'as pas de chance!

Lundi matin

Anne et Valérie parlent de leur weekend.

ANNE: Alors, tu as passé un bon weekend?

VALÉRIE: Euh non, pas très bon.

ANNE: Mais tu <u>es sortie</u> avec Jean-Pierre!   *went out*

VALÉRIE: C'est vrai. Je <u>suis allée</u> au cinéma avec lui . . .   *went*

Nous avons vu un très, très mauvais film!
Après le film, j'ai eu une <u>dispute</u> avec   *quarrel*
Jean-Pierre. Et, <u>en plus</u>, j'ai perdu   *in addition*
mon <u>porte-monnaie</u> . . . et je <u>suis rentrée</u>   *wallet / went*
chez moi à pied! Et toi, tu <u>es restée</u>   *stayed*
chez toi?

ANNE: Non.

VALÉRIE: Comment? Les amis de tes parents <u>ne sont pas venus</u>?   *didn't come*

ANNE: Si, si, ils sont venus . . . avec leur fils!

VALÉRIE: Et alors?

ANNE: Eh bien, c'est un garçon très <u>sympa</u> et très amusant . . .   *sympa = sym*
Après le dîner, nous <u>sommes allés</u> au   *went*
Zénith.* Nous avons assisté à un concert
de rock absolument extraordinaire. Après,
nous sommes allés dans un café et nous
avons fait des projets pour le weekend
prochain.

VALÉRIE: Qu'est-ce que vous allez faire?

ANNE: Nous allons faire une promenade à la campagne dans
la nouvelle voiture de sport de Thomas. (C'est le nom de
mon nouveau copain!)

VALÉRIE: Toi, vraiment, tu as de la chance!

* Une salle *(hall)* de concert à Paris, parc de la Villette.

mpréhension

Qu'est-ce que Valérie va faire samedi soir?

Pourquoi est-ce qu'Anne doit *(must)* rester à la maison?

Est-ce que Valérie a aimé le film?

Qu'est-ce qu'elle a perdu?

Comment est-ce qu'elle est rentrée chez elle?

Où et avec qui est-ce qu'Anne a dîné?

Où est-ce qu'elle est allée après le dîner?

Qu'est-ce qu'elle va faire le weekend prochain?

Comment s'appelle son nouveau copain?

● Et toi?

Dis si oui ou non tu as fait les choses suivantes samedi dernier.

1. (Je suis / Je ne suis pas) . . . allé(e) en ville.
2. (Je suis / Je ne suis pas) . . . allé(e) au cinéma.
3. (Je suis / Je ne suis pas) . . . allé(e) à un concert.
4. (Je suis / Je ne suis pas) . . . rentré(e) chez moi pour le dîner.
5. (Je suis / Je ne suis pas) . . . resté(e) chez moi le soir.

■ NOTE ■
CULTURELLE

es jeunes Français t la musique

«Pour moi, la musique c'est tout!»° déclare Anne, une jeune Française de quinze ans. Sa copine Hélène est d'accord:° «Aujourd'hui, on ne peut pas° vivre° sans° musique.»

Comme les jeunes Américains, les jeunes Français sont des «fanas»° de musique. Quel type de musique est-ce qu'ils préfèrent? D'abord le rock. Ils aiment aussi la chanson° française et la chanson étrangère,° la musique classique, la musique folk et le jazz.

Les jeunes Français ont l'équipement nécessaire pour écouter leur musique favorite: 70% ont une radio, 58% une chaîne stéréo, 42% un lecteur CD et 39% un walkman. Dans les grandes villes, les jeunes vont au concert. A Paris, ils vont à Bercy ou au Zénith écouter les grandes vedettes° de la chanson française et de la musique anglaise et américaine.

Les jeunes Français ne se contentent pas° d'écouter la musique. Beaucoup jouent d'un instrument. Ils jouent du piano, de la flûte, de la guitare et du synthétiseur° . . . Et toi, est-ce que tu peux vivre sans musique? Est-ce que tu joues d'un instrument? De quel instrument joues-tu?

tout *everything* **est d'accord** *agrees* **ne peut pas** *cannot*
vivre *live* **sans** *without* **fanas** = **fanatiques**
chanson *song* **étrangère** *foreign* **vedettes** *stars*
ne se contentent pas *do not limit themselves*
synthétiseur *keyboard*

BERCY

A. Le passé composé avec *être*

Note the forms of the passé composé of **aller** in the sentences below, paying attention to the endings of the past participle **(allé).**

Jean-Paul **est allé** au cinéma. *Jean-Paul **went** to the movies.*
Mélanie **est allée** à la plage. *Mélanie **went** to the beach.*

Éric et Patrick **sont allés** en ville. *Éric and Patrick **went** downtown.*
Mes copines **sont allées** à la campagne. *My friends **went** to the country.*

The passé composé of **aller** and certain verbs of motion is formed with **être** according to th[e] pattern:

PRESENT of **être** + PAST PARTICIPLE

➡ When the passé composé of a verb is conjugated with **être** (and not with **avoir**), the PAST PARTICIPLE *agrees* with the SUBJECT in gender and number.

INFINITIVE	aller	
PASSÉ COMPOSÉ	je **suis allé** tu **es allé** il **est allé**	je **suis allé**e tu **es allé**e elle **est allé**e
	nous **sommes allé**s vous **êtes allé**s ils **sont allé**s	nous **sommes allé**es vous **êtes allé**es elles **sont allé**es
NEGATIVE	je **ne suis pas allé**	je **ne suis pas allé**e
INTERROGATIVE	est-ce que tu **es allé?** tu **es allé?** (**es**-tu **allé?**)	est-ce que tu **es allé**e**?** tu **es allé**e**?** (**es**-tu **allé**e**?**)

➡ When **vous** refers to a single person, the past participle is in the singular:
    Mme Mercier, est-ce que vous êtes **allée** au concert hier soir?

Paris

s amis sont allés à Paris samedi dernier.
acun est allé à un endroit différent.
es qui est allé aux endroits suivants.
mplétez chaque phrase avec le sujet
oproprié et la forme correspondante
verbe **aller.**

Claire   Éric et Jacques   Anne et Monique

Anne et Monique sont allées au
Louvre.

... allée à la tour Eiffel.
... allé au Centre Pompidou.
... allés à l'Opéra.
... allées aux Galeries Lafayette.
... allé à la Villette.
... allés au Zénith.
... allé au musée d'Orsay.
... allées au Quartier latin.

Musée d'Orsay petit guide

2 Conversation

Demandez à vos camarades s'ils sont
allés aux endroits suivants.

▶ ce matin / à la bibliothèque?

Ce matin, est-ce que
tu es allé à la bibliothèque?

Oui, je suis allé à la bibliothèque.

(Non, je ne suis pas allé à la bibliothèque.)

1. hier matin/à l'école?
2. hier soir/au cinéma?
3. dimanche dernier/au restaurant?
4. samedi dernier/dans les magasins?
5. l'été dernier/chez tes cousins?
6. le weekend dernier/à la campagne?
7. le mois dernier/à un concert?
8. la semaine dernière/chez
   le coiffeur *(barber, hairdresser)*?
9. les vacances dernières/à la mer?

e weekend dernier

tes ce que les personnes de la Colonne A ont fait en choisissant une activité de la Colonne B.
is dites où ces personnes sont allées en choisissant un endroit de la Colonne C.
·yez logiques!

	B	**C**
	voir des clowns	à la campagne
	nager	au zoo
·us	dîner en ville	dans un magasin de chaussures
·therine	regarder les éléphants	à la bibliothèque
·us	choisir des livres	à la plage
·on petit frère	faire une promenade	au restaurant
·dré et Thomas	acheter des sandales	au cirque *(circus)*
·s filles		

J'ai nagé. Je suis allé(e) à la plage.

4 Weekend

Des amis parlent de leur weekend.
Jouez ces dialogues.

▶ en ville / acheter des vêtements

1. au stade / regarder un match de foot
2. à la plage / jouer au volley
3. à une boum / danser
4. à la campagne / faire une promenade à pied
5. au Bon Marché / acheter des cassettes
6. dans un restaurant italien / manger des spaghetti

> Où est-ce que tu es allée?

> Je suis all[ée] en ville.

> Ah bon! Qu'est-ce que tu as fait?

> J'ai ache[té] des vêtem[ents.]

Vocabulaire: Quelques verbes conjugués avec *être* au passé composé

INFINITIVE	PAST PARTICIPLE		
aller	allé	to go	Nous **sommes allés** en ville.
arriver	arrivé	to arrive	Vous **êtes arrivés** à midi.
rentrer	rentré	to return, go back, come back	Nous **sommes rentrés** à la maison à onze heures.
rester	resté	to stay	Les touristes **sont restés** à l'hôtel Ibis.
venir	venu	to come	Qui **est venu** hier?

---

5 Qui est resté à la maison?

Samedi après-midi, les personnes suivantes ont fait certaines choses. Dites si oui ou non elles sont restées à la maison.

▶ Paul a regardé la télé. **Il est resté à la maison.**
▶ Mélanie a fait des achats. **Elle n'est pas restée à la maison.**

1. Mlle Joly a lavé sa voiture.
2. Nous avons fait une promenade à vélo.
3. Tu as nettoyé le garage.
4. Éric et Olivier ont joué au volley.
5. Christine et Isabelle ont travaillé dans le jardin.
6. Vous avez fait une promenade en voiture.
7. Mes cousins ont fait de la voile.
8. J'ai fait du jogging.

JOGGING

INFOS *Sport* magazine

journée de Nathalie

ıdant les vacances, Nathalie travaille
ıs une agence de tourisme. Le soir,
e raconte *(tells about)* sa journée à son
·e.

aller au bureau *(office)*

arriver à neuf heures
téléphoner à un client anglais
parler avec des touristes japonais
aller au restaurant à midi et demi
rentrer au bureau à deux heures
copier des documents
préparer des billets *(tickets)* d'avion
rester jusqu'à *(until)* six heures
dîner en ville
rentrer à la maison à neuf heures

Je suis allée au bureau.

ne question de circonstances *(A matter of circumstances)*

›s activités dépendent souvent des circonstances. Dites si oui ou non les personnes
ivantes ont fait les choses indiquées.

► On est mardi aujourd'hui.
  • les élèves / rester à la maison?
  Les élèves ne sont pas restés à la maison.

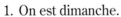

1. On est dimanche.
   • M. Boulot / travailler?
   • nous / aller à l'école?
   • vous / dîner à la cantine *(school cafeteria)*?

2. Il fait très beau aujourd'hui.
   • moi / aller à la campagne?
   • mes copines / regarder la télé?
   • toi / venir à la piscine avec nous?

3. Il fait très mauvais!
   • Marc / faire un pique-nique?
   • Hélène et Juliette / rester à la maison?
   • ma mère / rentrer à la maison à pied?

4. Mes copains et moi, nous n'avons pas beaucoup
   d'argent.
   • toi / aller dans un restaurant cher?
   • mes copains / venir chez moi en taxi?
   • moi / acheter des vêtements?

B. La construction négative *ne . . . jamais*

Compare the following negative constructions.

Éric **ne** parle **pas** à Paul.	Éric does **not** speak to Paul.
Éric **ne** parle **jamais** à Paul.	Éric **never** speaks to Paul.
Nous **n'**étudions **pas** le dimanche.	We do **not** study on Sundays.
Nous **n'**étudions **jamais** le dimanche.	We **never** study on Sundays.

To say that one NEVER does something, French speakers use the construction **ne . . . jamais** as follows:

SUBJECT	+	**ne**	+	VERB	+	**jamais** . . .
Nous		ne		regardons		**jamais** la télé.

➡ **Ne** becomes **n'** before a vowel sound.

Nous **n'**allons **jamais** à l'opéra.

➡ Note the use of **ne . . . jamais** in the passé composé:

Nous **n'**avons **jamais** visité Québec.	We **never** visited Quebec.
Je **ne** suis **jamais** allé à Genève.	I **never** went to Geneva.

8 Jamais le dimanche

Le dimanche les personnes suivantes ne font jamais ce qu'elles font pendant la semaine. Exprimez cette situation.

▶ François va à l'école.
Le dimanche, il ne va jamais à l'école.

1. Anne étudie.
2. Marc travaille.
3. Nous parlons français.
4. Vous allez à la bibliothèque.
5. M. Bernard va en ville.
6. Les élèves mangent à la cantine.
7. Tu rends visite à tes copains.
8. Vous dînez chez vous.
9. Je nettoie ma chambre.
10. Je lave la voiture.

9 Questions personnelles

Dans tes réponses, utilise les expressions **souvent, rarement** ou **ne . . . jamais.**

▶ Est-ce que tu vas souvent au zoo?
Oui, je vais souvent au zoo.
(Non, je vais rarement au zoo.)
(Non, je ne vais jamais au zoo.)

1. Est-ce que tu parles souvent français à la maison?
2. Est-ce que tu mets *(set)* la table?
3. Est-ce que tu fais souvent ton lit?
4. Est-ce que tu téléphones souvent au professeur?
5. Est-ce que tu nages souvent en hiver?
6. Est-ce que tu vas souvent à l'opéra?
7. Est-ce que tu vois souvent des matchs de boxe?
8. Est-ce que tu voyages souvent en limousine?

Do you like cars? Then you must know about Michelin radial tires. But did you know that Michelin employs over 16,000 people in its North American plants in South Carolina, Alabama, and Nova Scotia?

Les expressions *quelqu'un, quelque chose* et leurs contraires

›are the affirmative and negative constructions in heavy print.

Tu attends **quelqu'un?**	*Are you waiting for **someone (anyone)**?*
Non, je **n'**attends **personne.**	*No, I'm **not** waiting for **anyone**.*
Vous faites **quelque chose** ce soir?	*Are you doing **something (anything)** tonight?*
Non, nous **ne** faisons **rien.**	*No, we're **not** doing **anything**.*
	*No, we're doing **nothing**.*

refer to unspecified people or things, French speakers use the following expressions:

quelqu'un	*someone, anyone*	**ne ... personne**	*no one, not anyone*
	somebody, anybody		*nobody, not anybody*
quelque chose	*something, anything*	**ne ... rien**	*nothing, not anything*

Like all negative expressions, **personne** and **rien** require **ne** before the verb. Remember that **ne** becomes **n'** before a vowel sound.

In short answers, **personne** and **rien** may be used alone.

Qui est là? **Personne.**
Qu'est-ce que tu fais? **Rien.**

Tu dînes avec quelqu'un?

Non, je ne dîne avec personne.

›lorence est malade

›orence est malade *(sick)* aujourd'hui. Elle ›pond négativement aux questions de Paul.

▶ dîner avec quelqu'un?

, inviter quelqu'un?
, faire quelque chose ce soir?
, manger quelque chose à midi?
, regarder quelque chose à la télé?
, attendre quelqu'un ce matin?

6. voir quelqu'un cet après-midi?
7. préparer quelque chose pour le dîner?
8. rencontrer quelqu'un après le dîner?

›rononciation

qu /k/

s lettres «qu»

›e letters "**qu**" represent the sound /k/. First, ›actice with words you know.

un bouquet

›pétez: **qui quand quelque chose quelqu'un quatre quatorze Québec Monique Véronique sympathique un pique-nique le ski nautique**

›ow try reading some new words. Make them sound French!

›pétez: **un bouquet un banquet la qualité la quantité la conséquence une équipe** *(team)* **l'équipement fréquent la séquence**

Véronique pense que Monique aime la musique classique.

À votre tour!

1 Allô!

Reconstituez la conversation entre Sophie et Charlotte. Pour cela, faites correspondre les réponses de Charlotte avec les questions de Sophie.

1. Tu es restée chez toi samedi soir?

2. Qu'est-ce que vous avez vu?

3. Qu'est-ce que vous avez fait ensuite?

4. Vous avez mangé quelque chose?

5. À quelle heure es-tu rentrée chez toi?

a. Oui, des sandwichs.

b. À onze heures et demie.

c. Un vieux western avec Gary Cooper.

d. Nous sommes allées dans un café sur le boulevard Saint Michel.

e. Non! J'ai téléphoné à une copine et nous sommes allées au cinéma.

2 Dis-moi ...

I will tell you a few things that I did Saturday; then you will tell me where you went on Saturday and what you did.

- Le matin, je suis resté(e) à la maison. J'ai nettoyé m[a]
- L'après-midi, je suis allé(e) au cinéma avec mon cop[ain] Jean-Claude. Nous avons vu une comédie. Après, je suis rentré(e) chez moi.
- Le soir, j'ai dîné avec mes parents. Après, je suis res[té] dans ma chambre et j'ai écouté mes cassettes.

Et maintenant, dis-moi ...

3 Créa-dialogue

Avec vos copains, discutez de ce que vous avez fait récemment *(recently)*. Utilisez les suggestions suivantes.

▸ —Tu es resté(e) chez toi hier matin?
—Oui, je suis resté(e) chez moi.
—Qu'est-ce que tu as fait?
—J'ai nettoyé ma chambre.

▸ —Tu es resté(e) chez toi hier matin?
—Non, je ne suis pas resté(e) chez moi.
—Qu'est-ce que tu as fait?
—Je suis allé(e) à l'école.

hier matin	1. samedi après-midi	2. vendredi soir
rester chez toi	aller en ville	rentrer chez toi
??	??	??

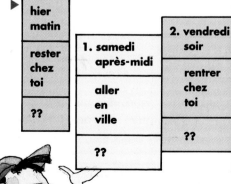

tuation

ec un(e) camarade, composez un
alogue correspondant à la situation
ivante. Jouez ce dialogue en classe.

ir French friend Marie-Hélène (played by
ir classmate) has just come back from a
ation with a great suntan. Try to find out . . .
where she went
ow long **(combien de temps)** she stayed
here
what she did
when she came back

5 Conversation libre

Avec un(e) camarade, composez un
dialogue original basé sur la situation
suivante.

You and your cousin Valérie have not seen
each other for a while. Talk about what you did
either . . .
- last night **(hier soir),** or
- during spring vacation **(pendant les vacances de printemps),** or
- during summer vacation **(pendant les vacances d'été)**

You will each ask the other at least three
different questions to find out where your
cousin went and what she saw or did, etc.

omposition: Un voyage

rite a short paragraph describing a trip you took —
al or imaginary! You may want to use some of the
llowing suggestions.

ler (où?)	voir (quoi?)
yager (comment?)	rencontrer (qui?)
river (quel jour?)	acheter (quoi?)
ster (où? combien de temps?)	faire (quoi?)
siter (quoi?)	rentrer (quel jour?)

L'été dernier, je suis allé(e) à Montréal . . .

Comment dit-on . . . ?

How to celebrate a happy occasion:

Bon anniversaire!

Bonne année!

5. le weekend dernier	6. la semaine dernière	7. le mois dernier	8. l'été dernier
aller à la campagne	aller à une boum	faire un voyage	travailler
??	??	??	??
??		??	

Petit test culturel
Sports, vacances et tourisme

Quand on est en vacances, on aime voyager. Est-ce que vous pouvez répondre aux questions suivantes? Vérifiez vos réponses au bas° de la page.

1 Christèle habite à Paris. Elle va passer les vacances à Nice chez des cousins. Où est-ce qu'elle va passer les vacances?
a. à la mer
b. à la montagne
c. à la campagne
d. chez elle

2 Les Dupont adorent passer les vacances à la montagne. Cette année ils ont réservé une chambre d'hôtel. Dans quelle ville?
a. à Bordeaux
b. à Marseille
c. à Grenoble
d. à Tours

3 En hiver, beaucoup de touristes vont à la Martinique. Quel sport est-ce qu'on ne peut° <u>pas</u> pratiquer là-bas?
a. le ski
b. le ski nautique
c. la voile
d. la planche à voile

4 Nous sommes en février. Un copain revient de vacances bien bronzé.° Il dit:° «J'ai passé d'excellentes vacances dans une île° où on parle français.» Où est-il allé?
a. aux Bermudes
b. à Tahiti
c. à Puerto Rico
d. à la Jamaïque

5 Madame Gilbert tra[...] pour une agence d[...] tourisme. Samedi [...] elle est allée de Pa[...] New York. Elle dit: «J'ai fait la traverse[...] de l'Atlantique en t[...] heures!» Quel avio[...] est-ce qu'elle a pris[...]
a. un Boeing 747
b. un DC-10
c. un Airbus
d. un Concorde

6 Quand il est rentré [...] vacances, Jean-Fra[...] a dit:° «J'ai passé [...] magnifique chez m[...] oncle en Bretagne. [...] quelle partie de la F[...] est-ce qu'il est allé[...]
a. à l'ouest°
b. à l'est
c. au sud
d. au nord

ouest

au bas *at the bottom* **peut** *can* **bronzé** *tanned* **dit** *says* **île** *island* **traversée** *crossing* **a pris** *did . . . take* **a dit** *said* **ouest** *west*

le sport!

Quels sports pratiquez-vous pendant les vacances? Où allez-vous pour pratiquer votre sport favori? Voici plusieurs possibilités:

sports est-ce qu'on peut
er dans ce club?

lle saison?

st le numéro de téléphone
?

TENNIS ACTION DE MAI À SEPTEMBRE GOLF ACTION

STAGES CET ÉTÉ À PARIS!

01 47 34 36 36

Vous aimez...
le SKI NAUTIQUE...
la PLANCHE À VOILE ?

C'est maintenant à 10 min.
du Centre-Ville !!!

SKI NAUTIQUE et PLANCHE À VOILE ?

C'est, maintenant, sur la belle plage
du PLM La Batelière
les skis nautiques,
les 8 Dufour et
les 4 Windglider de

SPORTS LOISIRS

LOCATION OUVERTE TOUTE LA SEMAINE ET LE DIMANCHE de 9h à 17h sans interruption

⚠ Comment s'appelle ce club?

⛵ Quels sports est-ce qu'on peut
pratiquer dans ce club?

LE STADIUM CENTRE DE LOISIRS

VACANCES DE PÂQUES

PATINAGE
SKATE
NATATION

SAMEDI SOIR - Animation
SPÉCIALE AVEC L'ORCHESTRE
SQUAD - 21 h à 24 h

BOWLING
JUDO et
sports de combat
DANSE

66, AVENUE D'IVRY (MᵒPORTE D'IVRY) 05.45.83.11.00

ent s'appelle ce centre de
?°

sports est-ce qu'on peut
uer?

s autres° activités sont
s?

avez la possibilité d'aller dans un des endroits mentionnés plus haut.° Quel endroit est-ce que vous allez
r? Pourquoi?

leisure activities   **autres** other   **plus haut** above

Entre amis: Le weekend

Qu'est-ce que vous faites le weekend? Qu'est ce que vous avez fait le weekend dernier? Voici le réponses de cinq jeunes du monde° francophone.°

Carole, 15 ans, France

Le weekend dernier, j'ai fait une promenade en mobylette avec une copine. Nous sommes allées à la campagne. À midi, on a fait un pique-nique. Après, on a visité un vieux château en ruines. Malheureusement,° j'ai eu une crevaison.° Je suis rentrée chez moi seulement° pour le dîner. Après le dîner, j'ai regardé la télé et j'ai fait mes devoirs pour lundi.

Pierre, 16 ans, la Martinique

Le samedi, je joue généralement au foot. Je fais partie de° l'équipe° junior de mon village. Le week-end dernier, nous avons fait un match. Nous avons bien joué, mais nous avons perdu! Après le match, je suis allé à la plage. Le soir, je suis allé chez des copains. Nous avons mis de la musique et nous avons dansé.

Yvan, 14 ans, Québec

Le matin, je suis allé à la patinoire° avec des copains, mais je ne suis pas resté très longtemps.° À midi, je suis rentré chez moi. L'après-midi, j'ai aidé mes parents à repeindre° la cuisine. Pour le dîner, nous sommes allés au restaurant.

Élisabeth, 15 ans Belgique

Samedi matin, j'ai des achats. J'ai ch un cadeau° pour l'anniversaire de n père. (J'ai acheté cravate en soie.°) L'après-midi, je suis allé au ciné-club avec un copain. Nous avons *Les Temps modernes*, un vieux film de Cha Chaplin. Après, nous sommes allés dans café et nous avons rencontré d'autres° copains. J'ai passé la soirée° en famille.

Djemila, 16 ans, Algérie

Samedi dernier, n avons eu une gran réunion de famille mon oncle Karim. centaine° de perso sont venues. Nous avons fait un «méchou (C'est un repas° où on rôtit° un mouton° à la broche.°) J'ai eu l'occasion° de voir t mes cousins et cousines. On s'est bien an

monde *world*   francophone *French-speaking*
Malheureusement *Unfortunately*   **crevaison** *flat tire*
seulement *just*   **cadeau** *present*   **soie** *silk*   **d'autres** *other*
soirée *evening*   **fais partie de** *am a member of*   **équipe** *team*
Une centaine *About a hundred*   **repas** *meal*   **rôtit** *roasts*
mouton *sheep*   **à la broche** *on the spit*   **occasion** *chance*
tous *all*   **On s'est bien amusé!** *We had a good time!*
patinoire *skating rink*   **très longtemps** *for a very long time*
repeindre *to repaint*

■ NOTES ■
CULTURELLES

Alger

1 L'Algérie

L'Algérie est un pays° d'Afrique du Nord. C'est une ancienne° colonie française. Aujourd'hui beaucoup de familles d'origine algérienne habitent en France. Dans ces familles, on parle généralement français et arabe.

Comment lire
WORDS WITH SEVERAL MEANINGS

Sometimes a word may have several meanings. For example, the French word **temps** can mean:

weather   Quel beau **temps!**

time   Je n'ai pas le **temps** d'aller au cinéma.

Enrichissez votre vocabulaire
MORE COGNATE PATTERNS

Here are two important cognate patterns that will help you read French more easily.

* French verbs in **-er** sometimes correspond to English verbs in *-ate*.
  situer   *to situate*
  Note also how this pattern works in past participles:
  situé   *situated*

* The circumflex accent on a vowel often indicates that the English cognate contains an "*s.*"
  rôtir   *to roast*
  coûter   *to cost*

Activité

Can you identify the English equivalents of the following French words?

* **séparer indiquer associer apprécier opérer**
  décoré créé libéré illustré agité animé

* **un hôpital une forêt honnête en hâte une hôtesse une île**

---

2 La Belgique

La Belgique est un petit pays situé au nord-est° de la France. Sa capitale, Bruxelles, est un centre européen important. La Belgique est un pays trilingue. Les langues officielles sont le français, le néerlandais *(dutch)* et l'allemand.

pays *country* **ancienne** *former*
nord-est *northeast*

Activité: Une lettre

Imaginez que vous avez passé le weekend avec l'une des cinq personnes. Choisissez cette personne (Carole, Élisabeth, Pierre, Djemila ou Yvan). Dans une lettre, décrivez ce weekend de votre point de vue personnel.

▶ Chers amis,
J'ai passé le weekend avec Carole.
Nous avons...

Variétés

Les quatre erreurs d'Hélène

Pendant les vacances, Hélène Ladoucette, une jeune étudiante québécoise, est allée en Fra[n]
Là, elle a voyagé et elle a visité beaucoup d'endroits différents. Pendant son voyage, elle a é[...]
des cartes postales à ses copains. Dans chaque° carte postale, Hélène a fait une erreur.°
(Les erreurs d'Hélène concernent l'histoire ou la géographie.) Pouvez-vous° trouver ces
erreurs? Lisez° attentivement chaque carte et découvrez° l'erreur qui s'y trouve.°

PARIS

Paris, le 2 juillet

Cher Alain,

Je suis arrivée à Paris samedi dernier. Avant-hier,° j'ai visité Notre-Dame et le musée d'Orsay. Hier, j'ai rendu visite à une copine parisienne. Nous avons fait une promenade sur la Saône en bateau-mouche.° Après, nous sommes allées dans un restaurant qui s'appelle la "Petite Marmite". J'ai mangé des escargots!°

Amitiés,
Hélène

NORMANDIE

Deauville, le

Ma chère Pauline,

Je suis maintenant en No[r...]
Je suis venue ici avec Véroniqu[e]
copine parisienne. Il y a bea[ucoup de]
choses à faire ici. Hier, nous avon[s...]
le Havre, un grand port sur l'Atl[antique]
Aujourd'hui, nous sommes allées [à]
les plages où les soldats° canadie[ns]
américains ont débarqué° en 1844
C'est très impressionnant!°

Amicalement, Hélène

chaque *each* **erreur** *mistake*
Pouvez-vous *Can you* **Lisez** *Read* **découvrez** *discover*
qui s'y trouve *that is there* **Avant hier** *The day before yesterday*
bateau-mouche *sight-seeing boat* **escargots** *snails*
soldats *soldiers* **ont débarqué** *landed* **impressionnant** *impressive*

Lyon, le 10 juillet

chers cousins,

n grand bonjour de Lyon! Je suis
vée ici hier matin. J'ai voyagé en TGV.
TGV est un train très confortable et
s rapide. (Je suis allée de Paris à Lyon
moins de° deux heures!) Lyon est une
lle très moderne et très ancienne aussi.
le a été fondée en 43 avant Jésus-Christ°.
e matin, j'ai visité le musée du Louvre. Là,
j'ai admiré les antiquités romaines°.

Affectueusement,
Hélène

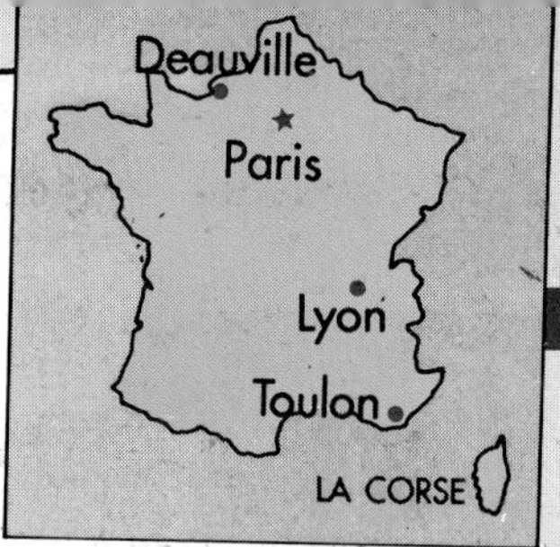

Toulon, le 15 juillet

Ma chère Michèle,
Je suis arrivée ici hier, 14 juillet, pour
la fête nationale française. Le matin, j'ai
vu un défilé° militaire. Le soir, j'ai assisté
aux feux d'artifice° et j'ai dansé dans les rues.
Toulon est situé sur la Méditerranée.
Demain, je vais aller en Corse° en bateau.
La Corse est une île italienne très
célèbre° parce que c'est là que Napoléon
est né.°

Je t'embrasse,
Hélène

QUATRE ERREURS D'HÉLÈNE:

1. Paris est situé sur la Seine, et non sur la Saône.   2. Les sold-
canadiens et américains ont débarqué en Normandie en 1944,
non en 1844.   3. Le musée du Louvre est à Paris, pas à Lyon.
4. La Corse est une île française, et non italienne.

moins de *less than*   **43 avant Jésus-Christ** *43 B.C.*   **romaines** *Roman*
défilé *parade*   **feux d'artifices** *fireworks*   **Corse** *Corsica*   **célèbre** *famous*
est né *was born*

UNITÉ

9

Les repas

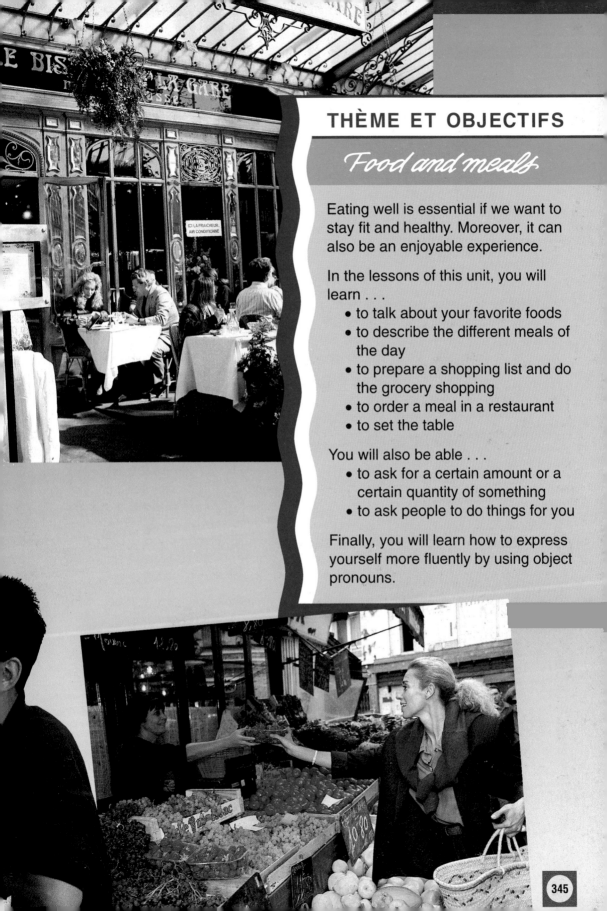

THÈME ET OBJECTIFS

Food and meals

Eating well is essential if we want to stay fit and healthy. Moreover, it can also be an enjoyable experience.

In the lessons of this unit, you will learn . . .
- to talk about your favorite foods
- to describe the different meals of the day
- to prepare a shopping list and do the grocery shopping
- to order a meal in a restaurant
- to set the table

You will also be able . . .
- to ask for a certain amount or a certain quantity of something
- to ask people to do things for you

Finally, you will learn how to express yourself more fluently by using object pronouns.

LEÇON 33

Les repas et la nourriture

LE FRANÇAIS PRATIQUE

Accent sur ... Les repas français

For French people, a meal is more than just food served on a plate. It is a social occasion in which family and friends sit down together to enjoy one another's company. French meals are different from American meals not only in terms of the foods and beverages that are served, but also in the way these foods are presented and in the order in which they are served.

- **Le petit déjeuner** (*Breakfast*)
  The French **petit déjeuner** is simpler and not as abundant as the American breakfast. Usually consists of bread, warm toast **(du pain grillé)** or dry toast **(des biscottes),** eaten with butter and jam. Children drink hot milk with coffee **(du café au lait)** or hot chocolate served in deep bowls. On Sundays or special occasions the first person up may go out to buy fresh croissants.

- **Le déjeuner** (*Lunch*)
  The French **déjeuner** is traditionally the main meal of the day. It begins with one or several appetizers **(les hors-d'oeuvre),** such as salami, cucumber salad, radishes, or grated carrots. Next, comes the main course **(le plat principal),** which may be a meat or fish dish accompanied by vegetables. This is followed by a green salad, a cheese course, and a dessert. Children drink water, mineral water, apple cider, or carbonated fruit juices. Adults drink mineral water and sometimes may enjoy a glass of wine. When coffee is served, it always comes at the very end of the meal.

e goûter (*Afternoon snack*)

When children come back from chool, they often have a light nack which traditionally consists f bread and a piece of chocolate. ome days they may stop at the astry shop (**la pâtisserie**) for **pain au chocolat** (a croissant-ke pastry with chocolate inside).

e dîner (*Supper*)

n France, supper is served between seven and eight o'clock. It is traditionally a impler meal than lunch, consisting of soup, a light main course (such as a slice of am, an omelet, pasta, or a light meat dish), and then a green salad and a simple essert (yogurt or fruit).

Supper is a sit-down meal, served once everyone is home. This is the occasion for arents and children to spend time together and talk about the events of the day. (In rance, children are not allowed to go to the refrigerator and fix their own meals. hey are expected to sit down at the table and are not excused until everyone is inished.)

A. Les repas et la table

À quelle heure est-ce que tu prends le petit déjeuner?

Je prends le à sept heu...

▶ *How to talk about meals:*

—En général, à quelle heure est-ce que
tu **prends le petit déjeuner** *(have breakfast)*?
—Je prends le petit déjeuner à sept heures et
demie.
—Où est-ce que tu vas **déjeuner** *(to have
lunch)* aujourd'hui?
—Je vais déjeuner à **la cantine
de l'école** *(school cafeteria)*.

Les repas et la nourriture

NOMS

un repas	meal
le petit déjeuner	breakfast
le déjeuner	lunch
le dîner	dinner
la nourriture	food
la cuisine	cooking, cuisine

VERBES

prendre le petit déjeuner	to have breakfast
déjeuner	to have lunch
dîner	to have dinner

—Tu peux **mettre** *(set)* la table?
—D'accord. Je vais mettre la table.

un verre   une tasse

une cuillère

une assiette   une serviette

une fourchette   un couteau

t toi?

xprime tes préférences. Pour cela complète les phrases suivantes.

Mon repas préféré est …
- le petit déjeuner
- le dîner
- le déjeuner

Je préfère déjeuner …
- chez moi
- à la cantine de l'école
- dans un fast-food
- … ?

En général, la nourriture de la cantine de l'école est …
- excellente
- bonne
- mauvaise
- … ?

Je préfère dîner …
- chez moi
- chez mes copains
- au restaurant
- … ?

Je préfère la nourriture …
- mexicaine
- italienne
- chinoise
- … ?

Quand je dois aider avec le dîner, je préfère …
- préparer la salade
- mettre la table
- laver les assiettes
- … ?

Questions personnelles

À quelle heure est-ce que tu prends ton petit déjeuner le lundi? Et le dimanche?

En général, à quelle heure est-ce que tu dînes?

Où est-ce que tu déjeunes pendant la semaine? le samedi? le dimanche?

Où est-ce que tu as déjeuné hier? Avec qui?

Où est-ce que tu vas dîner ce soir? Avec qui?

Est-ce que tu vas souvent au restaurant? Quand? Avec qui? Quel est ton restaurant préféré?

Est-ce que tu as jamais *(ever)* déjeuné dans un restaurant français? (dans un restaurant mexicain? dans un restaurant italien? dans un restaurant chinois? dans un restaurant vietnamien?) Quand et avec qui?

Est-ce que tu mets la table chez toi? Qui a mis la table pour le petit déjeuner? Et pour le dîner?

3 Au restaurant

Vous êtes dans un restaurant français. Vous avez commandé *(ordered)* les choses suivantes. Le serveur a oublié *(forgot)* d'apporter le nécessaire (les ustensiles, etc.).

▶ pour le jus d'orange

Monsieur, je voudrais un verre pour le jus d'orange.

Pardon. Voici un verre.

1. pour l'eau minérale *(mineral water)*
2. pour le thé
3. pour la soupe
4. pour les frites
5. pour le steak
6. pour le gâteau *(cake)*

B. La nourriture et les boissons

▶ *How to express food preferences:*

— Est-ce que tu aimes **le poisson** *(fish)*?
— Oui, j'aime le poisson mais je préfère **la viande** *(meat)*.
— Quelle viande est-ce que tu aimes?
— J'aime **le rosbif** *(roast beef)* et **le poulet** *(chicken)*.

Quelle viande est-ce
tu aimes?

Les plats *(m.)*
(Dishes)

Les Plats

**Pour le déjeuner
et le dîner**

Les hors-d'oeuvre *(m.)*
(appetizers)

la soupe

le jambon
(ham)

le saucisson
(salami)

la sole

Le poisson
(fish)

le thon
(tuna)

La viande
(meat)

Pour le petit déjeuner

le veau
(veal)

le rosbif

le pain

la confiture

le poulet

Les autres plats
(other dishes)

le beurre

les céréales *(f.)*

un oeuf

les frites *(f.)*
(French fries)

les spaghetti *(m.)*

J'aime le rosbif et le poulet.

aimer	to like	Alice **aime** le poulet.
préférer	to prefer	Philippe **préfère** le rosbif.
détester	to hate	Paul **déteste** le poisson.

Les Plats

Les ingrédients (m.)

la mayonnaise

le ketchup

le sucre
(sugar)

le sel
(salt)

La salade et le fromage

le fromage
(cheese)

la salade
(lettuce)

le yaourt

Le dessert

le gâteau
(cake)

la glace
(ice cream)

la tarte
(pie)

Les boissons
(une boisson)
(drink, beverage)

le jus
d'orange

le thé
glacé
(iced tea)

l'eau (f.)
(water)

le jus
de pomme
(apple juice)

le lait
(milk)

l'eau
minérale

4 Vous aimez ça?

Dites si oui ou non vous aimez les choses suivantes.

- J'aime …
- J'aime beaucoup …
- Je n'aime pas …
- Je déteste …

Je n'aime pas le fromage.

J'aime le fromage.

5 Dîner avec André

Vous dînez avec André, un ami canadien. Demandez à André de passer les choses suivantes.

▶ —S'il te plaît, André, passe-moi le pain.
—Tiens. Voilà le pain.
—Merci.

6 La Petite Marmite

Vous dînez au restaurant français La Petite Marmite. garçon demande ce que vous préférez. Répondez-lui.

Vous avez choisi?

Oui, j'ai c la soup

La Petite Marmite
menu

- soupe / saucisson
- viande / poisson
- poulet / veau
- sole / thon
- frites / spaghetti
- fromage / salade
- yaourt / glace
- tarte / gâteau
- thé / café

Dans le réfrigérateur ou sur la table?

Choisissez un produit et demandez à vos camarades où est le produit. Ils vont dire si le produit est dans le réfrigérateur ou sur la table.

▶ Où est la confiture?

Elle est sur la table.

Les préférences

Indiquez les préférences culinaires des personnes suivantes en complétant les phrases.

1. J'aime . . .
2. Je déteste . . .
3. Ma mère aime . . .
4. Mon petit frère (ma petite soeur) déteste . . .
5. Mon copain aime . . .
6. Ma copine déteste . . .
7. Les enfants aiment . . .
8. En général, les Italiens aiment . . .
9. En général, les Japonais aiment . . .

9 Les courses *(Food shopping)*

Vous passez les vacances en France avec votre famille. Faites la liste des courses pour les repas suivants.

▶ un repas végétarien

L I S T E

▶ *Un repas*
végétarien:
– oeufs
– salade
– fromage
– pain
– yaourt
– eau minérale

1. un pique-nique à la campagne
2. un bon petit déjeuner
3. un repas d'anniversaire
4. le dîner de ce soir
5. le déjeuner de demain
6. un repas de régime *(diet)*

C. Les fruits et les légumes *(Fruits and vegetables)*

How to shop for food:

À la maison

— Où vas-tu?
— Je vais au **marché.**
 Je vais **faire les courses** *(to do the food shopping).*
— Qu'est-ce que tu vas acheter?
— Je vais acheter des **tomates** et des **oranges.**

Au marché

— Pardon, madame. Combien coûtent les **pommes?**
— Elles coûtent trois euros le kilo.
— Donnez-moi deux **kilos de** pom s'il vous plaît.
— Voilà. Ça fait six euros.

Où vas-tu?

Je vais au marché.

Pardon, madame. Combien coûtent les pomme

Elles coûtent trois euros le kilo.

---

10 Qu'est-ce que vous préférez?

Indiquez vos préférences.

▶ pour le petit déjeuner: un oeuf ou des céréales? **Je préfère des céréales.**

1. pour le petit déjeuner: un pamplemousse ou une banane?
2. après le déjeuner: une pomme ou une poire?
3. avec le poulet: des haricots verts ou des petits pois?
4. avec le steak: des pommes de terre ou des carottes?
5. comme *(as)* salade: une salade de tomates ou une salade de concombres *(cucumbers)*?
6. pour le dessert: une tarte aux cerises ou une tarte aux poires?
7. comme glace: une glace à la vanille ou une glace à la fraise?

---

11 Les achats

Vos copains reviennent du marché.
Demandez ce qu'ils ont acheté.

▶ —Qu'est-ce que tu as acheté au marché?
 — J'ai acheté des carottes et des tomates.

uits (un fruit)

une banane

ange

ne pomme   une poire

aise   une cerise

un pamplemousse

Les légumes
(un légume)

une tomate   une pomme
de terre

une carotte

une salade

des petits pois (m.)
(peas)

des haricots
verts (m.)

■ NOTE ■
CULTURELLE

Le marché

In France, as in the United States, most people do their food shopping at the supermarket **(le supermarché).** However, to have fresher fruits and vegetables, many people still go to the local open-air market **(le marché)** where farmers come to sell their produce.

QUANTITÉS

livre (de)	*pound*	
ilo (de)	*kilo (2.2 pounds)*	
douzaine (de)	*dozen*	

Donnez-moi | **une livre de** tomates.
| **un kilo de** pommes.
| **une douzaine d'**oeufs.

u marché

ous êtes au marché. Demandez au vendeur combien coûtent certaines choses.
ites aussi quelle quantité vous voulez acheter.

monsieur.
en coûtent
es de terre?

Elles coûtent
deux euros le kilo.

Alors, donnez-moi deux kilos
de pommes de terre,
s'il vous plaît.

Voici. Ça fait
quatre euros.

s	3 euros la douzaine	3 euros la livre	4 euros la douzaine	3,50 euros la livre	3,50 euros la livre	3 euros le kilo	2,50 euros le kilo	4 euros la livre
	1 douzaine	1 livre	2 douzaines	2 livres	1 livre	3 kilos	1 kilo	1 livre

À votre tour!

1 Créa-dialogue

Vous êtes à Deauville avec un(e) ami(e).
Essayez de découvrir *(try to discover)* ce que
votre ami(e) aime manger. Proposez à
votre ami(e) de déjeuner dans le restaurant
correspondant à ses préférences.

▶ —Tu aimes <u>la viande?</u> ▶
   —Non, je n'aime pas <u>la viande.</u>
   —Tu aimes <u>les légumes?</u>
   —Non, je n'aime pas <u>les légumes.</u>
   —Tu aimes <u>le poisson?</u>
   —Oui, j'aime beaucoup <u>le poisson.</u>
   —On déjeune <u>à La Marine?</u>
   —D'accord.

la marine
spécialités
de la mer

CHEZ RIGOLETTO

spécialités italiennes

1

AU PALAIS DES GLACES

spécialités
de glaces

2

À la Normandie

spécialités
de fromages

3

À LA CAMPAGNE

Restaurant végétarien

4

L'Auvergnat
spécialités
de jambon

5

CHEZ OBÉLIX
spécialités
de bonnes
viandes

6

*Au pe...
gourma...*
ses glaces et ses...

7

2 Conversation dirigée

Avec un(e) camarade, composez un dialogue basé sur les instructions suivantes. C'est
samedi aujourd'hui. Ce matin Marc et Juliette ont fait des achats en ville. Il est midi et demi
maintenant.

Marc			**Ju...**
asks Juliette if she is hungry	⇄	says she is very hungry	
asks her if she wants to have lunch	↗	answers yes	
asks if she likes Italian cooking (**la cuisine italienne**)	↗	says that she prefers French cooking	
asks her if she likes meat	↗	says she does, but that she also likes vegetables	
suggests they go to La Campagne	→	accepts	

Composition: À la pension

This summer you are going to spend two weeks in France with your family. There are five people in your family and you are going to stay in a **pension** *(an inn offering a room and all meals)*. Write a letter to the owner saying what each family member likes or does not like to eat. Use your imagination.

> *le 18 mai*
>
> *Chère Madame,*
> *J'aime . . .*
> *Je n'aime pas . . .*
> *Mon père aime . . .*
> *Il n'aime pas . . .*
> *Ma mère . . .*
> *Mon frère . . .*
> *Ma sœur . . .*

Au «Départ»

Vous êtes à Paris avec des copains. Il est une heure et vous avez faim. Vous allez déjeuner dans le café suivant.

Regardez bien les illustrations.

Comment s'appelle le café?
Où est-il situé?

Regardez le menu et choisissez un sandwich ou une salade et un dessert (crêpe ou pâtisserie).

Qu'est-ce que vous avez choisi?
Combien coûte le sandwich ou la salade? le dessert?
Quel est le prix total de votre repas?

LE DÉPART

1, Place Saint-Michel
75005 PARIS

Salades Composées

SALADE NIÇOISE ....**7€**
salade, thon, olives, tomates, oeuf dur, anchois, poivron
lettuce, tuna, olives, tomatoes, hard-boiled egg, anchovies, sweet pepper

SALADE 4 SAISONS ....**6€**
crudités de saison
vegetables in season

SALADE SAINT-MICHEL ....**6€**
salade, jambon épaule, comté, pomme fruit
lettuce, ham, Comté cheese, apples

SALADE MIXTE ....**5€**
salade, tomates, oeuf dur
lettuce, tomatoes, hard-boiled egg

SALADE DE POULET ....**7€**
salade, poulet, comté, mayonnaise
lettuce, chicken, Comté cheese, mayonnaise

SALADE CAMPAGNARDE ....**7€**
Salade, pommes de terre l'huile, cantal, jambon cru
Lettuce, potato salad, Cantal cheese, country ham

SALADE VERTE ....**4€**
Green salad

Sandwichs

Rillettes paysannes ....**3€**
Country minced potted pork

Pâté du Quercy ....**3€**
Quercy style meat pie

Jambon de Paris ....**3€**
Paris ham

Saucisson d'Auvergne ....**3€**
Dry sausage from Auvergne

Le Végétarien ....**5€**
salade tomate, oeuf dur
lettuce, tomato, hard-boiled egg

Fromage ....**3€**
Cheese

Mixte (jambon et gruyére) ....**5€**
Combination (ham and Gruyère cheese)

Club Sandwich ....**6€**
Poulet, tomate, oeuf dur, salade, mayonnaise
Chicken, tomato, hard-boiled egg, lettuce, mayonnaise

Saucisses chaudes ....**5€**
Hot sausages

Crêpes Maison

Crêpe au sucre ....**3€**
Pancake sprinkled with sugar

Crêpe à la confiture ....**4€**
Groseille, abricot, fraise
Pancake with red currant, apricot, or strawberry jam

Crêpe aux noix et crème de cassis ....**6€**
Pancake with nuts and black currant cream

Crêpe aux marrons et Chantilly ....**6€**
Pancake with chestnuts and whipped cream

Crêpe au miel ....**5€**
Pancake with honey

Crêpe au Grand-Marnier .....**6€**
Pancake with Grand-Marnier

Crêpe Belle-Époque ....**7€**
Banane fruit, glace vanille, noisettes, Chantilly
Pancake with bananas, vanilla ice cream, hazelnuts, whipped cream

Crêpe au chocolat ....**5€**
Pancake with chocolate sauce

Pâtisseries

Tarte du jour ....**5€**
Tart of the day

Tarte aux pommes ....**5€**
Apple tart

Tarte aux fraises (selon saison) ....**6€**
Strawberry tart (in season)

Salade de fruits rafraîchis ....**5€**
Cold fruit salad

Gâteau du jour ....**5€**
Cake of the day

Tarte Tatin chaude ....**6€**
Hot Tatin tart

Tarte Tatin chaude, crème fraîche ....**7€**
Hot Tatin tart with cream

PRIX SERVICE COMPRIS (15%)

34

À la cantine

Il est midi et demi. Sophie va à la cantine. Elle rencontre Jean-Paul.

SOPHIE:	Est-ce que tu veux déjeuner avec moi?
JEAN-PAUL:	Ça dépend. Qu'est-ce qu'il y a aujourd'hui?
SOPHIE:	Il y a du poisson!
JEAN-PAUL:	Du poisson?
SOPHIE:	Oui, du poisson.
JEAN-PAUL:	Quelle horreur! Bon, aujourd'hui, *How disgusting!*
	je ne veux pas déjeuner.
SOPHIE:	Il y a aussi du gâteau.
JEAN-PAUL:	Du gâteau! Hm . . .
SOPHIE:	Et de la glace!
JEAN-PAUL:	Une minute . . . je vais prendre un plateau. *to take/tray*

Compréhension

1. À quelle heure est-ce que Sophie va déjeuner?
2. Qui est-ce qu'elle rencontre?
3. Est-ce que Jean-Paul aime le poisson?
4. Qu'est-ce qu'il aime?
5. Est-ce qu'il va déjeuner avec Sophie? Pourquoi?

En général, où est-ce que tu déjeunes?

À quelle heure est-ce que tu déjeunes?

En général, est-ce que tu aimes la nourriture de la cantine?

Qu'est-ce que tu fais quand tu n'aimes pas la nourriture de la cantine?

NOTE ■
CULTURELLE

À la cantine

Où est-ce que tu déjeunes pendant la semaine? Quand on habite près de l'école, on peut° rentrer à la maison. Quand on habite loin, on déjeune à la cantine. À midi, beaucoup de jeunes Français déjeunent à la cantine de leur école.

À la cantine, chacun° prend° un plateau et va chercher° sa nourriture. Cette nourriture est généralement bonne, abondante° et variée. Le menu change chaque° jour de la semaine. Un repas typique inclut° les plats suivants:

- **un hors-d'oeuvre**
  salade de concombres,
  salade de pommes de terre,
  carottes râpées,° jambon . . .

- **un plat principal° chaud**
  poulet, steak, côtelette de porc°

- **une garniture°**
  spaghetti, frites, petits pois,
  purée de pommes de terre°

- **une salade verte**

- **du fromage**

- **un dessert**
  glace ou fruit

- **une boisson**
  eau minérale, limonade, jus de fruit

Où est-ce que tu préférerais° déjeuner?
À ton école ou dans une école française?

peut *can* **chacun** *each one* **prend** *takes* **chercher** *to get* **abondante** *plentiful* **chaque** *each*
inclut *includes* **râpées** *grated* **principal** *main* **côtelette de porc** *pork chop* **garniture** *side dish*
purée de pommes de terre *mashed potatoes* **est-ce que tu préférerais** *would you prefer*

A. Le verbe *vouloir*

Note the forms of the irregular verb **vouloir** *(to want)*.

INFINITIVE	**vouloir**	
PRESENT	Je **veux** aller au café.	Nous **voulons** une glace.
	Tu **veux** déjeuner.	Vous **voulez** des spaghetti.
	Il / Elle / On **veut** dîner.	Ils / Elles **veulent** des frites.
PASSÉ COMPOSÉ	J'**ai voulu** dîner chez Maxim's.	

➡ When making a request, French people often use
je voudrais *(I would like)*, which is more polite than **je veux** *(I want)*.

> **Je voudrais** un café.　　**I would like** a cup of coffee.
> **Je voudrais** dîner.　　**I would like** to have dinner.

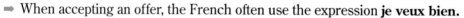

➡ When accepting an offer, the French often use the expression **je veux bien.**

> — Est-ce que tu veux déjeuner avec moi?　　*Do you want to have lunch with me?*
> — Oui, **je veux bien.**　　*Yes, **I do.** (Yes, I want to.)*

---

1 Vive la différence!

Nous sommes samedi. Des amis vont en ville. Pour le déjeuner, chacun veut faire des choses différentes.

▶ Cécile / aller dans un café
　Cécile veut aller dans un café.

1. nous / manger des frites
2. toi / manger une pizza
3. vous / aller dans un restaurant italien
4. moi / aller dans un restaurant chinois
5. Patrick et Alain / déjeuner à midi
6. Isabelle / déjeuner à une heure

2 Oui ou non?

Dites si oui ou non les personnes entre parenthèses veulent faire les choses indiquées.

▶ Il est midi. (nous / déjeuner?)
　Oui, nous voulons déjeuner.

▶ C'est samedi. (les élèves / étudier?)
　Non, les élèves ne veulent pas étudier.

1. Il fait froid. (Éric / jouer au foot?)
2. Il fait beau. (mes copains / aller à la plage?)
3. La nourriture est mauvaise. (vous / déjeuner à la cantine?)
4. Il y a des spaghetti. (moi / dîner?)
5. Il y a une excellente comédie. (toi / regarder la télé?)
6. C'est dimanche. (nous / travailler)

---

3 Expression personnelle

Complétez les phrases suivantes avec une expression personnelle.

1. Ce weekend, je voudrais …
　Je ne veux pas …
2. Cet été, je voudrais …
　Je ne veux pas …
3. Après l'école, je voudrais …
　Je ne veux pas …
4. Dans la vie *(life)*, je voudrais …
　Je ne veux pas …

Le verbe *prendre*

the forms of the irregular verb **prendre** *(to take)*.

FINITIVE	prendre	
RESENT	Je **prends** une pizza. Tu **prends** un sandwich. Il / Elle / On **prend** une salade.	Nous **prenons** le train. Vous **prenez** l'avion. Ils / Elles **prennent** des photos.
ASSÉ COMPOSÉ	J'**ai pris** un steak.	

e singular forms of **prendre** follow the pattern of regular -re verbs. The plural forms e irregular.

ocabulaire: Verbes comme *prendre*

rendre	to take	Nous **prenons** le métro.
	to have (food)	Est-ce que tu **prends** un café?
pprendre	to learn	Nous **apprenons** le français.
pprendre à + inf.	to learn how to	Sophie **apprend à** jouer de la guitare.
omprendre	to understand	Est-ce que vous **comprenez** quand le professeur parle français?

u'est-ce qu'ils prennent?

tes ce que les personnes ivantes prennent. Pour cela, oisissez une expression logique la liste.

Philippe a faim.
Il prend un steak et des frites.

J'ai très soif.
Vous n'avez pas très faim.
Hélène a un nouvel appareil-photo.
Tu vas à l'aéroport.
Nous allons à l'école.
Les touristes vont à la Statue de la Liberté.

ateau	une salade
axi	une limonade
s	un steak et des frites
photos	

5 Questions personnelles

1. À quelle heure est-ce que tu prends le petit déjeuner le lundi? Et le dimanche?
2. Est-ce que tu prends le bus pour aller à l'école? Et tes copains?
3. Est-ce que tu prends des photos? Avec quel appareil?
4. Quand tu fais un grand voyage, est-ce que tu prends l'autocar? le train? l'avion?
5. Est-ce que tu apprends le français? l'italien? l'espagnol? Et ton copain?
6. Est-ce que tu apprends à jouer du piano? à jouer de la guitare? à faire du ski? à faire de la planche à voile?
7. Où est-ce que tu as appris à nager? À quel âge?
8. Est-ce que tu comprends bien quand le professeur parle français? Et les autres *(other)* élèves?
9. À ton avis, est-ce que les adultes comprennent les jeunes? Est-ce que les jeunes comprennent les adultes?

C. L'article partitif: *du, de la*

Learning about language

The pictures on the left represent _whole_ items: a whole chicken, a whole cake, a whole head of lettuce, a whole fish. The nouns are introduced by INDEFINITE ARTICLES: **un, une.**

The pictures on the right represent a _part_ or _some quantity_ of these items: a serving of chicken, a slice of cake, some leaves of lettuce, a piece of fish. The nouns are introduced by PARTITIVE ARTICLES: **du, de la.**

Voici . . .

Voilà . . .

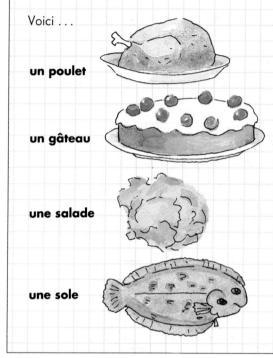

un poulet

du poulet

un gâteau

du gâteau

une salade

de la salade

une sole

de la sole

FORMS

The PARTITIVE ARTICLE is used to refer to A CERTAIN QUANTITY or A CERTAIN AMOUNT OF SOMETHING corresponds to the English *some* or *any.* It has the following forms:

MASCULINE	**du** *some*	**du** fromage, **du** pain
FEMININE	**de la** *some*	**de la** salade, **de la** limonade

→ Note that **du** and **de la** become **de l'** before a vowel sound.

de l'eau minérale

Mangez chaque jour...
**du fromage, de la viande,
des fruits et du pain.**

 Santé et Bien-être social   Health and Welfare
Canada   Canada

ow the partitive article is used in the sentences below.

lippe mange **du** fromage.   *Philippe is eating (some) cheese.*
us prenons **de la** salade.   *We are having (some) salad.*

st-ce que tu veux **du** lait?   *Do you want (any, some) milk?*
Non, mais je voudrais **de l'**eau.   *No, but I would like some water.*

ile the words *some* or *any* are often omitted in English, the articles **du** and **de la** must be used
rench.

titive articles may also be used with nouns designating things other than foods and
erages. For example:

u as **de l'argent?**   *Do you have (any) money?*

ve articles are often, but not always, used after the following expressions and verbs.

ci	**Voici du** pain.	*Here is (some) bread.*
là	**Voilà de la** mayonnaise.	*Here is (some) mayonnaise.*
a	Est-ce qu'**il y a de la** salade?	*Is there (any) salad?*
eter	Nous **achetons du** fromage.	*We are buying (some) cheese.*
ir	Est-ce que tu **as de la** limonade?	*Do you have (any) lemon soda?*
nger	Marc **mange du** rosbif.	*Marc is eating (some) roast beef.*
endre	Est-ce que vous **prenez du** café?	*Are you having (any) coffee?*
loir	Est-ce que tu **veux de la** glace?	*Do you want (any) ice cream?*

Voici un gâteau.

Voici du gâteau.

e menu ──────────

us avez préparé un dîner pour le Club Français. Dites à un(e) camarade ce qu'il y a
menu.

la viande   **Il y a de la viande.**

le rosbif	3. la salade	5. la glace	7. l'eau minérale
le poulet	4. le fromage	6. la tarte	8. le jus d'orange

7 Au choix

Vous déjeunez avec votre famille. Offrez aux membres de votre famille le choix entre les choses suivantes. Ils vont indiquer leurs préférences.

▶ le lait ou l'eau minérale?

> Tu veux du lait ou de l'eau minérale?

> Je voudrais de l'eau minérale.

1. la soupe ou la salade?
2. le poisson ou la viande?
3. le rosbif ou le poulet?
4. le ketchup ou la mayonnaise?
5. le fromage ou le yaourt?
6. le beurre ou la margarine?
7. le gâteau ou la tarte?
8. le jus d'orange ou le jus de pomme?

8 Qu'est-ce qu'on met?

Dites quels produits de la liste on met dans ou sur les choses suivantes.

▶ On met <u>du beurre</u> (<u>de la confiture</u>) sur le pain.

1. On met … dans le café.
2. On met … dans le thé.
3. On met … dans la soupe.
4. On met … dans un sandwich.
5. On met … sur un hamburger.
6. On met … sur un hot dog.
7. On met … dans les céréales.
8. On met … sur un toast.

> **le fromage**
> **le jambon**
> **le beurre**
> **la confiture**
> **le ketchup**
> **la mayonnaise**
> **le sel**
> **la crème**
> **le sucre**
> **la moutarde** (mustard)
> **le lait**

9 Les courses

M. Simon a fait les courses. Dites ce qu'il a acheté.

▶ **Il a acheté de la viande.**

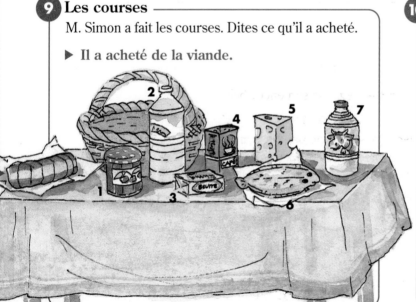

10 Le cochon d'or

Jacqueline est allée au restaurant. Voici l'addition. Dites ce qu'elle a pris.

▶ **Jacqueline a pris de la salade de tomates.**

RESTAUR
Le Cochon

▶

> salade de tomates
> jambon
> poulet
> salade
> fromage
> glace
> eau minérale
> café

1 café

café, une cliente demande
choses suivantes. Le serveur
porte ces choses.

> S'il vous plaît, monsieur,
> je voudrais du café.

> Voici du café,
> mademoiselle.

enus

éparez des menus pour les personnes suivantes. Dites ce que vous allez acheter
ur chaque personne.

une personne qui aime manger
Je vais acheter du rosbif, du fromage, de la glace . . .

une personne malade *(sick)*
un(e) athlète
un petit enfant
un végétarien (une végétarienne)

5. une personne qui veut maigrir
6. un invité *(guest)* japonais
7. une invitée française

L'article partitif dans les phrases négatives

the forms of the partitive articles in the negative sentences below.

AFFIRMATIVE	NEGATIVE	
nanges **du jambon?**	Non, je **ne** mange **pas de jambon.**	*No, I don't eat ham.*
eux **de la salade?**	Non, merci, je **ne** veux **pas de salade.**	*Thanks, I don't want any salad.*
e qu'il y a **de l'eau minérale?**	Non, il **n'y** a **pas d'eau minérale.**	*No, there is no mineral water.*

negative sentences, the PARTITIVE ARTICLE follows the pattern:

du, de la (de l')	→	ne . . . pas de (d')
Marc prend **du** café.		Éric **ne** prend **pas de** café.
Sophie prend **de la** limonade.		Alain **ne** prend **pas de** limonade.
Anne prend **de l'**eau.		Nicole ne prend **pas d'**eau.

13 Un mauvais restaurant

Une cliente demande au serveur s'il y a certaines choses au menu. Le serveur répond négativement.

▶ le rosbif

Est-ce que vous avez du rosbif?

Je regrette mademoiselle, mais nous n'avons pas de rosbif.

1. le jambon	6. le yaourt
2. le melon	7. le jus de pamplemousse
3. le thon	8. l'eau minérale
4. la sole	9. le champagne
5. le veau	

14 Au régime *(On a diet)*

Les personnes suivantes sont au régime parce qu'elles veulent maigrir. Répondez négativement aux questions suivantes.

▶ — Est-ce qu'Anne mange du pain?
— Non, elle ne mange pas de pain.

1. Est-ce que Marc prend de la mayonnaise?
2. Est-ce que Pauline veut du gâteau?
3. Est-ce que Jean-Pierre mange de la glace?
4. Est-ce qu'Alice prend du beurre?
5. Est-ce que Monsieur Ledodu veut de la tarte?
6. Est-ce que Mademoiselle Poi met de la crème dans son café?

15 Conversation

Demandez à vos camarades s'ils mangent souvent les choses suivantes.

▶ du poisson

1. de la glace	6. de la soupe
2. du veau	7. du rosbif
3. du pain français	8. du poulet
4. du fromage français	9. du thon
5. de la tarte aux fraises	

Est-ce que vous mangez souvent du poisson?

Oui, je souvent d

Non, je ne mange pas souvent de poisson.

16 Dans le réfrigérateur

Vous préparez le dîner. Demandez à un(e) camarade s'il y a les choses suivantes dans le réfrigérateur.

▶ le lait
— Est-ce qu'il y a du lait?
— Non, il n'y a pas de lait.

1. le jus d'orange?	6. l'eau minérale?
2. le pain?	7. le jus de pomme?
3. la glace?	8. le fromage?
4. le beurre?	9. la mayonnaise?
5. le jambon?	10. le ketchup?

Le verbe *boire*

the forms of the irregular verb **boire** *(to drink)*.

FINITIVE	boire	
ESENT	Je **bois** du lait. Tu **bois** de l'eau. Il/Elle/On **boit** du soda.	Nous **buvons** du café. Vous **buvez** du thé glacé. Ils/Elles **boivent** du jus d'orange.
ASSÉ COMPOSÉ	J'**ai** **bu** du jus de tomate.	

que-nique

ilippe a organisé un pique-nique avec ses amis. Chacun *(Each person)* boit
elque chose de différent.

▶ **Philippe boit de l'eau.**

| ilippe | 1. nous | 2. toi | 3. vous | 4. Cécile | 5. mes copains | 6. moi |

pression personnelle

mplétez les phrases suivantes
ec la forme appropriée du verbe
ire et une expression de votre
oix. Attention: utilisez le passé
mposé dans les phrases 6 à 8.

Au petit déjeuner, je …
Au petit déjeuner, mes
parents …
À la cantine de l'école, nous …
Quand il fait chaud, on …
Quand il fait froid, on …
Hier soir au dîner, j' …
Hier matin, au petit déjeuner,
ma mère …
À la dernière boum, nous …

▶ ▶ ▶ ▶ ▶ ▶ ▶ ▶ ▶ ▶ ▶ ▶ ▶ ▶ ▶

À votre tour!

1 Allô!

Reconstituez la conversation entre Frédéric et Sandrine. Pour cela, faites correspondre les réponses de Sandrine avec les questions de Frédéric.

1 Tu dînes au restaurant ce soir?

2 Tu as fait les courses?

3 Qu'est-ce que tu as acheté?

4 Tu n'as pas acheté de viande?

5 C'est vrai. Et pour le dessert, tu as acheté de la glace?

a. Oui, je suis allée au supe[r]
   ce matin.
b. Du riz, des oeufs, de la sa[uce]
   du fromage.
c. Non, j'ai pris un gâteau a[u]
d. Non, j'ai invité mon copa[in]
   à dîner chez moi.
e. Mais non, tu sais *(know)*
   que Fabien est végétarie[n]

2 Dis-moi …

I will tell you about my breakfast this morning.

- J'ai pris le petit déjeuner à sept heures.
- J'ai mangé du pain avec du beurre et de la confiture.
- J'ai bu du café noir.

*Now choose one of the meals you[...]
had yesterday and tell me …*

- *at what time you had that meal*
- *what you ate*
- *what you drank*

3 Créa-dialogue

Avec vos camarades, décrivez où vous êtes allé(e)s et ce que vous avez fait aux endroits suivants.

au supermarché **acheter**

Où es-tu allée?

Je suis [...]
au super[...]

Qu'est-ce que tu as acheté?

J'ai acheté du pain, du lait et de la confiture.

ec un(e) camarade, composez un
logue correspondant à la situation
ivante et jouez ce dialogue en classe.

are talking to Florence, a French friend
ed by your classmate). You have just
ed her for dinner, but you understand
s on a special diet. Try to find out:

hat she eats
hat she does not eat
hat she drinks
hat she does not drink

5 Conversation libre

Avec un(e) camarade, composez un
dialogue original basé sur la situation
suivante.

You and your friend Caroline are in
charge of the French Club picnic. Now
you are walking up and down the aisles
of a supermarket, discussing what things
to buy or not to buy. For example:

▶ —Est-ce qu'on achète du pain?
—Oui, achetons du pain.
(Non, n'achetons pas de pain.
J'ai du pain à la maison.)

mposition: Un bon repas

ink of a nice meal you had not
long ago — perhaps for a
thday or special holiday. Using
passé composé, write a short
ragraph in which you
scribe ...

when, where, and with whom
you had that meal
what you ate and drank

Comment dit-on . . . ?

How to show your appreciation for good food:

Hm... C'est délicieux!   **C'est exquis!**   **C'est fameux!**

HM... C'EST DÉLICIEUX!   C'EST EXQUIS!   C'EST FAMEUX

à la cantine manger	2. au restaurant manger	3. au marché acheter	4. à la boum boire

5. à la cuisine prendre	6. au café boire	7. dans un restaurant chinois ??

LEÇON 35

Un client difficile

M. Ronchon a beaucoup d'appétit . . . mais pas beaucoup de patience. <u>En fait</u>, M. Ronchon est rarement <u>de bonne humeur</u>. Et quand il est de mauvaise humeur, c'est un client difficile. Aujourd'hui, par exemple, au restaurant . . .

As a mat[ter]
a good
for instar[ce]

—<u>Garçon</u>!
—J'arrive!
—Qu'est-ce que vous avez <u>comme</u> hors-d'oeuvre?
—Nous avons du jambon et du saucisson.
—Apportez-moi <u>tout ça</u> . . . avec du pain et du beurre!
—Bien, monsieur.

Waiter!
I'm comi[ng]
as, for

all of tha[t]

—Et comme boisson, qu'est-ce que je vous apporte?
—Donnez-moi de l'eau minérale . . . <u>Dépêchez-vous</u>! J'ai soif!

Hurry up

—Apportez-moi du poulet et des frites... <u>Vite</u>! J'ai très faim!
—Je vous apporte ça <u>tout de suite</u>.

Fast!
right awa[y]

—Et apportez-moi aussi du fromage, de la glace, de la tarte aux pommes et de la tarte aux <u>abricots</u>... Mais, qu'est-ce que vous attendez?
—Tout de suite, monsieur, tout de suite.

apricots

—Mais qu'est-ce que vous m'apportez?
—Je vous apporte l'<u>addition</u>!

check

En général, est-ce que M. Ronchon est de bonne humeur ou de mauvaise humeur?

Qu'est-ce qu'il va prendre comme hors-d'oeuvre?

Qu'est-ce qu'il va prendre comme plat principal *(main course)*?

Qu'est-ce qu'il va boire?

Qu'est-ce qu'il va manger comme dessert?

Qu'est-ce que le garçon apporte après le dessert?

Quelle est la réaction de M. Ronchon? Est-ce qu'il est de bonne humeur ou de mauvaise humeur?

t toi?

En général, est-ce que tu es de bonne humeur?

Et aujourd'hui, est-ce que tu es de bonne humeur ou de mauvaise humeur?

En général, est-ce que tu as beaucoup d'appétit?

Est-ce que tu es une personne patiente?

Quand tu vas au restaurant avec un copain (une copine), qui paie l'addition?

■ N O T E ■
CULTURELLE

.es restaurants français
t la cuisine française

es Français aiment manger chez eux, mais ils aiment aussi aller au restaurant. Pour les gens pressés,° il y a es «self-service», les «fast foods» et les pizzerias.

Pour les gens qui veulent faire un bon repas, il y a outes° sortes de restaurants spécialisés: auberges,° estaurants régionaux, restaurants de poisson, . . . l y a aussi les «grands restaurants» où la cuisine est extraordinaire . . . et très chère!

La cuisine française a une réputation internationale. Pour beaucoup de personnes, c'est la meilleure° cuisine du monde.°

Les Américains ont emprunté° un grand nombre de mots° au vocabulaire de la cuisine française. Est-ce que tu connais les mots suivants: **soupe, sauce, mayonnaise, omelette, filet mignon, tarte, urée, soufflé?** Est-ce que tu aimes **les croissants? es crêpes? la mousse au chocolat?**

pressés *in a hurry*   **toutes** *all*   **auberges** *country inns*
meilleure *best*   **du monde** *in the world*
ont emprunté *have borrowed*   **mots** *words*

A. Les pronoms compléments *me, te, nous, vous*

In the sentences below, the pronouns in heavy print are called OBJECT PRONOUNS. Note the form the position of these pronouns in the sentences below.

Anne **me** parle.	Elle **m'**invite.	*Anne talks **to me**.*	*She invites **me**.*
Mes amis **te** parlent.	Ils **t'**invitent.	*My friends talk **to you**.*	*They invite **you**.*
Tu **nous** parles.	Tu **nous** invites.	*You talk **to us**.*	*You invite **us**.*
Je **vous** parle.	Je **vous** invite.	*I am talking **to you**.*	*I invite **you**.*

FORMS

The OBJECT PRONOUNS that correspond to the subject pronouns **je, tu, nous, vous** are:

me ↓ m' (+ VOWEL SOUND)	me, to me	nous	us, to us
te ↓ t' (+ VOWEL SOUND)	you, to you	vous	you, to you

Cette carte **vous**
l'accès à 60 mus

C A R T E
MUSÉES ET MONUM

POSITION

In French, object pronouns usually come *before* the verb, according to the following patterns

AFFIRMATIVE		NEGATIVE			
SUBJECT + OBJECT PRONOUN + VERB ...		SUBJECT + **ne** + OBJECT PRONOUN + VERB + **pas**			
Paul	**nous** invite.	Éric	**ne**	**nous**	invite **pas.**

---

1 **D'accord!**

Demandez à vos camarades de faire les choses suivantes pour vous.
Ils sont d'accord pour faire ces choses.

▶ téléphoner ce soir?

1. téléphoner demain?
2. attendre après la classe?
3. inviter à ta fête/soirée?
4. inviter à dîner?
5. rendre visite ce weekend?
6. rendre visite cet été?
7. acheter une glace?
8. apporter un sandwich?
9. vendre ta raquette?
10. écouter?

Tu me téléphones
ce soir?

D'accord, je te
téléphone ce soir

uvre Nathalie!

tephanie a de la chance. Sa copine Nathalie
a pas de chance. Jouez les deux rôles.

▶ mon copain/inviter

Mon copain m'invite.

Tu as de la chance. Mon copain ne m'invite pas.

- ma tante / inviter au restaurant
- mes cousins / téléphoner souvent
- mon frère / écouter
- mes parents / comprendre
- mes voisins / inviter à dîner
- ma copine / aider avec mes devoirs
- mon grand-père / acheter des cadeaux *(gifts)*
- mes amis / attendre après la classe

---

ocabulaire: Les services personnels

ider quelqu'un	*to help*	J'**aide** mes copains avec les devoirs.
mener quelqu'un	*to bring*	Le taxi **amène** les touristes à la gare *(train station)*.
pporter quelque chose à quelqu'un	*to bring*	Le serveur **apporte** le menu **aux** clients.
onner quelque chose à quelqu'un	*to give*	Mme Marin **donne** 10 euros **à** sa fille.
ontrer quelque chose à quelqu'un	*to show*	Est-ce que tu **montres** tes photos **à** ton copain?
rêter quelque chose à quelqu'un	*to lend, loan*	Est-ce que tu **prêtes** tes disques **à** tes amis?

Questions personnelles

éponds affirmativement ou négativement
ux questions suivantes.

- Est-ce que tes copains t'aident avec tes devoirs?
- Est-ce que ta mère ou ton père t'aide avec les devoirs de français?
- Est-ce que ton père ou ta mère te prête sa voiture?
- Est-ce que ton frère ou ta sœur te prête ses disques?
- Est-ce que tes profs te donnent des conseils *(advice)*?
- Est-ce que ton copain te montre ses photos?
- Est-ce que tes cousins t'apportent des cadeaux *(gifts)* quand ils viennent chez toi?
- Est-ce que tes parents t'amènent au restaurant pour ton anniversaire?

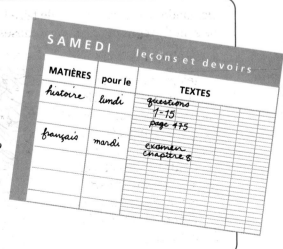

SAMEDI leçons et devoirs

MATIÈRES	pour le	TEXTES
histoire	lundi	questions 1-15 page 475
français	mardi	examen chapitre 8

4 Bons services

Informez-vous sur les personnes suivantes. Dites ce que leurs amis ou leurs parents font pour eux. Pour cela, complétez les phrases avec les pronoms **me (m'), te (t'), nous** ou **vous**

▶ J'organise une boum.   **Ma soeur <u>me</u> prête ses cassettes.**
▶ Nous avons faim.   **Cécile <u>nous</u> apporte des sandwichs.**

1. Nous organisons un pique-nique. Nos copains … aident.
2. Tu as soif. Je … apporte un soda.
3. Vous préparez l'examen. Le prof … donne des conseils *(advice)*.
4. J'ai besoin d'argent. Mon cousin … prête cent francs.
5. Tu es chez les voisins. Ils … montrent leur appartement.
6. Nous sommes à l'hôpital. Nos amis … rendent visite.
7. Vous êtes sympathiques. Je … invite chez moi.
8. Nous allons prendre l'avion. Le taxi … amène à l'aéroport.
9. Je nettoie le garage. Mon frère … aide.

B. Les pronoms compléments à l'impératif

Compare the position and the form of the object pronouns when the verb is in the imperative.

AFFIRMATIVE	NEGATIVE
Téléphone-**moi** ce soir!	Ne **me** téléphone pas demain!
Invite-**moi** samedi!	Ne **m'**invite pas dimanche!
Apporte-**nous** du thé!	Ne **nous** apporte pas de café!

When the IMPERATIVE verb is AFFIRMATIVE, the object pronouns come *after* the verb.
➡ **me** becomes **moi**

When the imperative verb is negative, the object pronouns come *before* the verb.

5 Prêts *(Loans)*

Demandez à vos copains de vous prêter les choses suivantes. Ils vont accepter.

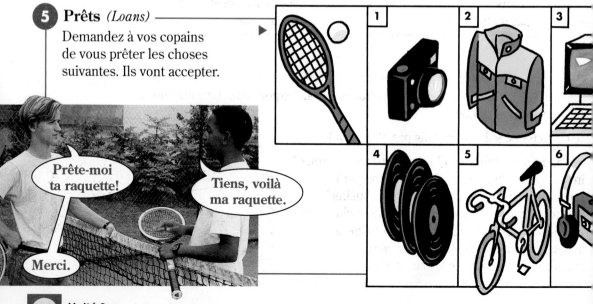

...Paris

...s visitez Paris. Demandez certains
...vices aux personnes suivantes.

...u garçon de café *(waiter)*
• apporter un sandwich
**S'il vous plaît, apportez-moi un
sandwich.**

...u garçon de café
• apporter de l'eau
• apporter une limonade
• donner un croissant

2. à la serveuse *(waitress)* du restaurant
   • montrer le menu
   • donner du pain
   • apporter l'addition *(check)*
3. au chauffeur de taxi *(cab driver)*
   • amener au musée d'Orsay
   • montrer Notre-Dame
   • aider avec les bagages
4. à un copain parisien
   • téléphoner ce soir
   • donner ton adresse
   • prêter ton plan *(map)* de Paris

...el service?

...mandez à vos camarades certains
...vices. Pour cela complétez les phrases
utilisant ces verbes.

aider	amener	apporter
donner	montrer	prêter

J'ai soif. ... de la limonade.
**S'il te plaît, apporte-moi (donne-moi)
de la limonade.**

▶ J'ai faim. ... un sandwich
**S'il te plaît, apporte-moi (donne-moi)
un sandwich.**

Je ne comprends pas les devoirs de maths.
Je voudrais téléphoner à ta cousine.
Je n'ai pas d'argent pour aller au cinéma.
Je voudrais voir tes photos.
J'ai soif.
J'organise une boum.
Je vais peindre *(to paint)* ma chambre.
Je vais à l'aéroport.
Je ne sais pas où tu habites.

... avec le problème.
... son numéro de téléphone.
... six dollars.
... tes photos.
... de l'eau minérale.
... tes disques.
... avec ce projet.
... là-bas avec ta voiture.
... ton adresse.

...on!

...roposez à vos camarades de faire les choses suivantes pour eux. Ils vont refuser
...donner une explication.

...téléphoner ce soir (Je ne suis pas chez moi.)

...téléphoner demain soir (Je dois faire mes devoirs.)
...inviter ce weekend (Je vais à la campagne.)
...inviter dimanche (Je dîne chez mes cousins.)
...attendre après la classe (Je dois rentrer chez moi.)
...prêter mes disques (Je n'ai pas de chaîne stéréo.)
...acheter un sandwich (Je n'ai pas faim.)
...rendre visite ce soir (Je vais au cinéma.)

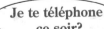

Je te téléphone
ce soir?

Non, ne me téléphone pas.
Je ne suis pas chez moi.

C. Les verbes *pouvoir* et *devoir*

FORMS

Note the forms of the irregular verbs **pouvoir** *(can, may, be able)* and **devoir** *(must, have to)*.

INFINITIVE	**pouvoir**	**devoir**
PRESENT	Je **peux** venir. Tu **peux** travailler. Il / Elle / On **peut** voyager. Nous **pouvons** dîner ici. Vous **pouvez** rester. Ils / Elles **peuvent** aider.	Je **dois** rentrer avant mic Tu **dois** gagner de l'arge Il / Elle / On **doit** visiter Paris. Nous **devons** regarder le menu Vous **devez** finir vos devoirs. Ils / Elles **doivent** mettre la table.
PASSÉ COMPOSÉ	**J'ai pu** étudier.	**J'ai dû** faire mes devoirs

USES

- **Pouvoir** has several English equivalents.

can	Est-ce que tu **peux** venir au pique-nique?	***Can** you come to the picnic?*
may	Est-ce que je **peux** prendre la voiture?	***May** I take the car?*
to be able	Jacques ne **peut** pas réparer sa mobylette.	*Jacques **is** not **able** to fix his mo*

- **Devoir** is used to express an OBLIGATION.

must	Vous **devez** faire vos devoirs.	*You **must** do your homework.*
to have to	Est-ce que je **dois** nettoyer ma chambre?	***Do** I **have to** clean my room?*

→ **Devoir** is usually followed by an infinitive. It cannot stand alone.

Est-ce que tu **dois étudier** ce soir?   *Do you **have to study** tonight?*
Oui, je **dois étudier.**   *Yes, I **have to (study).***
Non, je **ne dois pas étudier.**   *No, I **don't have to (study).***

---

9 **Le coût de la vie** *(The cost of living)*

Décrivez ce que les personnes suivantes
peuvent acheter avec leur argent.

▶ Philippe a quinze euros.
   Il peut acheter des lunettes de soleil.

1. Alice et Françoise ont cinq euros.
2. J'ai cent euros.
3. Tu as soixante euros.
4. Vous avez quatre-vingts euros.
5. Ma copine a soixante-cinq euros.
6. Nous avons cinquante euros.
7. Mon frère a vingt-cinq euros.

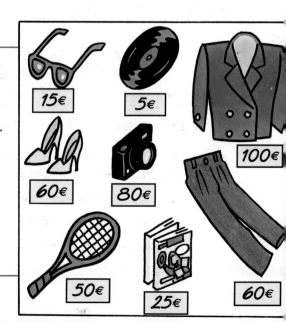

bligations?

·mandez à vos camarades s'ils doivent
·re les choses suivantes.

· étudier?

· étudier ce soir?

· nettoyer ta chambre?

· mettre la table?

· réussir à l'examen?

· aller chez le dentiste cette semaine?

· parler au professeur après la classe?

> **Est-ce que tu dois étudier?**

> **Oui, je dois étudier.**

(Non, je ne dois pas étudier.)

7. être poli(e) *(polite)* avec tes voisins?

8. rentrer chez toi après la classe?

·xcuses

·homas demande à ses amis de
·peindre *(to repaint)* sa chambre avec
·i, mais chacun a une excuse. Dites que
·s personnes suivantes ne peuvent pas
·der Thomas. Dites aussi ce qu'elles
·oivent faire.

> Hélène (étudier)
> **Hélène ne peut pas aider Thomas.**
> **Elle doit étudier.**

· nous (faire les courses)

· Lise et Rose (acheter des vêtements)

· moi (aider ma mère)

· toi (nettoyer le garage)

· Alice (rendre visite à sa grand-mère)

· vous (déjeuner avec vos cousins)

· mon frère et moi (laver la voiture)

· Nathalie et toi (préparer l'examen)

---

12 **Expression personnelle**

Complétez les phrases suivantes avec vos
idées personnelles.

1. Chez moi, je peux …
   Je ne peux pas …
2. À l'école, nous devons …
   Nous ne devons pas …
3. À la maison, je dois …
   Mes frères (Mes sœurs) doivent …
4. Quand on est riche, on peut …
   On doit …
5. Quand on est malade *(sick)*, on doit …
   On ne doit pas …
6. Quand on veut maigrir, on doit …
   On ne peut pas …

·rononciation   **s** /z/   **ss** /s/

·s lettres «s» et «ss»

·e sure to distinguish between "**s**" and "**ss**" in the middle of a word.

poison   **poisson**

·épétez: /z/   **mauvaise   cuisine   fraise   mayonnaise**
                 quelque chose   magasin

          /s/   **poisson   saucisson   dessert   boisson   assiette   pamplemousse**

     /z/ – /s/   **poison – poisson**   **désert** *(desert)* – **dessert**

          Comme dessert nous choisissons une tarte aux fraises.

À votre tour!

1 Allô!

Reconstituez la conversation entre Corinne et Philippe. Pour cela, faites correspondre les réponses de Philippe avec ce que dit Corinne.

Corinne

1. Dis, Philippe, j'ai besoin d'un petit service.

2. Prête-moi ta mobylette, s'il te plaît.

3. Dans ce cas, apporte-moi *Paris-Match*.

4. Alors, achète-moi aussi le nouvel album d'Astérix.

5. Je t'ai prêté vingt euros hier!

a. C'est vrai . . . Bon, je t'achète tout ça *(all that)*.

b. D'accord! Je vais aller à la librairie *(bookstore)* Duchemin.

c. Écoute, je n'ai pas assez d'argent.

d. Ah, je ne peux pas. Je dois aller en ville cet après-midi.

e. Qu'est-ce que je peux faire pour toi?

2 Dis-moi . . .

I am going to spend a month living in your city and studying at your school. Since you are my friend, I will ask you a few favors, for instance:

- Prête-moi ton livre d'anglais.
- Montre-moi où est la cantine.
- Amène-moi à la bibliothèque.
- Invite-moi à ton club.
- Donne-moi le plan *(map)* de la ville.
- Téléphone-moi ce weekend.

Now imagine that you are visiting me in France. I am ready to help you. Ask me three or four favors.

3 Créa-dialogue

Demandez certains services à vos camarades. Ils vont vous demander pourquoi. Répondez à leurs questions. Ils vont accepter le service.

▶ —S'il te plaît, <u>prête-moi ton vélo</u>!
—Pourquoi?
—Parce que je voudrais <u>faire une promenade à la campagne</u>.
—D'accord, je te <u>prête mon vélo</u>.

	prêter	1. prêter	2. prêter	3. apporter	4. prêter	5. donner	6.
QUEL SERVICE?					$1.00	$5.00	?
POURQUOI?	faire une promenade à la campagne	jouer au tennis	organiser une boum	prendre des photos	acheter une glace	??	

...tuation

...vec un(e) camarade, préparez un ...alogue original correspondant à la ...tuation suivante.

...ou are having dinner at a French restau-...ant called Sans-Souci. You have a friendly ...ut inexperienced waiter/waitress (played ...y your classmate) who forgets to bring you ...hat you need. Whenever you mention ...omething however, he/she agrees to bring ...t right away **(tout de suite)**. Tell your ...vaiter/waitress . . .

- to please show you the menu **(le menu)**
- to please give you some water
- to bring you a napkin
- to give you a beverage (of your choice)
- to bring you a dessert (of your choice)
- to bring you the silverware that you need for eating the dessert

...omposition: Bonnes relations

...elect a person you like (a friend, a neighbor, a ...elative, a teacher) and write a short paragraph ...nentioning at least four things this person does ...or you. You may want to use some of the follow-...ng verbs:

...cheter   amener   aider   donner   inviter
...ontrer   prêter   rendre visite   téléphoner

> J'ai une bonne copine. Elle
> s'appelle Stéphanie. Elle
> est très sympathique.
> Elle me téléphone souvent
> et le weekend, elle m'invite
> chez elle. Elle est très
> intelligente et quand je
> ne comprends pas, elle m'aide
> avec mes devoirs de français.
> Elle me donne toujours
> des conseils (advice) excellents.

...Now tell me about a friend of yours and let me ...know some of the things this friend does for you.

5 Conversation libre

Avec un(e) camarade, composez une conversation basée sur la situation suivante.

Imagine you are looking for someone to help you out. Ask a classmate to do you five favors. He/she will accept or refuse. In case of refusal, he/she will give you a reason. You may want to use some of the following verbs:

aider, amener, apporter, inviter, donner, montrer, prêter, vendre, acheter

For example, your conversation might begin like this:

▶ —S'il te plaît, invite-moi chez toi samedi après-midi.
   —Je regrette, mais je ne peux pas.
   —Pourquoi?
   —Je dois faire les courses.

Comment dit-on . . . ?

How to show your reaction to bad food:

**Pouah! . . . C'est infect!   C'est dégoûtant!
C'est infâme!**

POUAH! ... C'EST INFECT!   C'EST DÉGOÛTANT!   C'EST INFÂME

Pique-nique

Florence et Jérôme organisent un pique-nique ce weekend. Ils préparent la liste des <u>invités</u>. Qui vont-ils inviter?

guests

FLORENCE: Tu connais Stéphanie?
JÉRÔME: Oui, je la connais. C'est une copine.
FLORENCE: Je l'invite au pique-nique?
JÉRÔME: Bien sûr. Invite-la.
FLORENCE: Et son cousin Frédéric, tu le connais?
JÉRÔME: Oui, je le connais un peu.
FLORENCE: Je l'invite aussi?
JÉRÔME: Non, ne l'invite pas. Il est trop snob.

■ NOTE ■
CULTURELLE

Un pique-nique français

Quand ils vont à la campagne, les Français adorent faire des pique-niques. Un pique-nique est un repas froid assez simple. Il y a généralement du poulet froid et des oeufs durs° et aussi du jambon, du saucisson ou du pâté* pour les sandwichs. Quand on a l'équipement nécessaire, on peut aussi faire des grillades° sur un barbecue. Comme dessert, il y a des fruits (bananes, oranges, pommes, poires, raisin°). Comme boisson, il y a de l'eau minérale, du cidre, des jus de fruit.

* The French have created dozens of varieties of **pâté,** ranging from the expensive and refined **foie gras** (made from th livers of fattened geese) to the everyday **pâté de campagne** (a type of cold meat loaf served in thin slices with brea

durs *hard-boiled*   **grillades** *grilled meat*   **raisin** *grapes*

FLORENCE: <u>Comment</u>? Tu le trouves snob? Moi, je le trouve intelligent et sympathique. Et <u>puis</u>, il a une voiture et nous avons besoin d'une voiture pour transporter <u>tout le monde</u>...

JÉRÔME: Florence, tu es <u>géniale</u>... C'est vrai, Frédéric n'est pas <u>aussi snob que</u> ça... Téléphonons-lui <u>tout de suite</u> et invitons-le au pique-nique!

What?
also
everyone
brilliant
that snobbish / right away

Compréhension

1. Qui est Stéphanie?
2. Qui est Frédéric?
3. Est-ce que Jérôme a une bonne ou une mauvaise opinion de Frédéric? Pourquoi?
4. Et Florence, comment est-ce qu'elle trouve Frédéric?
5. Finalement, est-ce que Jérôme va inviter Frédéric au pique-nique? Pourquoi?

Et toi?

1. Est-ce que tu aimes faire des pique-niques?
2. Quand tu fais un pique-nique avec des copains, où allez-vous?
3. Qui invites-tu?
4. En général, qu'est-ce qu'on mange à un pique-nique américain?
5. Qu'est-ce qu'on boit?
6. Dans ta famille, est-ce qu'on fait des barbecues? Où? Qui est le «chef»? Qu'est-ce qu'on mange et qu'est-ce qu'on boit?

A. Le verbe *connaître*

Note the forms of the irregular verb **connaître** *(to know)*.

INFINITIVE	connaître	
PRESENT	Je **connais** Stéphanie.	Nous **connaissons** Paris
	Tu **connais** son cousin?	Vous **connaissez** Montré
	Il/Elle/On **connaît** ces garçons.	Ils/Elles **connaissent** ce ca
PASSÉ COMPOSÉ	J'**ai connu** ton frère pendant les vacances.	

➡ In the passé composé, **connaître** means *to meet for the first time.*

➡ The French use **connaître** to say that they *know* or *are acquainted with people or places.*
To say that they *know information,* they use **je sais, tu sais.** Compare:

PEOPLE/PLACES	INFORMATION
Je **connais** Éric.	Je **sais** où il habite.
Tu **connais** Frédéric.	Tu **sais** à quelle heure il vient?
Je **connais** un bon restaurant.	Je **sais** qu'il est près du théâtre.

Je connais Éric.

Je sais où il habite.

1 On ne peut pas tout connaître

Les personnes suivantes connaissent
la première personne ou la première
chose entre parenthèses. Elles ne
connaissent pas la deuxième.

▶ Philippe (Isabelle/sa soeur)
Philippe connaît Isabelle.
Il ne connaît pas sa soeur.

1. nous (Paul/ ses copains)
2. vous (le prof d'anglais/ le prof de
   maths)
3. moi (les voisins/ leurs amis)
4. toi (Paris/ Bordeaux)
5. les touristes (le Louvre/ le musée
   d'Orsay)
6. mon copain (ce café/ ce restaurant)

2 Questions personnelles

1. Est-ce que tu connais New York?
   Chicago? San Francisco? Montréal?
   Quelles villes est-ce que tu connais bien
2. Dans ta ville est-ce que tu connais un bo
   restaurant? Comment est-ce qu'il s'appe
   Est-ce que tu connais un supermarché?
   un centre commercial? un magasin de
   disques? Comment est-ce qu'ils s'appelle
3. Est-ce que tu connais des monuments
   à Paris? Quels monuments?
4. Est-ce que tu connais bien tes voisins?
   Est-ce qu'ils sont sympathiques?
   Est-ce que tu connais personnellement
   le directeur (la directrice) de ton école?
   Est-ce qu'il (elle) est strict(e)?
5. Quels acteurs de cinéma est-ce que tu
   connais? Quelles actrices? Quels
   musiciens? Quels athlètes professionnel

Les pronoms compléments: *le, la, les*

[...]questions below, the nouns in heavy type follow the verb directly. They are the DIRECT [OBJEC]TS of the verb. Note the forms and position of the DIRECT OBJECT PRONOUNS which are [used] to replace those nouns in the answers.

[Tu] connais **Éric?**	Oui, je **le** connais.	*Yes, I know **him**.*
	Je **l'**invite souvent.	*I invite **him** often.*
[Tu] connais **Stéphanie?**	Oui, je **la** connais.	*Yes, I know **her**.*
	Je **l'**invite aussi.	*I invite **her** also.*
[Tu] connais **mes copains?**	Je **les** connais bien.	*I know **them** well.*
	Je **les** invite.	*I invite **them**.*
[Tu] connais **mes amies?**	Je **les** connais aussi.	*I know **them** too.*
	Je **les** invite souvent.	*I invite **them** often.*

[FOR]MS AND USES

[Direc]t object pronouns have the following forms:

	SINGULAR		PLURAL
[M]ASCULINE	**le** ↓ **l'** (+ VOWEL SOUND)	*him, it*	**les** *them*
[F]EMININE	**la** ↓ **l'** (+ VOWEL SOUND)	*her, it*	

Qui le vend?
Qui le répare?

On le trouve dans les pages jaunes!

TELECOMMUNICATIONS

[Th]e direct object pronouns **le, la, l', les** can refer to either people or things.

[ ]Tu vois **Nicole?**	Oui, je **la** vois.	*Yes, I see **her**.*
[ ]Tu vois **ma voiture?**	Oui, je **la** vois.	*Yes, I see **it**.*
[ ]Tu comprends **le professeur?**	Oui, je **le** comprends.	*Yes, I understand **him**.*
[ ]Tu comprends **ce mot** *(word)?*	Oui, je **le** comprends.	*Yes, I understand **it**.*

[POSI]TION

[D]irect object pronouns generally come *before* the verb according to the following [p]atterns:

AFFIRMATIVE			NEGATIVE				
SUBJECT + **le/la/les** + VERB ...			SUBJECT + **ne** + **le/la/les** + VERB + **pas** ...				
Je	**le**	connais bien.	Tu	**ne**	**le**	connais **pas.**	
Nous	**les**	invitons.	Vous	**ne**	**les**	invitez	**pas.**

3 À la boum de Delphine

Pierre connaît tous les invités *(all the guests)* à la boum de Delphine, mais Lise ne les connaît pas. Jouez les trois rôles.

▶ ces garçons?

Tu connais ces garçons?

Et toi, Lise?

Oui, je les connais.

Non, je ne les connais pas.

1. Christophe?
2. Jacqueline?
3. Anne et Valérie?
4. Jérôme et Jean-François?
5. la fille là-bas?
6. cette étudiante?
7. ma cousine?
8. les cousins de Véronique?
9. la copine de Jacques?
10. ses frères?

4 Un choix difficile

Vous allez passer le mois de juillet en France. Vous êtes limité(e) à 20 kilos de bagages. Un(e) camarade demande si vous allez prendre les choses suivantes. Répondez affirmativement ou négativement.

▶ ta raquette?
—Tu prends ta raquette?
— Oui, je la prends.
    (Non, je ne la prends pas.)

1. tes cassettes?
2. ton livre de français?
3. ta guitare?
4. ton walkman?
5. ta chaîne stéréo?
6. ton maillot de bain?
7. ton vélo?
8. tes tee-shirts?
9. tes sandales?

5 Questions et réponses

Michèle pose des questions à Jérôme en utilisant les éléments des Colonnes A et B. Jérôme répond logiquement en utilisant les éléments des Colonnes B et C et un pronom complément. Avec un(e) camarade, jouez les deux rôles.

A	B	C
où	rencontrer tes copains	le samedi matin
quand	voir ta cousine	à 8 heures du matin
à quelle heure	regarder la télé	à 9 heures du soir
	nettoyer ta chambre	à la Boîte à Musique
	faire les courses	à Mod' Shop
	acheter tes disques	au café Le Pont Neuf
	acheter tes vêtements	dans un supermarché
	prendre le petit déjeuner	le weekend
		pendant les vacances
		dans la cuisine
		dans le salon

Où est-ce que tu rencontres tes copains?

Je les rencontre au café Le Pont Neuf.

Quand est-ce que tu rencontres tes copains?

Je les renco... le weeken...

La place des pronoms à l'impératif

the position of the object pronoun when the verb is in the imperative.

	AFFIRMATIVE COMMAND	NEGATIVE COMMAND
invite **Frédéric?**	Oui, invite-**le!**	Non, ne **l'**invite pas!
prends **la guitare?**	Oui, prends-**la!**	Non, ne **la** prends pas!
achète **les cassettes?**	Oui, achète-**les!**	Non, ne **les** achète pas!

AFFIRMATIVE COMMANDS, the object pronoun comes *after* the verb and is joined to it
a hyphen.

NEGATIVE COMMANDS, the object pronoun comes *before* the verb.

nvitations

ous préparez une liste de personnes à
viter à une boum. Vous êtes limité(e)s
quatre *(4)* des personnes suivantes.
aites vos suggestions d'après les modèles.

Caroline est sympathique.
Invitons-la!

Jean-Louis est pénible.
Ne l'invitons pas!

1. Sylvie est très sympathique.
2. Cécile et Anne aiment danser.
3. Jacques est stupide.
4. Robert joue bien de la guitare.
5. Ces filles sont intelligentes.
6. Martin et Thomas sont snobs.
7. Nicolas n'est pas mon ami.
8. Ces garçons sont pénibles.
9. Cette fille est gentille.
0. Tes copains sont méchants.

7 Le pique-nique

Olivier demande à Claire s'il doit prendre
certaines choses pour le pique-nique.

▶ ma guitare (oui)

Est-ce que
je prends
ma guitare?

Oui,
prends-la!

1. la limonade (oui)
2. les sandwichs (non)
3. la salade (oui)
4. le lait (non)
5. le gâteau (non)
6. mon appareil-photo (oui)
7. mes lunettes de soleil (oui)
8. les impers (non)

Oui ou non?

otre petit cousin de Québec passe deux semaines chez vous. Il vous demande s'il doit ou
eut faire les choses suivantes. Répondez affirmativement ou négativement.

Je fais les courses?
Je regarde tes photos?
Je nettoie ma chambre?
J'achète le journal *(newspaper)?*
J'invite les voisins à déjeuner?
Je prépare le dîner?
Je prends ton vélo?
J'écoute tes disques?

Je fais les devoirs?

9. J'aide ta mère?
10. Je mets la télé?

Oui, fais-les.

(Non, n
les fais pa

D. Les pronoms compléments *lui, leur*

In the questions below, the nouns in heavy type are INDIRECT OBJECTS. These nouns represent PEOPLE and are introduced by **à.**

Note the forms and position of the corresponding INDIRECT OBJECT PRONOUNS in the answers on the right.

Tu téléphones **à Philippe?**	Oui, je **lui** téléphone.
Tu parles **à Juliette?**	Non, je ne **lui** parle pas.
Tu téléphones **à tes amis?**	Oui, je **leur** téléphone.
Tu prêtes ton vélo **à tes cousines?**	Non, je ne **leur** prête pas mon vélo.

FORMS

INDIRECT OBJECT PRONOUNS replace **à** + <u>noun representing people</u>. They have the following for

	SINGULAR		PLURAL	
MASCULINE/FEMININE	**lui**	*to him, to her*	**leur**	*to them*

POSITION

Like other object pronouns, **lui** and **leur** come *before* the verb, *except* in affirmative commands

    Voici Henri.   Parle-**lui**!   Prête-**lui** ton vélo!

➡ In negative sentences, **lui** and **leur,** like other object pronouns, come *between* **ne** and the verb.

Voici Éric.	Je ne **lui** téléphone pas.
Voici mes voisins.	Je ne **leur** parle pas.

FRANCE TELECOM
600 AGENCES
PARTOUT
EN FRANCE

TELECARTE 120

FRANCE TELECOM

9 **Au téléphone**

Demandez à vos camarades s'ils téléphonent aux personnes suivantes.

▶ ta copine

Tu téléphones à ta copine?

Oui, je lui téléphone.

(Non, je ne lui télépho pas.)

1. ton copain
2. tes cousins
3. ta grand-mère
4. ton prof
   de français
5. tes voisins
6. ta tante favorite

Vocabulaire: Verbes suivis *(followed)* d'un complément indirect

parler à	*to speak, talk (to)*	Je **parle à** mon copain.
rendre visite à	*to visit*	Nous **rendons visite à** nos voisins.
répondre à	*to answer*	Tu **réponds au** professeur.
téléphoner à	*to phone, call*	Jérôme **téléphone à** Juliette.
demander à	*to ask*	Je ne **demande** pas d'argent **à** mes frères.
donner à	*to give (to)*	Tu **donnes** ton adresse **à** ta copine.
montrer à	*to show (to)*	Nous **montrons** nos photos **à** nos amis.
prêter à	*to lend, loan (to)*	Je ne **prête** pas mon walkman **à** ma soeur.

Répondre is a regular **-re** verb.

Je réponds à François.   **J'ai répondu** à Catherine.

The verbs **téléphoner, répondre,** and **demander** take indirect objects in French, but not in English. Compare:

téléphoner

Nous **téléphonons**	à	Paul.	Nous **lui téléphonons.**
*We **are calling***	. . .	*Paul.*	*We **are calling him.***

répondre

Tu **réponds**	à	tes parents.	Tu **leur réponds.**
*You **answer***	. . .	*your parents.*	*You **answer them.***

demander

Je **demande**	à	Sylvie	. . .	ses disques.	Je **lui demande** ses disques.
*I **am asking***	. . .	*Sylvie*	*for*	*her records.*	*I **am asking her** for her records.*

Les copains de Dominique

Dominique a beaucoup de copains. Décrivez ce que chacun fait pour elle. Complétez les phrases avec **Dominique** ou **à Dominique.**

▶ Françoise invite <u>Dominique</u>.
  Patrick rend visite <u>à Dominique</u>.

1. Marc téléphone ...
2. Jean-Paul voit ... samedi prochain.
3. Sophie prête son vélo ...
4. Corinne écoute ...
5. François donne son adresse ...
6. Philippe regarde ... pendant la classe.
7. Delphine attend ... après la classe.

8. Nathalie parle ...
9. Pauline invite ... au concert.
10. Pierre répond ...
11. Isabelle montre ses photos ...
12. Thomas demande ... son numéro de téléphone.

11 **Joyeux anniversaire!** ———————

Choisissez un cadeau d'anniversaire pour les personnes suivantes. Un(e) camarade va vous demander ce que vous donnez à chaque personne.

▶ à ton copain

Qu'est-ce que tu donnes à ton copain?

Je lui donne un livre.

Cadeaux
un pull
des compacts
une cravate
un livre
des billets (tickets)
   de théâtre
un magazine
ma photo
une boîte (box)
   de chocolats
un gâteau
??

1. à ton petit frère
2. à ta mère
3. à ta grand-mère
4. à ta copine
5. à tes cousins
6. à ton (ta) prof
7. à tes copains

12 **Questions personnelles** ———————

Réponds aux questions suivantes. Utilise **lui** ou **leur** dans tes réponses.

1. Le weekend, est-ce que tu rends visite à tes copains? à ton oncle?
2. Est-ce que tu prêtes tes disques à ta soeur? à ton frère? à tes copains?
3. Est-ce que tu demandes de l'argent à ton père? à ta mère?
4. Est-ce que tu demandes des conseils *(advice)* à tes parents? à tes professeurs?
5. Est-ce que tu donnes de bons conseils à tes copains?
6. Est-ce que tu montres tes photos à ton frère? à ta soeur? à ta copine? à ton copain? à tes cousins?
7. En classe, est-ce que tu réponds en français à ton professeur?
8. Quand tu as un problème, est-ce que tu parles à tes copains? à ton professeur? à tes grands-parents? à tes parents?

E. Les verbes *dire* et *écrire* ————————————

Note the forms of the irregular verbs **dire** *(to say, tell)* and **écrire** *(to write)*.

INFINITIVE	dire	écrire
PRESENT	je **dis** tu **dis** il/elle/on **dit** nous **disons** vous **dites** ils/elles **disent**	j' **écris** tu **écris** il/elle/on **écrit** nous **écrivons** vous **écrivez** ils/elles **écrivent**
PASSÉ COMPOSÉ	j'**ai dit**	j'**ai écrit**

➡ Note the use of **que/qu'** *(that)* after **dire** and **écrire**.

Florence **dit que** Frédéric est sympathique.   *Florence **says (that)** Frédéric is nice.*
Alain **écrit qu'**il est allé à un pique-nique.   *Alain **writes (that)** he went on a picnic.*

➡ **Décrire** *(to describe)* follows the same pattern as **écrire**.

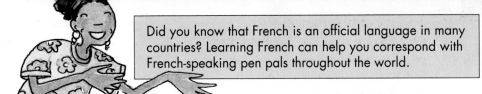

Did you know that French is an official language in many countries? Learning French can help you correspond with French-speaking pen pals throughout the world.

Correspondance

Pendant les vacances, on écrit beaucoup de lettres. Dites à qui les personnes suivantes écrivent.

▸ Juliette / à Marc
Juliette écrit à Marc.

1. nous / à nos copains
2. toi / à ta cousine
3. moi / à ma grand-mère

4. Nicolas / à ses voisins
5. vous / à vos parents
6. les élèves / au professeur

La boum

Des amis sont à une boum. Décrivez ce que chacun dit.

▸ toi / la musique est super
Tu dis que la musique est super.

. Nicole / les sandwichs sont délicieux
. nous / les invités *(guests)* sont sympathiques
. Pauline / Jérôme danse bien
. moi / ces garçons dansent mal
. vous / vous n'aimez pas cette cassette
. mes copains / ils vont organiser une soirée le weekend prochain

15 Questions personnelles

1. Est-ce que tu aimes écrire?
2. Pendant les vacances, est-ce que tu écris à tes copains? à tes voisins? à ton(ta) meilleur(e) *(best)* ami(e)?
3. À Noël, est-ce que tu écris des cartes *(cards)*? À qui?
4. À qui as-tu écrit récemment *(recently)*?
5. Est-ce que tu dis toujours la vérité *(truth)*?
6. À ton avis, est-ce que les journalistes disent toujours la vérité? Et les politiciens?

Prononciation

Les lettres «on» et «om»

on /ɔ̃/   on(n)e /ɔ/

Be sure to distinguish between the nasal and non-nasal vowel sounds.

REMEMBER: Do not pronounce an /n/ or /m/ after the nasal vowel /ɔ̃/.

lion   **lionne**

Répétez: /ɔ̃/   **mon ton son bon avion montrer répondre invitons blouson**

/ɔn/   **téléphone Simone donner connais mayonnaise personne bonne**

/ɔm/   **fromage promenade tomate pomme dommage comment**

/ɔ̃/–/ɔn/   **lion–lionne bon–bonne Simon–Simone Yvon–Yvonne**

Monique donne une pomme à Raymond.
Simone connaît mon oncle Léon.

À votre tour!

1 Allô!

Reconstituez la conversation entre Jacques et Florence. Pour cela, faites correspondre les réponses de Florence avec les questions de Jacques.

1 Qu'est-ce que tu fais ce weekend?

2 Tu m'invites?

3 Et Catherine? Tu l'invites aussi?

4 C'est ma nouvelle copine.

5 Tu veux son numéro de téléphone?

6 C'est le 01.44.32.28.50.

a. Je lui téléphone tout de suite *(rig*
b. Oui, je ne l'ai pas.
c. Bien sûr, je t'invite.
d. J'organise une fête.
e. Catherine? Je ne la connais pas.
f. Ah oui, je vois qui c'est maintena
Eh bien, d'accord! Je l'invite.

2 Dis-moi ...

I met your cousin at a party last weekend. She is a very bright and pleasant person. I would like to see her again. Tell me ...

- Comment est-ce qu'elle s'appelle?
- Où est-ce qu'elle habite?
- Est-ce que tu la vois souvent?
- Est-ce que je lui téléphone? Quand?
- Est-ce que je l'invite au restaurant? À quel restaurant?

3 Créa-dialogue

Avec vos camarades, discutez de certaines choses que vous faites. Posez plusieurs questions sur chaque activité.

▶ regarder la télé?

à quelle heure?

Tu regardes la télé?

Oui je la regarde.

À quelle heure est-ce que tu la regardes?

À huit heures.

	1. inviter tes amis?	2. vo co
	quand? à quelle occasion?	qu où
	5. faire tes devoirs?	**6. té à ca**
	quand? où?	qu po

vec un(e) camarade, composez un
alogue original correspondant à la
tuation suivante. Jouez ce dialogue en
asse.

and another classmate know a very nice Cana-
girl by the name of Catherine. Next weekend
er birthday and you want to do something special.
your friend discuss . . .

hether to invite her to your house or to a restaurant
hat small gift *(petit cadeau)* you may buy for her
hat else you may do for her

5 Conversation libre

Avec un(e) camarade, composez un
dialogue basé sur la situation
suivante. Jouez ce dialogue en classe.

A group of French students are going to
visit your town next week. As members of
the Foreign Students Club, you and a classmate discuss what kinds of activities you will
organize for them. You may want to use the
following verbs:

> inviter (où?), montrer (quels endroits?),
> amener (où?), donner (quels petits
> cadeaux [gifts]?)

omposition: Les personnes dans ma vie *(life)*

lake a list of two or three people you know well. Give the name of each person and describe
ne thing you do for this person and one thing you don't do.
ou may want to select:

un cousin/une cousine
un frère/une soeur
un copain/une copine
un voisin/une voisine
un ami/une amie
un professeur de français
(d'anglais, de maths,
d'histoire)

*Ma cousine s'appelle Denise. Je la vois
pendant les vacances de Noël.
Je ne lui rends pas souvent visite.*

Comment dit-on . . . ?

How to tell someone to leave you alone:

Laisse-moi tranquille!

Fiche-moi la paix!

e les	4. aider ta
'ses?	mère?
nd?	quand?
	comment?
lre	8. écrire à
e à ta	ton cousin?
d-mère?	
nd?	pourquoi?
rquoi?	

Petit test culturel

Bon appétit!

Répondez aux questions suivantes. Vérifiez vos réponses au bas° de la page.

★ Paris

Marseille

1 Dans un repas français, quand est-ce qu'on mange la salade en général?
a. comme° premier plat
b. avec la viande
c. après le plat principal
d. après le dessert

2 En général, à quel repas est-ce qu'on mange des croissants en France?
a. au petit déjeuner
b. au déjeuner
c. au dîner
d. aux trois repas

3 Dans un restaurant français typique, qu'est-ce qu'on mange généralement avec un steak?
a. du riz
b. des spaghetti
c. des frites
d. des épinards°

4 Quand est-ce que les Français boivent le café?
a. avant le repas
b. pendant le repas
c. avec le fromage
d. à la fin° du repas

★ Paris
NORMANDIE

5 Le «camembert» est une spécialité qui vient originairement de Normandie. Qu'est-ce que c'est?
a. un gâteau
b. un fromage
c. une glace
d. un jus de fruit

6 La «bouillabaisse» est le plat traditionnel de Marseille, un grand por[t] français sur la Méditerr[anée]. Qu'est-ce que c'est?
a. une salade de fruits
b. une soupe de poisso[n]
c. une tarte aux banane[s]
d. une omelette au jamb[on]

7 Quelle province frança[ise] a donné son nom à un [vin] célèbre?°
a. la Savoie
b. la Champagne
c. la Bretagne
d. la Picardie

Réponses:

1. c; 2. a; 3. c; 4. d; 5. b;
6. b; 7. b

au bas *at the bottom*   **comme** *as*
épinards *spinach*   **fin** *end*
vin *wine*   **célèbre** *famous*

Le Château Frontenac

(De 6h30 à midi)
PETIT DÉJEUNER CONTINENTAL
$7.75

(From 6:30 to noon)
CONTINENTAL BREAKFAST

- ☐ Jus d'orange ou
- ☐ Jus de tomate ou
- ☐ Jus de pamplemousse

- ☐ Café ou
- ☐ Thé ou
- ☐ Lait

avec ☐ rôties, ou ☐ croissant, ou
☐ danoise, beurre et confitures

- ☐ Orange juice or
- ☐ Tomato juice or
- ☐ Grapefruit juice

- ☐ Coffee or
- ☐ Tea or
- ☐ Milk

served with ☐ toast, or ☐ croissant,
☐ sweet roll, butter and preserves

LE COMTE DE FRONTENAC
$11.25

- ☐ Jus d'orange ou
- ☐ Jus de tomate ou
- ☐ Jus de pamplemousse ou
- ☐ 1/2 pamplemousse ou
- ☐ Pruneaux

- ☐ Café ou
- ☐ Thé ou
- ☐ Lait

- ☐ Deux oeufs frits ou
- ☐ Oeufs brouillés ou
- ☐ Deux oeufs à la coque ou
- ☐ Crêpes canadiennes ou
- ☐ Crêpes françaises

- ☐ Jambon ou
- ☐ Bacon ou
- ☐ Saucisses

avec
- ☐ rôties ou
- ☐ croissant ou
- ☐ danoise

beurre et confitures
- ☐ Fraises
- ☐ Framboises
- ☐ Orange
- ☐ Miel

- ☐ Orange juice or
- ☐ Tomato juice or
- ☐ Grapefruit juice or
- ☐ 1/2 grapefruit or
- ☐ Stewed prunes

- ☐ Coffee or
- ☐ Tea or
- ☐ Milk

- ☐ Two fried eggs or
- ☐ Scrambled eggs or
- ☐ Two boiled eggs or
- ☐ Canadian pancakes or
- ☐ French pancakes

- ☐ Ham or
- ☐ Bacon or
- ☐ Sausages

served with
- ☐ toast or
- ☐ croissant or
- ☐ sweet roll

butter and preserves
- ☐ Strawberry
- ☐ Raspberry
- ☐ Orange
- ☐ Honey

LE CAFÉ CANADIEN
Pour un petit déjeuner léger
ou complet service à la carte
ou buffet de 07h00 à 11h00.

LE CAFÉ CANADIEN
Light and full course breakfast
à la carte or buffet
from 7 to 11:00 a.m.

...tit déjeuner
... Château
...ontenac

...s voyagez au Canada avec
...e famille. Cette semaine
...s êtes à Québec. Vous
...ez au Château Frontenac,
...élèbre hôtel de la ville.
...ardez bien le menu.

...elle heure est servi° le petit
...uner?

...s avez le choix entre deux
...us. Quel menu allez-vous
...sir? Combien coûte-t-il?

...s avez décidé de choisir le
...u «Le Comte de Frontenac».

... jus de fruit allez-vous
...sir?

...le boisson allez-vous
...sir?

...s oeufs allez-vous prendre?

...ce que vous allez prendre
...mbon, du bacon ou des
...cisses?

...ce que vous allez choisir des
...s, un croissant ou une
...oise? Et qu'est-ce que vous
... prendre comme° confiture?

---

i *served*   **comme** *as, for*

Entre amis: Le petit déjeuner

«Qu'est-ce que vous prenez au petit déjeuner?» Aux États-Unis, le petit déjeuner est généralement un repas abondant.° En France, c'est un repas simple.

Fabrice (13 ans)

Chez nous, nous sommes très traditionnels. Je mange du pain avec du beurre et de la confiture. Je bois un grand bol° de café au lait.

Sylvie (14 ans)

Je mange des tartine
pain grillé° et je bois
lait chaud ou du choc
avec beaucoup de su
Le dimanche, il y a
parfois° des croissant
(Ça dépend si quelqu
veut faire les courses

Daniel (12 ans)

Chez nous, nous prenons le petit déjeuner «à l'américaine». Je mange des céréales et je bois du jus d'orange.

Marie-Hélène (16 an

Je ne veux pas gross
Alors, je mange une d
deux biscottes.° Sans
beurre, bien sûr. Et je
bois du thé.

Chantal (13 ans)

Je suis martiniquaise. En général, je mange du pain et de la confiture comme° tout le monde.° Parfois ma mère prépare un petit déjeuner martiniquais typique. On mange du blaff de poisson° et des bananes vertes cuites.° On mange aussi des ananas,° des papayes et de la gelée de goyave.° C'est délicieux!

abondant *copious, large*   **bol** *deep bowl*   **pain grillé** *buttered toast*   **parfois** *sometimes*
biscottes *dried toast*   **Sans** *Without*   **comme** *like*   **tout le monde** *everybody*
blaff de poisson *fish stew*   **cuites** *cooked*   **ananas** *pineapples*   **gelée de goyave** *guava*

■ NOTE ■
CULTURELLE

La cuisine créole

La cuisine créole est une cuisine régionale typique de la Martinique et de la Guadeloupe. C'est une cuisine assez épicée° qui utilise les produits locaux,° principalement les produits de la mer et les fruits exotiques.

épicée *hot (spiced)*   **locaux** *local*

Comment lire
MORE GUESSING FROM CONTEXT

When you are reading, the context is not only the printed word. Sometimes there are illustrations to help you understand the text. As you read the recipe for **crêpes** on the next page, try guessing what the new words mean by studying the pictures. (You can check how well you are doing by looking at the English equivalents at the bottom of the page.)

Enrichissez votre vocabulaire
INCREASING YOUR ENGLISH VOCABULARY

Learning French will also help you increase your English vocabulary. Sometimes a French word you know will help you guess the meaning of an unfamiliar English word. For example:

a repast   looks like **un repas**   and is an old word for *meal*

Activité
Match these English words with their corresponding definitions.

1. to blanch   a. painfully difficult work
2. facile   b. easily done
3. travail   c. very hungry
4. famished   d. to whiten, to bleach

Activité: Mon petit déjeuner
Décrivez le petit déjeuner chez vous.
• pendant la semaine
• le dimanche matin

DÉCOUVREZ
LA MARTINIQUE
au

TYPIC BELLEVUE

LE PLUS TYPIQUE DES RESTAURANTS
UN CHOIX UNIQUE DE SPÉCIALITÉS CRÉOLES

Boulevard de la Marne Tél. 0596.71.68.87
FORT-DE-FRANCE
Parking Boulevard de Verdun

—— **RELAIS CRÉOLE** ✶ ✶
Menu du jour et à la carte
Ouvert midi et soir sauf dimanche

ci certaines spécialités:

udin créole	hot sausage, creole style	**bifteck de tortue**	turtle steak
ff de poisson	fish stew	**matoutou crabes**	stewed crabs served
bes farcis	stuffed crabs		with rice
goustes grillées	(small) lobsters, grilled		

Variétés

Les crêpes

Les crêpes sont d'origine bretonne.° Aujourd'hui, on vend les crêpes dans les «crêperies». On peut aussi faire des crêpes à la maison. Voici une recette° très simple.

LES INGRÉDIENTS

3 oeufs
3 cuillères à soupe de sucre
une pincée° de sel
2 tasses de lait
1 tasse de farine°
1 cuillère à soupe d'huile°
du beurre

LES USTENSILES

 un petit bol

 un grand bol

 un fouet

une poêle

D'abord: Pour faire la pâte° ─────────────

Mettez les oeufs dans le petit bol. Battez-les° bien avec le fouet.

Ajoutez° le sucre, le sel et un peu de lait.

Mettez la farine dans le grand bol. Versez° le contenu° du petit bol dans le grand bol.

Ajoutez l'huile et le reste du lait. Mélangez° bien la pâte. Attendez deux heures.

AU PETIT COIN BRETON LTÉE
Spécialités
CRÊPES BRETONNES

La Crêperie Québécoise
1775 St-Hubert, Montréal H2L 3Z1
(Métro Berri-de-Montigny)
Tél: 521-83

---

bretonne *from Brittany*　**recette** *recipe*　**pincée** *pinch*　**farine** *flour*　**huile** *oil*　**pâte** *batter*
Battez-les *Beat them*　**Ajoutez** *Add*　**Versez** *Pour*　**contenu** *contents*　**Mélangez** *Mix, Stir*

...auffez° la poêle. Mettez ...beurre dans la poêle.

Mettez une cuillère de pâte dans la poêle.

Agitez° la poêle pour étendre° la pâte.

...ournez° la crêpe ...nd elle est dorée.°

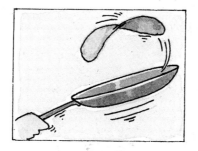

Si vous êtes adroit(e), faites sauter° la crêpe en l'air. Si vous n'êtes pas adroit(e), abstenez-vous!°

fin: Pour servir les crêpes

...tez la crêpe sur une ...iette chaude. Faites ...autres° crêpes.

Mettez du sucre ou de la confiture sur chaque° crêpe.

Au choix, roulez-la° ou pliez-la° en quatre.

...uffez Heat   **Agitez** Shake   **étendre** spread
...ournez Turn over   **dorée** golden brown   **faites sauter** flip
...enez-vous don't try   **autres** other   **chaque** each
...ez-la roll it   **pliez-la** fold it

Bon appétit!

REFERENCE SECTION

CONTENTS

APPENDIX 1

Maps

The French-Speaking World

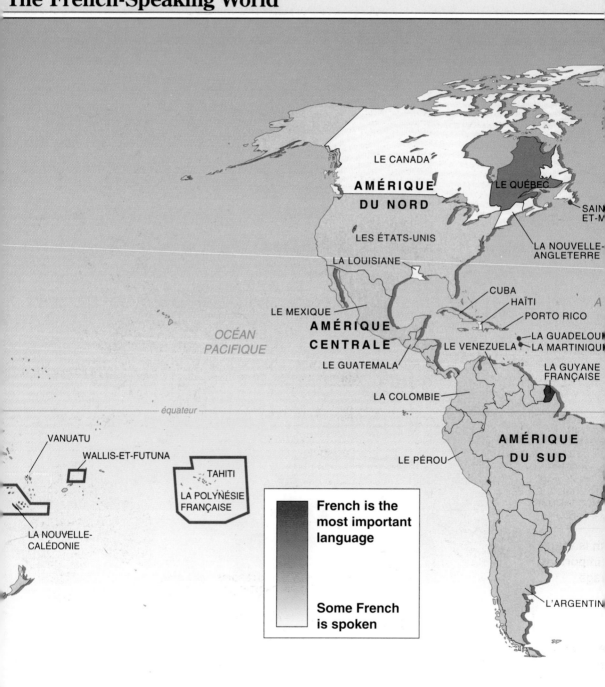

LE CANADA

AMÉRIQUE DU NORD

LE QUÉBEC

SAIN ET-M

LES ÉTATS-UNIS

LA NOUVELLE-ANGLETERRE

LA LOUISIANE

CUBA

HAÏTI

A

LE MEXIQUE

PORTO RICO

AMÉRIQUE CENTRALE

LA GUADELOU

LE VENEZUELA

LA MARTINIQU

OCÉAN PACIFIQUE

LE GUATEMALA

LA GUYANE FRANÇAISE

LA COLOMBIE

équateur

VANUATU

AMÉRIQUE DU SUD

WALLIS-ET-FUTUNA

LE PÉROU

TAHITI

LA POLYNÉSIE FRANÇAISE

French is the most important language

LA NOUVELLE-CALÉDONIE

L'ARGENTIN

Some French is spoken

LA NORVÈGE

LA SUÈDE

EMARK
AGNE

ANDES

LA BELGIQUE
LE LUXEMBOURG
LA POLOGNE
LA SUISSE
LE VAL D'AOSTE

UROPE

SE

L'ITALIE
ISRAËL
LA TUNISIE

L'ALGÉRIE

L'ÉGYPTE

LE
MALI   LE   LE
            NIGER   TCHAD

AFRIQUE

E TOGO
E BÉNIN
E CAMEROUN
    LE GABON
LA RÉPUBLIQUE
DU CONGO
A RÉPUBLIQUE
ÉMOCRATIQUE
U CONGO

LA RUSSIE

ASIE

LE LIBAN

LA CHINE

L'INDE

LA CORÉE
DU NORD

LE JAPON

LA CORÉE
DU SUD

OCÉAN
PACIFIQUE

LE LAOS
LE CAMBODGE
LE VIÊT-NAM

LES PHILIPPINES

DJIBOUTI

PONDICHÉRY

LA RÉPUBLIQUE
CENTRAFRICAINE

LE RWANDA
LE BURUNDI

équateur

LES SEYCHELLES

COMORES

MAYOTTE

L'ÎLE TROMELIN

L'ÎLE MAURICE
LA RÉUNION

MADAGASCAR

L'ÎLE EUROPA
L'ÎLE BASSAS DA INDIA

L'INDONÉSIE

OCÉAN
INDIEN

AUSTRALIE

L'ÎLE AMSTERDAM
L'ÎLE SAINT-PAUL

ch is the

important

age

LES ÎLES
CROZET

LES ÎLES KERGUELEN

e French

oken

France

L'ANGLETERRE

LA BELGIQUE

L'ALLEMAG

LA MANCHE

Lille•

NORD [2]

LE LUXEMBOURG

HAUTE-
NORMANDIE

PICARDIE

Le Havre•

Rouen•

LORRAINE

Caen•

BASSE-
NORMANDIE

☆• Paris

Versailles•

RÉGION
PARISIENNE [1]

CHAMPAGNE-
ARDENNE

Nancy•

St

BRETAGNE

Colmar•

Rennes•

PAYS DE
LA LOIRE

CENTRE

Loire

Dijon•

FRANCHE-
COMTÉ

LA SU

Tours•

BOURGOGNE

Nantes•

OCÉAN
ATLANTIQUE

POITOU-
CHARENTES

AUVERGNE

Vichy•

Annecy•

LIMOUSIN

Clermont-
Ferrand•

Lyon•

RHÔNE-ALPES

Grenoble•

Bordeaux•

LE MASSIF

Garonne

CENTRAL

Rhône

AQUITAINE

Albi•

Nîmes•

Avignon•

PROVENCE-
CÔTE D'AZUR [3]

N
Car

MIDI-PYRÉNÉES

Montpellier•

Toulouse•

LANGUEDOC-
ROUSSILLON

Marseille•

Saint
Trope

LES PYRÉNÉES

Toulon•

L'ESPAGNE

MER MÉDITERRANÉE

LA CO

[1]Also known as Île-de-France
[2]Also known as Nord-Pas-de-Calais
[3]Also known as Provence-Alpes-Côte d'Azur *(Bottin 1989)*

owels

Sound	Spelling	Examples
/a/	a, à, â	Madame, là-bas, théâtre
/i/	i, î	visite, Nice, dîne
	y (initial, final, or between consonants)	Yves, Guy, style
/u/	ou, où, oû	Toulouse, où, août
/y/	u, û	tu, Luc, sûr
/o/	o (final or before silent consonant)	piano, idiot, Margot
	au, eau	jaune, Claude, beau
	ô	hôtel, drôle, Côte-d'Ivoire
/ɔ/	o	Monique, Noël, jolie
	au	Paul, restaurant, Laure
/e/	é	Dédé, Québec, télé
	e (before silent final z, t, r)	chez, et, Roger
	ai (final or before final silent consonant)	j'ai, mai, japonais
/ɛ/	è	Michèle, Eve, père
	ei	seize, neige, tour Eiffel
	ê	tête, être, Việt-nam
	e (before two consonants)	elle, Pierre, Annette
	e (before pronounced final consonant)	Michel, avec, cher
	ai (before pronounced final consonant)	française, aime, Maine
/ə/	e (final or before single consonant)	je, Denise, venir
/ø/	eu, oeu	deux, Mathieu, euro, oeufs
	eu (before final se)	nerveuse, généreuse, sérieuse
/œ/	eu (before final pronounced consonant except /z/)	heure, neuf, Lesieur
	oeu	soeur, coeur, oeuf
	oe	oeil

Nasal vowels

Sound	Spelling	Examples
/ɑ̃/	an, am	France, quand, lampe
	en, em	Henri, pendant, décembre
/ɔ̃/	on, om	non, Simon, bombe
/ɛ̃/	in, im	Martin, invite, impossible
	yn, ym	syndicat, sympathique, Olympique
	ain, aim	Alain, américain, faim
	(o) + in	loin, moins, point
	(i) + en	bien, Julien, viens
/œ̃/	un, um	un, Lebrun, parfum

Semi-vowels

Sound	Spelling	Examples
/j/	**i, y** (before vowel sound)	b**i**en, p**i**ano, L**y**on
	-il, -ill (after vowel sound), **-ll**	oe**il**, trava**ill**e, Marse**ill**e, f**ill**e
/ɥ/	**u** (before vowel sound)	l**u**i, S**u**isse, j**u**illet
/w/	**ou** (before vowel sound)	**ou**i, L**ou**is, j**ou**er
/wa/	**oi, oî**	v**oi**ci, Ben**oî**t
	oy (before vowel)	v**oy**age

Consonants

Sound	Spelling	Examples
/b/	**b**	**B**ar**b**ara, **b**anane, **B**elgique
/k/	**c** (before **a, o, u,** or consonant)	**C**o**c**a-**C**ola, **c**uisine, **c**lasse
	ch(r)	**Ch**ristine, **Ch**ristian, **Ch**ristophe
	qu, q (final)	**Qu**ébec, **qu**'est-ce **qu**e, cin**q**
	k	**k**ilo, **K**i**k**i, **k**etchup
/ʃ/	**ch**	**Ch**arles, blan**ch**e, **ch**ez
/d/	**d**	**D**idier, **d**ans, mé**d**ecin
/f/	**f**	**F**élix, **f**ranc, neu**f**
	ph	**Ph**ilippe, télé**ph**one, **ph**oto
/g/	**g** (before **a, o, u,** or consonant)	**G**abriel, **g**orge, lé**g**umes, **g**ris
	gu (before **e, i, y**)	va**gu**e, **Gu**illaume, **Gu**y
/ɲ/	**gn**	mi**gn**on, champa**gn**e, Allema**gn**e
/ʒ/	**j**	**j**e, **J**érôme, **j**aune
	g (before **e, i, y**)	rou**g**e, **G**i**g**i, **g**ymnastique
	ge (before **a, o, u**)	oran**ge**ade, **G**eorges, na**ge**ur
/l/	**l**	**L**ise, e**ll**e, cheva**l**
/m/	**m**	**M**aman, **m**oi, to**m**ate
/n/	**n**	ba**n**ane, **N**ancy, **n**ous
/p/	**p**	**p**eu, **P**apa, **P**ierre
/r/	**r**	a**rr**ive, **r**ent**r**e, Pa**r**is
/s/	**c** (before **e, i, y**)	**c**e, **C**é**c**ile, Nan**c**y
	ç (before **a, o, u**)	**ç**a, gar**ç**on, dé**ç**u
	s (initial or before consonant)	**s**ac, **S**ophie, re**s**te
	ss (between vowels)	boi**ss**on, de**ss**ert, Sui**ss**e
	t (before **i** + vowel)	atten**t**ion, Na**t**ions Unies, nata**t**ion
	x	di**x**, si**x**, soi**x**ante
/t/	**t**	**t**rop, **t**élé, **T**ours
	th	**Th**érèse, **th**é, Mar**th**e
/v/	**v**	**V**iviane, **v**ous, nou**v**eau
/gz/	**x**	e**x**amen, e**x**emple, e**x**act
/ks/	**x**	Ma**x**, Me**x**ique, e**x**cellent
/z/	**s** (between vowels)	dé**s**ert, Loui**s**e, télévi**s**ion
	z	Su**z**anne, **z**ut, **z**éro

A. Cardinal numbers

0	zéro	18	dix-huit	82	quatre-vingt-deux
1	un (une)	19	dix-neuf	90	quatre-vingt-dix
2	deux	20	vingt	91	quatre-vingt-onze
3	trois	21	vingt et un (une)	100	cent
4	quatre	22	vingt-deux	101	cent un (une)
5	cinq	23	vingt-trois	102	cent deux
6	six	30	trente	200	deux cents
7	sept	31	trente et un (une)	201	deux cent un
8	huit	32	trente-deux	300	trois cents
9	neuf	40	quarante	400	quatre cents
10	dix	41	quarante et un (une)	500	cinq cents
11	onze	50	cinquante	600	six cents
12	douze	60	soixante	700	sept cents
13	treize	70	soixante-dix	800	huit cents
14	quatorze	71	soixante et onze	900	neuf cents
15	quinze	72	soixante-douze	1.000	mille
16	seize	80	quatre-vingts	2.000	deux mille
17	dix-sept	81	quatre-vingt-un (une)	1.000.000	un million

Notes:
1. The word **et** occurs only in the numbers 21, 31, 41, 51, 61, and 71:

   vingt et un
   soixante et onze
2. **Un** becomes **une** before a feminine noun:

   trente et une filles
3. **Quatre-vingts** becomes **quatre-vingt** before another number:

   quatre-vingt-cinq
4. **Cents** becomes **cent** before another number:

   trois cent vingt
5. **Mille** never adds an **-s:**

   quatre mille

B. Ordinal numbers

1er (ère)	**premier (première)**	5e	**cinquième**	9e	**neuvième**
2e	**deuxième**	6e	**sixième**	10e	**dixième**
3e	**troisième**	7e	**septième**	11e	**onzième**
4e	**quatrième**	8e	**huitième**	12e	**douzième**

Note: **Premier** becomes **première** before a feminine noun: **la première histoire**

C. Metric equivalents

1 gramme	= 0.035 ounces		1 ounce	= **28,349 grammes**
1 kilogramme	= 2.205 pounds		1 pound	= **0,453 kilogrammes**
1 litre	= 1.057 quarts		1 quart	= **0,946 litres**
1 mètre	= 39.37 inches		1 foot	= **30,480 centimètres**
1 kilomètre	= 0.62 miles		1 mile	= **1,609 kilomètres**

APPENDIX 4

Verbs

A. Regular verbs

Infinitive	Present		Passé composé	
parler *(to talk, speak)*	je **parle**	nous **parlons**	j'ai **parlé**	nous **avons parlé**
	tu **parles**	vous **parlez**	tu **as parlé**	vous **avez parlé**
	il **parle**	ils **parlent**	il **a parlé**	ils **ont parlé**

IMPERATIVE: **parle, parlons, parlez**

Infinitive	Present		Passé composé	
finir *(to finish)*	je **finis**	nous **finissons**	j'ai **fini**	nous **avons fini**
	tu **finis**	vous **finissez**	tu **as fini**	vous **avez fini**
	il **finit**	ils **finissent**	il **a fini**	ils **ont fini**

IMPERATIVE: **finis, finissons, finissez**

Infinitive	Present		Passé composé	
vendre *(to sell)*	je **vends**	nous **vendons**	j'ai **vendu**	nous **avons vendu**
	tu **vends**	vous **vendez**	tu **as vendu**	vous **avez vendu**
	il **vend**	ils **vendent**	il **a vendu**	ils **ont vendu**

IMPERATIVE: **vends, vendons, vendez**

B. -er verbs with spelling changes

Infinitive	Present		Passé composé
acheter *(to buy)*	j'**achète**	nous **achetons**	j'ai **acheté**
	tu **achètes**	vous **achetez**	
	il **achète**	ils **achètent**	

Verb like **acheter**: amener *(to bring, take along)*

Infinitive	Present		Passé composé
espérer *(to hope)*	j'**espère**	nous **espérons**	j'ai **espéré**
	tu **espères**	vous **espérez**	
	il **espère**	ils **espèrent**	

Verbs like **espérer**: célébrer *(to celebrate)*, préférer *(to prefer)*

Infinitive	Present		Passé composé
commencer *(to begin, start)*	je **commence**	nous **commençons**	j'ai **commencé**
	tu **commences**	vous **commencez**	
	il **commence**	ils **commencent**	

Infinitive	Present		Passé composé
manger *(to eat)*	je **mange**	nous **mangeons**	j'ai **mangé**
	tu **manges**	vous **mangez**	
	il **mange**	ils **mangent**	

Verbs like **manger**: nager *(to swim)*, voyager *(to travel)*

Infinitive	Present		Passé composé
payer *(to pay, pay for)*	je **paie**	nous **payons**	j'ai **payé**
	tu **paies**	vous **payez**	
	il **paie**	ils **paient**	

Verbs like **payer**: nettoyer *(to clean)*

C. Irregular verbs

Infinitive	Present		Passé composé
avoir *(to have, own)*	j'**ai**	nous **avons**	j'ai **eu**
	tu **as**	vous **avez**	
	il **a**	ils **ont**	
	IMPERATIVE: **aie, ayons, ayez**		
être *(to be)*	je **suis**	nous **sommes**	j'ai **été**
	tu **es**	vous **êtes**	
	il **est**	ils **sont**	
	IMPERATIVE: **sois, soyons, soyez**		
aller *(to go)*	je **vais**	nous **allons**	je suis **allé(e)**
	tu **vas**	vous **allez**	
	il **va**	ils **vont**	
	IMPERATIVE: **va, allons, allez**		
boire *(to drink)*	je **bois**	nous **buvons**	j'ai **bu**
	tu **bois**	vous **buvez**	
	il **boit**	ils **boivent**	
connaître *(to know)*	je **connais**	nous **connaissons**	j'ai **connu**
	tu **connais**	vous **connaissez**	
	il **connaît**	ils **connaissent**	
devoir *(to have to, should, must)*	je **dois**	nous **devons**	j'ai **dû**
	tu **dois**	vous **devez**	
	il **doit**	ils **doivent**	
dire *(to say, tell)*	je **dis**	nous **disons**	j'ai **dit**
	tu **dis**	vous **dites**	
	il **dit**	ils **disent**	
dormir *(to sleep)*	je **dors**	nous **dormons**	j' ai **dormi**
	tu **dors**	vous **dormez**	
	il **dort**	ils **dorment**	
écrire *(to write)*	j' **écris**	nous **écrivons**	j'ai **écrit**
	tu **écris**	vous **écrivez**	
	il **écrit**	ils **écrivent**	
	Verb like **écrire**: décrire *(to describe)*		
faire *(to make, do)*	je **fais**	nous **faisons**	j'ai **fait**
	tu **fais**	vous **faites**	
	il **fait**	ils **font**	
lire *(to read)*	je **lis**	nous **lisons**	j'ai **lu**
	tu **lis**	vous **lisez**	
	il **lit**	ils **lisent**	
mettre *(to put, place)*	je **mets**	nous **mettons**	j'ai **mis**
	tu **mets**	vous **mettez**	
	il **met**	ils **mettent**	
	Verb like **mettre**: promettre *(to promise)*		

Infinitive	Present		Passé composé
ouvrir *(to open)*	j'**ouvre** tu **ouvres** il **ouvre**	nous **ouvrons** vous **ouvrez** ils **ouvrent**	j'ai **ouvert**

Verbs like **ouvrir**: découvrir *(to discover)*, offrir *(to offer)*

partir *(to leave)*	je **pars** tu **pars** il **part**	nous **partons** vous **partez** ils **partent**	je **suis parti(e)**
pouvoir *(to be able, can)*	je **peux** tu **peux** il **peut**	nous **pouvons** vous **pouvez** ils **peuvent**	j'ai **pu**
prendre *(to take)*	je **prends** tu **prends** il **prend**	nous **prenons** vous **prenez** ils **prennent**	j'ai **pris**

Verbs like **prendre**: apprendre *(to learn)*, comprendre *(to understand)*

savoir *(to know)*	je **sais** tu **sais** il **sait**	nous **savons** vous **savez** ils **savent**	j'ai **su**
sortir *(to go out, get out)*	je **sors** tu **sors** il **sort**	nous **sortons** vous **sortez** ils **sortent**	je **suis sorti(e)**
venir *(to come)*	je **viens** tu **viens** il **vient**	nous **venons** vous **venez** ils **viennent**	je **suis venu(e)**

Verb like **venir**: revenir *(to come back)*

voir *(to see)*	je **vois** tu **vois** il **voit**	nous **voyons** vous **voyez** ils **voient**	j'ai **vu**
vouloir *(to want)*	je **veux** tu **veux** il **veut**	nous **voulons** vous **voulez** ils **veulent**	j'ai **voulu**

D. Verbs with *être* in the *passé composé*

aller *(to go)*	je **suis allé(e)**	**passer** *(to go by, through)*	je **suis passé(e)**
arriver *(to arrive, come)*	je **suis arrivé(e)**	**rentrer** *(to go home)*	je **suis rentré(e)**
descendre *(to go down)*	je **suis descendu(e)**	**rester** *(to stay)*	je **suis resté(e)**
entrer *(to enter, go in)*	je **suis entré(e)**	**revenir** *(to come back)*	je **suis revenu(e)**
monter *(to go up)*	Il/elle **est monté(e)**	**sortir** *(to go out, get out)*	je **suis sorti(e)**
mourir *(to die)*	Il/elle **est mort(e)**	**tomber** *(to fall)*	je **suis tombé(e)**
naître *(to be born)*	je **suis né(e)**	**venir** *(to come)*	je **suis venu(e)**
partir *(to leave)*	je **suis parti(e)**		

FRENCH-ENGLISH VOCABULARY

VOCABULARY
French-English

The French-English vocabulary contains active and passive words from the text, as well as the important words of the illustrations used within the units. Obvious passive cognates have not been listed.

The numbers following an entry indicate the lesson in which the word or phrase is activated. (**B** stands for the photo essay that precedes **Niveau B; C** stands for the list of phrases and expressions that precedes **Niveau C;** and **E** stands for **Entracte.**)

Nouns: If the article of a noun does not indicate gender, the noun is followed by *m.* (*masculine*) or *f.* (*feminine*). If the plural (*pl.*) is irregular, it is given in parentheses.

Adjectives: Adjectives are listed in the mascu form. If the feminine form is irregular, it is gi in parentheses. Irregular plural forms (*pl.*) a also given in parentheses.

Verbs: Verbs are listed in the infinitive form. asterisk (*) in front of an active verb means t is irregular. (For forms, see the verb charts i Appendix 4C.) Irregular present tense forms listed when they are used before the verb ha been activated. Irregular past participle (*p.p.* forms are listed separately.

Words beginning with an **h** are preceded by bullet (•) if the **h** is aspirate; that is, if the wo treated as if it begins with a consonant sound

A

a: il y a there is, there are **17**
à at, in, to **14, 22**
  à côté next door; next to
  à demain see you tomorrow **8**
  à droite on (to) the right **21**
  à gauche on (to) the left **21**
  à la mode popular; in fashion; fashionable **25**
  à mon avis in my opinion **27**
  à partir de as of, beginning
  à pied on foot **22**
  à samedi! see you Saturday! **8**
  à vélo by bicycle **22**
  abolir to abolish
  abondant plentiful, copious, large
  abord: d'abord (at) first **30**
un **abricot** apricot
  absolument absolutely
un **accent** accent mark, stress
  accepter to accept
des **accessoires** *m.* accessories **25**

un **accord** agreement
  d'accord okay, all right **13**
  être d'accord to agree **14**
un **achat** purchase
  faire des achats to go shopping **29**
  acheter to buy **25, 26**
    acheter + du, de la (*partitive*) to buy (some) **34**
un **acteur, une actrice** actor, actress
une **activité** activity
  l' **addition** *f.* check
  adorer to love
une **adresse** address **21**
    quelle est ton adresse? what's your address? **21**
  adroit skilled, skillful
un(e) **adulte** adult
  aéronautique aeronautic, aeronautical
un **aéroport** airport
  affectueusement affectionately (*at the end of a letter*)
une **affiche** poster **17**
  affirmativement affirmatively
  l' **Afrique** *f.* Africa
  l' **âge** *m.* age

  quel âge a-t-il/elle? old is he/she? **17**
  quel âge as-tu? how are you? **7**
  quel âge a ton père/ mère? how old is yo father/your mother?
  âgé old
une **agence** agency
    une agence de touris tourist office
    une agence de voyag travel agency
  agiter to shake
  agité agitated
  ah! ah!, oh!
    ah bon? oh? really?
    ah non! ah, no!
  ai (*see* avoir): **j'ai** I have
    j'ai... ans I'm ... (yea old) **7**
  aider to help **29, 35**
une **aile** wing
  aimer to like **15, 33**
    est-ce que tu aimes. do you like ...? **13**
    j'aime... I like ... **13**
    j'aimerais I would lik
    je n'aime pas... I do like ... **13**

ainsi thus

aîné older

  un frère aîné older brother

  une soeur aînée older sister

ajouter to add

Algérie *f.* Algeria *(country in North Africa)*

algérien (algérienne) Algerian

Allemagne *f.* Germany

allemand German

aller to go **22**

  aller + *inf.* to be going to + *inf.* **22**

  allez *(see* **aller***):* **allez-vous-en** go away!

  allez-y come on!, go ahead!, do it!

  comment allez-vous? how are you? **3**

allô! hello! *(on the telephone)*

allons *(see* **aller***):* **allons-y** let's go! **22**

alors so, then **19**

alouette lark

Alpes *f.* (the) Alps

alphabet *m.* alphabet

alpinisme *m.* mountain climbing **29**

  faire de l'alpinisme to go mountain climbing **29**

Alsace *f.* Alsace *(province in eastern France)*

amener to bring *(a person)* **26, 35**

américain American **2, 19**

  à l'américaine American-style

Américain, une Américaine American person

Amérique *f.* America

ami, une amie (close) friend **5**

amicalement love *(at the end of a letter)*

amitié *f.* friendship

  amitiés best regards *(at the end of a letter)*

amusant funny, amusing **19**

amuser to amuse

  s'amuser to have fun

  on s'est bien amusé! we had a good time!

an year

avoir... ans to be . . . (years old) **18**

  il/elle a... ans he/she is . . . (years old) **7**

  j'ai... ans I'm . . . (years old) **7**

  l'an dernier last year

  par an per year

un ananas pineapple

ancien (ancienne) former, old, ancient

un âne donkey

un ange angel

anglais English **2, 19**

un Anglais, une Anglaise English person

un animal (*pl.* **animaux**) animal

une animation live entertainment

animé animated, lively

une année year **8**

  bonne année! Happy New Year! **32**

  toute l'année all year long

un anniversaire birthday **8**

  bon anniversaire! happy birthday! **32**

  c'est quand, ton anniversaire? when is your birthday? **8**

  mon anniversaire est le (2 mars) my birthday is (March 2nd) **8**

un annuaire telephone directory

un anorak ski jacket

les antiquités *f.* antiquities, antiques

août *m.* August **8**

un appareil-photo (*pl.* **appareils-photo**) (still) camera **17**

un appartement apartment **21**

s' appeller to be named, called

  comment s'appelle...? what's . . .'s name? **6**

  comment s'appelle-t-il/elle? what's his/her name? **17**

  comment t'appelles-tu? what's your name? **1**

  il/elle s'appelle... his/her name is . . . **6**

  je m'appelle... my name is . . . **1**

apporter to bring *(things)* **26**

apporter quelque chose à quelqu'un to bring something to someone **35**

  apporte-moi (apportez-moi) bring me **B**

* **apprendre (à)** + *inf.* to learn (to) **34**

apprécier to appreciate

approprié appropriate

après after **29**; after, afterwards **30, 31**

  d'après according to

l' après-midi *m.* afternoon **29**

  cet après-midi this afternoon **31**

  de l'après-midi in the afternoon, P.M. **4**

  demain après-midi tomorrow afternoon **31**

  hier après-midi yesterday afternoon **31**

l' arabe *m.* Arabic *(language)*

un arbre tree

  un arbre généalogique family tree

l' arche *f.* **de Noé** Noah's Ark

l' argent *m.* money **28**

  l'argent de poche allowance, pocket money

arrêter to arrest; to stop

arriver to arrive, come **22**

  j'arrive! I'm coming!

une arrivée arrival

un arrondissement district

un artifice: le feu d'artifice fireworks

un artiste, une artiste artist

as *(see* **avoir***):* **est-ce que tu as...?** do you have . . . ? **17**

un ascenseur elevator

un aspirateur vacuum cleaner

asseyez-vous! sit down! **B**

assez rather **19**; enough

assieds-toi! sit down! **B**

une assiette plate **33**

assister à to go to, attend **29**

associer to associate

l' Atlantique *m.* Atlantic Ocean

attendre to wait, wait for **28**

attention *f.:* **faire attention** to be careful, pay attention **16**

attentivement carefully

au (à + le) to (the), at (the), in (the) **14, 22**

au revoir! good-bye! **3**

une **auberge** inn

une **auberge de campagne** country inn **35**

aucun: ne... aucun none, not any

aujourd'hui today **8, 31**

aujourd'hui, c'est... today is ... **8**

aussi also, too **2, 15**

aussi... que as ... as **27**

une **auto (automobile)** car, automobile **17**

une **auto-école** driving school

un **autobus** bus

un **autocar** touring bus **29**

l' **automne** m. autumn, fall

en automne in (the) autumn, fall **12**

autre other **33**

d'autres others

un(e) autre another

aux (à + les) to (the), at (the), in (the) **22**

avant before **29**

avant hier the day before yesterday

en avant let's begin

avantageux (avantageuse) reasonable, advantageous

avec with **14**

avec moi, avec toi with me, with you **13**

avec qui? with who(m)? **16**

une **avenue** avenue **21**

un **avion** airplane, plane **29**

en avion by airplane **29**

un **avis** opinion

avis de recherche missing person's bulletin

à mon avis in my opinion **27**

à votre avis in your opinion

* **avoir** to have **18**

avoir... ans to be ... (years old) **18**

avoir besoin de to need **28**

avoir chaud to be warm, hot **30**

avoir de la chance to be lucky **30**

avoir envie de to feel like, want **28**

avoir faim to be hungry **18**

avoir froid to be cold **30**

avoir lieu to take place

avoir raison to be right **30**

avoir soif to be thirsty **18, 30**

avoir tort to be wrong **30**

avril m. April **8**

B

le **babyfoot** tabletop soccer game

le **babysitting: faire du babysitting** to baby-sit

les **bagages** m. bags, baggage

bain: un maillot de bain bathing suit **25**

une **banane** banana **33**

une **bande dessinée** comic strip

des bandes dessinées comics

la **Bannière étoilée** Star-Spangled Banner

une **banque** bank

une **barbe: quelle barbe!** what a pain! (colloq.)

bas: en bas downstairs **21**

au bas at the bottom

le **baseball** baseball **23**

basé based

le **basket (basketball)** basketball **23**

jouer au basket to play basketball **13**

des **baskets** f. hightops (sneakers) **25**

un **bateau** boat, ship **29**

un bateau-mouche sightseeing boat

la **batterie** drums **23**

battre to beat

bavard talkative

beau (bel, belle; m.pl. beaux) handsome, good-looking, beautiful **17, 20, 27**

il est beau he is good-looking, handsome **1**

il fait beau it's beautiful (nice) out **12**

un **beau-frère** stepbrother, brother-in-law

un **beau-père** stepfather, father-in-law

beaucoup (de) much, very much, many, a lot **15**

la **beauté** beauty

un **bec** beak

bel (see **beau**) beautiful, handsome **27**

la **Belgique** Belgium

belle (see **beau**) beautiful **17, 20, 27**

elle est belle she is beautiful **17**

une **belle-mère** stepmother, mother-in-law

une **belle-soeur** stepsister, sister-in-law

les **Bermudes** f. Bermuda

le **besoin** need

avoir besoin de to need, to have to **28**

des besoins d'argent money needs

bête dumb, silly **19**

le **beurre** butter **33**

une **bibliothèque** library **21**

une **bicyclette** bicycle **17**

bien well, very well, careful **15**

bien sûr of course **13**

ça va bien everything's fine (going well) **3**

ça va très bien I'm (everything's) very well

c'est bien that's good (fine) **20**

eh bien! well! **26**

je veux bien (...) I'd love to (...), I do, I want to **13, 34**

oui, bien sûr... yes, of course ... **13**

très bien very well **15**

bientôt: à bientôt! see you soon!

bienvenue welcome

le **bifteck** steak

un bifteck de tortue turtle steak

bilingue bilingual

billet bill, paper money **28;** ticket

biologie biology

biscotte dry toast

blaff de poisson *(m.)* fish stew

blanc (blanche) white **20**

Blanche-Neige Snow White

blanchir to blanch, turn white

bleu blue **20**

blond blonde **17**
   il/elle est blond(e) he/she is blond **17**

blouson jacket **25**

boire to drink **34**

boisson drink, beverage **10, 33**

boîte box

bol deep bowl

bon (bonne) good **20**
   bon marché *(inv.)* inexpensive **25**
   ah bon? oh, really? **16**
   de bonne humeur in a good mood
   il fait bon the weather's good (pleasant) **12**

bonheur happiness

bonjour hello **1, 3**

botte boot **25**

bouche mouth **E3**

boucherie butcher shop

boudin sausage

boulangerie bakery

boulevard boulevard **21**

boum party *(colloq.)* **22**

boutique boutique, shop **25**

boxe: un match de boxe boxing match

bras arm **E3**

brésilien (brésilienne) Brazilian

Bretagne Brittany *(province in northwestern France)*

bricoler to do things around the house

broche: à la broche on the spit

bronzé tan

bruit noise

brun brown, dark-haired **17**
   il/elle est brun(e) he/she has dark hair **17**

brunir to turn brown

Bruxelles Brussels

le **bulletin de notes** report card

un **bureau** desk **B, 17;** office

un **bus** bus
   en bus by bus **22**

un **but** goal; end

C

ça that, it
   ça fait combien? ça fait... how much is that (it)? that (it) is . . . **11**
   ça, là-bas that (one), over there **17**
   ça va? how's everything? how are you? **3**
   ça va everything's fine, I'm OK **3**
   ça va (très) bien, ça va bien everything's going very well, everything's fine (going well) **3**
   ça va comme ci, comme ça everything's (going) so-so **3**
   ça va (très) mal things are going (very) badly **3**
   regarde ça look at that **17**

une **cabine d'essayage** fitting room

les **cabinets** *m.* toilet

un **cadeau** *(pl.* **cadeaux)** gift, present

cadet (cadette) younger
   un frère cadet (a) younger brother
   une soeur cadette (a) younger sister

le **café** coffee **10**
   un café au lait coffee with hot milk

un **café** café *(French coffee shop)* **14**
   au café to (at) the café **14**

un **cahier** notebook **B**

une **calculatrice** calculator **17**

un **calendrier** calendar

un **camarade, une camarade** classmate **17**

le **Cambodge** Cambodia *(country in Asia)*

un **cambriolage** burglary

un **cambrioleur** burglar

une **caméra** movie camera

la **campagne** countryside **29**
   à la campagne to (in) the countryside **29**
   une auberge de campagne country inn

camping: faire du camping to go camping **29**

le **Canada** Canada

canadien (canadienne) Canadian **2, 19**

un **Canadien, une Canadienne** Canadian person

un **canard** duck

la **cantine de l'école** school cafeteria **33**

un **car** touring bus **29**
   un car scolaire school bus

une **carotte** carrot **33**
   des carottes râpées grated carrots

un **carré** square
   le Vieux Carré *the French Quarter in New Orleans*

une **carte** map **B;** card
   une carte postale postcard
   les cartes *f.* (playing) cards **23**
   jouer aux cartes to play cards **23**

un **cas** case
   en cas de in case of

une **cassette** cassette tape **B, 17**

le **catch** wrestling

une **cathédrale** cathedral

une **cave** cellar

un **CD (un compact)** (audio) compact disc **B**
   un CD vidéo laser disc **B**

ce (c') this, that, it
   ce n'est pas that's/it's not **20**
   ce que what **C**
   ce sont these are, those are, they are **20**
   c'est it's, that's **5, 17, 20**
   c'est + *day of the week* it's . . . **8**
   c'est + *name or noun* it's . . . **5**
   c'est bien/mal that's good/bad **20**
   c'est combien? how much is that/it? **11**

c'est le (12 octobre) it's (October 12) 8

qu'est-ce que c'est? what is it? what's that? 17

qui est-ce? who's that/this? 17

ce (cet, cette; ces) this, that, these, those 26

ce... -ci this . . . (over here) 26

ce mois-ci this month 31

ce n'est pas it's (that's) not 20

ce soir this evening, tonight 31

une cédille cedilla

une ceinture belt 25

cela that

célèbre famous

cent one hundred 6, 25

cent un, cent deux 101, 102 25

deux cents, trois cents, ... neuf cents 200, 300, . . . 900 25

une centaine about a hundred

un centime centime (1/100 of a euro)

un centre center

un centre commercial shopping center 21

les céréales f. cereal 33

une cerise cherry 33

certain certain

certains some of them

ces (see ce) these, those 26

c'est (see ce)

cet (see ce) this, that 26

cette (see ce) this, that 26

chacun each one, each person

une chaise chair B, 17

une chaîne (TV) channel

une chaîne stéréo stereo set 17

une mini-chaîne compact stereo

la chaleur heat, warmth

une chambre bedroom 17, 21

un champion, une championne champion

la chance luck

avoir de la chance to be lucky 30

bonne chance! good luck! 31

une chanson song

chanter to sing 13, 15

un chanteur, une chanteuse singer

un chapeau (pl. chapeaux) hat 25

chaque each, every

charmant charming

un chat cat 7, E5

un château (pl. châteaux) castle

chaud warm, hot

avoir chaud to be warm (hot) (people) 30

il fait chaud it's warm (hot) (weather) 12

chauffer to warm, heat up

un chauffeur driver

une chaussette sock 25

une chaussure shoe 25

un chef boss; chef

une chemise shirt 25

un chemisier blouse 25

cher (chère) expensive; dear 25

chercher to look for, to get, to find 25

je cherche... I'm looking for . . . 25

un cheval (pl. chevaux) horse E5

les cheveux m. hair E3

chez + person at (to) someone's house 22; at (to) the office of

chez moi (toi, lui...) (at) home 23

chic (inv.) nice; elegant, in style

une chic fille a great girl

un chien dog 7

la chimie chemistry

chinois Chinese 19

le chinois Chinese (language)

le chocolat hot chocolate, cocoa 10

une glace au chocolat chocolate ice cream

choisir to choose 27

un choix choice

au choix choose one, your choice

une chorale choir

une chose thing 17

quelque chose something 32

chouette great, terrific 20

le cidre cider

un cinéaste, une cinéaste maker

un cinéma movie theater 21

le cinéma the movies

au cinéma to (at) the movies, movie theater 14

cinq five 1

cinquante fifty 3

cinquième fifth 24

une circonstance circumstance

cité: la Cité Interdite Forbidden City

une clarinette clarinet 23

une classe class

en classe in class 14

classique classical

un clavier keyboard 23

un client, une cliente customer

un clip music video

un cochon pig

un coiffeur, une coiffeuse hairdresser

un coin spot

une coïncidence coincidence

le Colisée the Coliseum (a stadium built by the Romans)

des collants m. (pair of) tights, pantyhose 25

un collège junior high school

une colonie colony

une colonne column

combien how much 28

combien coûte...? how much does . . . cost? 25

combien de how much, how many 28

combien de temps? how long?

combien d'heures? how many hours?

ça fait combien? how much is this (it)? 11

c'est combien? how much is this (it)? 11

commander to order

comme like, as, for

comme ci, comme ça so-so

ça va comme ci, comme ça everything's so-so

dangereux (dangereuse) dangerous

dans in **17**

danser to dance **13, 15**

la **date** date **8**

   quelle est la date? what's the date? **8**

de (d') of, from, about **14, 23**

   de l'après-midi in the afternoon **4**

   de quelle couleur... ? what color ...? **20**

   de qui? of whom? **16**

   de quoi? about what?

   de temps en temps from time to time

   pas de not any, no **18, 34**

débarquer to land

décembre *m.* December **8**

décider (de) to decide (to)

une **déclaration** statement

décoré decorated

* **découvrir** to discover

* **décrire** to describe **C**

   décrivez... describe... **C**

un **défaut** shortcoming

un **défilé** parade

dégoûtant: c'est dégoûtant! it's (that's) disgusting **35**

dehors outside

   en dehors de outside of

déjà already; ever

déjeuner to eat (have) lunch **33**

le **déjeuner** lunch **33**

   le petit déjeuner breakfast **33**

délicieux (délicieuse) delicious **34**

demain tomorrow **8**

   à demain! see you tomorrow! **8**

   demain, c'est... (jeudi) tomorrow is... (Thursday) **8**

demander (à) to ask **C, 36**

   demandez ... ask... **C**

un **demi-frère** half-brother

une **demi-soeur** half-sister

demi: ... heures et demie half past ... **4**

   midi et demi half past noon **4**

minuit et demi half past midnight **4**

démodé out of style, unfashionable **25**

un **démon** devil

une **dent** tooth

un **départ** departure

se **dépêcher: dépêchez-vous!** hurry up!

dépend: ça dépend that depends

une **dépense** expense

dépenser to spend (money) **28**

dernier (dernière) last **31**

derrière behind, in back of **17**

des some, any **18**; of (the), from (the), about (the) **23**

le **désert** desert

désirer to wish, want

   vous désirez? what would you like? may I help you? **10, 25**

désolé sorry

le **dessert** dessert **33**

le **dessin** art, drawing

   un dessin animé cartoon

détester to hate, detest **3**

deux two **1**

deuxième second **24**

   le deuxième étage third floor

devant in front of **17**

développer to develop

deviner to guess

* **devoir** to have to, should, must **35**

un **devoir** homework assignment **B**

les **devoirs** *m.* homework

   faire mes devoirs to do my homework **29**

d'habitude usually

différemment differently

différent different

difficile hard, difficult **20**

la **dignité** dignity

dimanche *m.* Sunday **8**

dîner to have dinner **15, 33**

   dîner au restaurant to have dinner at a restaurant **13**

le **dîner** dinner, supper **33**

* **dire** to say, tell **C, 36**

que veut dire...? wha[t] does ... mean? **B**

directement straight

un **directeur, une directric**[e] director, principal

dirigé directed, guided

dis! (*see* **dire**) say!, hey!

   dis donc! say there!, [ ] there! **20**

discuter to discuss

une **dispute** quarrel, dispute

un **disque** record **17**

   un (disque) compac[t] compact disc **17**

une **disquette** floppy disc **B**

dit (*p.p. of* **dire**) said

dit (*see* **dire**)**: comment on... en français?** h[ow] you say ... in French[?]

dites... (*see* **dire**) say .[.] tell ... **C**

dix ten **1, 2**

dix-huit eighteen **2**

dixième tenth **24**

dix-neuf nineteen **2**

dix-sept seventeen **2**

un **docteur** doctor

dois (*see* **devoir**)**: je dois** I have to (must) **13**

domestique domestic

   les animaux *m.* **domestiques** pets **7**

dommage! too bad! **15**

donner (à) to give (to) **3[6]**

   donne-moi... give m[e] **9, B**

   donnez-moi... give m[e] **10, B**

   s'il te plaît, donne-m[oi...] please, give me ... **1**[ ]

doré golden brown

* **dormir** to sleep

le **dos** back **E3**

une **douzaine** dozen **33**

douze twelve **2**

douzième twelfth **24**

droit: tout droit straight

droite right

   à droite to (on) the ri[ght] **21**

drôle funny **20**

du (de + le) of (the), fro[m] (the) **23**; some, any **34**

du matin in the morning, A.M. **4**

du soir in the evening, P.M. **4**

dû (*p.p. of* **devoir**) had to **35**

dur hard

des oeufs (*m.*) **durs** hard-boiled eggs

durer to last

dynamique dynamic

---

e-mail e-mail, electronic mail

eau *f.* (*pl.* **eaux**) water **33**

l'eau minérale mineral water **33**

échange exchange

échecs *m.* chess **23**

éclosion hatching

école school **21**

économiser to save money

écouter to listen to B, **15**

écouter la radio to listen to the radio **13**

écouter des cassettes to listen to cassettes **29**

écran *m.* screen (computer)

écrire to write **36**

éducation *f.* education

l'éducation civique civics

l'éducation physique physical education

église church **21**

égyptien (égyptienne) Egyptian

eh bien! well! **26**

électronique: une guitare électrique electric guitar

élégant elegant **25**

éléphant elephant **E5**

élève, une élève pupil, student **17**

élevé high

elle she, it **11, 14, 18;** her **23**

elle coûte... it costs . . . **11**

elle est (canadienne) she's (Canadian) **6**

elle s'appelle... her name is . . . **6**

embrasser: je t'embrasse love and kisses (*at the end of a letter*)

un emploi du temps time-table (*of work*)

emprunter à to borrow from

en in, on, to, by

en avion by airplane, plane **29**

en bas (haut) downstairs (upstairs) **21**

en bus (métro, taxi, train, voiture) by bus (subway, taxi, train, car) **22**

en ce qui concerne as for

en face opposite, across (the street)

en fait in fact

en famille at home

en plus in addition

en scène on stage

en solde on sale

va-t'en! go away! **22**

un endroit place **22**

un enfant, une enfant child **24**

enfin at last **30**

ensuite then, after that **30**

entendre to hear **28**

entier (entière) entire

l' entracte *m.* interlude

entre between

une entrée entry (*of a house*)

un entretien discussion

envers toward

l' envie *f.* envy; feeling

avoir envie de to want; to feel like, want to **28**

épicé hot (spicy)

une épicerie grocery store

les épinards *m.* spinach

une équipe team

une erreur error, mistake

es (*see* **être**)

tu es + *nationality* you are . . . **2**

tu es + *nationality*? are you . . .? **2**

tu es de... ? are you from . . .? **2**

un escalier staircase

un escargot snail

l' Espagne *f.* Spain

espagnol Spanish **19**

parler espagnol to speak Spanish **13**

espérer to hope **26**

un esprit spirit

essayer to try on, to try

l' essentiel *m.* the important thing

est (*see* **être**)

est-ce que (qu')...? *phrase used to introduce a question* **14**

c'est... it's . . ., that's . . . **5, 7, 20**

c'est le + *date* it's . . . **8**

il/elle est + *nationality* he/she is . . . **6**

n'est-ce pas...? isn't it? **14**

où est...? where is . . . ? **14**

quel jour est-ce? what day is it? **8**

qui est-ce? who's that (this)? **5, 17**

l' est *m.* east

et and **2, 14**

et demi(e), et quart half past, quarter past **4**

et toi? and you? **1**

établir to establish

un étage floor of a building, story

les États-Unis *m.* United States

été (*p.p. of* **être**) been, was **31**

l' été *m.* summer

en été in (the) summer **12**

l'heure d'été daylight savings time

étendre to spread

une étoile star

étrange strange

étranger (étrangère) foreign

* être to be **14**

être à to belong to

être d'accord to agree **14**

une étude study

un étudiant, une étudiant(e) (college) student **17**

étudier to study **13, 15**

eu (*p.p. of* **avoir**) had **31**

il y a eu there was

euh... er . . ., uh . . .

euh non... well, no

un euro euro; monetary unit of Europe

européen (européenne) European

eux they, them **23**

eux-mêmes themselves

un événement event

un examen exam, test

réussir à un examen to pass an exam, a test

excusez-moi excuse me **21**

un **exemple** example

par exemple for instance

un **exercice** exercise

faire des exercices to exercise

exiger to insist

expliquer to explain **C**

expliquez... explain . . . **C**

exprimer to express

exquis: c'est exquis! it's exquisite! **34**

extérieur: à l'extérieur outside

extra terrific **20**

extraordinaire extraordinary

il a fait un temps extraordinaire! the weather was great!

F ━━━━━━━━━━━━

face: en face (de) opposite, across (the street) from

facile easy **20**

faible weak

la **faim** hunger

avoir faim to be hungry **30**

j'ai faim I'm hungry **9**

tu as faim? are you hungry? **9**

faire to do, make **16**

faire attention to pay attention, be careful **16**

faire de + *activity* to do, play, study, participate in **29**

faire des achats to go shopping **29**

faire les courses to go shopping **33**

faire mes devoirs to do my homework **29**

faire partie de to be a member of

faire sauter to flip

faire un match to play a game (match) **16**

faire un pique-nique to have a picnic **29**

faire un voyage to take a trip **16**

faire une promenade to take a walk **16**

faire une promenade à pied (à vélo, en voiture) to take a walk (a bicycle ride, a drive) **22**

fait (*p.p. of* **faire**) did, done, made **31**

fait: en fait in fact

fait (*see* **faire**): **ça fait combien?** how much is that (it)? **11**

ça fait... francs that's (it's) . . . francs **11**

il fait (beau, etc.) it's (beautiful, etc.) (*weather*) **12**

quel temps fait-il? what (how) is the weather? **12**

fameux: c'est fameux! it's superb! **34**

familial with the family

une **famille** family **7, 24**

en famille at home

un **fana, une fana** fan

un **fantôme** ghost

la **farine** flour

fatigué tired

faux (fausse) false **20**

favori (favorite) favorite

les **félicitations** *f.* congratulations

une **femme** woman **17;** wife **24**

une **fenêtre** window **B, 17**

fermer to close **B**

une **fête** party, holiday

le **feu d'artifice** fireworks

une **feuille** sheet, leaf **B**

une feuille de papier sheet of paper **B**

un **feuilleton** series, serial story (*in newspaper*)

février *m.* February **8**

fiche-moi la paix! leave me alone! (*colloq.*) **36**

la **fièvre** fever

une **fille** girl **5;** daughter **24**

un **film** movie **22, 29**

un film policier detective movie

un **fils** son **24**

la **fin** end

finalement finally **30**

fini (*p.p. of* **finir**) over, finished **31**

finir to finish **27**

flamand Flemish

un **flamant** flamingo

une **fleur** flower

un **fleuve** river

un **flic** cop (*colloq.*)

une **flûte** flute **23**

une **fois** time

à la fois at the same ti[me]

la **folie: à la folie** madly

folklorique: une chanso[n] folklorique folksong

fonctionner to work, func[tion]

fondé founded

le **foot (football)** soccer **23**

le football américain football

jouer au foot to play soccer **13**

une **forêt** forest

formidable great!

fort strong

plus fort louder **B**

un **fouet** whisk

une **fourchette** fork **33**

la **fourrure** fur

un manteau de fourr[ure] fur coat

frais: il fait frais it's cool (*weather*) **12**

une **fraise** strawberry **33**

un **franc** franc (*former mone[y] unit of France*) **11**

ça fait... francs that's (it's) . . . francs **11**

français French **2, 19**

comment dit-on... en français? how do you say... in French? **B**

parler français to spe[ak] French **13**

le **français** French (*langua[ge]*)

un **Français, une Française** French person

la **France** France **14**

en France in France

francophone French-speaking

un **frère** brother **7, 24**

des **frites** *f.* French fries **33**

un steak-frites steak [&] French fries **9**

froid cold

avoir froid to be (feel) cold (*people*) **30**

il fait froid it's cold out
(*weather*) **12**
fromage cheese **33**
 un sandwich au fromage
 cheese sandwich
fruit fruit **33**
furieux (furieuse) furious
fusée rocket

gagner to earn, to win **28**
garage garage **21**
garçon boy **5**; waiter
gare train station
garniture side dish
gâteau (*pl.* **gâteaux**) cake **33**
gauche left
 à gauche to (on) the left
 21
gelée jelly
généralement generally
généreux (généreuse)
 generous
générosité generosity
génial brilliant
gens *m.* people **18**
gentil (gentille) nice, kind
 19; sweet
géographie geography
girafe giraffe **E5**
glace ice cream **9, 33**;
 mirror, ice
glacé iced
 un thé glacé iced tea **33**
goûter afternoon snack
goyave guava
grand tall **17**; big, large **20**;
 big (*size of clothing*) **25**
 un grand magasin
 department store **25**
 une grande surface big
 store, self-service store
grandir to get tall; to grow up
grand-mère grandmother **7,
 24**
grand-père grandfather **7,
 24**
grands-parents *m.*
 grandparents **24**
grec (grecque) Greek
grenier attic
grillade grilled meat
grille grid
grillé: le pain grillé toast

une tartine de pain grillé
 buttered toast
la grippe flu
gris gray **20**
gros (grosse) fat, big
grossir to gain weight, get fat
 27
la Guadeloupe Guadeloupe
 (*French island in the West
 Indies*)
une guerre war
une guitare guitar **17, 23**
un gymnase gym

H

habillé dressed
habiter to live **15**
Haïti Haiti (*French island in
 the West Indies*)
un hamburger hamburger **9**
les • haricots *m.* **verts** green
 beans **33**
la • hâte haste
 en hâte quickly
 • haut high
 en haut upstairs **21**
 plus haut above
 • hélas! too bad!
hésiter to hesitate
l' heure *f.* time, hour; o'clock **4**
 ... heure(s) (dix) (ten)
 past ... **4**
 ... heure(s) et demie half
 past ... **4**
 ... heure(s) et quart
 quarter past ... **4**
 ... heure(s) moins (dix)
 (ten) of ... **4**
 **... heure(s) moins le
 quart** quarter to ... **4**
 à... heures at ... o'clock
 14
 à quelle heure...? at what
 time ... ? **16**
 à quelle heure est...? at
 what time is ... ? **4**
 il est... heure(s) it's ...
 o'clock **4**
 par heure per hour, an
 hour
 quelle heure est-il? what
 time is it? **4**
heureux (heureuse) happy
hier yesterday **31**

avant-hier the day before
 yesterday
un hippopotame hippopotamus
 E5
une histoire story, history
 l' hiver *m.* winter **12**
 en hiver in (the) winter **12**
 • hollandais Dutch
un homme man **17**
 honnête honest
un hôpital (*pl.* **hôpitaux**)
 hospital **21**
une horreur horror
 quelle horreur! what a
 scandal! how awful!
un • hors-d'oeuvre appetizer **33**
un • hot dog hot dog **9**
un hôte, une hôtesse host,
 hostess
un hôtel hotel **21**
 un hôtel de police police
 department
 l' huile *f.* oil
 • huit eight **1**
 huitième eighth **24**
 l' humeur *f.* mood
 de bonne humeur in a
 good mood
un hypermarché shopping
 center

I

ici here **14**
une idée idea
 c'est une bonne idée! it's
 (that's) a good idea! **28**
ignorer to be unaware of
il he, it **11, 14, 18**
 il est it is **20**
 il/elle est + *nationality*
 he/she is ... **6**
 il y a there is, there are
 17
 il y a + **du, de la**
 (*partitive*) there is
 (some) **34**
 il y a eu there was
 il n'y a pas de... there
 is/are no ... **18**
 est-ce qu'il y a...? is
 there, are there ... ? **17**
 qu'est-ce qu'il y a...?
 what is there ... ? **17**
une île island

illustré illustrated

un immeuble apartment building **21**

un imper (imperméable) raincoat **25**

l' impératif *m.* imperative (command) mood

impoli impolite

l' importance *f.* importance

ça n'a pas d'importance it doesn't matter

importé imported

impressionnant impressive

l' imprimante *f.* printer

inactif (inactive) inactive

inclure to include

l' indicatif *m.* area code

indiquer to indicate, show **C**

indiquez... indicate . . . **C**

infâme: c'est infâme! that's (it's) awful! **35**

infect: c'est infect! that's revolting! *(colloq.)* **35**

les informations *f.* news

l' informatique *f.* computer science

s' informer (de) to find out about

un ingénieur engineer

un ingrédient ingredient **33**

un inspecteur, une inspectrice police detective

un instrument instrument **23**

intelligent intelligent **19**

intéressant interesting **19**

l' intérieur *m.* interior, inside

les internautes people who like to use the Internet

Internet the Internet

interroger to question

interviewer to interview

inutilement uselessly

un inventaire inventory

un invité, une invitée guest

inviter to invite **15**

israélien (israélienne) Israeli

italien (italienne) Italian **19**

un Italien, une Italienne Italian person

J

j' (*see* **je**)

jamais ever; never

jamais le dimanche! never on Sunday!

ne... jamais never **32**

la Jamaïque Jamaica

une jambe leg **E3**

un jambon ham **33**

janvier *m.* January **8**

japonais Japanese **19**

un jardin garden **21**

jaune yellow **20**

jaunir to turn yellow

je I **14**

un jean pair of jeans **23**

un jeu (*pl.* **jeux**) game **25**

les jeux télévisés TV game shows

les jeux électroniques computer games

jeudi *m.* Thursday **8**

jeune young **17**

les jeunes *m.* young people

un job (part-time) job

le jogging jogging **29**

faire du jogging to jog **29**

un jogging jogging suit **25**

joli pretty (*for girls, women*) **17**; (*for clothing*) **25**

plus joli(e) que prettier than

jouer to play **15**

jouer à + *game, sport* to play a game, sport **23**

jouer au tennis (volley, basket, foot) to play tennis (volleyball, basketball, soccer) **13**

jouer de + *instrument* to play a musical instrument **23**

un jour day **8, 29**

le Jour de l'An New Year's Day

par jour per week, a week

quel jour est-ce? what day is it? **8**

un journal (*pl.* **journaux**) newspaper

une journée day, whole day

bonne journée! have a nice day!

joyeux (joyeuse) happy

juillet *m.* July **8**

le quatorze juillet Bastille Day (*French national holiday*)

juin *m.* June **8**

un jumeau (*pl.* **jumeaux**), **une**

jumelle twin

une jupe skirt **25**

le jus juice

le jus d'orange orang[e] juice **10, 33**

le jus de pomme app[le] juice **10, 33**

le jus de raisin grape[ ] juice **10**

le jus de tomate toma[te] juice **10**

jusqu'à until

juste right, fair

le mot juste the right [word]

K

un kangourou kangaroo **E5**

le ketchup ketchup **33**

un kilo kilogram

un kilo (de) a kilogra[m] (of) **33**

L

l' (*see* **le, la**)

la the **6, 18;** her, it **36**

là here, there **14**

là-bas over there **14**

ça, là-bas that (one), o[ver] there **17**

ce... -là that . . . (over there) **26**

oh là là! uh, oh!; oh, d[ear]; wow!; oh, yes!

laid ugly

laisser: laisse-moi tranquille! leave me alone! **36**

le lait milk **33**

une langue language

large wide

laver to wash **29**

se laver to wash (ones[elf]), wash up

le the **6, 18;** him, it **36**

le + *number* + *month* the . . . **8**

le (lundi) on (Mondays)

une leçon lesson

un lecteur drive (computer), reader

un lecteur optique interne/ de CD-ROM internal CD-ROM drive **B**

un lecteur de CD vidéo laserdisc player

légume vegetable **33**
lent slow
les the **18;** them **36**
lettre letter
leur(s) their **24**
leur (to) them **36**
lever: lève-toi! stand up! **B**
    levez-vous! stand up! **B**
lézard lizard **E5**
Liban Lebanon (country in the Middle East)
libanais Lebanese
libéré liberated
librairie bookstore
libre free
lieu place, area
    avoir lieu to take place
ligne line
limité limited
limonade lemon soda **10**
lion lion **E5**
lire to read **C**
    comment lire reading hints
lisez... (see **lire**) read . . . **B, C**
liste list
    une liste des courses shopping list
lit bed **17**
living living room (informal)
livre book **B, 17**
livre metric pound **33**
local (m.pl. **locaux**) local
location rental
logique logical
logiquement logically
loin far **21**
    loin d'ici far (from here)
loisir leisure, free time
loisir leisure-time activity
Londres London
long (longue) long **25**
longtemps (for) a long time
    moins longtemps que for a shorter time
loto lotto, lottery, bingo
loup wolf **E5**
lui him **23;** (to) him/her **36**
lui-même: en lui-même to himself
lundi m. Monday **8**
lunettes f. glasses **25**
    des lunettes de soleil sunglasses **25**

le Luxembourg Luxembourg
un lycée high school

M

m' (see **me**)
M. (monsieur) Mr. (Mister) **3**
ma my **7, 24**
    et voici ma mère and this is my mother **7**
    ma chambre my bedroom **17**
une machine machine
    une machine à coudre sewing machine
Madagascar Madagascar (French-speaking island off of East Africa)
Madame (Mme) Mrs., ma'am **3**
Mademoiselle (Mlle) Miss **3**
un magasin store, shop **21, 25**
    faire les magasins to go shopping (browsing from store to store)
    un grand magasin department store **25**
magnétique magnetic
un magnétophone tape recorder **17**
un magnétoscope VCR (videocassette recorder) **B**
magnifique magnificent
mai m. May **8**
maigre thin, skinny
maigrir to lose weight, get thin **27**
un maillot de bain bathing suit **25**
une main hand **E3**
maintenant now **15, 31**
mais but **14**
    j'aime..., mais je préfère... I like . . ., but I prefer . . . **13**
    je regrette, mais je ne peux pas... I'm sorry, but I can't . . . **13**
    mais oui! sure! **14**
    mais non! of course not! **14**
une maison house **21**
    à la maison at home **14**
mal badly, poorly **3, 15**
    ça va mal things are

going badly **3**
    ça va très mal things are going very badly **3**
    c'est mal that's bad **20**
malade sick
malheureusement unfortunately
malin clever
manger to eat **15**
    j'aime manger I like to eat **13**
    manger + du, de la (partitive) to eat (some) **34**
    une salle à manger dining room **21**
un manteau (pl. **manteaux**) overcoat **25**
    un manteau de fourrure fur coat
un marchand, une marchande merchant, shopkeeper, dealer
marcher to work, to run (for objects) **17;** to walk (for people) **17**
    il/elle (ne) marche (pas) bien it (doesn't) work(s) well **17**
    est-ce que la radio marche? does the radio work? **17**
un marché open-air market **33**
    un marché aux puces flea market
    bon marché (inv.) inexpensive **25**
mardi m. Tuesday **8**
    le Mardi gras Shrove Tuesday
un mari husband **24**
le mariage wedding, marriage
marié married
une marmite covered stew pot
le Maroc Morocco (country in North Africa)
une marque brand (name)
une marraine godmother
marrant fun
marron (inv.) brown **20**
mars m. March **8**
martiniquais from Martinique
la Martinique Martinique (French island in the West Indies)

un **match** game, (sports) match
  faire un match to play a
    game, (sports) match **16**
les **maths** *f.* math
le **matin** morning **29**
  ce matin this morning **31**
  demain matin tomorrow
    morning **31**
  du matin in the morning,
    A.M. **4**
  hier matin yesterday
    morning **31**
  le matin in the morning
des **matoutou crabes** *m.* stewed
    crabs with rice
  mauvais bad **20**
  c'est une mauvaise idée
    that's a bad idea
  il fait mauvais it's bad
    (weather) **12**
la **mayonnaise** mayonnaise **33**
  me (to) me **35**
  méchant mean, nasty **19**
un **médecin** doctor
  un médecin de nuit
    doctor on night duty
la **Méditerranée** Mediterranean
    Sea
  meilleur(e) better, best **27**
  mélanger to mix, stir
  même same; even
  eux-mêmes themselves
  les mêmes choses
    the same things
une **mémoire** memory
  mentionner to mention
la **mer** ocean, shore **29**
  à la mer to (at) the sea **29**
  merci thank you **3**
  oui, merci yes, thank you
    13
  mercredi *m.* Wednesday **8**
une **mère** mother **7, 24**
  mériter to deserve
  mes my **24**
la **messagerie vocale** voice mail
le **métro** subway
  en métro by subway **22**
* **mettre** to put on, to wear **25**;
    to put, to place, to turn on
    26
  mettre la table to set the
    table **33**
  mexicain Mexican **19**
  midi *m.* noon **4**

  mieux better
  mignon (mignonne) cute **19**
  militaire military
  mille one thousand **6, 25**
  minérale: l'eau *f.* **minérale**
    mineral water **33**
une **mini-chaîne** compact stereo
  minuit *m.* midnight **4**
  mis *(p.p. of* **mettre***)* put,
    placed **31**
  mixte mixed
  Mlle Miss **3**
  Mme Mrs. **3**
une **mob (mobylette)** motorbike,
    moped **17**
  moche plain, ugly **25**
la **mode** fashion
  à la mode popular; in
    fashion; fashionable **25**
  moderne modern **21**
  moi me **1, 23**; (to) me **35**
  moi, je m'appelle (Marc)
    me, my name is (Marc) **1**
  avec moi with me **13**
  donne-moi give me **9**
  donnez-moi give me **10**
  excusez-moi... excuse
    me ... **21**
  prête-moi... lend me ...
    11
  s'il te plaît, donne-moi...
    please give me ... **10**
un **moine** monk
  moins less
  moins de less than
  moins... que less ... than
    27
  ... heure(s) moins (dix)
    (ten) of ... **4**
  ... heure(s) moins le
    quart quarter of ... **4**
un **mois** month **8, 29**
  ce mois-ci this month **31**
  le mois dernier last
    month **31**
  le mois prochain next
    month **31**
  par mois per month, a month
  mon (ma; mes) my **7, 24**
  mon anniversaire est
    le... my birthday is
    the ... **8**
  voici mon père this is my
    father **7**
le **monde** world
  du monde in the world

  tout le monde everyo
la **monnaie** money; change
le **Monopoly** Monopoly **23**
  Monsieur (M.) Mr., sir
un **monsieur** *(pl.* **messieurs**
    gentleman, man *(polit*
    term) **5**
une **montagne** mountain **29**
  à la montagne to (at)
    mountains **29**
une **montre** watch **17**
  montrer à to show ... to
    36
  montre-moi (montrez
    moi) show me **B**
un **morceau** piece
  un morceau de craie
    piece of chalk **B**
un **mot** word
une **moto** motorcycle **17**
la **moutarde** mustard
un **mouton** sheep
  moyen (moyenne) avera₃
    medium
  en moyenne on the
    average
un **moyen** means
  muet (muette) silent
le **multimédia** multimedia
un **musée** museum **21**
la **musique** music **23**

N ━━━━━━━━━━━━━

  n' *(see* **ne***)*
  nager to swim **15**
  j'aime nager I like to
    swim **13**
une **nationalité** nationality **2**
  nautique: le ski nautiqu
    water-skiing **29**
  ne (n')
  ne... aucun none, not ₃
  ne... jamais never **32**
  ne... pas not **14**
  ne... personne nobody
  ne... plus no longer
  ne... rien nothing **32**
  n'est-ce pas? right?, n
    isn't it (so)?, don't you
    aren't you? **14**
  né born
  nécessaire necessary
  négatif (négative) negativ
  négativement negatively
la **neige** snow

pas de not a, no, not any **18, 34**

pas du tout not at all, definitely not **23**

pas possible not possible

pas toujours not always **13**

pas très bien not very well

le **passé composé** compound past tense

passer to spend (time) **29**; to pass by

passionnément passionately

une **pâte** dough

patient patient

le **patinage** ice skating, roller skating

une **patinoire** skating rink

une **pâtisserie** pastry, pastry shop

une **patte** foot, paw (*of bird or animal*)

pauvre poor **28**

payer to pay, pay for **28**

un **pays** country

la **peau** skin, hide

* **peindre** to paint

peint painted

une **pellicule** film (camera)

pendant during **29**

pénétrer to enter

pénible bothersome, a pain **20**

penser to think **25**

penser de to think of **25**

penser que to think that **25**

qu'est-ce que tu penses de...? what do you think of...? **25**

une **pension** inn, boarding house

Pentecôte *f.* Pentecost

perdre to lose, to waste **28**

perdu (*p.p. of* **perdre**) lost

un **père** father **7, 24**

* **permettre** to permit

un **perroquet** parrot

personne (de) nobody **32**

ne... personne nobody, not anybody, not anyone **32**

une **personne** person **5**

personnel (personnelle) personal

personnellement personally

péruvien (péruvienne) Peruvian

petit small, short **17, 20, 25**

il/elle est petit(e) he/she is short **17**

un **petit copain, une petite copine** boyfriend, girlfriend

plus petit(e) smaller

le **petit déjeuner** breakfast **33**

prendre le petit déjeuner to have breakfast **33**

le **petit-fils, la petite-fille** grandson, granddaughter

les **petits pois** *m.* peas **33**

peu little, not much

un peu a little, a little bit **15**

un peu de a few

peut (*see* **pouvoir**)

peut-être perhaps, maybe **14**

peux (*see* **pouvoir**)

est-ce que tu peux...? can you...? **13**

je regrette, mais je ne peux pas... I'm sorry, but I can't... **13**

la **photo** photography

une **phrase** sentence **B**

la **physique** physics

un **piano** piano **23**

une **pie** magpie **E5**

une **pièce** coin **28**; room

un **pied** foot **E3**

à pied on foot **22**

faire une promenade à pied to take a walk **22**

piloter to pilot (a plane)

une **pincée** pinch

le **ping-pong** Ping-Pong **23**

un **pique-nique** picnic **22**

faire un pique-nique to have a picnic **29**

une **piscine** swimming pool **21**

une **pizza** pizza **9**

un **placard** closet

une **plage** beach **21**

plaît: s'il te plaît please (*informal*) **9**; excuse me (please)

s'il te plaît, donne-moi... please, give me... **10**

s'il vous plaît please (*formal*) **10**; excuse me (please)

un **plan** map

la **planche à voile** windsurfi 29

faire de la planche à voile to windsurf **29**

une **plante** plant

un **plat** dish, course (*of a meal*) **33**

le plat principal main course

un **plateau** tray

pleut: il pleut it's raining

plier to fold

plumer to pluck

plus more

plus de more than

plus joli que prettier th

plus... que more... th ...-er than **27**

en plus in addition

le plus the most

ne... plus no longer, no more

non plus neither

plusieurs several

une **poche** pocket

l'argent *m.* **de poche** allowance, pocket mon

une **poêle** frying pan

un **point de vue** point of view

une **poire** pear **33**

pois: les petits pois *m.* p **33**

un **poisson** fish **E5, 33**

un poisson rouge gold

blaff de poisson fish st

poli polite

un **politicien, une politicienr** politician

un **polo** polo shirt **25**

une **pomme** apple

le jus de pomme apple juice **10, 33**

une **pomme de terre** potato 3

une purée de pommes de terre mashed potatoes

le **porc: une côtelette de po** pork chop

une **porte** door **B, 17**

un **porte-monnaie** change purse, wallet

porter to wear **25**

portugais Portuguese

poser: poser une questio to ask a question **C**

une **possibilité** possibility
la **poste** post office
   pouah! yuck! yech!
une **poule** hen E5
le **poulet** chicken 33
   pour for 14; in order to 29
      pour que so that
      pour qui? for whom? 16
le **pourcentage** percentage
   pourquoi why 16
* **pouvoir** to be able, can, may
   35
   pratique practical
   pratiquer to participate in
les **précisions** f. details
   préféré favorite
   préférer to prefer 26; to like
      (in general)
      je préfère I prefer 13
      tu préférerais? would you
         prefer?
   premier (première) first 24
      le premier de l'an New
         Year's Day
      le premier étage second
         floor
      le premier mai Labor
         Day (in France)
      c'est le premier juin it's
         June first 8
* **prendre** to take, to have
   (food) B, 34
   prendre + du, de la
      (partitive) to have
      (some) 34
   prendre le petit déjeuner
      to have breakfast 33
un **prénom** first name
   préparer to prepare; to
      prepare for 29
   près nearby 21
      près d'ici nearby, near here
      tout près very close
une **présentation** appearance
   **la présentation
      extérieure** outward
      appearance
les **présentations** f.
      introductions
   pressé in a hurry
   prêt ready
un **prêt** loan
   prêter à to lend to, to loan
      35, 36
      prête-moi... lend me ... 11

   principalement mainly
le **printemps** spring 12
      au printemps in the
         spring 12
   pris (p.p. of **prendre**) took 34
un **prix** price
      quel est le prix ...?
         what's the price . . .? 25
un **problème** problem
   prochain next 29, 31
      le weekend prochain
         next weekend 29
un **produit** product
un **prof, une prof** teacher
      (informal) 5, 17
un **professeur** teacher 17
   **professionnel
      (professionnelle)**
      professional
un **programme** program
un **projet** plan
une **promenade** walk
      **faire une promenade à
         pied** to go for a walk 16,
         22
      **faire une promenade à
         vélo** to go for a ride (by
         bike) 22
      **faire une promenade en
         voiture** to go for a drive
         (by car) 22
* **promettre** to promise
une **promo** special sale
   proposer to suggest
   propre own
un **propriétaire, une
      propriétaire**
      landlord/landlady, owner
la **Provence** Provence (province
      in southern France)
   pu (p.p. of **pouvoir**) could,
      was able to 35
      n'a pas pu was not able to
   public: un parc public city
      park
      un jardin public public
         garden
la **publicité** commercials,
      advertising, publicity
une **puce** flea
      un marché aux puces
         flea market
   puis then, also
   puisque since
un **pull** sweater, pullover 25

les **Pyrénées** (the) Pyrenees
      (mountains between
      France and Spain)

Q

   qu' (see **que**)
une **qualité** quality
   quand when 16
      **c'est quand, ton
         anniversaire?** when is
         your birthday? 8
une **quantité** quantity 33
   quarante forty 3
un **quart** one quarter
      ... heure(s) et quart
         quarter past . . . 4
      **... heure(s) moins le
         quart** quarter of . . . 4
un **quartier** district,
      neighborhood 21
      un joli quartier a nice
         neighborhood 21
   quatorze fourteen 2
   quatre four 1
   quatre-vingt-dix ninety 6
   quatre-vingts eighty 6
   quatrième fourth 24
   que that, which
      que veut dire...? what
         does . . . mean? B
      qu'est-ce que (qu') what
         (phrase used to introduce
         a question) 16
      qu'est-ce que c'est?
         what is it? what's that? 17
      **qu'est-ce que tu penses
         de...?** what do you think
         of . . .? 25
      qu'est-ce que tu veux?
         what do you want? 9
      qu'est-ce qu'il y a? what
         is there? 17; what's the
         matter?
      qu'est-ce qui ne va pas?
         what's wrong?
un **Québécois, une Québécoise**
      person from Quebec
   québécois from Quebec
   quel (quelle) what, which,
      what a 26
      quel (quelle)...! what
         a . . .!
      **quel âge a ta mère/ton
         père?** how old is your

mother/your father? **7**

quel âge a-t-il/elle? how old is he/she? **17**

quel âge as-tu? how old are you? **7**

quel est le prix...? what is the price . . .? **25**

quel jour est-ce? what day is it? **8**

quel temps fait-il? what's (how's) the weather? **12**

quelle est la date? what's the date? **8**

quelle est ton adresse? what's your address? **21**

quelle heure est-il? what time is it? **4**

à quelle heure? at what time? **4**

à quelle heure est...? at what time is . . .? **4**

de quelle couleur...? what color is . . .? **20**

quelqu'un someone **32**

quelque chose something **32**

quelques some, a few **17**

une **question** question

une **queue** tail

qui who, whom **16**

qui est-ce? who's that (this)? **5, 17**

qui se ressemble... birds of a feather . . .

à qui? to whom? **16**

avec qui? with who(m)? **16**

c'est qui? who's that? *(casual speech)*

de qui? about who(m)? **16**

pour qui? for who(m)? **16**

quinze fifteen **2**

quoi? what? **17**

quotidien (quotidienne) daily

la vie quotidienne daily life

R ▬▬▬▬▬▬▬

raconter to tell about

une **radio** radio **17**

écouter la radio to listen to the radio **13**

une **radiocassette** boom box **17**

raisin: le jus de raisin grape juice **10**

une **raison** reason

avoir raison to be right **30**

rapidement rapidly

un **rapport** relationship

une **raquette** racket **17**

une raquette de tennis tennis racket **23**

rarement rarely, seldom **15**

un **rayon** department *(in a store)*

réalisé made, directed

récemment recently

une **recette** recipe

recherche: un avis de recherche missing person's bulletin

un **récital** *(pl.* **récitals)** *(musical)* recital

reconstituer to reconstruct

un **réfrigérateur** refrigerator

refuser to refuse

regarder to look at, watch **B, 15**

regarde ça look at that **17**

regarder la télé to watch TV **13**

un **régime** diet

être au régime to be on a diet

régional *(m.pl.* **régionaux)** regional

regretter to be sorry

je regrette, mais... I'm sorry, but . . . **13**

régulier (régulière) regular

une **reine** queen

rencontrer to meet **29**

une **rencontre** meeting, encounter

un **rendez-vous** date, appointment **22**

j'ai un rendez-vous à... I have a date, appointment at . . . **4**

rendre visite à to visit, come to visit **28, 36**

la **rentrée** first day back at school in fall

rentrer to go back, come back **22;** to return, go back, come back **32**

réparer to fix, repair **29**

un **repas** meal **33**

* **repeindre** to repaint

répéter to repeat **B**

répondre (à) to answer, respond (to) **B, 36**

répondez-lui (moi) answer him (me)

répondre que oui to answer yes

une **réponse** answer

un **reportage** documentary

représenter to represent

réservé reserved

une **résolution** resolution

un **restaurant** restaurant **21**

au restaurant to (at) the restaurant **14**

dîner au restaurant to have dinner at a restaurant **13**

un restaurant trois étoiles three star restaurant

rester to stay **22, 32**

retard: un jour de retard one day behind

en retard late

retourner to return; to turn over

réussir to succeed **27**

réussir à un examen to pass an exam **27**

* **revenir** to come back **23**

revoir: au revoir! good-by **3**

le **rez-de-chaussée** ground floor

un **rhinocéros** rhinoceros **E5**

riche rich **28**

rien (de) nothing **32**

rien n'est parfait nothing is perfect

ne... rien nothing **32**

une **rive** (river)bank

une **rivière** river, stream

le **riz** rice **33**

une **robe** dress **25**

romain Roman

le **rosbif** roast beef **33**

rose pink **20**

rosse nasty *(colloq.)*

rôtie toast *(Canadian)*
rôtir to roast
roue wheel
rouge red 20
rougir to turn red
rouler to roll
roux (rousse) red-head
rue street 21
    dans la rue (Victor
      Hugo) on (Victor Hugo)
      street 21
russe Russian

---

sa his, her 24
sac bag, handbag 17
sais *(see* savoir*)*
    je sais I know B, 17, 36
    je ne sais pas I don't
      know B, 17
    tu sais you know 36
saison season 12
    toute saison all year
      round (any season)
salade salad 9, 33; lettuce
    33
salaire salary
salle hall, large room
    une salle à manger
      dining room 21
    une salle de bains
      bathroom 21
    une salle de séjour
      informal living room
salon formal living room 21
salut hi!, good-bye! 3
salutation greeting
samedi Saturday 8, 31
    samedi soir Saturday
      night
    à samedi! see you
      Saturday! 8
    le samedi on Saturdays
      18
sandale sandal 25
sandwich sandwich 9
sans without
saucisses *f.* sausages
saucisson salami 33
* savoir to know *(information)*
    je sais I know B, 17, 36
    je ne sais pas I don't
      know B, 17
    tu sais you know 36

---

un saxo (saxophone)
    saxophone 23
une scène scene, stage
les sciences *f.* économiques
    economics
les sciences *f.* naturelles
    natural science
un scooter motorscooter 17
second second
seize sixteen 2
un séjour stay; informal living
    room
le sel salt 33
selon according to
    selon toi in your opinion
une semaine week 8, 29
    cette semaine this week
      31
    la semaine dernière last
      week 31
    la semaine prochaine
      next week 31
    par semaine per week, a
      week
semblable similar
le Sénégal Senegal *(French-
    speaking country in Africa)*
sensationnel
    (sensationnelle)
    sensational
séparer to separate
sept seven 1
septembre *m.* September 8
septième seventh 24
une série series
sérieux (sérieuse) serious
un serveur, une serveuse
    waiter, waitress
servi served
une serviette napkin 33
ses his, her 24
seul alone, only; by oneself
    29
seulement only, just
un short shorts 25
si if, whether C
si! so, yes! *(to a negative
    question)* 18
un signal *(pl.* signaux*)* signal
un signe sign
    un signe orthographique
    spelling mark
un singe monkey E5
situé situated
six six 1

---

sixième sixth 24
un skate skateboard
le ski skiing
    le ski nautique
      waterskiing 29
    faire du ski to ski 29
    faire du ski nautique to
      go water-skiing 29
skier to ski
snob snobbish
la Société Nationale des
    Chemins de Fer
    (SNCF) *French railroad
    system*
une société society
un soda soda 10
une soeur sister 7, 24
la soie silk
la soif thirst
    avoir soif to be thirsty 30
    j'ai soif I'm thirsty 10
    tu as soif? are you
      thirsty? 10
un soir evening 29
    ce soir this evening,
      tonight 31
    demain soir tomorrow
      night (evening) 29, 31
    du soir in the evening,
      P.M. 4
    hier soir last night 31
    le soir in the evening
une soirée (whole) evening;
    (evening) party
soixante sixty 3, 5
soixante-dix seventy 5
un soldat soldier
un solde (clearance) sale
    en solde on sale
la sole sole (fish) 33
le soleil sun
    les lunettes *f.* de soleil
      sunglasses 25
sommes *(see* être*)*
    nous sommes... it is,
      today is . . . *(date)*
son (sa; ses) his, her 24
un sondage poll
une sorte sort, type, kind
* sortir to leave, come out
un souhait wish
la soupe soup 33
une souris mouse (computer) B
sous under 17 B
le sous-sol basement

---

souvent often **15**

soyez (*see* **être**): **soyez logique** be logical

les **spaghetti** *m.* spaghetti **33**

spécialement especially

spécialisé specialized

une **spécialité** specialty

le **sport** sports **23, 29**
  faire du sport to play sports **29**
  des vêtements *m.* **de sport** sports clothing **25**
  une voiture de sport sports car **23**
  sportif (sportive) athletic **19**

un **stade** stadium **21**

un **stage** sports training camp; internship

une **station-service** gas station

un **steak** steak **9**

un **steak-frites** steak and French fries **9**

un **stylo** pen **B, 17**

le **sucre** sugar **33**

le **sud** south

suggérer to suggest

suis (*see* **être**)
  je suis + *nationality* I'm . . . **2**
  je suis de... I'm from . . . **2**

suisse Swiss **19**

la **Suisse** Switzerland

suivant following

suivi followed

un **sujet** subject, topic

super terrific **15**; great **20, 25**

un **supermarché** supermarket **21**

supersonique supersonic

supérieur superior

supplémentaire supplementary, extra

sur on **17**; about

sûr sure, certain
  bien sûr! of course! **14**
  oui, bien sûr... yes, of course . . .! **13**
  tu es sûr(e)? are you sure? **24**

sûrement surely

la **surface: une grande surface** big store, self-service store

surtout especially

un **survêtement** jogging or track suit **25**

un **sweat** sweatshirt **25**

une **sweaterie** shop specializing in sweatshirts and sportswear

sympa nice, pleasant *(colloq.)*

sympathique nice, pleasant **19**

une **synagogue** Jewish temple or synagogue

un **synthétiseur** electronic keyboard, synthesizer

T ━━━━━━━━━━━━━━

t' (*see* **te**)

ta your **7, 24**

une **table** table **B, 17**
  mettre la table to set the table **33**

un **tableau** (*pl.* **tableaux**) chalkboard **B**

Tahiti Tahiti (*French island in the South Pacific*)

une **taille** size
  de taille moyenne of medium height or size

un **tailleur** woman's suit

se **taire: tais-toi!** be quiet!

une **tante** aunt **7, 24**

la **tarte** pie **33**

une **tasse** cup **33**

un **taxi** taxi
  en taxi by taxi **22**

te (to) you **35**

un **tee-shirt** T-shirt **25**

la **télé** TV **B, 17**
  à la télé on TV
  regarder la télé to watch TV **13**

un **téléphone** telephone **17**

téléphoner (à) to call, phone **13, 15, 36**

télévisé: des jeux *m.* **télévisés** TV game shows

un **temple** Protestant church

le **temps** time; weather
  combien de temps? how long?
  de temps en temps from time to time

quel temps fait-il? wh (how's) the weather?

tout le temps all the ti

le **tennis** tennis **23**
  jouer au tennis to play tennis **13**

des **tennis** *m.* tennis shoes, sneakers **25**

un **terrain de sport** (playing field

une **terrasse** outdoor section c café, terrace

la **terre** earth
  une pomme de terre potato **33**

terrifiant terrifying

tes your **24**

la **tête** head **E3**

le **thé** tea **10**
  un thé glacé iced tea **[**

un **théâtre** theater **21**

le **thon** tuna **33**

tiens! look!, hey! **5, 18**

un **tigre** tiger **E5**

timide timid, shy **19**

le **tissu** fabric

un **titre** title

toi you **23**
  avec toi with you **13**
  et toi? and you? **1**

les **toilettes** *f.* bathroom, toilet

un **toit** roof

une **tomate** tomato **33**
  le jus de tomate toma juice **10**

un **tombeau** tomb

ton (ta; tes) your **7, 24**
  c'est quand, ton anniversaire? when's your birthday? **8**

tort: avoir tort to be wron **30**

une **tortue** turtle **E5**
  un bifteck de tortue turtle steak

toujours always **15**
  je n'aime pas toujours I don't always like . . . **[**

un **tour** turn
  à votre tour it's your tu

la **Touraine** Touraine (*provin in central France*)

tourner to turn **21**

la **Toussaint** All Saints' Day (*November 1*)

tout (toute; tous, toutes) all, every, the whole
  tous les jours every day
  tout ça all that
  tout le monde everyone
  tout le temps all the time
  toutes sortes all sorts, kinds
tout completely, very
  tout droit straight **21**
  tout de suite right away
  tout près very close
tout all, everything
  pas du tout not at all **23**
train train **29**
tranquille quiet
  laisse-moi tranquille! leave me alone! **36**
transistor transistor radio
travail (*pl.* **travaux**) job
travailler to work **13, 15**
traversée crossing
treize thirteen **2**
trente thirty **3**
tréma diaeresis
très very **19**
  très bien very well **15**
  ça va très bien things are going very well **3**
  ça va très mal things are going very badly **3**
trois three **1**
troisième third **24**; *9th grade in France*
trop too, too much **25**
trouver to find, to think of **25**
  comment trouves-tu...? what do you think of ...? how do you find ...? **25**
  s'y trouve is there
tu you **14**
la **Tunisie** Tunisia (*country in North Africa*)

un, une one **1**; a, an **5, 18**
unique only
uniquement only
université university, college
l' **usage** *m.* use
ustensile utensil
utile useful
utiliser to use **C**

V

en utilisant (by) using
utilisez... use ... **C**

va (*see* **aller**)
  va-t'en! go away! **22**
  ça va? how are you? how's everything? **3**
  ça va! everything's fine (going well); fine, I'm OK **3**
  on va dans un café? shall we go to a café?
  on y va let's go
les **vacances** *f.* vacation
  bonnes vacances! have a nice vacation!
  en vacances on vacation **14**
  les grandes vacances summer vacation **29**
une **vache** cow
vais (*see* **aller**): **je vais** I'm going **22**
la **vaisselle** dishes
  faire la vaisselle to do the dishes
valable valid
une **valise** suitcase
vanille: une glace à la vanille vanilla ice cream
varié varied
les **variétés** *f.* variety show
vas (*see* **aller**)
  comment vas-tu? how are you? **3**
  vas-y! come on!, go ahead!, do it! **22**
le **veau** veal **33**
une **vedette** star
un **vélo** bicycle **17**
  à vélo by bicycle **22**
  faire une promenade à vélo to go for a bicycle ride **22**
un **vendeur, une vendeuse** salesperson
vendre to sell **28**
vendredi *m.* Friday **8**
vendu (*p.p. of* **vendre**) sold **31**
* **venir** to come **23**
le **vent** wind
une **vente** sale
le **ventre** stomach **E3**

venu (*p.p. of* **venir**) came, come **32**
vérifier to check
la **vérité** truth
un **verre** glass **33**
verser to pour
vert green **20**
  les • haricots *m.* **verts** green beans **33**
une **veste** jacket **25**
des **vêtements** *m.* clothing **25**
  des vêtements de sport sports clothing **25**
veut (*see* **vouloir**): **que veut dire...?** what does ... mean? **B**
veux (*see* **vouloir**)
  est-ce que tu veux...? do you want ...? **13**
  je ne veux pas... I don't want ... **13**
  je veux... I want ... **13, 34**
  je veux bien... I'd love to, I do, I want to ... **13, 34**
  qu'est-ce que tu veux? what do you want? **9**
  tu veux...? do you want ...? **9**
la **viande** meat **33**
une **vidéocassette** videocassette **B**
un **vidéodisque** laserdisc, videodisc **B**
la **vie** life
  la vie quotidienne daily life
viens (*see* **venir**)
  viens... come ... **B**
  oui, je viens yes, I'm coming along with you
vieux (vieil, vieille; *m.pl.* **vieux)** old **27**
  le Vieux Carré *the French Quarter in New Orleans*
le **Viêt-nam** Vietnam (*country in Southeast Asia*)
vietnamien (vietnamienne) Vietnamese
une **vigne** vineyard
un **village** town, village **21**
  un petit village small town **21**
une **ville** city
  en ville downtown, in town, in the city **14**

une **grande ville** big city, town **21**

le **vin** wine

vingt twenty **2, 3**

un **violon** violin **23**

une **visite** visit

rendre visite à to visit *(a person)* **28, 36**

visiter to visit *(places)* **15, 28**

vite! fast!, quick!

vive: vive les vacances! three cheers for vacation!

* **vivre** to live

le **vocabulaire** vocabulary

voici... here is, this is..., here come(s) . . . **5**

voici + du, de la *(partitive)* here's some **34**

voici mon père/ma mère here's my father/my mother **7**

voilà... there is . . ., there come(s) . . . **5**

voilà + du, de la *(partitive)* there's some **34**

la **voile** sailing **29**

faire de la voile to sail **29**

la planche à voile windsurfing **29**

* **voir** to see **29, 31**

voir un film to see a movie **29**

un **voisin, une voisine** neighbor **17**

une **voiture** car **17**

une voiture de sport sports car **23**

en voiture by car **22**

faire une promenade en voiture to go for a drive by car **22**

une **voix** voice

le **volley (volleyball)** volleyball **23**

jouer au volley to play volleyball **13**

un **volontaire, une volontaire** volunteer

comme volontaire as a volunteer

vos your **24**

votre *(pl.* **vos)** your **24**

voudrais *(see* **vouloir)**: **je voudrais** I'd like **9, 10, 13, 34**

* **vouloir** to want **34**

vouloir + du, de la *(partitive)* to want some (of something) **34**

vouloir dire to mean **34**

voulu *(p.p. of* **vouloir)** wanted **34**

vous you **14;** (to) you **35**

vous désirez? what would you like? may I help you? **10, 25**

s'il vous plaît please **10**

un **voyage** trip

bon voyage! have a nice trip!

faire un voyage to take a trip **16**

voyager to travel **13, 15**

vrai true, right, real **20**

vraiment really **23**

vu *(p.p. of* **voir)** saw, seen **31**

une **vue** view

un point de vue point view

W ▬▬▬▬▬▬

un **walkman** walkman **17**

les **WC** *m.* toilet

le **Web** ("la toile d'araignée" the World Wide Web

un **weekend** weekend **29, 3**

bon weekend! have a weekend!

ce weekend this week **29, 31**

le weekend on weeker

le weekend dernier la weekend **31**

le weekend prochain next weekend **29, 31**

Y ▬▬▬▬▬▬

y there

il y a there is, there are **17**

est-ce qu'il y a...? is there . . .?, are there . . **17**

qu'est-ce qu'il y a? w is there? **17**

allons-y! let's go! **22**

vas-y! come on!, go ahe do it! **22**

le **yaourt** yogurt **33**

des **yeux** *m.* *(sg.* oeil) eyes **E3**

Z ▬▬▬▬▬▬

un **zèbre** zebra

zéro zero **1**

zut! darn! **3**

ENGLISH-FRENCH VOCABULARY

VOCABULARY
English-French

The English-French vocabulary contains only active vocabulary.

The numbers following an entry indicate the lesson in which the word or phrase is activated. (**B** stands for the photo essay that precedes **Niveau B; C** stands for the list of phrases and expressions that precedes **Niveau C;** and **E** stands for **Entracte.**)

Nouns: If the article of a noun does not indicate gender, the noun is followed by *m.* (*masculine*) or *f.* (*feminine*). If the plural (*pl.*) is irregular, it is given in parentheses.

Verbs: Verbs are listed in the infinitive form. A asterisk (*) in front of an active verb means th is irregular. (For forms, see the verb charts in Appendix 4C.)

Words beginning with an **h** are preceded by a bullet (•) if the **h** is aspirate; that is, if the wo treated as if it begins with a consonant sound.

A

a, an un, une **5, 18**
  a few quelques **17**
  a little (bit) un peu **15**
  a lot beaucoup **15**
able: to be able (to) *pouvoir **35**
about de **23**
  about whom? de qui? **16**
accessories des accessoires *m.* **25**
acquainted: to be acquainted with *connaître **36**
  are you acquainted with . . . ? tu connais...? **6**
address une adresse **21**
  what's your address? quelle est ton adresse? **21**
after après **29, 30**
  after that ensuite **30**
afternoon l'après-midi *m.* **29**
  in the afternoon de l'après-midi **4**
  this afternoon cet après-midi **31**
  tomorrow afternoon demain après-midi **31**
  yesterday afternoon hier après-midi **31**
afterwards après **30**
to agree *être d'accord **14**
airplane un avion **29**
  by airplane en avion **29**
all tout
  all right d'accord **13**
  not at all pas du tout **23**
alone seul **29**

leave me alone! laisse-moi tranquille! **36**
also aussi **2, 15**
always toujours **15**
  not always pas toujours **13**
A.M. du matin **4**
am (*see* **to be**)
  I am . . . je suis + *nationality* **2**
American américain **2, 19**
  I'm American je suis américain(e) **2**
amusing amusant **19**
an un, une **5, 18**
and et **2, 14**
  and you? et toi? **1**
annoying pénible **20**
another un(e) autre
to answer répondre (à) **36**
any des **18;** du, de la, de l', de **34**
  not any pas de **18, 34**
anybody: not anybody ne... personne **32**
anyone quelqu'un **32**
anything quelque chose **32**
  not anything ne... rien **32**
apartment un appartement **21**
  apartment building un immeuble **21**
appetizer un •hors-d'oeuvre **33**
apple une pomme
  apple juice le jus de pomme **10, 33**
appointment un rendez-vous **22**
  I have an appointment

at . . . j'ai un rendez-vous **4**
April avril *m.* **8**
are (*see* **to be**)
  are there? est-ce qu'il y a? **17**
  are you . . .? tu es + *nationality?* **2**
  there are il y a **17**
  these/those/they are ce sont **20**
arm un bras **E3**
to arrive arriver **22**
as . . . as aussi... que **27**
to ask demander (à) **36**
at à **14;** chez **22**
  at (the) au, à la, à l', aux **2**
  at . . .'s house chez... **22**
  at . . . o'clock à... heure(s **14**
  at home à la maison **14**
  at last enfin **30**
  at the restaurant au restaurant **14**
  at what time? à quelle heure? **4, 16**
  at what time is . . .? à quelle heure est...? **4**
athletic sportif (sportive)
to attend assister à **29**
attention: to pay attention *faire attention **16**
August août *m.* **8**
aunt une tante **7, 24**
automobile une auto, une voiture **17**
autumn l'automne *m.*

in (the) autumn en automne 12

avenue une avenue 21

away: go away! va-t'en! 22

---

back le dos E3

back: to come back rentrer 22, 32; *revenir 23

to go back rentrer 22, 32

in back of derrière 17

bad mauvais 20

I'm/everything's (very) bad ça va (très) mal 3

it's bad (weather) il fait mauvais 12

that's bad c'est mal 20

too bad! dommage! 15

badly mal 3

things are going (very) badly ça va (très) mal 3

bag un sac 17

banana une banane 33

banknote un billet 28

baseball le baseball 23

basketball le basket (basketball) 23

bathing suit un maillot de bain 25

bathroom une salle de bains 21

be *être 14

to be . . . (years old) *avoir... ans 18

to be able (to) *pouvoir 35

to be acquainted with *connaître 36

to be active in *faire de + *activity* 29

to be careful *faire attention 16

to be cold *(people)* *avoir froid 30; *(weather)* il fait froid 12

to be going to *(do something)* *aller + *inf.* 22

to be hot *(people)* *avoir chaud 30

to be hungry *avoir faim 18, 30

to be lucky *avoir de la chance 30

to be present at assister à 29

to be right *avoir raison 30

to be supposed to *devoir 35

to be thirsty *avoir soif 18, 30

to be warm *(people)* *avoir chaud 30, 31

to be wrong *avoir tort 30

beach une plage 21

beans: green beans les •haricots *m.* verts 33

beautiful beau (bel, belle; *m.pl.* beaux) 17

it's beautiful (nice) weather il fait beau 12

because parce que (qu') 16

bed un lit 17

bedroom une chambre 17, 21

been été *(p.p. of* *être) 31

before avant 29, 31

behind derrière 17

below en bas 21

belt une ceinture 25

best meilleur 27

better meilleur 27

beverage une boisson 10, 33

bicycle un vélo, une bicyclette 17

by bicycle à vélo 22

take a bicycle ride *faire une promenade à vélo 22

big grand 17, 20

bill *(money)* un billet 28

birthday un anniversaire 8

my birthday is (March 2) mon anniversaire est le (2 mars) 8

when is your birthday? c'est quand, ton anniversaire? 8

bit: a little bit un peu 15

black noir 20

blond blond 17

blouse un chemisier 25

blue bleu 20

boat un bateau *(pl.* bateaux) 29

book un livre B, 17

boom box une radiocassette 17

boots des bottes *f.* 25

bothersome pénible 20

boulevard un boulevard 21

boutique une boutique 25

boy le garçon 5, 6

boyfriend un petit copain

bread le pain 33

breakfast le petit déjeuner 33

to have breakfast prendre le petit déjeuner 33

to bring *(a person)* amener 26; *(things)* apporter 35

to bring something to someone apporter quelque chose à quelqu'un 35

brother un frère 7, 24

brown brun 17; marron *(inv.)* 20

building: apartment building un immeuble 21

bus un bus

by bus en bus 22

touring bus un autocar, un car 29

but mais 13

butter le beurre 33

to buy acheter 25, 26

to buy (some) acheter + du, de la *(partitive)* 34

by: by airplane, plane en avion 29

by bicycle à vélo 22

by bus en bus 22

by car en voiture 22

by oneself seul(e) 29

by subway en métro 22

by taxi en taxi 22

by train en train 22

C

café un café 14

at (to) the café au café 14

cafeteria: school cafeteria la cantine de l'école 33

cake un gâteau *(pl.* gâteaux) 33

calculator une calculatrice 17

to call téléphoner 15

came venu *(p.p. of* *venir) 31

camera un appareil-photo *(pl.* appareils-photo) 17

camping le camping 29

to go camping *faire du camping 29

can *pouvoir 35

can you . . .? est-ce que tu peux...? 13

I can't je ne peux pas 13

Canada le Canada

Canadian canadien (canadienne) 2, 19

he's/she's (Canadian) il/elle est (canadien/ canadienne) 6

cannot: I cannot je ne peux pas 13

I'm sorry, but I cannot je regrette, mais je ne peux pas 13

car une auto, une voiture 17

by car en voiture 22

card une carte
   (playing) cards des cartes *f.* 23
careful: to be careful *faire attention 16
carrot une carotte 33
cassette tape une cassette B, 17
   cassette recorder un magnétophone 17
cat un chat 7
CD-ROM un disque optique B
cereal les céréales *f.* 33
chair une chaise B, 17
chalk la craie B
   piece of chalk un morceau de craie B
chalkboard un tableau (*pl.* tableaux) B
checkers les dames *f.* 23
cheese le fromage 33
cherry une cerise 33
chess les échecs *m.* 23
chicken le poulet 33
child un (une) enfant 24
   children des enfants *m.* 24
Chinese chinois 19
chocolate: hot chocolate un chocolat 10
to **choose** choisir 27
chose, chosen choisi (*p.p. of* choisir) 31
Christmas Noël 29
   at Christmas à Noël 29
church une église 21
cinema le cinéma 14
   to the cinema au cinéma 14
city une ville 21
   in the city en ville 14
clarinet une clarinette 23
class une classe 14
   in class en classe 14
classmate un (une) camarade 17
to **clean** nettoyer 29
clothing des vêtements *m.* 25
   sports clothing des vêtements *m.* de sport 25
coffee le café 10, 21
coin une pièce 28
cold le froid
   to be (feel) cold *avoir froid 30
   it's cold (*weather*) il fait froid 12
college student un étudiant, une étudiante 17

color une couleur 20
   what color? de quelle couleur? 20
to **come** arriver 22; *venir 23
   come on! vas-y! 22
   here comes . . . voici... 5
   to come back rentrer 22, 32; *revenir 23
   to come to visit rendre visite à 28, 36
comfortable comfortable 21
compact disc un (disque) compact (un CD) B, 17
computer un ordinateur B, 17
   computer games les jeux électroniques
concert un concert 22
to **continue** continuer 21
cooking la cuisine 33
cool: it's cool (*weather*) il fait frais 12
cost le coût 25
to **cost** coûter
   how much does . . . cost? combien coûte...? 11, 25
   it costs . . . il/elle coûte... 11
country(side) la campagne 29
   to (in) the country(side) à la campagne 29
course: of course! bien sûr! 13; mais oui! 14
   of course not! mais non! 14
cousin un cousin, une cousine 7, 24
crepe une crêpe 9
croissant un croissant 9
cuisine la cuisine 33
cup une tasse 33
cute mignon (mignonne) 19

D ▬▬▬▬▬▬▬

to **dance** danser 13, 15
dark-haired brun 17
darn! zut! 3
date la date 8; un rendez-vous 22
   I have a date at . . . j'ai un rendez-vous à... 4
   what's the date? quelle est la date? 8
daughter une fille 24
day un jour 8, 29
   what day is it? quel jour est-ce? 8

   whole day une journée
dear cher (chère) 25
December décembre *m.* 8
department store un grand magasin 25
to **describe** *décrire C
   describe . . . décrivez... C
desk un bureau B, 17
dessert le dessert 33
to **detest** détester 33
did fait (*p.p. of* *faire) 31
difficult difficile 20
dining room une salle à man 21
dinner le dîner 33
   to have (eat) dinner dîne 15, 33
   to have dinner at a resta rant dîner au restaurant
dish (*course of a meal*) un pla 33
to **do** *faire 16
   do it! vas-y! 22
   I do je veux bien 34
   to do + *activity* *faire de + activity* 29
   to do my homework *fair mes devoirs 29
dog un chien 7
door une porte B, 17
done fait (*p.p. of* *faire) 31
downstairs en bas 21
downtown en ville 14
dozen une douzaine 33
dress une robe 25
drink une boisson 10, 33
to **drink** *boire 34
drive: to take a drive *faire une promenade en voiture
drums une batterie 23
dumb bête 19
during pendant 29

E ▬▬▬▬▬▬▬

e-mail e-mail, le courrier électronique
ear une oreille E3
to **earn** gagner 28
Easter Pâques *m.* 29
   at Easter à Pâques 29
easy facile 20
to **eat** manger 15
   I like to eat j'aime mange 13

that's good c'est bien **20**
the weather's good (pleasant) il fait bon **12**
good-bye! au revoir!, salut! **3**
good-looking beau (bel, belle; *m.pl.* beaux) **17, 20, 27**
grandfather un grand-père **7, 24**
grandmother une grand-mère **7, 24**
grandparents les grands-parents *m.* **24**
grape juice le jus de raisin **10**
grapefruit un pamplemousse **33**
gray gris **20**
great chouette, super **20, 25**
green vert **20**
green beans les •haricots *m.* verts **33**
guitar une guitare **17, 23**

H ━━━━━━━━━━━━━━━

had eu (*p.p. of* *avoir) **31**
hair les cheveux *m.* **E3, 23**
he/she has dark hair il/elle est brun(e) **17**
half: half past . . . ... heure(s) et demie **4**
half past midnight minuit et demi **4**
half past noon midi et demi **4**
ham le jambon **33**
hamburger un hamburger **9**
hand une main **E3**
handbag un sac **17**
handsome beau (bel, belle; *m.pl.* beaux) **17, 20, 27**
hard difficile **20**
hat un chapeau (*pl.* chapeaux) **25**
to **hate** détester **33**
to **have** *avoir **18**; (*food*) *prendre **34**
do you have . . .? est-ce que tu as...? **17**
I have j'ai **17**
I have to (must) je dois **13**
to **have (some)** *avoir + du, de la (*partitive*); *prendre + du, de la (*partitive*) **34**
to **have a picnic** *faire un pique-nique **29**

to **have breakfast** *prendre le petit déjeuner **33**
to **have dinner** dîner **33**
to **have dinner at a restaurant** dîner au restaurant **13**
to **have to** *avoir besoin de + *inf.* **28**; *devoir **35**
he il **11, 14, 18**; lui **23**
he/she is . . . il/elle est + *nationality* **6**
head la tête **E3**
to **hear** entendre **28**
hello bonjour **1, 3**
to **help** aider **29, 35**
may I help you? vous désirez? **10, 25**
her elle **23**; son, sa; ses **24**; la **36**
(to) her lui **36**
her name is . . . elle s'appelle... **6**
what's her name? comment s'appelle-t-elle? **17**
here ici **14**
here comes, here is voici **5**
here's my mother/father voici ma mère/mon père **7**
here's some voici + du, de la (*partitive*) **34**
this . . . (over here) ce...-ci **26**
hey! dis! **20**; tiens! **5, 18**
hey there! dis donc! **20**
hi! salut! **3**
high school student un (une) élève **17**
him lui **23**; le **36**
(to) him lui **36**
his son, sa; ses **24**
his name is . . . il s'appelle... **6**
what's his name? comment s'appelle-t-il? **17**
home, at home à la maison **14**; chez (moi, toi...) **23**
to **go home** rentrer **22, 32**
homework les devoirs *m.* **29**
homework assignment un devoir **B**
to **do my homework** *faire mes devoirs **29**
to **hope** espérer **26**
horse un cheval (*pl.* chevaux) **E5**

hospital un hôpital **21**
hot chaud **12, 31**
hot chocolate un chocola[t] **10**
hot dog un •hot dog **9**
to **be hot** (*people*) *avoir chaud **30**
it's hot (*weather*) il fait chaud **12**
hotel un hôtel **21**
house une maison **21**
at someone's house chez *person* **22**
how? comment? **16**
how are you? comment allez-vous?, comment vas-[tu]? ça va? **3**
how do you find . . .? comment trouves-tu...? **25**
how do you say . . . in French? comment dit-on en français? **B**
how much? combien (de) **28**
how much does . . . cost[?] combien coûte...? **11, 25**
how much is that/this/it[?] c'est combien?, ça fait combien? **11**
how old are you? quel âg[e] as-tu? **7**
how old is he/she? quel â[ge] a-t-il/elle? **17**
how old is your father/ mother? quel âge a ton père/ta mère? **7**
how's everything? ça va? **12**
how's the weather? quel temps fait-il? **12**
to **learn how to** *apprendr[e] à **34**
hundred cent **6, 25**
hungry avoir faim **9**
are you hungry? tu as fai[m] **9**
I'm hungry j'ai faim **9**
to **be hungry** avoir faim **1[8] 30**
husband un mari **24**

I ━━━━━━━━━━━━━━━

I je **14**, moi **23**
I don't know je ne sais pas **B, 17**

I have a date/appointment at . . . j'ai un rendez-vous à... **4**
I know je sais **B, 17, 36**
I'm fine/okay ça va **3**
I'm (very) well/so-so/(very) bad ça va (très) bien/comme ci, comme ça/(très) mal **3**
ice la glace **9, 33**
   ice cream une glace **9, 33**
iced tea un thé glacé **33**
idea une idée **28**
   it's (that's) a good idea c'est une bonne idée **28**
if si **C**
in à **14, 22**; dans **17**
   in (Boston) à (Boston) **14**
   in class en classe **14**
   in front of devant **17**
   in order to pour **29**
   in the afternoon de l'après-midi **4**
   in the morning/evening du matin/soir **4**
   in town en ville **14**
   in (the) au, à la, à l', aux **22**
indicate indiquer **C**
inexpensive bon marché *(inv.)* **25**
information highway l'autoroute de l'information, l'Inforoute, le Cyberespace
ingredient un ingrédient **33**
instrument un instrument **23**
   to play a musical instrument jouer de + *instrument* **23**
intelligent intelligent **33**
interesting intéressant **19**
invite inviter **15**
is (*see* **to be**)
   is there? est-ce qu'il y a? **17**
   isn't it (so)? n'est-ce pas? **14**
   there is il y a **17**
   there is (some) il y a + du, de la *(partitive)* **34**
it il, elle **14, 18**; le, la **36**
   it's . . . c'est... **5**
   it's . . . (o'clock) il est... heure(s) **4**
   it's . . . francs ça fait... francs **11**
   it's fine/nice/hot/cool/

cold/bad *(weather)* il fait beau/bon/chaud/frais/froid/mauvais **12**
   it's (June) first c'est le premier (juin) **8**
   it's not ce n'est pas **20**
   it's raining il pleut **12**
   it's snowing il neige **12**
   what time is it? quelle heure est-il? **4**
   who is it? qui est-ce? **5, 17**
   its son, sa; ses **24**
Italian italien, italienne **19**

J

jacket un blouson, une veste **25**
jam la confiture **33**
January janvier *m.* **8**
Japanese japonais(e) **19**
jeans: pair of jeans un jean **25**
to jog *faire du jogging **29**
jogging le jogging **29**
   jogging suit un jogging, un survêtement **25**
juice le jus
   apple juice le jus de pomme **10, 33**
   grape juice le jus de raisin **10**
   orange juice le jus d'orange **10, 33**
   tomato juice le jus de tomate **10**
July juillet *m.* **8**
June juin *m.* **8**

K

ketchup le ketchup **33**
keyboard un clavier **23**
kilogram un kilo (de) **33**
kind gentil (gentille) **19**
kitchen une cuisine **21**
knife un couteau **33**
to know *connaître **36**
   do you know . . .? tu connais...? **6**
   I (don't) know je (ne) sais (pas) **B, 17, 36**
   you know tu sais **36**

L

lady une dame **5**
large grand **17, 20**
laserdisc un CD vidéo, un vidéodisque **B**
last dernier (dernière) **31**

last month le mois dernier **31**
last night hier soir **31**
last Saturday samedi dernier **31**
   at last enfin **30**
to learn (how to) *apprendre (à) + *inf.* **34**
left gauche
   on (to) the left à gauche **21**
leg une jambe **E3**
lemon soda la limonade **10**
to lend prêter (à) **35, 36**
   lend me prête-moi **11**
less . . . than moins... que **27**
let's go! allons-y! **22**
lettuce la salade **33**
library une bibliothèque **21**
like: what does he/she look like? comment est-il/elle? **17**
   what's he/she like? comment est-il/elle? **17**
to like aimer **15**
   do you like? est-ce que tu aimes? **13**
   I also like j'aime aussi **13**
   I don't always like je n'aime pas toujours **13**
   I don't like je n'aime pas **13**
   I like j'aime **13**
   I like . . ., but I prefer . . . j'aime..., mais je préfère... **13**
   I'd like je voudrais **9, 10, 13**
   what would you like? vous désirez? **10, 25**
to listen écouter **15**
   to listen to cassettes écouter des cassettes **29**
   to listen to the radio écouter la radio **13**
little petit **17, 20, 25**
   a little (bit) un peu **15**
to live habiter **15**
   living room *(formal)* un salon **21**
to loan prêter (à) **35, 36**
long long (longue) **25**
to look (at) regarder **15**
   look! tiens! **5, 18**
   look at that regarde ça **17**
   I'm looking for . . . je cherche... **25**
   to look for chercher **25**

what does he/she look like? comment est-il/elle? 17
to lose perdre 28
    to lose weight maigrir 27
lot: a lot beaucoup 15
to love: I'd love to je veux bien 13
luck la chance 30
    to be lucky *avoir de la chance 30
lunch le déjeuner 33
    to have (eat) lunch déjeuner 33

M

made fait (*p.p. of* *faire) 31
to make *faire 16
man un homme 17; un monsieur (*polite term*) 5
many beaucoup (de) 15
    how many combien de 28
map une carte B
March mars *m.* 8
match un match 16
    to play a match *faire un match 16
May mai *m.* 8
may *pouvoir 35
maybe peut-être 14
mayonnaise la mayonnaise 33
me moi 1, 35
    excuse me pardon 21, 25
    (to) me me, moi 35
meal un repas 33
mean méchant 19
to mean *vouloir dire 34
    what does . . . mean? que veut dire...? B
meat la viande 33
to meet rencontrer 29
    to meet for the first time *connaître (*in passé composé*) 36
Mexican mexicain(e) 19
midnight minuit *m.* 4
milk le lait 33
mineral water l'eau *f.* minérale 33
Miss Mademoiselle (Mlle) 3
modern moderne 21
Monday lundi *m.* 8
money l'argent *m.* 29
Monopoly le Monopoly 23

month un mois 8, 27
    last month le mois dernier 31
    next month le mois prochain 31
    this month ce mois-ci 31
moped une mob (mobylette) 17
more . . . than plus... que 27
morning le matin 29
    good morning bonjour 1
    in the morning du matin 4
    this morning ce matin 29
    tomorrow morning demain matin 31
    yesterday morning hier matin 31
mother une mère 7, 24
    this is my mother voici ma mère 7
motorbike une mob (mobylette) 17
motorcycle une moto 17
motorscooter un scooter 17
mountain une montagne 29
    mountain climbing l'alpinisme *m.* 29
    to (at/in) the mountain(s) à la montagne 29
    to do mountain climbing *faire de l'alpinisme 29
mouse une souris B
mouth une bouche E3
movie un film 22, 29
    movie theater un cinéma 14
movies le cinéma 21
    at (to) the movies au cinéma 14
Mr. Monsieur (M.) 3
Mrs. Madame (Mme) 3
much, very much beaucoup 15
    how much? combien? 28
    how much does . . . cost? combien coûte...? 11, 25
    how much is it? ça fait combien?, c'est combien? 11
    too much trop 25
museum un musée 21
music la musique 23
must *devoir 35
    I must je dois 13
my mon, ma; mes 7, 24
    my birthday is (March 2) mon anniversaire est le (2 mars) 8

    my name is . . . je m'appelle... 1

N

name: his/her name is . . . il/elle s'appelle... 6
    my name is . . . je m'appelle... 1
    what's . . .'s name? comment s'appelle...? 6
    what's his/her name? comment s'appelle-t-il/elle 17
    what's your name? comment t'appelles-tu? 1
napkin une serviette 33
nasty méchant 19
nationality la nationalité 2
nearby près 21
neck le cou E3
to need *avoir besoin de 28
neighbor un voisin, une voisi 17
neighborhood un quartier 2
    a nice neighborhood un quartier 21
never ne... jamais 32
new nouveau (nouvel, nouvel *m.pl.* nouveaux) 27
next prochain 29, 31
    next week la semaine prochaine 31
nice gentil (gentille), sympathique 19
    it's nice (beautiful) weath il fait beau 12
night: tomorrow night dema soir 4
    last night hier soir 31
nine neuf 1
nineteen dix-neuf 2
ninety quatre-vingt-dix 6
ninth neuvième 24
no non 2,14
    no . . . pas de 18, 34
    no? n'est-ce pas? 14
nobody ne... personne, personne 32
noon midi *m.* 4
nose le nez E3
not ne... pas 14
    not a, not any pas de 18, 34
    not always pas toujours 1

not anybody ne... personne 32

not anything ne... rien 32

not at all pas du tout 23

it's (that's) not ce n'est pas 20

of course not! mais non! 14

notebook un cahier B

nothing ne... rien, rien 32

November novembre m. 8

now maintenant 15, 31

o'clock heure(s)

at . . . o'clock à... heures 4

it's . . . o'clock il est... heure(s) 4

object un objet 17

ocean la mer 29; l'océan m.

to (at) the oceanside à la mer 29

October octobre m. 8

of de 14

of (the) du, de la, de l', des 23

of course not! mais non! 14

of course! bien sûr 13

of whom de qui 16

often souvent 15

oh: oh, really? ah, bon? 16

okay d'accord 13

I'm okay ça va 3

old vieux (vieil, vieille; m.pl. vieux) 27

he/she is . . . (years old) il/elle a... ans 7

how old are you? quel âge as-tu? 7

how old is he/she? quel âge a-t-il/elle? 17

how old is your father/ mother? quel âge a ton père/ta mère? 7

I'm . . . (years old) j'ai... ans 7

to be . . . (years old) *avoir... ans 18

omelet une omelette 9

on sur 17

on foot à pied 22

on Monday lundi 18

on Mondays le lundi 18

on vacation en vacances 14

one un, une 1; *(we, they, people)* on 28

oneself: by oneself seul 29

only seul 29

open *ouvrir

open . . . ouvre... (ouvrez...) B

opinion: in my opinion à mon avis 27

or ou 2, 14

orange *(color)* orange *(inv.)* 20

orange une orange 33

orange juice le jus d'orange 10, 33

order: in order to pour 29

to organize organiser 15

other autre 33

our notre; nos 24

out of style démodé 25

over: over (at) . . .'s house chez... 23

over there là-bas 14

that (one), over there ça, là-bas 17

overcoat un manteau *(pl. manteaux)* 25

to own *avoir 18

P ▬▬▬▬▬▬▬▬▬▬▬▬▬

P.M. du soir 4

pain: a pain pénible 20

pants un pantalon 25

pantyhose des collants m. 25

paper le papier B

sheet of paper une feuille de papier B

parents les parents m. 24

park un parc 21

party *(informal)* une fête, une soirée, une boum 22

to pass a test (an exam) réussir à un examen 27

past: half past . . . ... heure(s) et demie 4

quarter past . . . ... heure(s) et quart 4

to pay (for) payer 28

to pay attention *faire attention 16

pear une poire 33

peas les petits pois m. 33

pen un stylo B, 17

pencil un crayon B, 17

people des gens m. 18; on 28

perhaps peut-être 14

person une personne 5, 17

pet un animal *(pl.* animaux)

domestique 7

to phone téléphoner 15

piano un piano 23

picnic un pique-nique 22

to have a picnic *faire un pique-nique 29

pie une tarte 33

piece: piece of chalk un morceau de craie B

ping-pong le Ping-Pong 23

pink rose 20

pizza une pizza 9

place un endroit 22

place setting un couvert 33

to place *mettre 26

placed mis *(p.p. of* *mettre) 31

plain moche 25

plane un avion 29

by plane en avion 29

plate une assiette 33

to play jouer 15

to play a game jouer à + *game* 23

to play a game (match) *faire un match 16

to play a musical instrument jouer de + *instrument* 23

to play basketball (soccer, tennis, volleyball) jouer au basket (au foot, au tennis, au volley) 13

pleasant sympathique 19

it's pleasant (good) weather il fait bon 12

please s'il vous plaît *(formal)* 10; s'il te plaît *(informal)* 9

please give me . . . s'il te plaît, donne-moi... 10

polo shirt un polo 25

pool: swimming pool une piscine 21

poor pauvre 28

poorly mal 3

popular à la mode 25

poster une affiche 17

potato une pomme de terre 33

pound une livre (de) 33

to prefer préférer 26, 33

I prefer je préfère + *inf.* 13

I like . . ., but I prefer . . . j'aime..., mais je préfère... 13

to prepare préparer 29

pretty joli 17, 25

price un prix 25

what's the price? quel est le prix? **25**
pullover un pull **25**
pupil un (une) élève **17**
to **purchase** acheter **29**
to **put** *mettre **26**
    to put on *mettre **26**

Q

quantity une quantité **33**
quarter un quart
    quarter of . . . ... heure(s) moins le quart **4**
    quarter past . . . ... heure(s) et quart **4**

R

racket une raquette **17**
radio une radio **17**
    to listen to the radio écouter la radio **13**
rain: it's raining il pleut **12**
raincoat un imper (imperméable) **25**
rarely rarement **15**
rather assez **19**
really: oh, really? ah, bon? **16**
    really?! vraiment?! **23**
record un disque **17**
red rouge **20**
relatives les parents *m.* **24**
to **repair** réparer **29**
to **respond** répondre **36**
restaurant un restaurant **21**
    at (to) the restaurant au restaurant **14**
    have dinner at a restaurant dîner au restaurant **13**
to **return** rentrer **32**; *revenir **23**
rice le riz **33**
rich riche **28**
ride: to take a bicycle ride *faire une promenade à vélo **22**
right vrai **20**; droite
    right? n'est-ce pas? **14**
    all right d'accord **13**
    to be right *avoir raison **30**
    to (on) the right à droite **21**
roast beef le rosbif **33**
room une chambre **17**; une salle **21**

bathroom une salle de bains **21**
dining room une salle à manger **21**
formal living room un salon **21**
to **run** *(referring to objects)* marcher **17**

S

sailing la voile **29**
salad une salade **9, 33**
salami le saucisson **33**
salt le sel **33**
sandal une sandale **25**
sandwich un sandwich **9**
Saturday samedi *m.* **8, 31**
    see you Saturday! à samedi! **8**
    last Saturday samedi dernier **31**
    next Saturday samedi prochain **31**
saw vu *(p.p. of* *voir) **31**
saxophone un saxo (saxophone) **23**
say *dire **36**
    say . . . dites... **C**
    say! dis (donc)! **20**
    how do you say . . . in French? comment dit-on... en français? **B**
school une école **21**
    school cafeteria une cantine de l'école **33**
    school friend un (une) camarade **17**
sea la mer **29**
    to (at) the sea à la mer **29**
season une saison **12**
second deuxième **24**
to **see** *voir **29**
    see you tomorrow! à demain! **8, 29**
seen vu *(p.p. of* *voir) **31**
seldom rarement **15**
to **sell** vendre **28**
September septembre *m.* **8**
to **set the table** *mettre la table **33**
seven sept **1**
seventeen dix-sept **2**
seventh septième **24**
seventy soixante-dix **5**

she elle **14, 18, 23**
sheet of paper une feuille de papier **B**
ship un bateau *(pl.* bateaux)
shirt une chemise **25**
shoe une chaussure **5**
    tennis shoes des tennis *m.* **25**
shop une boutique **25**
shopping: shopping center un centre commercial **21**
    to go food shopping *faire les courses **33**
    to go shopping *faire des achats **29**
shore la mer **29**
short court **25**; petit **17, 20, 25**
    he/she is short il/elle est petit(e) **17**
shorts un short **25**
should *devoir **35**
to **show** indiquer **C**; montrer à **35, 36**
to **shut** fermer **B**
shy timide **19**
silly bête **19**
to **sing** chanter **13, 15**
sir Monsieur (M.) **3**
sister une soeur **7, 24**
six six **1**
sixteen seize **2**
sixth sixième **24**
sixty soixante **3, 5**
to **ski** *faire du ski **29**
    skiing le ski **29**
skirt une jupe **25**
small petit **17, 20, 25**
sneakers des tennis *m.* **25**
    hightop sneakers des baskets *f.* **25**
snow: it's snowing il neige **12**
so alors **19**
    so-so comme ci, comme ça
    everything's (going) so-so ça va comme ci, comme ça
soccer le foot (football) **23**
sock une chaussette **25**
soda un soda **10**
    lemon soda une limonade **10**
sold vendu *(p.p. of* vendre) **3**
sole *(fish)* la sole **33**
some des **18**; du, de la, de l' **34**; quelques **17**

somebody quelqu'un 32

someone quelqu'un 32

something quelque chose 32

son un fils 24

sorry: to be sorry regretter
I'm sorry, but (I cannot) je regrette, mais (je ne peux pas) 13

soup la soupe 33

spaghetti les spaghetti *m.* 33

Spanish espagnol(e) 19

speak parler 15
to speak (French, English, Spanish) parler (français, anglais, espagnol) 13
to speak to parler à 36

spend *(money)* dépenser 28; *(time)* passer 29

spoon une cuillère 33

sports le sport 29
to play a sport *faire du sport 29; jouer à + *sport* 23
sports clothing des vêtements *m.* de sport 25

spring le printemps 12
in the spring au printemps 12

stadium un stade 21

stay rester 22

steak un steak 9
steak and French fries un steak-frites 9

stereo set une chaîne stéréo 17

stomach le ventre E3

store un magasin 21, 25
department store un grand magasin 25

straight tout droit 21

strawberry une fraise 33

street une rue 21

student *(high school)* un (une) élève 17; *(college)* un étudiant, une étudiante 17

study étudier 13, 15

stupid bête 19

style: in style à la mode 25
out of style démodé 25

subway le métro 22
by subway en métro 22

succeed réussir 27

sugar le sucre 33

summer l'été *m.* 12
summer vacation les grandes vacances 29
in the summer en été 12

sun le soleil 25

Sunday dimanche *m.* 8

sunglasses des lunettes *f.* de soleil 25

supermarket un supermarché 21

supper le dîner 33
to have (eat) supper dîner 15, 33

sure bien sûr 13
sure! mais oui! 14
are you sure? tu es sûr(e)? 24

sweater un pull 25

sweatshirt un sweat 25

to swim nager 15
I like to swim j'aime nager 13

swimming pool une piscine 21

swimsuit un maillot de bain 25

Swiss suisse 19

T ▬▬▬▬▬▬▬

table une table B, 17
to set the table *mettre la table 33

to take *prendre B, 34
to take along amener 26, 35
to take a bicycle ride *faire une promenade à vélo 22
to take a drive *faire une promenade en voiture 22
to take a trip *faire un voyage 16
to take a walk *faire une promenade à pied 22

to talk parler 15
to talk to parler à 36

tall grand 17, 20

tape: tape recorder un magnétophone 17
cassette tape une cassette B, 17

taxi un taxi 22
by taxi en taxi 22

tea le thé 10
iced tea un thé glacé 33

teacher un (une) prof 5, 17; un professeur 17

telephone un téléphone 17

to telephone téléphoner 15

television la télé B, 17

to watch television regarder la télé 13

to tell *dire 36

ten dix 1, 2

tennis le tennis 23
tennis racket une raquette de tennis 23
tennis shoes des tennis *m.* 25
to play tennis jouer au tennis 13

tenth dixième 24

terrific chouette 20, 25; extra 20; super 20, 25

test un examen
to pass a test réussir à un examen 27

than que 27

thank you merci 3

that que 25; ce, cet, cette 26
that is . . . c'est... 17, 20
that (one), over there ça, là-bas 17
that's . . . c'est... 5, 17, 20; voilà 5
that's . . . francs ça fait... francs 11
that's bad c'est mal 20
that's a good idea! c'est une bonne idée! 28
that's good (fine) c'est bien 20
that's not . . . ce n'est pas... 20
what's that? qu'est-ce que c'est? 17

the le, la, l' 6, 18; les 18

theater un théâtre 21
movie theater un cinéma 21

their leur, leurs 24

them eux, elles 23; les 36
(to) them leur 36
themselves eux-mêmes

then alors 19; ensuite 30

there là 14
there is (are) il y a 17
there is (here comes someone) voilà 5
there is (some) il y a + du, de la *(partitive)* 34
there's some voilà + du, de la *(partitive)* 34
over there là-bas 14
that (one), over there ça, là-bas 17; ce...-là 26

what is there? qu'est-ce qu'il y a? **17**

these ces **26**

 these are ce sont **20**

they ils, elles **14**; eux **23**; on **28**

 they are ce sont **20**

thin: to get thin maigrir **27**

thing une chose

 things are going (very) badly ça va (très) mal **3**

to think penser **25**

 to think of penser de, trouver **25**

 to think that penser que **25**

 what do you think of . . .? comment trouves-tu...?, qu'est-ce que tu penses de...? **25**

third troisième **24**

thirsty: to be thirsty *avoir soif **30**

 are you thirsty? tu as soif? **10**

 I'm thirsty j'ai soif **10**

thirteen treize **2**

thirty trente **3**

 3:30 trois heures et demie **4**

this ce, cet, cette **26**

 this is . . . voici... **5**

those ces **26**

 those are ce sont **20**

thousand mille **6, 25**

three trois **1**

Thursday jeudi *m.* **8**

tie une cravate **25**

tights des collants *m.* **25**

time: at what time is . . .? à quelle heure est...? **4**

 at what time? à quelle heure? **4**

 what time is it? quelle heure est-il? **4**

to à **14, 22**; chez **22, 23**

 to (the) au, à la, à l', aux **22**

 in order to pour **29**

 to class en classe **14**

 to someone's house chez + *person* **22**

 to whom à qui **16**

today aujourd'hui **8, 31**

 today is (Wednesday) aujourd'hui, c'est (mercredi) **8**

toilet les toilettes **21**

tomato une tomate

 tomato juice le jus de tomate **10**

tomorrow demain **8**

 tomorrow afternoon demain après-midi **31**

 tomorrow is (Thursday) demain, c'est (jeudi) **8**

 tomorrow morning demain matin **31**

 tomorrow night (evening) demain soir **31**

 see you tomorrow! à demain! **8, 29**

tonight ce soir **31**

too aussi **2, 15**; trop **25**

 too bad! dommage! **15**

touring bus un autocar, un car **29**

tourist: tourist office office *(m.)* de tourisme

town un village **21**

 in town en ville **14**

track suit un survêtement **25**

train un train **29**

 by train en train **22, 29**

to travel voyager **13, 15**

trip: to take a trip *faire un voyage **16**

trousers un pantalon **25**

true vrai **20**

T-shirt un tee-shirt **25**

Tuesday mardi *m.* **8**

tuna le thon **33**

to turn tourner **21**

 to turn on *mettre **26**

TV la télé **B, 17**

 to watch TV regarder la télé **13**

twelfth douzième **24**

twelve douze **2**

twenty vingt **2, 3**

two deux **1**

U

ugly moche **25**

uncle un oncle **7, 24**

under sous **17**

to understand *comprendre **34**

 I (don't) understand je (ne) comprends (pas) **B**

unfashionable démodé **25**

United States les États-Unis *m.*

upstairs en •haut **21**

us nous **23**

 (to) us nous **35**

to use utiliser

V

vacation les vacances *f.* **29**

 on vacation en vacances

 summer vacation les grandes vacances **29**

VCR (videocassette recorder) un magnétoscope **B**

veal le veau **33**

vegetable un légume **33**

very très **19**

 very well très bien **15**

 very much beaucoup **15**

videocassette une vidéocassette **B**

 videocassette recorder un magnétoscope **B**

videodisc un CD vidéo **B**

 videodisc player un lecteur de CD/vidéo

violin un violon **23**

to visit *(place)* visiter **15, 28**; *(people)* rendre visite à **2**, **36**

volleyball le volley (volleyball) **23**

W

to wait (for) attendre **28**

walk une promenade **22**

 to take (go for) a walk *faire une promenade à pied **16**, **17**

to walk *aller à pied **22**; marcher **17**

walkman un walkman **17**

to want *avoir envie de **28**; *vouloir **34**

 do you want . . .? tu veux **9**

 do you want to . . .? est-que tu veux...? **13**

 I don't want . . . je ne veux pas... **13**

 I want . . . je veux... **13, 14**

 I want to je veux bien **34**

 what do you want? qu'est-que tu veux? **9**; vous désirez? **10, 25**

wanted voulu *(p.p. of* *vouloir*) **34**

warm chaud **12, 31**

 to be warm *(people)* *avoir chaud **30**

it's warm *(weather)* il fait chaud **12**

was été *(p.p. of *être)* **31**

wash laver **29**

waste perdre **28**

watch une montre **17**

watch regarder **15**

   to watch TV regarder la télé **13**

water l'eau *f.* **33**

   mineral water l'eau minérale **33**

waterski *faire du ski nautique **29**

   waterskiing le ski nautique **29**

we nous **14, 23;** on **28**

wear *mettre **26;** porter **25**

weather: how's (what's) the weather? quel temps fait-il? **12**

   it's . . . weather il fait... **12**

Wednesday mercredi *m.* **8**

week une semaine **8, 29**

   last week la semaine dernière **31**

   next week la semaine prochaine **31**

   this week cette semaine **31**

weekend un weekend **29**

   last weekend le weekend dernier **31**

   next weekend le weekend prochain **29, 31**

   this weekend ce weekend **31**

weight: to gain weight grossir **27**

well bien **15**

   well! eh bien! **26**

   well then alors **19**

   everything's going (very) well ça va (très) bien **3**

went allé *(p.p. of *aller)* **32**

what comment? quoi? **17;** qu'est-ce que **16**

   what color? de quelle couleur? **20**

   what day is it? quel jour est-ce? **8**

   what do you think of . . .? comment trouves-tu...?, qu'est-ce que tu penses de...? **25**

what do you want? qu'est-ce que tu veux? **9;** vous désirez? **10, 25**

what does . . . mean? que veut dire...? **B**

what does he/she look like? comment est-il/elle? **17**

what is it? qu'est-ce que c'est? **17**

what is there? qu'est-ce qu'il y a? **17**

what time is it? quelle heure est-il? **4**

what would you like? vous désirez? **10, 25**

what's . . .'s name? comment s'appelle...? **6**

what's he/she like? comment est-il/elle? **17**

what's his/her name? comment s'appelle-t-il/elle? **17**

what's that? qu'est-ce que c'est? **17**

what's the date? quelle est la date? **8**

what's the price? quel est le prix? **25**

what's the weather? quel temps fait-il? **12**

what's your address? quelle est ton adresse? **21**

what's your name? comment t'appelles-tu? **1**

at what time is . . .? à quelle heure est...? **4**

at what time? à quelle heure? **4, 16**

when quand **16**

   when is your birthday? c'est quand, ton anniversaire? **8**

where où **14, 16**

   where is . . .? où est...? **14**

   where is it? où est-ce? **21**

   from where? d'où? **23**

whether si **C**

which quel (quelle) **26**

white blanc (blanche) **20**

who qui **16**

   who's that/this? qui est-ce? **5, 17**

   about whom? de qui? **16**

   for whom? pour qui? **16**

   of whom? de qui? **16**

   to whom? à qui? **16**

   with whom? avec qui? **16**

why pourquoi **16**

wife une femme **24**

to win gagner **28**

window une fenêtre **B, 17**

to windsurf *faire de la planche à voile **29**

   windsurfing la planche à voile **29**

winter l'hiver *m.* **12**

   in the winter en hiver **12**

with avec **14**

   with me avec moi **13**

   with you avec toi **13**

   with whom? avec qui? **16**

woman une dame *(polite term)* **5;** une femme **17**

to work travailler **13, 15;** *(referring to objects)* marcher **17**

   does the radio work? est-ce que la radio marche? **17**

   it (doesn't) work(s) well il/elle (ne) marche (pas) bien **17**

would: I'd like je voudrais **9, 10, 13**

to write *écrire **36**

wrong faux (fausse) **20**

   to be wrong *avoir tort **30**

Y ▬▬▬▬▬▬▬▬▬▬

year un an, une année **8**

   he/she is . . . (years old) il/elle a... ans **7**

   I'm . . . (years old) j'ai... ans **7**

   to be . . . (years old) *avoir... ans **18**

yellow jaune **20**

yes oui **2, 14;** *(to a negative question)* si! **18**

   yes, of course oui, bien sûr **13**

   yes, okay (all right) oui, d'accord **13**

   yes, thank you oui, merci **13**

yesterday hier **31**

   yesterday afternoon hier après-midi **31**

   yesterday morning hier matin **31**

yogurt le yaourt **33**
you tu, vous **14, 23;**
   on **28**
   you are . . . tu es +
   nationality **2**
   and you? et toi? **1**

(to) you te, vous **35**
your ton, ta; tes **7;** votre; vos
   24
what's your name?
   comment t'appelles-tu? **1**

young jeune **17**

Z

zero zéro **1**

Photo Credits